Aktuelle und klassische Sozial- und Kulturwissenschaftler|innen

Herausgegeben von

S. Moebius, Graz

Die von Stephan Moebius herausgegebene Reihe zu Kultur- und SozialwissenschaftlerInnen der Gegenwart ist für all jene verfasst, die sich über gegenwärtig diskutierte und herausragende Autorinnen und Autoren auf den Gebieten der Kultur- und Sozialwissenschaften kompetent informieren möchten. Die einzelnen Bände dienen der Einführung und besseren Orientierung in das aktuelle, sich rasch wandelnde und immer unübersichtlicher werdende Feld der Kultur- und Sozialwissenschaften. Verständlich geschrieben, übersichtlich gestaltet – für Leserinnen und Leser, die auf dem neusten Stand bleiben möchten.

Herausgegeben von

Stephan Moebius, Graz

Michael Dellwing

Zur Aktualität von Erving Goffman

Dr. Michael Dellwing
Universität Kassel
Kassel, Deutschland

ISBN 978-3-531-19260-4   ISBN 978-3-531-19261-1 (eBook)
DOI 10.1007/978-3-531-19261-1

Die Deutsche Nationalbibliothek verzeichnet diese Publikation in der Deutschen Nationalbibliografie; detaillierte bibliografische Daten sind im Internet über http://dnb.d-nb.de abrufbar.

Springer VS
© Springer Fachmedien Wiesbaden 2014
Das Werk einschließlich aller seiner Teile ist urheberrechtlich geschützt. Jede Verwertung, die nicht ausdrücklich vom Urheberrechtsgesetz zugelassen ist, bedarf der vorherigen Zustimmung des Verlags. Das gilt insbesondere für Vervielfältigungen, Bearbeitungen, Übersetzungen, Mikroverfilmungen und die Einspeicherung und Verarbeitung in elektronischen Systemen.

Die Wiedergabe von Gebrauchsnamen, Handelsnamen, Warenbezeichnungen usw. in diesem Werk berechtigt auch ohne besondere Kennzeichnung nicht zu der Annahme, dass solche Namen im Sinne der Warenzeichen- und Markenschutz-Gesetzgebung als frei zu betrachten wären und daher von jedermann benutzt werden dürften.

Lektorat: Dr. Cori Antonia Mackrodt, Katharina Gonsior

Gedruckt auf säurefreiem und chlorfrei gebleichtem Papier

Springer VS ist eine Marke von Springer DE. Springer DE ist Teil der Fachverlagsgruppe Springer Science+Business Media
www.springer-vs.de

Inhaltsverzeichnis

1 Einleitung 1

2 Der Außenseiter vom Dorf 11
   2.1   Persönlicher Werdegang 12
   2.2   Selbstpräsentation: Der versteckte Mensch 22
   2.3   Der fröhliche Regelbrecher: Goffman als Master
       of Unceremony 29
       2.3.1   Inoffizielle Wahrheiten 30
       2.3.2   Ehrerbietungsanmaßungen 32

3 Der wissenschaftliche Flaneur: Goffman im Alltag 39
   3.1   Interaktionsordnung und face to face-Situationen 40
       3.1.1   Interaktionsordnung 41
       3.1.2   Face-to-face-Interaktion 42
   3.2   Flaneurethnografie 46
       3.2.1   Gegen Methode 47
       3.2.2   Der stetige Sammler 50
   3.3   Metaphern und Flaneurkategorisierung 57
       3.3.1   Gegen Theorie als Geschäft 57
       3.3.2   Metaphern 59
       3.3.3   Goffman, der Täufer: Flaneurkategorien
             und Definitionen 63
   3.4   Goffmans Eingängigkeit 68

4 Das Theater der Realität 71
   4.1   Das Theater der Interaktion 73
       4.1.1   Expressive Praktiken 76

		4.1.2	Darstellungen als Sprache der Beziehung: Bindungszeichen	78
	4.2		Looking-Glass Self: Darstellung vor Darstellern	80
	4.3		„Arbeit" an der Bedeutung: Beidseitiges Theater	83
		4.3.1	Beidseitige Eindrücke	84
		4.3.2	Beidseitige Bindung	87
		4.3.3	Normalität	89
		4.3.4	Rollendistanz	90
	4.4		Soziale Darstellungen: Präsentation und Status	93
	4.5		Teams	99
	4.6		Pluralität der Welt: Regionsidentitäten, Vorder- und Hinterbühnen	101
	4.7		Absicht und ihre Darstellung	107

5 Spiele mit dem rituellen Idiom: Bedeutungsmanagement im Alltag 113
   5.1 Sprach- und Spielmetapher 114
   5.2 Spiele mit Bedeutungen 116
      5.2.1 Züge 117
      5.2.2 Plays 117
      5.2.3 Resolutionen 118
   5.3 Spiele mit Bedeutungen 121
      5.3.1 Spiele mit Gesichtern 122
      5.3.2 Neuaushandlung von Beziehungen 127
   5.4 Spiele herbeiführen 134

6 Die zerbrechliche Welt und Hingabe zur Stabilität 137
   6.1 Zerbrechlichkeit 138
      6.1.1 Zerbrechen als Handlung 139
      6.1.2 Zuarbeit zur Handlung des Zerbrechens 143
   6.2 Rettung vor dem Bruch 145
      6.2.1 Civil inattention 147
      6.2.2 Verstecken 148
      6.2.3 Ehrerbietung und Auftreten 150
      6.2.4 Involvierung 153
      6.2.5 Cooling 156
   6.3 Beidseitige Rettung 158
   6.4 Korrektur der Realität 163

7	Das Kesselflickerhandwerk: Goffmans stetige Auseinandersetzung mit der Psychiatrie	169
	7.1 Selbstverständliche Psychiatrie	170
	7.2 Gemeinsame Realitäten und ihr Scheitern	173
	7.3 Umgang mit dem Idiom außerhalb des Teams	178
	7.4 Der Prozess der Naturalisierung chaotischer Spiele	181
	7.5 Die andere Seite	184
8	Zur Aktualität Goffmanesker Arbeit: Ein unentdecktes Land?	189
	8.1 Theoretische Globalrezeption	190
	8.2 „Steinbruchrezeption"	194
	8.2.1 Marketing	195
	8.2.2 Politik	195
	8.2.3 Internet	196
	8.2.4 Film, Fernsehen, Medien	197
	8.2.5 Medizin	199
	8.2.6 Wissenschaft	201
	8.2.7 Recht	203
	8.2.8 Diversitätsmanagement	204
	8.2.9 Emotion Work	206
	8.2.10 Sonstiges	208
	8.3 Goffmaneske Arbeit	209
	8.3.1 Goffmans rote Pille	210
	8.3.2 Nicht für die Vorderbühne	212
	8.4 Eine einflussreiche, aber seltene Soziologie?	213
	8.5 Die (für viele) unerträgliche Leichtigkeit des Goffman-Seins	215
Literatur		219

Einleitung 1

Erving Goffman ist nicht nur einer der großen Klassiker der Soziologie; er ist ein bei Studierenden zeitlos beliebter Klassiker. Seine Arbeiten sind alltagsnah und nachvollziehbar, unprätentiös und verständlich, und nicht selten sind sie ausgesprochen witzig. In ihnen bietet Goffman jedoch nicht nur eine tiefgründige, sondern eine Form der hinterlistigen Soziologie: Seine Strategie besteht darin, die Leserinnen an Grundeinsichten der Soziologie heranzuführen, indem er sie bei ihren Alltagserfahrungen abholt, sie in Anekdoten wohlig warm ruhen lässt und zwischendurch immer wieder das abstrahierende und soziologisierende Thermostat hochregelt. In Goffmans Analysen des Alltagshandelns erkennen Leserinnen[1] ihren eigenen Alltag beständig wieder und erkennen sich selbst als Teilnehmer in genau den gleichen Szenen, die Goffman beschreibt. Goffmans Darstellungen schließen an die Irritationen, Unwägbarkeiten und Seltsamkeiten des Alltags seiner Leser an: Die Unsicherheiten in Interaktionssituationen, die Goffman beschreibt, sind auch ihre eigenen. Durch diese hindurch werden Leser zu einer soziologischen Darstellung geführt, die weitreichende Einsichten ermöglicht. Sein Schatz besteht aus scheinbar banalen Szenen, die wir alle kennen, die Goffman jedoch aufwändig poliert, damit sie ihren Wert an den Tag legen.

Zur soziologischen Verwertung dieser sofort erkennbaren Alltagssituationen trägt Goffman eine metaphorische Umformulierung an sie heran: Durch die Metaphern von Theater, Spiel, Sprache und Ritual lässt er seine Leserinnen etwas anderes erkennen als das, was sie im Rahmen ihrer Alltagshandlung erkannt hatten. Goffman war Meister darin, Soziologie über Anekdoten, Geschichten, Szenen zu entwickeln und zu vermitteln, über nacherzählte, selbst erlebte, und auch

---

[1] Diese Arbeit wird, wenn sie von der gesamten Gruppe spricht, weder die männliche noch die weibliche Variante als Normalform verwenden, sondern männliche und weibliche Formen durcheinanderwerfen, wo alle gemeint sind, solange kein besonderer Bezug eine der beiden Formen notwendig macht. Beide Formen stehen jeweils für alle Mitglieder der Gattung (also in diesem Fall die Gattung derer, die lesen).

über Gerüchte und völlig erfundene Situationen, die an entscheidenden Stellen durch die Metapher gewandt Einsichten produzieren, die eine reine Anekdote nicht produziert hätte. Seine Leser eignen sich so im flanierenden Schritt durch ihre eigene Welt einen Perspektivenwechsel in Bezug auf das eigene Handeln an. So erfüllt seine Arbeit die soziologische Kernaufgabe: die *Befremdung der eigenen Realität*, beginnend beim durch und durch „Normalen" und Selbstverständlichen. Goffmans krönende Leistung besteht dann darin, diese metaphorisch befremdeten Anekdoten weiterzutreiben und von den eingängigen und nachvollziehbaren Alltagsbeispielen, bei denen er beginnt, auf tiefgründigere überzuwechseln, die im Vergleich zum eingängigen Beispiel sofort als Exemplar derselben Form, als in einem gewissen Licht das gleiche auffallen: Auf diese Weise schafft er es, die liebgewonnenen Alltagsglauben seines Publikums weit jenseits der einfachen Alltagsszene zu destabilisieren.

Der Trick funktioniert nicht nur durch die Nebeneinanderstellung des sofort Eingängigen und des Aufweckenden. Er funktioniert, weil Goffman es schafft, sein Publikum scheinbar mühelos mitzureißen.[2] Thomas Scheff nannte das den „shudder of recognition", den „Schauder der Erkenntnis". Dieser Stil, mit dem Goffman soziologische Befremdung der Alltagswelt auf dem Weg der Gegenüberstellung von Anekdoten erreicht, ist einfach zu lesen, aber deutlich schwerer zu verstehen. Goffman überlässt dem Leser seinen Anekdotenschatz, seine Beispiele, seine detaillierten Analysen, seine Neuordnungen der sozialen Welt. Es ist ein wenig wie ein Zaubertrick: Am Ende hat es funktioniert, jeder ist erstaunt und die Sicht gegenüber der Welt ist verändert, aber der Urheber macht niemals deutlich, wie es eigentlich funktioniert hat. Methodenkapitel und detaillierte Führungen durch Analysepraktiken gibt es bei Goffman nicht, und nachzuvollziehen, was Goffman eigentlich getan hat, um diese Erkenntnis zu generieren, ist durchaus voraussetzungsvoll und fordernd. Eine noch viel größere Herausforderung stellt das Verfassen einer eigenen Arbeit dar, die diese Linien aufgreifen möchte. Studierende lieben das Werk Goffmans, aber sie sind in der Regel nicht sonderlich gut darin, in ihren eigenen Arbeiten viel mit seinem Schatz anzufangen: Wenn Studierende, begeistert von den Einsichten, die sie durch Goffman gewonnen haben, sich daran machen, selbst ähnliche Arbeit machen zu wollen, erzählen sie zumeist einfach nur Anekdoten. Goffmans Truhe enthält einen reichen Fundus glänzender Konzepte, aber studentische Arbeiten machen selten mehr damit, als sie aufzunehmen und einige neue Beispiele hinzuzufügen. Das führt dazu, dass Goffmans Werk eine große Nachfrage nach Interpretationshilfen hervorruft.

---

[2] Dabei war es alles andere als mühelos: Swidner erinnert sich, dass Goffman als Autor Perfektionist war und lange brauchte, bis er mit einer Seite zufrieden war, nachdem er zuvor dutzende Versionen in den Papierkorb warf (Shalin und Swidner 2009).

1 Einleitung

Diese erklären dann in der Regel, was ich gerade erklärt habe: Einfach zu lesen, schwer zu durchschauen. Das liege vor allem daran, heißt es dann häufig, dass Goffmans Herangehensweise eine Mischung aus irreführender Einfachheit und versteckter Komplexität sei; eine feine und tiefgründige Theorie läge unter der Oberfläche des Werkes versteckt. Die Einführungen, die sich mit dieser Einsicht ausrüsten, fahren dann fort, indem sie darlegen, worin diese versteckte theoretische Systematik besteht: Sie bergen eine Schatzkarte mit einer genauen Wegbeschreibung zu Goffmans versteckter Systematiktruhe und glauben, würde sie geöffnet, wäre jenen, die goffmaneske Arbeit machen möchten, geholfen. Üblicherweise beginnen diese Übersichtswerke dann mit der Verortung der Einflüsse auf das Werk und zeichnen Goffmans wissenschaftliche Familiengenealogie nach. Sie üben sich in Begriffsbestimmungen und ordnen die Grundbegriffe Goffmans in die Systematik der Grundbegriffe verwandter und vorhergehender Autoren ein. Wenn Übersichtsarbeiten dieser Art sich Goffman widmen, versuchen sie, den unübersichtlichen, überlieferten Schatz an Geschichten zu ordnen und abzukochen, um dann aus den übriggebliebenen sterilisierten Knochen dieser Geschichten Blöcke zu schnitzen und aus ihnen ein ordentliches Haus zu bauen. Von diesem können sie dann eine Blaupause zeichnen, damit sie danach das Haus ignorieren, die abgekochten Geschichten vergessen und die Blaupause auswendig lernen können. Damit das keine Übersetzung in etwas ganz anderes ist, müssen sie zudem behaupten, dass diese Blaupause nicht etwa Ordnung herstellt, also die anekdotische Arbeit in Ordnung übersetzt, sondern lediglich die Ordnung *findet*, die die Geschichten schon immer augenzwinkernd versteckt hielten, die Systematik „offenlege", die den Autor schon immer umgetrieben habe. Sie müssen behaupten, dem Autor sei es „eigentlich" schon immer um diese Blaupause gegangen.

Eine häufig tradierte Geschichte über Goffman erzählt von seiner Begegnung mit Jürgen Habermas, der sich gefreut hatte, Goffman zu treffen, um mit ihm systematisch über solche Blaupausen zu reden, damit Goffman im persönlichen Gespräch die Lücken der Darstellung schließen könne. Jedoch wurde er von Goffman an jedem Punkt, bei jeder Frage nach Begriffen, Verbindungen und theoretischen Systematiken mit der Bemerkung ausgebremst: „Da fällt mir eine Geschichte ein!"[3] Basierend auf dem, was wir von Goffmans Interaktionen im Alltag ansonsten wissen (s. *Der Unzeremonienmeister* in Kap. 2), können wir mit an Sicherheit grenzender Wahrscheinlichkeit davon ausgehen, dass Goffman sich einen Spaß daraus gemacht hat, Habermas auf diese Art und Weise auszubremsen, der auch in die Falle getappt ist und sich wie gewünscht darüber aufgeregt

---

[3] Die Geschichte ist nicht im Druck zu finden. Zu mir gelangte sie in mündlicher Überlieferung durch Heinz Bude, der sie seinerseits von Lothar Krappmann hat.

hat, dass Goffman sich nicht auf seine abstrakten Fragen eingelassen hat.[4] Aber die Episode ist mehr als nur ein Spaß: Sie spiegelt Goffmans Einstellung zu theoretischer Explikation und sorgfältiger Exegese sehr gut wider. Goffman hat theoretische Systematisierung definitiv für keine angemessene und nützliche Art gehalten, über seine Arbeit zu reden. Eine solche stellt keine gute Hilfe dar, wenn Anleitung das Ziel sein soll: Eine Darstellung der Einflüsse Hughes und Simmels, ein Vergleich der Identitätsthematisierungen Goffmans und Meads helfen nicht, eine einzige goffmaneske Beobachtung zu machen. Oft verhindert dieser Abstraktionsgrad gerade, sich mit einem goffmanesken Blick dem Alltag widmen zu können.

Goffman hat daher zeitlebens offen und explizit Ordnungsversuchen dieser Art widerstanden und sich über solche Versuche geärgert. Genauso hat es ihn irritiert, wenn Autoren abstrakte „Verortungen" seiner Arbeit oder „Einordnungen" anderer Theoretikerinnen in Vergleich zu ihm anboten. Eine solche Systematisierung hat Goffman schon daher abgelehnt, da er nicht der Ansicht war, dass irgendetwas auf der Welt auf abstrakte Systeme und Blaupausen reduziert werden kann. Zudem bemerkte Goffman häufig, dass dieses Theater wissenschaftlicher Ernsthaftigkeit durch trockenes Theoriereden jene Soziologen, die es betreiben, vom ernsten Geschäft der Soziologie abhält: also von der tatsächlichen Untersuchung der sozialen Welt statt der Untersuchung der Theorien anderer Wissenschaftler *über* die soziale Welt und ihre Verbindungen zu- und untereinander.

Goffman hatte für Soziologen, die bedacht sind, die Disziplin zu ordnen, nicht viel übrig. Er tat, was Robert Park berühmterweise seinen Studierenden antrug: Er machte sich die Hände schmutzig und suchte beständig in seinem Umfeld Szenen, die für seine Analyse als Material verwendet werden konnten. Sich auf die Goffmansche Art (s. Kap. 3) die Hände schmutzig zu machen liefert aus Sicht „rigoroser" Wissenschaft „schmutziges" Material; seine Ordnung dieses Materials liefert aus Sicht rigider Interpretationsmechaniken „schmutzige" Konzepte. Seine Darstellung der Ergebnisse durch Anekdoten und Geschichten sieht aus der Sicht einer trockenen Wissenschaftsprosa wie eine „schmutzige Präsentation" aus. All das war jedoch keine Schlampigkeit und auch kein Verfehlen „wahrerer" wissenschaftlicher Standards, sondern der Versuch, aus der Sozialwissenschaft die Labormentalität fernzuhalten und damit wissenschaftliche Standards zu schaffen, die so offen sind wie die Welt, die sie erforschen wollen. Wie Kinder, deren Spielzeuge sterilisiert werden, die Widerstandsfähigkeit gegen die echte Welt mit ihren dreckigen Ecken verlieren, verlieren Soziologinnen, die die Welt auf rechtwinklige Blaupausen aus strengen Definitionen und ihre Erforschung auf strenge Methoden reduzieren, die Fähigkeit, Einsichtsreiches über diese Welt zu sagen. Eine

---

[4] Heute würde man hier vielleicht sagen: Habermas wurde getrollt.

1 Einleitung

Offenheit wie die, die Goffman bietet, macht die Soziologie erst lebendig, und wenn ich in dieser Einführung über die Aktualität Goffmans spreche, ist es gerade diese offene Herangehensweise, für deren Aktualität hier argumentiert werden soll.

Die vorliegende Einführung wird daher auf die sterilen Gepflogenheiten des Seriositätsdramas genauso verzichten wie Goffman das getan hat. Ziel dieser Arbeit ist nicht, eine Obduktion des Werkes von Erving Goffman zu liefern, damit nachträglich ein Genom sequenziert und festgestellt werden kann, welche Blutgruppe der Körper seiner Arbeit hatte. Das ist Arbeit, die Goffman gehasst hat, und ich möchte sie ihm nicht antun. Wenn Goffman aktuell bleiben soll, muss seine Arbeit fortgeführt, nicht an sie erinnert werden: Denn wenn man sich an etwas erinnert, ist es vorbei. Das bedeutet, in den Linien zu bleiben, mit denen er seine Analysen bestritt und Habermas „erwischte". Ich werde in dieser Einführung über Geschichten, Analogien und Metaphern einen Zugang zu Goffmans Soziologie zu finden versuchen und dabei auf strenge Definitionen und „geklärte Begriffe" verzichten. Ich werde zwar viele Goffmansche Begriffe und Beispiele, Anekdoten und Ordnungen aufgreifen, aber ich bleibe im Goffman-Stil und verwende sie nicht global, sondern immer nur im Rahmen einer Darstellung, für die sie nützlich sein könnten. Ich verwende auch nicht nur Goffmansches Material, sondern nutze zum Zweck der Verdeutlichung zusätzlich eigenes flaneurethnografisches (s. Kap. 3) Material: Also solches, das als nützlich verstanden wird, ganz egal, wo es herkommt, von mündlichen Überlieferungen und persönlichen Erlebnissen über Fernsehschnipsel und Songtexte, das alles gemischt mit einer Anbindung an die Werke Goffmans. Ich hoffe, dass diese Einführung so mit Goffmans Werk und seinen Analysen kreativ spielt, dass es sich nicht nur um eine dröge Widergabe handelt.

Diese Einführung hat natürlich eine Ordnung – ein Abfolge und eine Untergliederung sind in jedem Text unvermeidlich. Sie beginnt in Kap. 2 ganz konventionell mit Goffmans Lebens- und Wirkungsgeschichte, von der in den letzten Jahren sehr viel mehr bekannt wurde als zuvor, vor allem durch das großartige „Erving Goffman Archive"-Projekt von Dmitri Shalin in Las Vegas.

Kapitel 3 befasst sich mit Goffmans Feld, der face to face-Interaktion, und mit seinen offen wissenschaftlichen Praktiken zur Erforschung und Analyse dieses Feldes. In seiner Praxis der Flaneurethnografie sammelt er alles, was er finden kann: Wichtig ist nicht die wissenschaftspolitische Integrität der Materialquelle, sondern die Chance der Analyse, die diese Quelle bietet. In dieser Analyse ordnet er dieses Material um metaphorisch gewonnene Ideen. Beides ist nicht methodisch begrenzt: Wie das Material aus dem Flanieren im Alltag stammt, stammt seine Analyse aus dem offenen Zugriff auf Material über Metaphern in einer

Form, die ich korrespondierend zur Sammlung „Flaneurkategorisierung" nennen möchte. Es ist diese Offenheit der Sammlung und Ordnung, die nicht nur Goffmans tiefgründige Einsichten erlaubt; es ist zudem in ihrer scheinbaren Unsauberkeit die sauberste Form der *grounded theory*.

Kapitel 4 bis 6 sind die Kernstücke dieser Einführung. In ihnen greife ich auf, wie Goffman über die Metaphern des Rituals, des Theaters, des Spiels und der Sprache expliziert, wie wir im Alltag im Umgang mit Darstellungen aus rituellen Idiomen Realitäten miteinander ausmachen, angreifen und zerstören, sichern und stützen. Kapitel 4 spricht über Darstellungen und Rituale, Eindrucksmanagement und gegenseitige Unterstellungen; Kap. 5 befasst sich mit den Spielen, die wir mit diesen Ressourcen spielen; Kap. 6 thematisiert die Zerbrechlichkeit der so geschaffenen Bedeutungen, denn ein wesentlicher Teil der Chancen, die aus diesem Umgang mit rituellen Ressourcen entstehen, stammt aus den Gefahren dieses Umgangs. Goffmans Spiele thematisieren immer wieder die Gefahren der Zerbrechlichkeit gemeinsam aufrechterhaltener Welten und die Strategien, in denen Spieler diese Zerbrechlichkeit nutzen, um Realitäten zu verschieben.

Goffmans Hauptbetätigungsfeld ist die face-to-face Interaktion und Begegnungen des Alltags; es gibt jedoch ein substanzielles Feld, das er im Laufe seiner Karriere immer wieder aufgreift, um die Details der face-to-face Interaktionen an einem besonders herausstechenden Beispiel zu explizieren. Dieses Feld ist die Psychiatrie, und mit ihr befasst sich diese Einführung in Kap. 7. Einige seiner berühmtesten Texte thematisieren die interaktiv, in rituellen Spielen geformte Realität mit Hilfe einer Analyse dieses Umfelds, das für Goffman mehr ist als nur Hintergrundkontrastbild zu „normaler" Interaktion, aus dem die Dynamiken des aufeinander bezogenen Umgangs mit rituellem Idiom an ihrem Scheitern erkannt werden können. Die Psychiatrie ist für Goffman das klarste Eingeständnis, wie gebrochene Realitäten letztlich mit Druckmitteln wieder zusammengefügt werden. Sie ist damit der deutlichste Beweis für die gemeinsame Leistung sozialer Realität.

Letztlich überblickt Kap. 8 die Arbeit, die in Fortführung der Soziologie Goffmans gemacht wurde, nämlich die breite Rezeption seiner Konzepte und Anregungen. Dabei nehme ich vor allem Arbeiten auf, die sich mit Goffmans Begriffen verselbständigt haben und führe einige Linien weiter. An diesem Punkt möchte ich ebenso die Ordnung, die von Einführungswerken üblicherweise erwartet wird, ein wenig durchmischen. Konventionsbrüchig (zumindest das hätte Goffman gefallen) werde ich erst zum Schluss, und auch nur kurz, von wissenschaftlichen Schulenverortungen und Theorievergleichen sprechen. Das geschieht dann nicht, um sie selbst vorzunehmen und zu diskutieren, sondern um mit den bis dahin explizierten Inhalten der Arbeiten Goffmans an die Frage institutioneller

1 Einleitung

Verortungen als „Präsentationen des forscherischen Selbst" und „Präsentationen des disziplinären Selbst" zu erläutern: Denn die einzige Art, auf die man dieses Thema in einer Goffman-Analyse ansprechen kann, ohne sich gegen Goffmans Ansatz zu stellen, ist als Metadiskussion. Neben der breiten Rezeption der Goffmanschen Konzepte und einem weiten Feld theorievergleichender Werke über Goffman steht jedoch eine vergleichsweise dünne Rezeption seiner Arbeitsweisen. In diesem letzten Kapitel hoffe ich zudem, Anregungen für goffmaneske Arbeit zu geben, die nicht nur die Konzepte, sondern vor allem die Goffmanschen Flaneurtechniken aufgreift.

Ich behaupte dabei nicht, in dieser Ordnung und meiner Verwendung der Begriffe, meiner unweigerlich erfolgenden Privilegierung einiger Goffmanscher Diskussionen gegenüber anderen die „wahre Systematik" des Werkes von Erving Goffman entdeckt zu haben, weder in der Abfolge der Darstellung, noch in der Anordnung der Kap. 4 bis 6, die ja eine Ordnung haben mussten. Ich behaupte auch nicht, dass die vorliegende Einführung auf irgendeine Art und Weise „vollständig" ist. Dazu ist Goffmans Werk viel zu vielschichtig, breit, detailliert und ausführlich und nicht zuletzt auch, wie alle Texte, interpretationsoffen. Texte werden in Situationen und Kontexten gelesen, und unsere Deutungen von Texten sind mit diesen Situationen und Kontexten auf Arten und Weisen verbandelt, die jede Behauptung, eine „wahre Textbedeutung" entdeckt zu haben, immer als durchschaubaren Vorderbühnentrick zum Versuch der Durchsetzung einer Lesart erkennen lassen. Ich hoffe lediglich, dass Leser meine Ordnung und kontextuelle Lesart für nützlich halten werden, um selbst auf ihr aufbauend Arbeit zu machen, die vor allem kreativ, interessant und einsichtsreich ist. Des Weiteren fände ich es erfreulich, Leserinnen dazu zu bewegen, Goffmans Bücher (noch einmal) selbst zu lesen. Vor allem aber hoffe ich, sie nicht zu langweilen.

Ich danke Dan und Cheryl Albas in Manitoba für lange Gespräche über Goffman; wir können unsere Sätze gegenseitig beenden, und wir sind echte wissenschaftliche Geschwister. Dasselbe gilt für Robert Prus in Ontario, der mir beigebracht hat, immer darauf zu achten, was *genau* Menschen aufeinander bezogen tun. Stephan Moebius, dem Herausgeber dieser Reihe, gilt mein Dank dafür, dieses Buch überhaupt verfassen zu können. Ich danke ebenso Heinz Bude, der an der Universität Kassel ein Arbeitsumfeld und ein Arbeitsklima bereitstellt, das von keiner Universität dieser Welt zu übertrumpfen wäre.

Ich danke Marc-André Vreca, der nach einem Kampf mit meinen ersten Versionen wesentliche Hinweise zur Gestaltung des Textes geliefert hat. Auch Maria Lisa Krug und Alessandro Tietz haben sich den Text angetan, bevor er auf die Welt losgelassen wurde und bevor er bereit dazu war; sie haben wertvolle Hinweise beigesteuert, ihn in die gegenwärtige Form zu bringen. Ebenso danke ich

Viola Abermet und Maike Simmank, unseren, das heißt Heinz Budes und meinen Assistentinnen für ihre Mitarbeit, ohne die keines meiner Manuskripte jemals fertig würde. Wie immer bleibt jede Verantwortung für Textmängel selbstverständlich meine, und nur das, was am Text für gut befunden wird, darf meinen Unterstützerinnen und Unterstützern zugerechnet werden; jedwede Mängel sind ausschließlich mein Eigentum. Cori Mackrodt bei Springer VS gilt wie immer mein Dank für ihre unermüdliche Unterstützung.

Eine Notiz zur Quellenverwendung: Ich habe für Zitate aus Goffman-Texten ausschließlich Originalquellen verwendet und im Original zitiert. Ich bitte darum, dies nicht als Herabwürdigung der deutschen Übersetzung zu verstehen. Besonders in einer Arbeit, die sich interpretativ mit einem Gesamtwerk auseinandersetzt, ist das jedoch Standard; außerdem haben Übersetzungen Agenden, Interessen, Ziele – oder vielleicht einfach: Interpretationslinien, die in die übersetzten Formulierungen übertragen werden. Eine Übersetzung zu übernehmen bedeutet daher, diese Linien mit zu übernehmen. Zudem gehören Originalfassungen zu den wenigen Dingen, bei denen ich ein wenig pingelig sein kann, auch wenn ich das sonst selten bin. Ich hoffe, dass das die Lesbarkeit dieser Einführung nicht zu sehr beeinträchtigt.

Goffmans Werke sind in diesem Band unter Abkürzungen zitiert:

SCS: Goffman, Erving, 1951: Symbols of Class Status. The British Journal of Sociology 2, 4: 294–304.
CMO: Goffman, Erving, 1952: On Cooling the Mark Out: Some aspects of adaptation to failure. Psychiatry 15, 4: 451–463.
OPM: Goffman, Erving, 1957: Review of Other People's Money by Donald R. Cressey 1953. Psychiatry 20, 3: 321–326.
POS: Goffman, Erving, 1959: The Presentation of Self in Everyday Life. New York: Anchor Books.
ASY: Goffman, Erving, 1961: Asylums: Essays on the Social Situation of Mental Patients and Other Inmates. Garden City, NY: Anchor Books, Doubleday & Co.
ENC: Goffman, Erving, 1961: Encounters: Two Studies in the Sociology of Interaction. Indianapolis: The Bobbs-Merrill Company, Inc.
BPP: Goffman, Erving, 1963: Behavior in Public Places: Notes on the Social Organization of Gatherings. New York: The Free Press.
TNS: Goffman, Erving, 1964: The Neglected Situation. American Anthropologist 66, 6: 133–136.
IR: Goffman, Erving, 1967: Interaction Ritual: Essays on Face-to-Face Behavior. New York: Anchor Books.

1 Einleitung

SI: Goffman, Erving, 1969: Strategic Interaction. Philadelphia: University of Pennsylvania.
RIP: Goffman, Erving, 1971: Relations in Public: Microstudies of the Public Order. New York: Basic Books.
FA: Goffman, Erving, 1974: Frame Analysis: An Essay on the Organization of Experience. New York: Harper and Row.
ABTS: Goffman, Erving, 1977: The Arrangement Between the Sexes. Theory and Society 4, 3: 301–332.
GA: Goffman, Erving. 1979. Gender Advertisements. New York: Harper & Row.
RDK: Goffman, Erving, 1981: A Reply to Denzin and Keller. Contemporary Sociology 10, 1: 60–68.
FOT: Goffman, Erving, 1981: Forms of Talk. Philadelphia: University of Pennsylvania Press.
FC: Goffman, Erving, 1983: Felicity's Condition. American Journal of Sociology 89, 1: 1–53. 47.
TIO: Goffman, Erving, 1983: The Interaction Order. American Sociological Review 48, 1: 1–17.

Dieses Buch enthält verstreut kleinere Teile meines Beitrags „Rituelle Spiele mit Beziehungen" (2010c).

Der Außenseiter vom Dorf   2

Jürgen Raab bemerkt noch 2008, Informationen über Goffmans Privatleben seien „spärlich" (2008: 17, fn 1), man könne lediglich die Eckdaten zusammenfassen; alles andere sei Hörensagen, da Goffman selbst nicht darüber geredet hätte. Der letztere Punkt ist richtig: Über seinen Werdegang hat Goffman selbst höchst selten geredet, er wollte nicht, dass über ihn geredet wird und hat dafür die Geschichte verbreitet, er fände, man solle nur die Arbeiten lesen, das Leben eines Forschers sei zum Studium der Soziologie doch irrelevant. Sozialwissenschaftler, die sowieso gewöhnt sind, über Ideen zu reden, haben ihm das geglaubt. Jedoch ist über Goffmans Leben einiges bekannt. Seine Weggefährten haben immer wieder Informationen über sein Leben publiziert, und mittlerweile existiert ein prall gefülltes Archiv an Materialien, mit Zeitungsberichten, Korrespondenzen und Interviews mit Goffmans Weggefährten, Bekannten und Gegnern, zusammengetragen im „Goffman Project" von Dmitri Shalin in Las Vegas (das Projekt wurde kürzlich auf Herbert Blumer ausgeweitet). Aus diesem, aus anderem Quellenmaterial und aus persönlichen Gesprächen mit Menschen, die Goffman kannten (und deren Geschichten mit denen des Archivs bemerkenswert übereinstimmen), lässt sich ein feingliedriges Bild des Menschen zeichnen – auch wenn zugleich eingestanden werden muss, dass Goffman nicht wollte, dass das gezeichnet wird, wenn auch nicht aus den theoretischen Gründen, die er vorgegeben hat.

2.1 Persönlicher Werdegang

Goffman ist das Kind eines Händlers aus der tiefen kanadischen Provinz, der 1952 in eine der prominentesten Familien der USA eingeheiratet und der es in die höchsten Etagen der Soziologie geschafft hat. Er wurde am 11. Juni 1922 in Mannville, Alberta, Kanada geboren (Smith 2006: 8). Er ist der Sohn von Ann Averbach (ursp. *Averbakh*; Averbach ist der ans Englische angepasste Name) und Max Goffman. Max und Ann sind zwei von 200.000 Ukrainern, die in den zwei Jahrzehnten vor dem ersten Weltkrieg nach Kanada gekommen sind (Fine/Manning 2003: 458), Anne 1913 (Shalin/Daniels 2009), Max um 1917 (Shalin/Dynes 2009). Vor Erving kommt eine Tochter zur Welt, Frances Goffman, später Frances Bay.

Mannville ist ein „remote, rural environment", ein Dorf mit 300 Einwohnern an der kanadischen Bahnlinie, 1500 km westlich von Winnipeg (Cavan 2011). Infolge steigender Weizenpreise nach dem Ersten Weltkrieg (ebd.) befindet es sich zu Goffmans Kindheit ökonomisch im Aufwind, und im Umfeld dieser Gelegenheit eröffnet Max Goffman einen Laden, der die Bedürfnisse der Bauern in der Gegend deckt. Während viele der Bauern in Mannville, ebenso wie die Goffmans, Einwanderer aus der Ukraine sind, trennen sie religiöse Unterschiede: Die Goffmans sind die einzige jüdische Familie des Dorfes (Albas, pers. Komm.). Es ist eine Position, aus der heraus er früh mit Außenseitertum in Verbindung kam: „The Goffmans lived in Mannville, but were they actually part of the community? More likely they were marginal – outsiders – connected by a common language, Russian, but separated by the beliefs, practices and perspectives of religion and class" (Cavan 2011). Seine religiöse Herkunft hat Goffman zwar nicht versteckt, aber auch nicht nach außen getragen. Es heißt, er sei niemals religiös aktiv und nicht offen jüdisch gewesen; Harold Bershady berichtet in seinem Interview mit Dmitri Shalin, niemals etwas von Goffmans Judentum bemerkt zu haben (Shalin/Bershady 2009), und Mendlowitz nennt ihn „a Jew acting like a Canadian acting like a Britisher, [...] that was what he aspired to be" (Shalin/Mendlowitz 2009). Er flüchtet nicht davor – er unterstützte zugleich Heilmans Forschung in Synagogen (Shalin/Heilman 2009) – jedoch kommt öfter der Vergleich mit Woody Allen auf (Shalin/Heilman 2009, Shalin/Fox 2009), was die Art betrifft, auf die er über sein eigenes Judentum witzelte.

Die Familie zieht, als Goffman noch klein ist, vom winzigen Mannville ins bevölkerungsreichere, aber immer noch kleine Dauphin in Manitoba (4.000 Einwohner in den 1920er Jahren, Cavan 2011). Hier waren die Goffmans nicht mehr die einzige jüdische Familie, aber eine unter wenigen; Sherri Cavan[1] gibt an, dass es zwischen 12 und 20 waren (ebd.). Vater Max eröffnet hier einen „dry goods store" (Shalin/F. Bay 2009), der hauptsächlich Damenkleidung führt (Shalin/Katz 2009),

---

[1] Sherri (gespr. „Sh[-]REE") Cavan hat bei Goffman promoviert.

2.1 Persönlicher Werdegang

und das offenbar sehr erfolgreich. Wenn Cavan auf Klassenunterschiede hinweist, dann steht das in Bezug dazu, dass die Goffmans eine der reichsten Familien in Dauphin (Shalin/Katz 2009) sind; damit verbindet die Familie zwei völlig unterschiedliche Formen des Außenseitertums in diesem kleinen Ort. Frances wird hier Schauspielerin (Cavan 2011), was Goffman früh tiefe Einblicke in die Welt des Theaters eröffnet, und Max war derweil ein begeisterter Pokerspieler (ebd.: 23), was Goffman die Welt des Spiels zugänglich macht. Es ist im Übrigen nicht nur der Vater, der hier Anschlüsse bietet: der direktere Zugang zur Unterwelt des Glücksspiels besteht durch Goffmans Onkel Mickey Averbach, der in der Familienchronik als umtriebiger und charmanter Gauner beschrieben wird, der erst in einem Restaurant, dann auf der gesamten Länge der kanadischen Eisenbahn Kartenspiele organisierte und eine Buchmacheroperation unterhielt. Daher ist er als „Mickey Book" bekannt (Cavan 2011: 23-4). Später wird Goffman über Kartenbetrüger (und aus ihrer Perspektive) einen berühmten Beitrag verfassen, *On Cooling the Mark Out* (CMO).

Schließlich zieht die Familie in die Stadt Winnipeg, wo sie nach allen üblichen Kriterien weiterhin als erfolgreich gelten kann: Goffmans Vater nimmt einen Sitz an der Grain Exchange, einer Rohstoffterminbörse an (Shalin/Katz 2009, Shalin/Besbris 2009). Er besaß zudem mittlerweile eine große Zahl von Mietshäusern in Kanada und war Millionär (Shalin/Syme 2009). Frances Schauspielkarriere trägt derweil Früchte: Winnipeg ist eine Stadt mit einer großen Theaterkultur (Cavan 2011), und Frances wird zuerst Radioansagerin im Zweiten Weltkrieg beim kanadischen Rundfunk (der CBC), dann zu einer lokalen Berühmtheit mit Hauptrollen im Theater. Ihre Auftritte finden in den Lokalnachrichten große Anerkennung. Ihre Karriere pausiert, während sie heiratet und Mutter wird (Shalin/E. Bay 2009). Erst spät in ihrem Leben nimmt sie sie wieder auf und wird dann vor allem im Fernsehen durch eine Vielzahl von Gastrollen bekannt. Sie hatte unter anderem Rollen in *Cheers*, *ALF*, *Twin Peaks*, *Matlock*, *Quantum Leap*, *Who's the Boss*, *Charmed* und *Grey's Anatomy*; sie hatte wiederkehrende Rollen in *Seinfeld*, *The Hughleys* und *The Middle* und eine Hauptrolle im Film *Happy Gilmore*.[2] Sie erlangte einen Stern auf dem kanadischen *Walk of Fame*, bevor sie 2011 starb.

Goffman war ein energetisches, umtriebiges, rebellisches und ausgesprochen kleines Kind. Die Schätzungen, wie groß Goffman als Erwachsener war, gehen auseinander, aber der Sheriff von Clark County in Nevada setzt es offiziell auf 5'2",

---

[2] imdB, „Frances Bay": http://www.imdb.com/name/nm0062844/?ref_=fn_al_nm_1. Gerüchteweise gibt es einen Film, in dem Erving Goffman selbst einen Croupier in Monte Carlo spielen soll; das hat die Recherche bisher allerdings nicht aufgedeckt, was bedeutet, dass er entweder unter falschem Namen oder uncredited im Film war – oder, selbstverständlich, dass das Gerücht falsch ist.

ca. 1.57 m, fest (noch eine mögliche Quelle von Stigmatisierung; wie es dazu kam, dass der Sheriff eine offizielle Größe bestimmte, siehe unten). Er hatte „a reputation as a troublesome, mischievous prankster which began in his boyhood and continued into adolescence" (Cavan 2011: 22). Als Kind stahl er Äpfel (und nicht etwa, weil die Familie das brauchte), machte chemische Experimente im Keller und verursachte größere Explosionen und auch Schäden (Shalin/F. Bay 2009). In einer Schulaufführung von Hamlet, Goffman war 16, tauschte er das Wasser in der Requisitenflasche durch echten Alkohol aus (Shalin/Besbris 2009). Cavan berichtet weiter, es hätte „disastrous consequences" gegeben (2011: 22), welche das waren, wird nicht gesagt. Die *Prom Night*, den Abschlussball seiner High School in Winnipeg, störte er mit einem chemischen Gebräu, das den Ballsaal mit dem Gestank von faulen Eiern durchtränkte (ebd.). In einer anderen, häufig wiedererzählten Geschichte wird bemerkt, wie Goffman früh prekäre Situationen inszeniert hat, um sich dadurch selbst präsentieren zu können (in *Where the Action Is* spricht Goffman hier von „action" als Risiken, die eingegangen oder geschaffen werden, um sich als Meister des Risikos gerieren zu können, s. u.). Einmal hat der junge Erving sich besonders als Meister des Risikos hervorgetan, indem er die Katze eines Nachbarn von einem Baum rettete, von der sie nicht selbst wieder herunterkam. Avron Katz, ein Freund der Familie, erzählt von einer Geschichte, in der Erving einer Katze Alkohol gibt, und Katz (der Familienfreund; nicht das Tier) geht davon aus, dass das dieselbe Geschichte ist (Shalin/Katz 2009; das ist eine Darstellung, die sich mit einer anderen Version dieser Geschichte deckt, Albas pers. Komm.): Goffman hatte Alkohol an eine Katze verfüttert, die dann desorientiert den Baum hochrannte und aufgrund der dann eintretenden Folgen der Alkoholisierung nicht mehr in der Lage war, eigenmächtig abzusteigen, was Goffman eine Möglichkeit bot, sich als Retter der Situation zu inszenieren.

Seine wissenschaftliche Laufbahn beginnt erst wirklich nach seinem Masterstudium. Goffman studiert zunächst Chemie in Winnipeg, wo er zu diesem Zeitpunkt mit seiner Familie lebt. Anschließend zieht er von Winnipeg nach Toronto, wo er beim National Film Board arbeitet: Dort packt er Kisten mit Filmen, die innerhalb Kanadas verschickt werden und mit denen Kanada den Kanadiern bekanntgemacht werden sollte. Ein weiteres Mal ist somit Schauspiel ein wesentlicher Teil seines Lebens.[3] 1945 emigriert Goffman in die USA,[4] wo er in Chicago, dem Geburtsort der amerikanischen Soziologie, einem Zentrum des amerikanischen Prag-

---

[3] Cavan weist allerdings darauf hin, dass Goffman bemerkte, er hätte diese Position nur angenommen, um nicht in die Armee eingezogen zu werden. Es war nämlich eine Stelle in der Regierung, was ihn gegen eine Zwangsrekrutierung abgesichert hätte (2011: 26).
[4] Er bleibt allerdings sein Leben lang kanadischer Staatsbürger (Shalin/Fix 2009).

2.1 Persönlicher Werdegang

matismus und dem Leuchtturm ethnografischer Forschung, vor allem bei Everett Hughes Soziologie studiert (Fine/Manning 2003: 460); hier hört er auch Kenneth Burke, den „Urheber" dramaturgischer Analyse (Winkin 1999). Fine und Manning geben zu bedenken, dass die Formulierung von Yves Winkin (ein belgischer Schüler Goffmans an der University of Pennsylvania, Shalin und Fox 2009, der kurz vor Goffmans Tod der Übersetzer einer Rede Goffmans in Lyon war, Winkin 1999, und der viel auf Französisch über Goffman geschrieben hat), dieser Übergang hätte ihn „überwältigt", wohl ein Euphemismus dafür gewesen sei, dass er dort zunächst kein guter Student war (Fine/Manning 2003: 458). Er schreibt seine Masterarbeit über Seifenopern im Radio (Salerno 2004: 181).

Im Rahmen seiner Promotion, die er in Chicago betreibt, erhält er eine Position an der Universität Edinburgh; tatsächlich aber lebt er zwischen Dezember 1949 und Mai 1951 auf den abgelegenen, zu Schottland gehörenden Shetland Isles, wo er im kleinen Dorf Baltasound auf der Insel Unst erst im Hotel wohnt (dem berühmten Hotel aus *Presentation of Self, POS*), dann eine Hütte kauft, um unter den Bewohnern dieses Dorfs zu leben. Er isst fast jeden Tag in der Hotelküche mit den Angestellten. Seine Deckidentität ist die eines Amerikaners, der an Agrartechniken interessiert ist (Smith 2006: 12, Fine/Manning 2003: 458). Die Insel ist „a location as remote as can be found in the UK" (Smith 2006: 14), sicherlich nach anthropologischen Kriterien ein ausgezeichneter Ort für Feldforschung. Es ist außerdem ein Ort, der mit dem 300-Seelen-Dorf, in dem Goffman geboren wurde, einiges gemein hat (Cavan 2011). Er betreibt dort jedoch keine klassische Ethnografie, sondern interessiert sich für die alltäglichen Interaktionen. Die Shetland Isles, abgelegen und dünn besiedelt, bieten Goffman ein Abbild von Interaktionsspielen, die als prononciertes Beispiel für Interaktionen gelten werden, die er an Orten beobachten wird, die viel näher an den städtischen Zentren der (westlichen) Welt liegen. Die Grundlagen seiner Feldforschung, von der er Jahrzehnte zehren und deren Szenen er in all seinen Büchern wieder verwenden wird, liegen somit in einem schottischen Fischerdorf, in dem er wieder zwei Jahre lang Außenseiter ist – allerdings dieses Mal der absichtliche Außenseiter, der beobachtet, notiert und wieder geht.

Aus diesem Material schreibt Goffman 1953 seine Dissertation. Im selben Jahr verfasst Goffman zudem eine Auftragsstudie für das American Petroleum Institute (auf Vermittlung von Lloyd Warner) zu Tankwarten, *The Service Station Dealer*; Material aus dieser Studie findet sich ebenso in späteren Werken wieder, beispielsweise in seinen Ausführungen zur Vorder- und Hinterbühne in *Presentation of Self*. Manchmal heißt es, *Presentation of Self* sei die Veröffentlichung seiner Dissertation gewesen, aber das ist falsch: Die Dissertation beinhaltet einige Linien des späteren Buches, und in *Presentation of Self* wird das Material aus den Shetland-Beobachtungen weiterverwendet (bei Hinzufügung von Alltagsbeobachtungen, s. Kap. 3), aber die Dissertation bleibt in ihrer Originalfassung bis heute unveröffentlicht.[5] Erst 1956 erscheint *Presentation of Self in Everyday Life*, das Buch, mit dem er bekannt werden wird und das seitdem weit über eine halbe Million Mal verkauft wurde, erstmalig in England, als Publikation des Social Science Research Center der Universität Edinburgh (die viel populärere US-Version erscheint 1959).

Die Dissertation Goffmans war eine Weile unsicher. Die Mitglieder seiner Kommission waren Lloyd Warner, Everett Hughes, den Goffman verehrte, und Anselm Strauss, der in letzter Minute hinzukam, weil Herbert Blumer, der eigentlich den Platz hätte einnehmen sollen, nach Berkeley gegangen war (wohin Goffman ihm bald folgen sollte). Shalin berichtet, „[a]ccording to Anselm Strauss, Erving had to sweat it out [...] [Lloyd] Warren [sic] expected a more traditional dissertation that had to do with social stratification" (Shalin/Gusfield 2009). Warner bemängelte, es handele sich nicht um die Studie einer Gemeinschaft, sondern um eine Studie, die zufällig in einer Gemeinschaft stattgefunden habe; auch Everett Hughes war nicht vollends begeistert, hatte Goffman doch eine Menge neuen Jargon erfunden, der keine Verbindung zu bestehenden Konzeptionalisierungen aufwies. Am Ende machte Everett Hughes dennoch gegenüber dem Komitee seinen Einfluss geltend und beschwor es „to cut this American Simmel some slack" (Shalin/Gusfield 2009).

Nachdem Goffman nach seiner Feldzeit in Schottland wieder nach Chicago kam, heiratet er 1952 Angelica Schuyler Choate, genannt „Skye" (Shalin/Gusfield 2009),[6] die während Goffmans Master- und Promotionsstudiums an der Universität Chicago im Bachelorstudiengang Psychologie eingeschrieben ist (Shalin/Wrong 2009, Fine/Manning 2003: 459), danach jedoch in die Anthropologie wechselt. Goffman selbst kommt nicht aus einem armen Elternhaus, aber Schuyler war „a high society lady" (Shalin, in Shalin/Lang 2009). Ihre Familie besaß Zeitungen und gehörte zu dem, was einer amerikanischen Aristokratie am nächsten kommt, dem Geldadel Neuenglands (Shalin/Lang 2009). Die Familie war nicht so bekannt wie die Kennedys, aber auf demselben sozialen Level, und man kann ihre Geschichte bis zur Mayflower zurückverfolgen (Shalin/Heilman 2009), einem der Schiffe, auf denen die ersten englischen Siedler nach Nordamerika kamen. Damit hatte Goffman, der klein gewachsene Junge aus der tiefen kanadischen Provinz und Kind ukrainisch-jüdischer Einwanderer, in eine der prominentesten (und protestanti-

---

[5] Seine tatsächliche Dissertation hat er geheim gehalten; Aaron Cicourel, der über sie Bescheid wusste, konnte ihn damit erpressen, er würde alles preisgeben, was sie enthält (Cicourel 2009 in den Goffman Archives).

[6] Das ist die Aussprache des Namens: „Sky-ler", wie in *Breaking Bad*.

2.1 Persönlicher Werdegang

schen) Familien der USA eingeheiratet.[7] Die Kombination aus Goffmans erfolgreicher Herkunftsfamilie und seiner hohen Heirat macht die Goffmans reich. Erving benötigte das Einkommen aus seiner Tätigkeit nicht wirklich: „Erving [...] had no worries about money, which was quite different from the rest of us" (Shalin/Lang 2009). Schuyler und er fuhren in Berkeley einen Morgan, einen teuren englischen Sportwagen, von dem jährlich nur ein Dutzend hergestellt wurden, und mit diesem fuhren sie bei den Casinos in Nevada vor (s. u.; Shalin/Syme 2009; zu den Casinos gleich mehr).

Schuyler schloss ihre Promotion niemals ab,[8] schrieb jedoch eine Masterarbeit über die Praktiken der Statusdarstellung der High Society, in der sie Goffman zitiert.[9] Erving und Schuyler werden 1951 die Eltern von Tom. Heute ist Tom Goffman Onkologe (Shalin/Wiseman 2009), hat jedoch auch Arbeiten zur sozialen Interaktion von Ärzten verfasst (T. Goffman 2004). Schuyler wird, solange Goffman sie kennt, jedoch von Problemen geplagt. Schon während Goffmans Studien an der psychiatrischen Klinik St. Elisabeth (s. u.) war Schuyler selbst in psychiatrischer Behandlung.[10] Die Psychiatrie ist ein Feld, das Goffmans Soziologie nachhaltig beeinflussen und immer wieder durchziehen wird (siehe Kap. 7; Shalin/Lang 2009). Goffmans Betrachtungen der Psychiatrie aus der Sicht sowohl von Patienten als auch aus der Perspektive der Familie, die an einem Zerfall der gemeinsamen Realität leidet, stammen aus dieser Periode, und seine Weggefährten äußern die Ansicht, dass seine Wahl dieses Feldes eine Folge dieser Probleme seiner Frau gewesen sei: „Erving was of a poor opinion about psychiatrists and the treatment Schuyler had been getting, and her situation might have spurred his interest in total institutions" (Shalin, Shalin/Lang 2009).

---

[7] Seine Schwester Frances heiratete den Sohn der Familie Bay, die in Dauphin einige Häuser und neben dem Laden der Goffmans auch einen eigenen Laden hatten. Er war ebenfalls jüdisch, was die Familie enorm erleichterte: Als Frances in ihren Schaupielerjahren mit nicht jüdischen Freunden nach Hause kam, hatte das der Familie einiges an Sorgen bereitet (Shalin/F. Bay 2009); dass Erving eine Protestantin heiratete, schien dagegen nicht so viel Probleme gemacht zu haben (ibid.). Das könnte eine im Nachhinein nach dem Tod aller Beteiligten geglättete Geschichte sein, aber dafür erzählen sie zu viele von Dmitris Interviewpartnern ähnlich.

[8] Amerikanische Akademiker sprechen von „ABD", „all but the dissertation": Sie hatte alle Voraussetzungen erfüllt, nur die Dissertation nicht. Das klingt für Deutschland etwas seltsam, da wir keine anderen Voraussetzungen kennen; aber in den USA müssen Kurse belegt und mündliche Tests bestanden werden, bevor die Dissertation eingereicht werden kann.

[9] Goffmans erster Artikel, *Symbols of Class Status* (SCS), ist umgekehrt eine klare Weiterverwendung derselben Linie.

[10] Mehrere Quellen geben an, dass sie sogar in genau der Klinik behandelt wurde, die Goffman erforschte (z. B. Shalin/Heilman 2009).

Nachdem er nach seiner Promotion zunächst keine Stelle an einer Universität erhalten hatte, geht er 1954 als Forscher an das gerade neu gegründete *National Institute of Mental Health* in Bethesda, Maryland (und lebt währenddessen in Washington, D.C.), von dem aus er seine Psychiatriestudien vornimmt. 1955 beginnt er seine Beobachtungen am St. Elisabeth Hospital, wo er offiziell der Assistent des Leiters des Sportprogramms war (Fine/Manning 2003: 459). Goffman sagt später, dass er diese Rolle gewählt hatte, um eine „Zwischenrolle" zu haben: „I didn't want to be an inmate, and I didn't want to be associated with the doctors" (zitiert nach Shalin/Segre 2009). Es war übrigens eine weitgehend verdeckte Beobachtung: Nur die Administratoren wussten von Goffmans Projekt, auf der Station waren alle der Ansicht, es handle sich um den stellvertretenden Sportdirektor (Ledger 1982).

Als Goffman es schon fast aufgegeben hatte, eine Position an einer Universität zu erhalten, kommt 1958 der Ruf der University of California in Berkeley, wo Herbert Blumer den Auftrag hatte, vielversprechende Sozialwissenschaftler aller Perspektiven zu rekrutieren, um die Soziologie in Berkeley auszubauen. Rodney Stark erinnert sich, „they went out and hired Herbert Blumer and gave him a blank check, basically telling him, ‚Build the best sociology department in the world'" (Shalin/Stark 2009). Hier wird Goffman *assistant professor*; er übernimmt eine Stelle, die durch Tomatsu Shibutanis Verlassen Berkeleys frei wurde (Winkin 1999).

Während ihrer Zeit in Berkeley begeht Schuyler Selbstmord: Sie stürzt sich nach langem Leiden von der Brücke, die von San Rafael nach Richmond in der Nähe von San Francisco (und damit auch in der Nähe Berkeleys, s. Shalin/Wiseman 2009) führt.[11] Von bösen Zungen wird manchmal behauptet, dass Goffmans Interaktionsformen zu diesem Selbstmord beigetragen hätten; das ist jedoch „Unsinn" (Bott-Spillius 2009), eine Geschichte, die in der Regel von jenen lanciert wird, die Goffman als Person negativ gegenüberstanden und diese Abneigung allzu gerne universalisieren wollten, indem sie annahmen, dass jede Person, die mit ihm interagiert hatte, so hätte fühlen müssen. Das war nicht der Fall. Goffman war in der Tat im Alltag konfrontativ und herabsetzend (s. u.) – allerdings nur zu Fremden oder entfernten Bekannten, und dann mit dem ironischen Ziel, zu sehen, wie sie reagieren würden (und in der Hoffnung, sie würden ihm Paroli bieten). Er hat diese Interaktionsform selten gegenüber engen Vertrauten angewandt. Viele von Goff-

---

[11] Sherri Cavan bemerkt im Übrigen die Seltsamkeit dieser Wahl: „Now, there are three major bridges in this area – nobody commits suicide off that bridge, nobody [...] it doesn't have a walkway. You have to drive yourself out and then abandon your car" – was sie getan hatte, sie ließ einen Jaguar mit laufendem Motor auf der Brücke zurück. In den Tagen vor ihrem Selbstmord hatte Erving noch bei ihrem Psychiater angerufen und seine diesbezüglichen Sorgen mitgeteilt. Er wurde abgewiegelt, Schuyler sei nicht selbstmordgefährdet (Shalin/Piliavin 2009).

2.1 Persönlicher Werdegang

mans Freunden loben seine Freundschaft; Sherri Cavan, Jacqueline Wiseman, John Lofland, Joe Gusfield und die Piliavins unternehmen besondere Anstrengungen, Dmitri Shalin mitzuteilen, welche hohe Meinung sie auch persönlich von Goffman hatten und wie sehr sie die Geschichten über Goffmans Gemeinheit nur vom Hörensagen kennen. Das gilt auch für seine Frau und Familie: Nur, weil Goffman einmal bösartig zu Fremden war, bedeutet das nicht, dass diesen Fremden nun geglaubt werden muss, wenn sie daraus Schlüsse über die Beziehung zwischen Erving und Schuyler ziehen.

1966 lässt er sich in Berkeley freistellen und verbringt sein Forschungsfreisemester am Harvard Center for International Affairs, wo er mit dem Spieltheoretiker Thomas Schelling Freundschaft schließt (Smith 2006: 9, Fine/Manning 2003: 459). 1968 nimmt er schließlich eine Position in Pennsylvania als Professor für Anthropologie und Soziologie an. In diesem Rahmen ist übrigens die Unterschiedlichkeit der verschiedenen „offiziellen" Versionen, quasi die Vorder- und Hinterbühne der Entscheidung (s. u.), interessant: Vor seinen Freunden gibt er an, dass er durch diesen Umzug seinen Sohn aus dem Milieu der Studentenbewegung Berkeleys der sechziger Jahre mit ihren Drogenexzessen entfernen möchte; Berkeley ist das Zentrum der „counterculture". Jacqueline Wiseman erzählt, dass es nach Goffmans Darstellung eine familiäre Entscheidung gewesen sei, diesen Wechsel vorzunehmen, mit dem Ziel „to get his son out of that environment" (Shalin/Wiseman 2009). Sherri Cavan sekundiert: „Part of the reason he left Berkeley was because of the student strike and the free speech movement. He found it terribly upsetting. He felt that students came to the university to study and that all of this rabble-rousing on campus was just disruptive to the academic enterprise" (Shalin/Cavan 2009). Aber der Rebell Goffman konnte das nicht zur offiziellen Variante der Geschichte werden lassen: Vor seinen Kollegen dramatisierte er den Willen zu bleiben, falls das Angebot stimmte. Der damalige Dekan in Berkeley, Charles Glock, erinnert sich daher vielmehr, dass Goffman mit dem Angebot aus Pennsylvania zu ihm gekommen war und ihm angeboten hatte zu bleiben, wenn Berkeley mit diesem Angebot in einem Punkt gleichzieht: Pennsylvania bot ihm mehr Geld, aber das war ihm nicht wichtig. Dort bot man ihm ebenso eine namhafte Professur (die Benjamin-Franklin-Professur, von der es „acht oder neun" in verschiedenen Fachbereichen gab, Shalin/Segre 2009), aber auch darauf konnte er verzichten. Das Ausschlaggebende am Angebot aus Pennsylvania war, dass er dort so viel oder so wenig unterrichten durfte, wie er wollte; Goffmans Präferenz war natürlich: wenig. Das war der eine Teil, den Berkeley aus institutspolitischen Gründen nicht bieten konnte, da sonst, so Glocks Befürchtung, alle anderen Professorinnen auch erwarten würden, Lehrvergünstigungen zu erhalten. Was Glock allerdings nicht erzählt, ist, dass es in

Berkeley durchaus solche Arrangements gab, nur dass dann die halbierte Lehrverpflichtung, die Goffman gefordert hatte, damit einherging, dass der Staat Kalifornien nur die Hälfte seines Gehaltes zahlte und die andere Hälfte von Stiftungen übernommen wurde. Neil Smelser erinnert sich, dass der bekannte Religionssoziologe Robert Bellah ein solches Arrangement mit Berkeley hatte; Smelser sagte Goffman, dass ein ähnliches auch für ihn möglich sein könnte. „But Erving would have none of that kind of understanding; he wanted the half-time arrangement as an outright gift [...] Erving would not budge from his position, and his departure was thereby almost guaranteed" (Smelser 2009). Goffman ging nach Pennsylvania, wo er bis zu seinem Tod bleibt, und schaffte es zugleich, eine Vorderbühne aufrecht zu erhalten, nach der er nur aufgrund des Arrangements gegangen war und geblieben wäre, wenn Berkeley nur Ähnliches geboten hätte. Dabei hat Goffman, der Meister der Analyse der Praktiken, mit denen Menschen Regelkommunikationen benutzen, um eine „korrekte" Vorderbühnenpräsentation aufrecht zu erhalten (s. u.), jede Möglichkeit abgelehnt, in Berkeley zu bleiben.

In Pennsylvania hat er eine Professur, die an Anthropologie und Soziologie doppelangegliedert war; allerdings war Anthropologie erstgenannt, und sein Büro befand sich im anthropologischen Museum. Als Renée Fox, selbst Ethnografin, Dekanin der Soziologie der University of Pennsylvania (UPenn) wurde, sorgte sie dafür, dass Goffman in der dortigen Soziologie tiefer eingebunden wurde. Goffman nahm diese Einladung gerne an, und beide wurden enge Freunde. Goffman und Fox betreuten einige Dissertationen zusammen (unter anderem die von Eviatar Zerubavel), und Goffman verteidigte Fox gegen viele Angriffe. In seiner neugefundenen Internalität in der Soziologie verhinderte Goffman die Berufung einiger „Ostküsten-Funktionalisten" und unterstützte die Berufung von Elijah Anderson, der heute einer der berühmtesten lebenden Ethnografen Nordamerikas ist (Lidz 2009).

Nach dem Tod seiner Frau bleibt Goffman sechzehn Jahre alleinerziehender Vater, bis er 1980 wieder heiratet: Seine zweite Frau ist Gillian Sankoff, eine Linguistin. Sie redigiert seinen letzten Artikel, *Felicity's Condition* (FC), und macht aus einer Vorversion einen publizierbaren Text. Mit Gillian hat er ein zweites Kind, eine Tochter: Alice Goffman wird in Goffmans Todesjahr 1982 geboren und ist heute Professorin an der University of Wisconsin in Madison. Das ist im Übrigen interessant: Sie hatte Angebote von Universitäten, die im Rang viel höher standen als UW Madison. Der Dekan in Wisconsin war allerdings Douglas Maynard, ein großer Bewunderer von Erving Goffman, der ihn in den 1970ern vom Flughafen abholte, als Goffman eine Rede an eben dieser UW Madison halten sollte (und mächtig aufgeregt war, Goffman treffen zu können). Mit ihrer Ethnografie *On The*

2.1 Persönlicher Werdegang

Run (2009) folgt Alice den Fußstapfen ihres Vaters; 2011 hält sie die Keynote-Rede zum Abschluss der Konferenz der amerikanischen Soziologievereinigung in Las Vegas. Gillian heiratete nach Ervings Tod den Linguisten William Labov (Shalin/Besbris 2009).

Für die Periode 1981-1982 wird Goffman recht unerwartet zum Präsidenten der amerikanischen Soziologievereinigung, der ASA, gewählt. Goffman stand nicht im Zentrum seiner Disziplin; auch war seine Art, Soziologie zu betreiben, nicht die, die die amerikanische Soziologie dominierte.[12] Er wurde im Nominierungsverfahren durch ein „grassroots movement", durch Aktivismus von unten, auf die Wahlzettel gesetzt: Es gab eine Petition zu seinen Gunsten (Shalin/Dynes 2009), und sein Schüler John Lofland führte die Kampagne zur Rekrutierung Goffmans (Shalin/Fine 2009). Am Ende gewann er die Wahl. Die Mitglieder waren zunächst besorgt, ob Goffman sie überhaupt annehmen würde, war er doch nie ein aktives Mitglied der Vereinigungsbürokratie und kümmerte sich um seine Studien, nicht um Verwaltung. Er wollte die rituelle Verantwortung, aber nicht die bürokratischen Pflichten, die damit einhergingen. Er wusste gar nicht, wie diese Dinge überhaupt funktionierten (Shalin/Dynes 2009), was ihn dazu brachte, in Sitzungen einige rituelle Fehltritte zu begehen: „He was not very good at chairing council" (Shalin/Dynes 2009), involvierte sich in inhaltliche Fragen, wo es nur um die Prozedur ging und hielt die Redelisten nicht ein (Shalin/Daniels 2009; es ist jedoch genauso wahrscheinlich, dass zumindest ein Teil dieser Ritualbrüche Absicht war, s. u.). Joan Huber, die damalige Vizepräsidentin, bemerkte im Gegensatz dazu, dass Goffman die Prätentionen der Vereinigung schnell auseinandergenommen hat. Das war zu erwarten: Das gesamte Werk von Goffman dreht sich darum, wie unterschiedliche offizielle und inoffizielle Realitäten dargestellt werden, wie eine „offizielle Version" der Welt erschaffen und eine inoffizielle subtil mitkommuniziert wird. Wir neigen dazu, im Alltag die offiziellen Teile schnell zu glauben; aber unverständlicherweise sind Soziologen in ihren Institutionen oft ihren Prätentionen völlig unironisch verpflichtet, als bestünde ihr Beruf nicht darin, hinter die Kulissen zu schauen. Huber berichtet, „Erving's most impressive characteristic was clarity in assessing what organizations were really like. Except for Erving, most of the ASA presidents ... were serious and sincere about their mission. [...] Erving had no delusions about a mandate" (Huber 2009).

---

[12] Dass sein Büro in Pennsylvania bei den Anthropologen verortet war, spiegelte so auch seine langsam einkehrende gegenseitige Entfremdung wider: Auf der einen Seite hatte Goffman in den Jahren zuvor immer wenig von der Art von Arbeit gehalten, die eine zunehmend quantitative Soziologie ausmachte, auf der anderen Seite empfanden viele der „rigoroseren" Soziologen seine Arbeit als „essayistisch".

Die Aufgabe von Vereinigungspräsidenten besteht im Grunde nur daraus, die Jahrestagung zu organisieren, und die einzig wirkliche Freiheit, die dieser Person zugestanden wird, besteht darin, das Thema der Tagung zu bestimmen, die in diesem Jahr in San Francisco stattfand, und auf ihr die Präsidialrede zu halten. Beides tat Goffman nicht. Das erstere aus Überzeugung, da er seinen Kolleginnen keine Themen vorgeben und ihnen die Freiheit lassen wollte, zu machen, was sie für wichtig hielten: „he did not want to impose on the membership any particular theme" (Shalin/Dynes 2009); das letztere nicht, weil seine Krankheit dazwischenkam. Vor der Rede instruierte er Huber, deren zeremonielle Aufgabe es war, ihn als Redner auf dem Podium anzukündigen, dass sie all die üblichen Huldigungen, Lebensdaten, Werkseckpunkte etc. lassen sollte. Sie sollte nur sagen: „‚This is Erving Goffman, your president. He would rather hear himself speaking than being spoken about': After these two sentences, I was to shut up and sit down" (Huber 2009). Aber dazu kam es nicht. Goffmans Magenkrebs wurde in der ersten Hälfte 1982 entdeckt, zu einem Zeitpunkt, zu dem er bereits inoperabel war. Während der Tagung war er noch am Leben, aber zu krank, um teilzunehmen.[13] Er stirbt am 19. November 1982.

2.2 Selbstpräsentation: Der versteckte Mensch

In *Presentation of Self* untersucht Goffman detailliert, wie unterschiedliche Präsentationen vor unterschiedlichen Bühnen aufrechterhalten werden und wie Menschen die über sie offen erhältlichen Informationen zu kontrollieren versuchen; Jaworski nennt es eine Metapher für Goffmans eigene Karriere, in der „his work became a stage on which he could invent himself" (2000: 305). In *Stigma* geht es zentral darum, wie Menschen ihren öffentlichen Auftritt organisieren, wenn sie etwas zu verstecken haben oder aber in der Position sind, dass Informationen, die für das öffentliche Image zerstörerisch sind, nach außen gedrungen sind und gemanagt werden müssen. Goffman war in seiner Soziologie wesentlich damit beschäftigt,

---

[13] Was aus der Rede wurde, ist unklar. Zum Teil heißt es, die damalige Vizepräsidentin der ASA, Joan Huber, habe sie gehalten (Shalin/Daniels 2009). Das kann aber nicht sein, da Huber es Goffmans Protégé John Lofland zuschreibt, sie gehalten zu haben (Shalin/Huber 2009). Lofland wird von Shalin interviewt, allerdings bevor diese Frage auftrat, so dass er ihn nicht fragte. Lofland erwähnt von sich aus nichts davon, dass er es war. Gary Alan Fine erinnert sich, gehört zu haben, sie wäre einfach ausgefallen (Shalin/Fine 2009). Zudem schreibt Randall Collins, es sei die spektakulärste Dramaturgie gewesen, die man sich hätte vorstellen können: „Speech cancelled, Goffman dying" (Randall Collins, zitiert in Ritzer 2010: 148). Das sind aber alles widersprüchliche Aussagen, so dass ich mich nicht festlegen kann.

2.2 Selbstpräsentation: Der versteckte Mensch

die Strategien zu explizieren, die Menschen in solchen Situationen offenstehen; zugleich verwendete er diese Strategien selbst, um sein eigenes öffentliches Bild zu kontrollieren. Das beinhaltet eine Abschirmung seiner Familie und familiären Herkunft vor den Blicken seiner Kollegen, eine Dramaturgie der scharfen Trennung seiner Soziologie von seiner Person und eine Selbstdarstellung als fröhlicher Regelbrecher. Goffman versuchte, maximale Kontrolle über die Präsentation seines Werkes auszuüben und dem nur eine minimale Präsentation seiner Selbst beizumengen – als wolle er dem Tenor seines Werkes sowohl huldigen als auch zeigen, wie es unterlaufen werden kann.

Seine eigene Selbstpräsentation ist dezidiert unakademisch: Er bestand darauf, nicht betitelt zu werden, „Dr. Goffman" war ihm ein Gräuel. Die beiden existierenden Bilder Goffmans sind zudem sehr unrepräsentativ, was sein äußeres Erscheinungsbild angeht: Das immer wieder reproduzierte Bild des jungen Goffman am Schreibtisch ist das offizielle Bild aus seiner Zeit in Berkeley, das als Professorenbild dort hinterlegt war. So wie auf diesem offiziellen Bild sah er aber nie aus. Er war immer unrasiert (Shalin/Bershady 2009, Shalin/Frankelson[14] 2009), seine Kleidung war in der Regel ungebügelt (Shalin/Bershady 2009), und er war selten in formaler Kleidung zu sehen: Er kam nie im Jackett und selten im Hemd, sondern in Chinos und Pullovern (Shalin/Stark 2009), die er im Secondhandladen kaufte (Shalin/Frankelson 2009). Als ein Besucher der Universität aus der Fakultätssitzung kam und fragt, wo denn Goffman war, antwortete sein Kollege Harold Bershady: „Didn't you see the guy dressed like a cab driver? That was Goffman" (Shalin/Bershady 2009). Wiseman berichtet, er sei mit seinen Studenten näher verbunden gewesen als mit seinen Kollegen (Shalin/Wiseman 2009). Seine Seminarorganisation sah so aus, dass er die ersten zwanzig bis dreißig Minuten ins Thema einführte – und das auf eine Art und Weise, die Studierende oft an „Nachtclubmonologe" erinnerte, also an die Routinen von stand up comedians (Miller 2009) – und seine Teilnehmer dann bat, eigene Anekdoten zu erzählen, die in die Analyse mit einfließen konnten; viele seiner Beispiele stammen aus diesen Erzählungen (Shalin/Daniels 2009). Seine Seminare waren gut besucht und locker. Manchmal kam Goffman mit dem Motorrad zur Uni, lief mit dem Helm in der Hand in den Raum, feuerte ihn auf den Tisch und begann mit seinem Seminar (Shalin/Best 2009). Sie waren informell, er saß auf dem Tisch (Shalin/W. Clark 2009) und ließ alle sprechen.

Goffman hält seine private Welt aus seinem professionellen Leben fern. Shalin bemerkt, „the man who studied the backstage of other people didn't want to expose his own" (Shalin/Lang 2009). Mit einer kuriosen Ausnahme: Die Telefonnum-

---

[14] Frankelson ist Goffmans Cousine.

mer, die er im Beitrag zu Telefongesprächen in *Forms of Talk* publiziert, ist seine damalige tatsächliche Telefonnummer. Cavan sekundiert, „His grasp of theatrics as a production of impressions provided a way to protect his privacy" (2011: 27). Goffman weigerte sich, Medienauftritte wahrzunehmen, und trat sonstigen Gelegenheiten, sich der Öffentlichkeit zu stellen, sehr skeptisch entgegen. Fotografinnen hat er vertrieben, wenn er öffentlich sprach (Winnipeg Free Press 1976: 83, Ledger 1982). Er ließ sich nicht auf Band aufzeichnen (Ledger 1982), und offizielle Anlässe waren ihm verhasst. Als er in Kanada, „zuhause" eingeladen war, eine Rede zum Abschluss des Jahrgangs zu halten, in dem auch die Tochter seiner Cousine ihren Abschluss machte, wollte seine Cousine Frankelson die ganze Familie und einige Mitglieder der Abschlussklasse zu einer großen Party bei sich zuhause einladen. Goffmans Mutter warnte sie, „forget it, Erving does not want that". Und tatsächlich erfüllte Goffman nur die Minimalanforderungen: Er kam rein, küsste seine Cousine und machte sich sofort wieder in Richtung Flughafen auf. Er redete sonst mit niemandem auf dieser Party (Shalin/Frankelson 2009). Als er eingeladen wurde, eine völlig freie Rede zu einem selbstgewählten Thema vor dem gesamtem Abschlussjahrgang einer hochrangigen Rechtsfakultät zu halten, was sicher große Presseaufmerksamkeit erfahren hätte, lehnte er schroff ab. Seine Antwort war: „I don't have to, I don't want to, I'm not going to. No." (Erwin 1992).

Auch Interviews gab er kaum. Die berühmten Ausnahmen sind Winkin 1984, Verhoeven 1993a, b, sowie ein Interview auf der ASA-Tagung, an der er zum Präsidenten gewählt worden war – da aber widerwillig, mit diesem Interview wurde er überwältigt. Auf dieser Tagung stand Dynes auf dem Gang, als ein Reporter kam, und Dynes sagte dem Reporter: „Da hinten ist Erving Goffman, der neue Präsident, ich schicke Sie zu ihm". Einige Minuten später kommt Goffman zu Dynes und warnt ihn, „don't ever do this to me again" (Shalin/Dynes 2009). Er gab Ledger ein Interview, bestand aber darauf, nicht über sich und seine Arbeit zu reden, denn das würde dazu führen, dass der Interviewer aus seinem Leben eine Story machen würde, und es wäre keine. Solche Geschichten würden das Insignifikante wichtig aussehen lassen (Ledger 1982). Nun ist Goffmans ganze Arbeit eine, die aus dem scheinbar Insignifikanten Wichtiges macht – insofern ist sein Widerstand keiner gegen die Erhebung des putativ Unwichtigen zum Wesentlichen. Es ist ein Widerstand dagegen, dass jemand *außer* ihm *seine* Details verwendet, um sie zu einer Geschichte über ihn zu spinnen (was im Alltag natürlich mit Psychologismen geschehen würde!). Ein solches Interview würde dazu führen, dass die Presse mit Hilfe seiner Worte eine Story über ihn erzählt – und diese Story wollte er nicht mit seiner Hilfe erzählen lassen. Das hieß natürlich, dass die Presse eine

2.2 Selbstpräsentation: Der versteckte Mensch

Story über ihn ohne seine Worte erzählte – was oft viel schlimmer ist. Genau das ist in der Tat passiert, als Goffman eine Anfrage einer Zeitung am Rande einer Konferenz schroff abgewiesen hatte: Die Zeitung publizierte ein Editorial, das ihn scharf verurteile (s. Ledger 1982). Viele Nachfragen der Presse, Skandale zu kommentieren, laufen über die Schiene „auf diese Weise kommt auch Ihre Version in die Öffentlichkeit, nicht nur die der Gegenseite". Aber das ist natürlich genauso sehr eine Falle wie die polizeiliche Versicherung, es würde alles nur schlimmer, wenn man lüge, denn die Presse wird die eigenen Worte ins öffentliche Narrativ einbauen – und so hat man dem Narrativ Futter geliefert unter der Illusion gegen dieses Narrativ anzugehen. Es war Goffman lieber, wenn andere die Stories ohne sein Zutun ersonnen haben: Dann konnte er sich von ihnen besser distanzieren oder sie völlig ignorieren. Ein Zutun von seiner Seite hätte die Geschichten, die die anderen erzählen, geadelt.

Einer der Vorteile seiner Position in Pennsylvania war es, dass er kaum an der Universität sein musste und so die Kontaktzeiten minimieren konnte; sein Büro war zu den meisten Zeiten verlassen und Goffman arbeitete zuhause. Als er an Krebs erkrankte, wollte er keine Besucher mehr empfangen (Shalin/Lang 2009), und zu seinem Tod ordnet er an, dass seine Papiere versiegelt werden sollten: Sie sind jenen, die sein Leben erforschen wollen, nicht zugänglich (Shalin/Lang 2009). Wiseman bejaht Dmitri Shalins Frage, ob Goffman gegen die Zusammenstellung des Goffman-Archivs, aus dem ein Gutteil der hier zusammengetragenen Informationen über sein Leben stammen, eine Verfügung erwirkt hätte (Shalin/Wiseman 2009). Von Goffmans letzter Frau und seinen Kindern gibt es keine Interviews in Dmitri Shalins Archiv; das liegt jedoch in erster Linie daran, dass Shalin nicht an sie herantrat, um ihre Privatsphäre nicht zu stören.

Goffman begründet diese Distanz damit, dass sein Leben für die Soziologie unwichtig sei. Es zählten nur seine Schriften. Jürgen Raab nimmt das ernst, wenn er schreibt, für Goffman gelte „die Devise, dass das wissenschaftliche Werk weit vor der Person rangiert und der einzig sinnvolle Weg zum Verständnis seiner Arbeit über das Studium seiner Schriften führt" (2008: 21). Es stimmt, dass Goffman vor seinem Tod Anweisung gab „that he prefers to be judged solely on the basis of what he had published" (Shalin/Lang 2009). Das kann man als offene und direkte Aussage verstehen und daraus schließen: Goffman meinte, Ideen und Personen seien zu trennen. Aber Juristen würden das eine Schutzbehauptung nennen; Goffman würde den Begriff der Vorderbühnenpräsentation verwenden (s. Kap. 4). Es zu glauben ist es ein Symptom gleich zweier Krankheiten, an denen Wissenschaftler häufig zu leiden scheinen: Einerseits der treue Glaube an Vorderbühnen der wissenschaftlichen Präsentation (so sagt es ein Autor, so muss er es meinen; so sagt es sein

Methodenkapitel, so hat er es getan[15]) und damit einhergehend eine weitreichende Leugnung der Möglichkeit von Ironie, Sarkasmus, Zynismus und ganz banaler Irreführung in der Wissenschaft; andererseits der (damit verbundene) Hang, Aussagen gleich als *abstrakte* Aussagen zu verstehen (immerhin bewegen wir uns im Raum der Ideen, also muss es sich um eine abstrakte Idee, keine lokale Aussage handeln). Beide werden Goffman nicht gerecht. Alle Aussagen sind verortet.

Goffman verbringt seine Karriere damit, die Strategien zu untersuchen, mit denen öffentliche Wahrheiten ausgehandelt werden, während die Aushandlungspartner nicht selten die nichtöffentliche Version kennen, die sie aber in ihrer Verhandlung nicht aussprechen. Wenn Goffman Aussagen wie die obige macht, sind das zuerst einmal lokale Darstellungen vor offiziellem Publikum, das zumindest *offiziell* glauben muss, was ihm offiziell mitgeteilt wird. Diese öffentliche Darstellung erbringt in den Situationen, in denen Goffman sie verwendet, Leistungen: In diesen besonderen Situationen ist es der Versuch, Aufmerksamkeit von seiner Person und seiner persönlichen Geschichte abzulenken. Das hat damit zu tun, dass es einen nichtöffentlichen, illegitimen Grund gibt, der nicht zur offiziellen Wahrheit der Situation werden darf: Je mehr man in Goffmans Privatleben hineinsieht, desto mehr fällt auf, dass seine Soziologie im Wesentlichen autobiografisch durchtränkt ist.

Seine Theatermetapher kommt aus tiefer eigener Erfahrung mit dem Theater, durch seine Schwester und die eigenen Jobs in Kanada. Dmitri Shalin bemerkt eine starke Verbindung zwischen *Asylums* und Antonin Tschechows „Krankenzimmer Nr. 6", und Frances Bay spielte in ihrer Theaterzeit in Tschechows Stücken; Goffman kannte sie wahrscheinlich gut (Shalin/F. Bay 2009). Vor allem seine Spielthematisierungen sind sehr eng mit seinem Privatleben verbunden: Von Kalifornien aus fuhr Goffman oft ins für amerikanische Verhältnisse vergleichsweise nahe Las Vegas, Reno und Lake Tahoe (Shalin/W. Clark 2009; es sind 850 km von Berkeley nach Las Vegas, 360 km nach Reno, 340 nach Lake Tahoe), wo er Material sammelte, aber zunächst lediglich Black Jack spielte. Er verbrachte viel Freizeit dort (Salerno 2004: 185), manchmal ganze Monate im Sommer (Shalin/Wipper 2009). Gemeinsam mit seiner Frau zählten beide Karten (Shalin/

---

[15] Beides ist nicht wahr. Jack Douglas (1976) erzählt davon, wie Howard Becker seine Vorderbühnenpräsentation geschönt hat, um für seine unkonventionellen Studien konventionelle Geschichten zu erfinden und stellt fest, dass es in der Wissenschaft völliger Usus ist, dass nur die offen dargestellte Variante den Anforderungen des formalen Programms genügt, das auf der Hinterbühne bei der tatsächlichen Arbeit in der Regel gar nicht so eingehalten werden kann, wie es müsste, würde man es völlig ernst nehmen. Die Wissenschaftssoziologie kommt zum selben Ergebnis, s. auch Kap. 8.

2.2 Selbstpräsentation: Der versteckte Mensch

Besbris 2009),[16] was dazu führte, dass beide in den Casinos, in denen sie spielten, Hausverbot erhielten. Diese Freizeitaktivität wird im Laufe der Zeit zu einem Forschungsinteresse: Goffman plante eine Ethnografie des Casinobetriebs. Hierzu ließ er sich in Nevada zum Kartendealer ausbilden, aber die Darstellungen diesbezüglich gehen auseinander. Fine und Manning zitieren aus persönlicher Kommunikation mit Andrea Fontana, der berichtet, Goffman habe ein Training als Blackjack-Dealer genossen, wurde auch als solcher angestellt und arbeitete sich in die Position eines „pit boss", eines Raummanagers, hoch; Joe Gusfield berichtet dagegen, Goffman habe ihm erzählt, „he wanted to become a dealer, but he couldn't do it. They wouldn't accept him [...] they didn't trust him" (Shalin/Gusfield 2009). Da Goffman und seine Frau in vielen Casinos Hausverbot hatten, ist die negative Version der Geschichte wahrscheinlicher: Als Goffman Dealer werden wollte, hatten die Casinos sich über ihn erkundigt; das Management stellt Nachforschungen an, und in Folge schickt der Sheriff des Counties einen Brief an den Präsidenten der Universität Kalifornien. „The police have received protests from local casino managers who see this man Goffman as a ‚disturbing element' in their establishments" (Winkin 1999).

Wenn Goffman in *Where the Action Is* davon spricht, dass Risiko verwendet wird, um Männlichkeit darzustellen, trifft das ziemlich genau seine Selbstpräsentation: Er war Spieler und sehr risikoaffin. In seinem Haus fand sich ein berühmtes Originalgemälde von Dégas, dem berühmten Impressionisten, das Glücksspiel zum Thema hat: es ist eines seiner Pferderennen-Gemälde. Er spielte mit Freunden oft Poker,[17] allerdings nicht gut (Shalin/Piliavin 2009): Während Schuyler und Erving in Black Jack ausgezeichnet waren, war Goffman ein mieser Pokerspieler, der kein Pokerface hatte und bei den kleinsten Chancen sofort massive „tells" darstellte: „I used to joke that if he were dealt as much as a pair of deuces his hands would begin to tremble and his face would begin to flush" (Shalin/Piliavin 2009).

---

[16] Black Jack ist ein Wahrscheinlichkeitsspiel: Man zieht weiter Karten, bis man nahe an 21 ist. Kommt man darüber, verliert man. Wer „Karten zählt", merkt sich die Karten, die bereits gezogen wurden und kann damit von den sich veränderten Wahrscheinlichkeiten profitieren, wenn genügend Spiele in Folge gespielt werden; Kartenzähler nutzen somit das Gesetz der großen Zahlen bei zunehmend ungleicher Wahrscheinlichkeitsverteilung zwischen den Kartenwerten aus. Professionelle Kartenzähler können ihre Gewinnquote mit dieser Methode deutlich erhöhen, was dann den Casinobetreibern auffällt und zum Spielausschluss führt. Wenn zwei Spieler am selben Tisch gemeinsam zählen, ist die Wahrscheinlichkeit, zu gewinnen, noch einmal weiter erhöht, sofern sie kommunizieren können.

[17] Die Runde bestand aus Goffmans engstem Freund Irving Piliavin, Henry Miller, Bill Kornhauser, Hal Wilensky, David Matza, manchmal Ernest Becker und Neil Smelser (Shalin/Piliavin 2009).

Auch außerhalb von Black Jack und Poker spielt Goffman oft und gerne: Er fuhr leidenschaftlich Ski (oft mit John Irwin, Irwin 2009[18]), und als Skifahrer nahm er die gefährlichsten Strecken und bewältigte sie mit den gefährlichsten Manövern: „He was a terror on the slopes" (Shalin/Heilman 2009). Mit einem seiner Freunde, Herman Piven,[19] saß er vorm Fernseher und beide wetteten, was als nächstes geschehen würde.

In seiner Studienzeit hatte er einen Nebenjob als Wachmann auf einer Baustelle, den er aber nicht gewissenhaft ausführte. Er spielt stattdessen mit Freunden Poker und behauptete nur, auf der Baustelle gewesen zu sein. Freunde haben ihn allerdings gewarnt, wenn Inspektoren unterwegs waren, so dass er schnell seinen Posten beziehen konnte. Diese Szene kommt modifiziert in *Presentation of Self* vor, wenn er davon spricht, wie die Illusion, dass alle Arbeiter an einer Baustelle ausgelastet seien, aufrecht erhalten werden muss. Die Szene in *Presentation of Self*, in der er die „Vorderbühne" des Hauses beschreibt, den Empfangsraum mit der Glasfront und dem Schrank in der Ecke – das war das Wohnzimmer im Haus seiner Eltern in Winnipeg (Shalin/Syme 2009). So sind seine Werke unverhohlen persönlich: Die Beispiele aus seinen Büchern sind offensichtlich aus seinem Alltag zusammengesammelt (in einem Prozess, den ich *Flaneurethnografie* nennen werde, siehe Kap. 3).

Als Gary Alan Fine ihm jedoch vorschlägt, er könne seine eigene High Society-Hochzeit als Materialquelle verwenden, hält Goffman ihn davon ab: „Only a schmuck studies his own life" (Shalin/Fine 2009).[20] Wieder ist das etwas, was auf

---

[18] John Irwin ist einer von Goffmans Freunden und späteren Kollegen, der an die Universität kam, nachdem er zuerst einige Jahre im Gefängnis verbracht hatte: Er hatte im Gefängnis die Schriften Goffmans entdeckt und hat dann nach seiner Entlassung eine akademische Karriere eingeschlagen. Irwin witzelt, die Studierenden in den 70er Jahren hätten ihn immer gefragt, ob er aus politischen Gründen im Gefängnis war, und er sagte: Nein, wegen bewaffnetem Überfall (was die Wahrheit war).

[19] Herman Piven war der Ehemann der berühmten Soziologin Frances Fox Piven, die Präsidentin der ASA war und in den letzten Jahren ins Feuer einer Kampagne amerikanischer Konservativer geriet. Beide sind die Eltern von Jeremy Piven, Schauspieler in *Entourage* spielt er den Hollywoodagenten Ari Gold. Dieser ist der echten Agenten Ari Emanuel nachempfunden, der wiederum der Bruder von Rahm Emanuel ist, der Obamas Stabschef im Weißen Haus war und jetzt das Amt des Bürgermeisters von Chicago inne hat.

[20] Wobei es hier, in aller Fairness, in erster Linie um eine Ablehnung von Autoethnografie in dem Sinne geht, das zu untersuchen, was man ohnehin bereits tut, also z. B. die eigene bestehende Identität verwendet, um darüber zu schreiben. Während viele gute Ethnografinnen genau das getan haben, besteht dennoch die Gefahr, „in Verteidigung des Selbst" zu schreiben und nicht genügend Distanz zum Feld zu gewinnen. Goffman hat keine Ethnografie in Feldern gemacht, auf denen er ohnehin bereits war, weil er Alltagsethnografie in sozialen Interaktionen untersucht hat, in denen jeder bereits ist – und die nur zu untersuchen sind,

Goffmans Vorderbühne nichts zu suchen hatte, und jede Verbindung schmettert er ab. Mark Twains autobiografische Schriften, gerade veröffentlicht, kamen mit strikten Anweisungen des Autors, diese erst hundert Jahre nach seinem Tod zugänglich zu machen. Twain (bürgerlicher Name Samuel Clemens) meinte, dass das ihm erstens erlauben würde, auch unangenehme Wahrheiten über ihn offenzulegen, außerdem, dass die damit verwobenen unangenehmen Wahrheiten über andere zu diesem Zeitpunkt keine Karrieren und Leben mehr zerstören könnten. Wer zu sehr in Goffmans Privatleben nachgeschaut hätte, hätte womöglich unangenehme Geschichten gefunden, nicht nur über ihn, sondern auch über seine Weggefährten, Geschichten, die nicht nur persönlich peinlich gewesen wären, sondern – gerade in den strengeren sechziger Jahren – zum Angriff auf seine Soziologie hätten verwendet werden können. Seine Leser sollten keine weitergehenden Nachforschungen zu seinem Material anstellen.

Allzu philosophisch orientierte soziologische Theoretiker, die nur „reine Ideen" bedenken möchten, würden wahrscheinlich gerne glauben, man könne, solle und wolle nur über „Ideen" reden; Habermas wollte es tun und wurde abgewehrt, weil Goffman stattdessen über die Welt reden wollte. Es war *seine Welt* – welche andere sollte er kennen? – und damit sein Leben, von dem Goffman Habermas da erzählte, auch wenn die Geschichten nicht personalisiert waren. Letztlich bemerken die Herausgeber von Mark Twains Autobiografie, dass dieser es letztlich dennoch nicht geschafft habe, so ehrlich zu sein: Denn die Präsentation des Selbst endet nicht mit dem Tod, und nun ist ein Erbe, ein Image als historische Figur aufrechtzuerhalten.

2.3 Der fröhliche Regelbrecher: Goffman als Master of Unceremony

Weggefährten beschreiben Goffman als „a strong, bright and impossible child" (Shalin/Katz 2009), und im Familienalbum wird berichtet, „[It was] common thought … that Erving would grow up to be either a genius or a gangster" (Cavan 2011). Es stellt sich heraus, dass es ein wenig von beidem sein sollte. Die in der Disziplin mittlerweile ubiquitären „Goffman-Geschichten" zeichnen das Bild eines Mannes, der die Streiche, die Kinder spielen und die er ausgiebig gespielt hat, zeitlebens weitergeführt hat, nur nun unter dem wachsamen Auge des Soziologen, der aus den Situationen des Streiches Einsichten zum „Tanz der Interaktion" gewinnt

---

wenn man diese Distanz künstlich herstellt. Goffmans Aussage ist damit vielleicht eher zu verstehen als: Das ist ein sehr schweres Feld. Das sekundiert er noch einmal, als er die Arbeit eines seiner Schüler kritisiert und ihm mitteilt: Das, was du da versucht hast, nämlich mich zu imitieren, ist nicht ganz gelungen, denn es ist außerordentlich schwer.

und bemerkt, wie soziale Realitäten um diese Störungen herum aufrechterhalten werden. Er verbringt seine Karriere damit, aufzuzeigen, wie Menschen im Alltag miteinander handeln, damit alle den Schein und damit ihr Gesicht wahren können. Derweil ist er selbst auf der einen Seite beständig bemüht, diese Linien zu durchbrechen. Joseph Gusfield, der mit Goffman zusammen in Chicago studiert hat, erinnert sich, dass Goffmans Mitstudierenden ihn „little dagger" genannt hatten, den „kleinen Dolch" (Shalin/Gusfield 2009). Herbert Blumer fand es kurios: „Erving had all these theories but behaved so differently from them" und hielt ihn daher für einen „unkontrollierbaren Akteur" (Shalin/Daniels 2009).

Goffmans Herausforderungen, mit denen er im Alltag irritiert, nehmen zwei Formen an: Zum einen nimmt er sich das Recht, implizite Darstellungen explizit zu machen, also Dinge zu sagen, die man andeuten, aber nicht sagen darf; zum anderen bricht er systematisch die von anderen erwarteten Ehrerbietungen, um zu sehen, ob aus diesem Bruch eine Vergemeinschaftung oder eine Entfremdung wird (s. Kap. 5 zu den Spielen mit rituellem Idiom, die hier biografisch vorweggenommen werden).

2.3.1 Inoffizielle Wahrheiten

Goffman verbalisiert immer wieder, was normal nicht in offizielle Kommunikation gelangen soll und beobachtet dann, was passiert. Eine oft wiederholte Geschichte ereignet sich am Rand einer Konferenz, als er einer Gruppe von Berkeley-Absolventen, unter anderem seiner Studentin Jacqueline Wiseman, im Vorbeigehen zuruft: „Don't go away, because if I don't find anyone more prestigious than you, I'll be back to have dinner with you". Das ist selbstverständlich genau der Modus, nach dem Konferenzen oft funktionieren – man erspäht auf ihnen keine Gesichter, sondern Namensschilder und versucht, möglichst mit den Vertretern der Disziplin zu sprechen, die man kennenlernen wollte oder die in einem Stand sind, in dem ein öffentliches Gespräch mit ihnen vorteilhaft sein könnte. Besonders die Konferenzen der ASA sind berühmt dafür, Namensschildjagden zu sein. Was Goffman thematisiert, ist eine ganz übliche Form der Interaktion – die man jedoch nicht in die Öffentlichkeit, vor allem nicht ins offizielle Reden über die Veranstaltung zieht.

Dasselbe gilt für „implizite" Konflikte. Viel konfliktuöses Handeln geschieht, ohne dass es offiziell gemacht, also ohne dass verbalisiert wird, dass man sich in einem Konflikt befindet. Das erlaubt allen Beteiligten, so zu tun, als wäre es nicht passiert, was vor allem für soziale Beziehungen, die nach den Konflikten fortgeführt werden müssen, wesentlich ist. Kurt Lang erzählt, wie Goffman einen solchen Konflikt mit ihm offengelegt hat: Goffman sollte mit Lang zusammen einen Kurs unterrichten, aber Goffman versuchte, sich aus der Lehre soweit fernzuhalten, wie ihm das möglich war. Also hat er versucht, sich aus dieser Verpflichtung herauszuwinden und Lang alleine unterrichten zu lassen, und das hinter Langs Rücken. (Am Ende unterrichtete Lang den Kurs gemeinsam mit Herbert Blumer, der für Goffman einsprang, um den Fachbereich friedlich zu halten.) Beim nächsten Treffen zwischen Lang und Goffman hat dieser dann offen eingestanden, versucht zu haben, Lang hinterrücks Lehrtätigkeiten zuzuschachern: „He suddenly turned to me and said: You know, I tried to screw you. […] Blumer was right there sticking up for you, but I really tried to screw you". Goffman wollte sehen, was passiert, wenn er es Lang ins Gesicht sagt;. Lang sagte ihm jedoch einfach nur, dass ihm das schon bewusst war. „I said, ‚I know, Erving. I know you tried to screw me.'" Lang bemerkt, dass es Goffmans Ziel war, zu sehen, ob Lang im Gesichtswahrungsskript bleiben würde: „I was supposed to say, ‚Oh, no, Erving, you wouldn't do that!'" (Shalin/Lang 2009).

Goffman kommentierte alles, was er sah, teils im Ton der Abwertung, teils im Ton der dramaturgischen Analyse, Dinge, die man gemeinsam denkt, die aber üblicherweise nicht verbalisiert, sondern körpersprachlich kommuniziert werden. Beim gemeinsamen Essen mit Kollegen schaut er schockiert und sagt ihnen, „you can always tell lower class New York Jews by their atrocious table manners", als Arlene Daniels und ihr Kollege Lammrippen mit der Hand und dem Besteck zugleich angingen, um sie irgendwie in ihren Mund zu kriegen. „Erving never passed up an opportunity to make a remark like that" (Shalin/Daniels 2009). Zu Besuch bei seinem Kollegen John Irwin und dessen Frau Martha, beim Durchsehen der Schallplattensammlung, die zur Hälfte aus Marshas Popmusik und Johns Klassik bestand, sagt er: „I don't know which is worse, Marsha's high brow, low brow music or John's low brow, high brow music." (Irwin 2009). Das sind soziologische Kommentare, nämlich über die Statusdarstellungen der beiden, bei denen eine Person versucht, „Hochkultur"-Musik zu sammeln (davon jedoch die populärsten Stücke aussucht, was zum einen seine Ignoranz des Feldes, mit dem er sich präsentieren möchte, anzeigt, zum anderen eine Orientierung hin zur Wiedererkennbarkeit der gesammelten Stücke durch ein breiteres Publikum verrät, was ihn beides als Aufsteiger in diese Sozialschicht markiert), und die andere Person Musik der Populärkultur sammelt, aus dieser aber die „hochrangigsten" Vertreter aussucht, was eine liminale Identifikation mit der Tendenz zum Ausbruch anzeigen kann.

Das sind alles schon versteckte dramaturgische Analysen, unter dem Cover der Beleidigung gemacht – aber Goffman hat sie auch ohne Cover gemacht. Eine berühmte Geschichte wird von einem seiner berühmtesten Schüler, Tom Scheff, erzählt: Tom erzählt sie in *Goffman Unbound*. Auf einem Flug innerhalb Kaliforniens wird Tom Scheff schlecht, und er nimmt gerade rechtzeitig die für diese Kontingenz bereitgestellte Papiertüte. „[A]s I vomited, Goffman was laughing and narrating a blow-by-blow description of my behavior, describing my attempts to be polite as I was overcome by an irresistible impulse" (Scheff 2006). Goffman erzählte als „laufenden Kommentar" die Rituale, mit denen ein Erbrechender auf einem Flugzeug Eindrucksmanagement betreibt.

2.3.2 Ehrerbietungsanmaßungen

Solch „inoffizielle" Darstellungen von Situationen in die offizielle Kommunikation zu ziehen ist für sich bereits ein Bruch der Ehrerbietungserwartungen anderer. Mit diesen kleinen Ritualen, mit denen diese Elemente informalisiert und so vor dem offiziellen Blick (aber nicht vor dem Blick!) versteckt werden, zeigen wir anderen, dass wir ihre Realitäten, ihr öffentliches Image, das sie in der Situation darstellen, nicht offen auf eine Art stören, die Zuschauerinnen nicht ignorieren können. So halten wir Situationen und in ihnen Realitäten stabil. Goffman bricht diesen Interaktionsfrieden systematisch: Er hat gegenüber Fremden und Menschen, die ihm nicht nahe waren, beständig Formen der Herausforderung und der Respektlosigkeit verwendet, die anzeigten, dass Goffman auf „Streit aus" war. Renée Fox fand, er hatte eine „Rumpelstilzchen-Art" (Shalin/Fox 2009).

Das war zum Gutteil eine Form des sozialen Experiments, war er doch darauf aus, in sozialen Zusammenkünften zu testen, wie weit andere ihn mit diesen Friedensbrüchen gehen lassen würden. Er wollte sehen, ob die anderen im Rahmen der gegenseitigen Gesichtswahrung verbleiben und ihn gewähren lassen oder ob sie in den Konflikt einsteigen und sie die friedliche Fassade brechen würden. Goffmans Spiele mit dem rituellen Idiom waren Herausforderungen an seine (erzwungenen) Mitspieler, aus der gegenseitigen Harmonie *mit* auszubrechen, nachdem er bereits aus ihr ausgebrochen war: es waren Herausforderungen, ihm seine Anmaßung, selbst ausbrechen zu dürfen, nicht durchgehen zu lassen. Damit war es auch eine Alltagsinteraktion, mit der er in seinen sozialen Zirkeln umgegangen ist und die er auch verwendet hat, um zu bestimmen, mit wem er etwas zu tun haben wollte und mit wem nicht, denn Goffman respektierte Menschen, die es ihm *nicht* erlaubten.

Es gibt viele Geschichten, in denen Harmoniebrüche dieser Art nacherzählt werden. Harold Bershady erzählt, wie Goffman bei einem Abendessen zu fünft (Bershady mit seiner Frau, ein weiterer Kollege und dessen Frau, plus Goffman nach Schuylers Tod) in einem chinesischen Restaurant den gesamten Abend damit verbrachte, offen und deutlich mit der Frau des anwesenden Kollegen zu flirten: „He directed most of his comments to her, he teased her, he kidded around [with] her. He was playing with her and paying relatively little attention to the others [...]

2.3 Der fröhliche Regelbrecher: Goffman als Master of Unceremony

it was a kind of slightly nasty playfulness" (Shalin/Bershady 2009), die aber niemand durchbrach; die Frau flirtete mit, und seine Brüche wurden nicht beantwortet und nicht geahndet. Der Bruch ist damit als einer angezeigt, der offiziell keiner ist. Das ist das Faszinierende an Brüchen: Sie existieren nicht objektiv, sondern benötigen eine soziale Reaktion, um „offizielles Wissen" in der Situation zu sein. Die interaktionistische Devianzsoziologie wird daraus einen ganzen Ansatz machen, den *Labeling Approach* (Becker 2013, Peters 2009, Dellwing 2008a, 2009), als dessen Urheber Goffmans enger Freund Howard Becker gilt (auch wenn er sich der Betitelung „Labeling" widersetzt hatte, Becker 2013). Ohne eine solche Reaktion sind sie nur implizit, und als implizite Brüche können sie gemeinsam ignoriert werden – die Normalität der Situation kann aufrechterhalten werden, solange niemand sie in Frage stellt, indem ein Vorwurf gemacht wird (Goffman wird diese offene Infragestellung in *Interaction Ritual* „challenge" nennen).

Schelmische Herausforderungen dieser Art begeht Goffman am Fließband. Scher, der mit Goffman am *National Institute of Mental Health* (NIMH) in Bethesda arbeitete, erinnert sich, dass Goffman Stewart Perry und seine Frau zum Abendessen eingeladen hatte – und ihn, Scher, für nach dem Abendessen. „It was a clear-cut insult" (Shalin/Scher 2009). Das erinnert an Goffmans Feststellung in *Presentation of Self*, dass die „Teestunde" auf der Insel nur dadurch sinnvoll organisiert werden konnte, weil es Kleinbauern gab, die nicht zu diesen Teestunden eingeladen waren; die Dinnerparty ist dadurch definiert, wer nicht an ihr teilnimmt. Solche Spiele betreibt Goffman ständig. Eine andere Geschichte erzählt von Goffman auf einem Empfang im Rahmen des ASA-Kongresses in Boston. Der Eintritt betrug 5 $. Goffman gab ihm zehn, erhielt fünf zurück, und sagte zum Türsteher. „Wo ist der Rest? Wo sind meine anderen 10 $?". Nachdem der Student an der Tür (es war Les Kurtz) versuchte, ihm zu sagen, dass Goffman ihm nur zehn gegeben hatte, blieb Goffman hart: „You bastard, give me the money!". Der Student (ein Sohn aus einer Pastorenfamilie) war verstört, dann kam Maurice Janowitz zu Goffman, sah ihn an und sagte nur: „Cut it out, Erving". Das hat ihn dann bewogen, die Szene aufzugeben. Auch, als der oben bereits erwähnte Doug Maynard Goffman am Flughafen abholen soll, als Goffman an der UW Madison eingeladen ist,[21] geht Maynard auf ihn zu, begrüßt ihn, und Goffmans erste und einzige Worte sind: „I gotta pee", *ich muss pinkeln* (Shalin/Dingwall 2009).

Diese Ehrerbietungsbrüche waren ein gezinktes Spiel, da Goffman es aus der Position des Ranghöheren heraus spielte. Das heißt nicht unbedingt, dass er es aus der Position spielte, in gegenseitiger Deutung der Beteiligten der Ranghöhere zu

---

[21] Doug Maynard wird später Dekan des Fachbereichs werden und in dieser Funktion Goffmans Tochter Alice eine Position anbieten, siehe oben.

sein (doch auch das), sondern vielmehr, indem er eine ranghöhere Position einfach *einnahm*, indem er sich das Recht nahm, die Harmonie zu durchbrechen, und das in einer Darstellung, die scheinbar keine negativen Reaktionen erwartete (während Goffman diese eben doch erwartete, was jedoch erst an seinen Reaktionen ersichtlich war). Auch seine Peers und auch jene, die über ihm standen, waren vor diesem Spiel nicht gefeit. An seiner Fakultät in Pennsylvania arbeitete auch Philip Rieff, in Ausrichtung und Selbstdarstellung das genaue Gegenteil Goffmans: Rieff war hochformell und nahm sich und seine Profession so wichtig, wie man beides nur nehmen konnte. Er war dafür bekannt, immer in voller Montur an der Universität aufzutauchen. Man sagte, er versuchte auszusehen wie ein Oxfordprofessor. Seine Frau und er warfen sich in Schale, um zuhause zu Abend zu essen und saßen dann an den gegenüberliegenden kurzen Seiten eines langen Tisches: Es ist das Bild eines englischen Aristokratenhauses aus dem 19. Jahrhundert. Joe Gusfield erinnert sich, „Erving would find Phil an object of satire". An einem Abend, als Goffman mit Kollegen aus war, bemerkte eine seiner Kolleginnen, sie habe Rieff nie getroffen. Goffman schlug vor, ihn jetzt sofort besuchen zu gehen – im vollen Wissen, dass Rieff niemanden empfing, ohne für einen echten Empfang völlig vorbereitet zu sein. Sie gingen zu Rieff und klingelten; er öffnete die Tür ohne Krawatte, war sichtlich beschämt und verstört und verscheuchte die Besucher (Shalin/Gusfield 2009).

Goffman hat in alle sozialen Richtungen Verfehlungen geschickt, aber seinen besonderen Spott reservierte Goffman für Höherstehende, die dieses Höherstehen inszenierten, sich wichtig nahmen und die soziale Rangordnung mit voller Ernsthaftigkeit zu verteidigen suchten. Kein Ziel war Goffman süßer als die etablierte, respektierte, seriöse Institution, an die alle glauben; keine ihrer Vertreter waren leichtere Beute als jene, die diese Seriosität unironisch vertreten wollten. Diesen Glauben zerschlug Goffman beständig und zeigte so, wie all diese Institutionen nur existieren und fortbestehen, weil sie genügend Mitspieler finden, die bereit sind, diese Ernsthaftigkeit im Alltag aufrechtzuerhalten. Kleinste Gesten, mit denen Goffman zeigte, sie nicht ernst zu nehmen, reichten aus, sie in Interaktionssituationen ins Wanken zu bringen. Eine sehr einprägsame Geschichte ereignet sich im Rahmen eines Seminars von Larry Rosenberg, zu dem Goffman als Gastredner eingeladen war. Es war ein kleines Seminar, und Goffman sitzt mit Rosenberg am vorderen Tisch. Es geht um *remedial interchanges* (s. Kap. 6), die kleinen Rituale, mit denen gebrochene Teamspiele in der gemeinsamen Konstruktion sozialer Realität („broken sociation", wie es z. B. bei Stokes/Hewitt, 1976, heißt) wieder gekittet werden. Nachdem Larry Rosenberg Goffman vorstellt, setzt er sich neben ihn, auf dem Tisch stand eine Kanne mit Wasser und ein volles Glas. Goffman stellte das Konzept von *remedial interchanges*, Kittpraktiken, vor, und während er redete, nahm

2.3 Der fröhliche Regelbrecher: Goffman als Master of Unceremony

er das Glas Wasser in die Hand und schüttete es über Rosenbergs Schoß aus. Er schaute ihn an, sagte „Oh, I'm sorry!", und Rosenberg erwiderte: „That's all right".

Solche Frechheiten waren im Umgang mit Goffman an der Tagesordnung. Unabhängig davon, was die gegenseitig unterstellte Rangverteilung in der Interaktion war: Gegenüber Personen, die sich selbst als rangniedriger einstuften, war es ein Test, ob diese bereit waren, ihren Rang zu verlassen, um sich als Gleiche zu gerieren und ihm Paroli zu bieten: Goffman spielte gerne mit sozial Unterlegenen, aber das immer in der Hoffnung, diese würden ihre Unterlegenheit in diesen Situationen überwinden. Seine Angriffe sollten sie „herausfordern", die Ungleichheit damit öffentlich machen, ein Raum, in dem sie in egalitären Gesellschaften aber nicht existieren dürfen, was beide so in eine Gleichrangigkeit der Aushandlung zwingt. Gegenüber Personen höheren Ranges war es ein Test, ob sie in der Lage waren, mit der Gelassenheit der Überlegenheit reagieren zu können. Überraschend viele Menschen scheiterten an diesem Test.

Goffman nutzte die Erwartungen, um mit ihnen zu spielen und Gesten der Dominanz auszuspielen, um sie zu zerstören – wenn seine Interaktionspartner bei dieser Zerstörung mitspielten. Jene, die nicht mitspielten und die Ungleichheiten offen und ernsthaft weitertrugen, hielt er für langweilig. Gegenmaßnahmen gegen solche Angriffe sind Teil von Goffmans Analysen, und solche Gegenmaßnahmen sind überliefert: Rodney Stark erinnert sich, dass Goffman in Alltagsbegegnungen Menschen immer zu nah kam, um sie zurückscheuen zu sehen, das heißt, es den anderen überließ, die erwartete Distanz aufrechtzuerhalten. Charles Glock, Dekan in Berkeley von 1968–1969 und 1970–1972, berichtet dasselbe (Glock 2009). Stark hat widerstanden, wie er erzählt: „Once he did this to me and [was so close] that I said, ‚Shall we dance?'" (Shalin/Stark 2009). In einer anderen solchen Gegenmaßnahme ging Dynes mit Goffman in eines seiner, also Dynes', Lieblingsrestaurants. Auf dem Weg dorthin fällt ihm brandheiß ein, dass Goffman dazu neigte, in Restaurants metaphorisch Teller zu zerschlagen, also stellt er ihn dem Maître D' (also dem Oberkellner, und sic: es folgt tatsächlich nichts hinter dem d') als Restaurantkritiker des *Philadelphia Inquirer* vor, damit das Restaurant ja keine Anlässe lieferte, auf die Goffman sich stürzen konnte. Der Teil des Plans war natürlich schlecht: Man kann immer etwas finden, worauf man sich stürzt, wenn man es sucht (s. unten, Zerbrechlichkeit). Allerdings hielt Goffman tatsächlich still, jedoch weil er es großartig fand, so vorgestellt zu werden (Shalin/Dynes 2009).

Grimshaw nimmt diese Geschichten zum Anlass, Goffman vorzuwerfen, „While he studied the arts of impression management, he sometimes seemed reluctant to practice them" (Grimshaw 1983: 148). Allerdings war das genaue Gegenteil der Fall: Er praktizierte sie gerade konträr und spielte mit ihnen, dehnte die Grenzen ihrer Akzeptanz bis zum Bruch. Es ist mittlerweile klar, dass Goffman das absichtlich gemacht hat, um Reaktionen zu provozieren, die er dann in seiner Arbeit verwendet hat.

> Erving developed a persona, a *shtick*.[22] Like a vaudeville actor, he became the one who pulls the rug out from the other guy, upsets his expectations, shows the other to be a fool, preferably before an audience. This is the way a powerless person can gain at least momentary power over a dominant other; the outsider can take center stage (Cavan 2011: 26).

Sherri Cavan führt diese Spiele auf Goffmans Interesse an Slapstickkomödien zurück, deren Schallplatten Goffman sammelte (ebd.); Sein Haus war voller Comedy-Schallplatten, Don Rickles, Bob Newhardt, *radio bloopers* (Scott 2010). Don Rickles ist vor allem für seine Form der „Beleidigungskomödie" bekannt. Seine Programme bestehen daraus, dass er sich über Mitglieder des Publikums direkt lustig macht (und das in einem harten, feindseligen Ton).[23]

> Certainly elements of slapstick echo through accounts of his adult life, for example, various stories in the EGA memoirs about how Goffman would deliberately breach some code of interpersonal conduct and leave the other discredited, deemed, disoriented and/or embarrassed (Cavan 2011).

Wenn Goffman schreibt, ein interagierender Mensch könne „gleeful spiritual aggression from the fact that he can toy at will with something his audience must take seriously" (POS: 18) gewinnen, spricht er von sich selbst. Damit ist Goffman der eigentliche Begründer des Garfinkelschen Krisenexperiments – mit dem Unterschied, dass Garfinkel dieses offengelegt und als offizielle „Forschungsform" institutionalisiert hat. Goffman hätte diese Verschiebung der Praxis auf die wissenschaftlich organisierte Vorderbühne der elaborierten Methode wohl als bedauerlichen Verlust des Mutes gesehen, diese Praxis zu leisten, ohne sie offen mit „es ist

---

[22] Das ist ein yiddishes Wort und bezeichnet eine Masche.
[23] Das ist vielleicht eine sehr amerikanische Art von Comedy. In ihrer lockeren Version findet sie sich in fast allen Comedy-Programmen als gutmütiges Aufziehen, ihre harte Version ist mittlerweile vor allem auf „harte Ziele" gemünzt, das heißt auf Stars, die als öffentliche Personen solche Angriffe ertragen müssen. Das ist das berühmte Format des „Roasts". Don Rickles ist mittlerweile fast 90 und noch aktiv. Er war Stimmenschauspieler in *Toy Story*, und sein Publikum muss sich auch heute noch in Acht nehmen. Sein letztes eigenes Projekt war *Mr. Warmth* (2007), und er tritt immer noch in Talkshows auf, in denen er seine Comedy fortführt.

2.3 Der fröhliche Regelbrecher: Goffman als Master of Unceremony

Wissenschaft!" zu rechtfertigen. Wer es in die offizielle Dogmatik einbindet, ist der Erwartung von Dogmatiken verpflichteter als der Erkenntnis, die mit der Praxis gewonnen werden kann und reproduziert die Praxis der Produktion von Dogmatiken. Atkinson meinte, „‚never explain, never apologise' seems to have been the watchword", (Atkinson 1989: 60[24]). Die Frage nach der wissenschaftlichen Ethik war ihm hier im Übrigen egal: Als Ledger einen ungenannten Schüler Goffmans fragt, ob das, was Goffman da tat, ethisch vertretbar wäre, antwortete dieser: „That's less interesting than *does it work* […] Goffman believes in science and that science is a higher morality than the disruption of an occasion" (Ledger 1982: 40). Es ist ebenso deutlich nachvollziehbar, dass er jene, die sich nicht haben provozieren lassen, fest als seiner Seite zugehörig betrachtet hat. Gillian, seine zweite Frau, war Berichten zufolge sehr gut darin, sich mit Goffman gutgemeinte, ironische Schlagabtausche zu liefern (Shalin/Segre 2009).

Damit handelt es sich hier nicht um eine reine Forschungsprozedur, und die Fiktion, es gäbe auf der einen Seite das Leben, auf der anderen Seite die Forschung, lässt sich gerade hier nicht aufrechterhalten.[25] Es gibt in Goffmans Arbeit keine Forschungsprozeduren, die sich von seinem Leben und seiner Alltagswelt trennen lassen (s. Kap. 3). Damit ist die Entscheidung, diesen Abschnitt in das Kapitel zu Goffmans Leben zu integrieren (und nicht etwa ins Kapitel über die Goffmansche Materialsammlung) durchaus arbiträr, so wie Goffman betreffende Kategorisierungen immer in gewissem Maße arbiträr bleiben müssen.

Shalin nennt ihn aufgrund dieser schelmischen Spiele einen „master of unceremony".[26] Shalin vermutet ein Dilemma, eine besondere Spannung in Goffmans Werk: Der Forscher, der die Dramatisierung des Selbst offen dargestellt hat, wird sich jetzt immer entlang dieser Linien bewertet sehen; nichts, was Goffman tut, kann ihm mehr als „einfach passiert" unterstellt werden. Nach dieser Arbeit ist er der „offizielle Darsteller", und seine Handlungen werden mit Hilfe seiner Thematisierung gelesen werden (Shalin/Dynes 2009). Shalin schließt aus dieser Rolle,

---

[24] Goffman selbst reagierte in einem Brief, den er in seiner Funktion als Herausgeber einer wissenschaftlichen Zeitschrift verfasste, auf die Vorwürfe seiner Kollegen, ein Manuskript habe zu wenige Referenzen zu den Klassikern der Perspektive mit einem *Was soll's*: „As you say, there are problems of reference to prior work […]. But this is a disease which she got from [X], which he got from [Y], and I think it's too late now to do anything about it; we could wait for a full moon, but where would we find enough silver bullets'? So what can one do but help them along in passing us over?" (Goffman, Brief vom 26. Juni 1973, zitiert in Hymes 1984: 624).

[25] Hier folgt Goffman übrigens der Vorgabe von C. Wright Mills.

[26] Das ist ein Spiel mit dem Begriff „master of ceremony" („MC"), dem „Moderator" eines öffentlichen Anlasses, während Goffman sich eines Anlasses bemächtigt, um in ihm der „Meister des unzeremoniellen Verhaltens" zu sein.

„his entire life, it seems to me, was an ongoing research act where he challenged the conventions to find out what the rules were and how far one can go to skirt them" (Shalin, in Shalin/Lang 2009). Goffman selbst hat das in seiner Darstellung des Redners thematisiert: Wenn man erst einmal weiß, wie die Rede als Performanz dramaturgisch funktioniert, steckt man im Dilemma der Möglichkeit, dieses Wissen anwenden zu können – was allerdings sehr schwierig und wahrscheinlich unbefriedigend ist. Wenn er nun versucht, mit der Form zu spielen, um mit Hilfe dieses Spiels in der Rede zu punkten,

> he becomes a performing speaker, not a speaker performing [...] he who attempts such breaching, and succeeds, should have come to the occasion dressed in tights, carrying a lute. He who attempts such evasion and fails, as is likely, is just a plain schmuck, and it would be better had he not come to the occasion at all (FOT: 163).

Goffman hat sich für die engen Hosen und die Laute entschieden. Er ist der Hofnarr (wie Dawes ihn später auch titulieren wird, s. u.): Die Person, die im Spiel die Hinterbühne des inoffiziellen Wissens offenlegen darf (s. u.), ohne dafür Sanktionen zu befürchten. Das ist natürlich der Hofnarr in seiner Funktion als einzig ehrlicher Akteur an einem Hof von Heuchlern, dessen Reden in einem See von Prätentionen als einzige darauf hinweisen, was hier eigentlich „vor sich geht" (FA: 8).

Der wissenschaftliche Flaneur: Goffman im Alltag

3

> *„Just do what I do: hold tight and pretend it's a plan."*
> The Doctor (Eleven: Matt Smith), Doctor Who Christmas
> Special 2011: The Doctor, The Widow and the Wardrobe
> (Steven Moffat, Autor).

Goffman ist Pionier einer Soziologie des Alltags, und das in einem vierfachen Sinn: Es handelt sich um eine Soziologie über den Alltag, im Alltag, mit Hilfe des Alltags und für den Alltag. Das bedeutet, dass Goffman nicht lediglich Alltagsphänomene zum Objekt seiner Untersuchung macht und sie „befremdet": Alltägliche Interaktion ist *erstens* Goffmans Forschungsfeld, die immer wieder beschworene face to face-Situation der gemeinsamen Anwesenheit in einer sozialen Situation und der Möglichkeit, in dieser aufeinander zu reagieren. Er dehnt den „Alltag" jedoch weit über die reine Verwendung desselben als Forschungsfeld, auf dem man als Soziologin unterwegs sein kann, aus: Er untersucht *zweitens* diese Interaktionen des Alltags im Alltag, das heißt, begibt sich in teilnehmende Beobachtung desselben und verwendet alles, was ihm begegnet, als Material; das ist das Eintauchen in den Alltag, die flaneurethnografische Forschungspraxis. Um eine soziologische Umbeschreibung, also eine Deutung zu erlangen, verwendet er *drittens* Metaphern und Erfahrungen des Alltags und geht damit der in der Soziologie üblichen Art, den Alltag zu befremden – nämlich der Deutung durch eine explizit dargelegte, abstrakte Theorie hindurch – aus dem Weg. An die Stelle einer theoriegeleiteten Deutung tritt ein reiches, weites Feld von Flaneurkategorien, welche durch Metaphern hindurch gewonnen werden. Zuletzt und *viertens*, und als direkte Folge dieser Orientierungen, handelt es sich bei Goffmans Arbeit zudem um Soziologie für den Alltag: Es ist eine eingängige Soziologie, die durch die Verwendung von Metaphern und Anekdoten, die beide mit Alltagserfahrungen verbunden bleiben, eminent verständlich, zugänglich und bodenständig ist. Diese vierfache Alltagsbindung zeigt sich nicht nur in seinem Forschungsfeld, den face to face-Interaktionen und der Interaktionsordnung, sondern auch in der Art, wie er diese untersucht. Goffman weigert sich beständig, eine sterile Wissenschaftlichkeit zur Grundlage dieser Forschung zu machen: Seine Erforschung des Alltags bleibt durch und durch „alltäglich", indem Goffman Material sammelt, wo immer er es finden kann, und konzeptionalisiert, wie es einem alltäglich verständlichen Analyseziel zuträglich ist. Damit ist sie unprätentiös, ohne banal zu werden, und ist unterhaltsam, ohne dadurch weniger wichtig zu sein: Goffman zeigt uns, „Sociology could be fun and playful, and that does not make it any less serious" (Shalin und Gamson 2009).

Diese vierfache Alltagssoziologie ist das Werkzeug, mit dem Goffman uns eine offene Welt präsentiert – indem er zeigt, wie wir sie präsentierend beständig herstellen. Die Metapher des Theaters (s. u.), mit der Goffman Handlungen des Alltags als „Präsentation" untersucht, dient hier dazu, Interaktionen in face to face-Situationen als Realität zu verstehen, die erst im Zusammenspiel dieser Präsentationen zustande kommt. Unsere sozialen Realitäten sind demnach das Produkt aufwändiger und kleinteiliger Interaktionen: Die Realität, in der wir uns bewegen, wird nicht einfach vorgefunden, weder als natürliche Gegebenheit noch als strukturelle, kulturelle Vorgabe. Sie ist eine beständige Leistung, und nur als solche ist sie ordentlich (s. Kap. 4, dessen Inhalt ich hier teilweise bereits vorwegnehmen muss).

3.1 Interaktionsordnung und face to face-Situationen

Zwei Achsen wurden immer wieder verwendet, um Goffmans Soziologie einen roten Faden zuzuschreiben: Die „Interaktionsordnung" und die Beschäftigung mit „face to face-Situationen". Dabei ist die Interaktionsordnung den Systematisierern Goffmans immer zuerst ins Auge gefallen; die Beschäftigung mit face-to-face-Situationen hat dagegen eine Einschätzung als hohe, aber dennoch gegenüber der Interaktionsordnung sekundäre Ordnungskategorie erhalten. Es ist jedoch sinnvoll, beide gleichberechtigt zu betrachten. Die Interaktionsordnung, von Betrachterinnen oft als von Goffman aufgedeckter struktureller Rahmen gesehen, mit dem die Interaktionen verständlich werden, ist nur in Verbindung zur face to face-Interaktion verständlich. Es geht Goffman nicht darum, der Interaktion zugrundeliegende Strukturen aufzudecken, sondern darum, zu zeigen, wie in face to face-Interaktionen lokale Ordnung immer wieder geschaffen wird. Die Situationen sind damit kein Spiegel oder Ausfluss einer bereits bestehenden Ordnung, sondern ihre Grundlage.

3.1.1 Interaktionsordnung

Der Begriff der Interaktionsordnung kommt in Goffmans Arbeit selbst nur an zwei Stellen vor. Es sind jedoch prominente Stellen. Goffmans nie gehaltene Rede vor der *American Sociological Association*, zu deren Präsident er gewählt worden war, kurz bevor er starb, trägt den Titel *The Interaction Order* (TIO); es ist zugleich der Titel des Abschlusskapitels seiner Dissertation (Fine und Manning 2003: 460). Dazwischen findet der Begriff keine Verwendung: Er steht am Beginn und am Ende seines professionellen Werkes, was Interpreten dazu bewegt hat, ihn als Rahmen desselben zu verstehen.

Goffmans Lebensleistung, so heißt es häufig, sei die Explikation dieser Ordnung alltäglicher Interaktion, dieses feinen Uhrwerks, in dem Menschen es schaffen, im Alltag harmonisch zusammen zu agieren. In einem bleibenden Bezug zu Durkheim habe er „das Regelwerk sozialer Interaktionen" (Raab 2008, S.10) zum Hauptaugenmerk seiner Forschung gemacht und „entfaltet" (Knoblauch 2009, S.9). Smith meint, „Goffman showed us how many of our seemingly insignificant and idiosyncratic concerns are consequences of the normative ordering of interactional conduct" (2006, S.32). Diese Regeln gewährleisten es, dass wir nicht ineinanderlaufen, wenn wir auf denselben Straßen gehen und uns nicht gegenseitig die öffentlichen Gesichter zerschlagen, wenn wir in Kontakt miteinander treten. Es sind die Regeln, nach denen Gespräche initiiert und beendet werden (RIP 23, 51), wer wen wie anblicken darf (RIP 23f.) oder wer wozu Zugang hat (RIP 47).

Aber das ist irreführend. Zumindest ist es eine sehr enge, strikte Lesart Goffmans, die seine nach außen hin präsentierten Darstellungen seiner eigenen Arbeit zu ernst nimmt (s. Kap. 2 und Kap. 8, Dellwing 2010c). Goffman hat in der Tat von „Regeln" gesprochen. Es geht Goffman in seiner Beschäftigung mit der „Interaktionsordnung" jedoch nicht um die Kartografie der *festen* Regeln, nach denen Gesellschaft funktioniert. Er hat sich beständig gegen Argumentationen gewandt, die die Gesellschaft als aus festen Regelstrukturen bestehend ansehen, und misstraut Ideen der Ordentlichkeit der Welt. In *The Arrangement Between the Sexes* bemerkt er:

> Industrial society can absorb new ethnic groups bearing raw cultural differences, a year or so of isolating military service for young men, vast differences in educational level, business and employment cycles, the wartime absence of its adult males every generation, appreciable annual vacations, and countless other embarrassments to orderliness. That our form of social organization has any necessary features is, I take it, rather questionable (ABS 301-2).

„Die" Interaktionsordnung gibt es nicht, und wenn sich Richtlinien explizieren ließen, wäre das nicht genug, um die Handlungen der Teilnehmer in dieser Ordnung zu erklären. Für ihn sind „Handlungen […] weder ausschließlich noch vornehmlich aus den Orientierungen der Akteure an den gesellschaftlich auferlegten Verhaltenserwartungen mit ihren Fakten, Normen und Zwängen zu erklären" (Raab 2008: 12). Der Bezugspunkt der Handlung ist nicht die abstrakte Regel, das Prinzip, sondern die ganz konkrete Unterstellung, was andere interpretieren und tun werden und die Positionierung dazu, die gerade in der Distanz zu diesen unterstellten Erwartungen Leben gewinnt, wie Goffman in seiner Betrachtung der Rollendistanz (*Role Distance*, in ENC) und der Darstellung von Normalität (*Normal Appearances*, in RIP) betont. Der Bezugspunkt ist damit niemals fest, sondern fluide und situational, und er wird nicht eingehalten, sondern er wird lediglich als Referenz für eine Handlung verwendet, die sich auf ihn beziehen muss, um verständlich zu bleiben. Erst in dieser Konzentration auf das Soziale wird das Projekt Goffmans zu Soziologie, und erst auf diese Weise kommt die Interaktionsordnung als eine lokale Leistung in den Blick, die wir in beständiger gegenseitiger Beobachtung bei beständiger Präsentation von Realitäten immer wieder neu produzieren. Der wesentliche Teil der Goffmanschen Soziologie, ihr Fokus, ist nicht die Ordnung, sondern die Leistung; nicht die Regeln des Spiels, sondern die spielerische Aktivität der Beteiligten, wenn sie sich in Kopräsenz befinden. Das macht seine Soziologie zu dem, was Gary Alan Fine eine „sociology of the local" genannt hat (2010), eine Soziologie, die sich damit beschäftigt, wie soziale Realitäten in einer konkreten Handlungssituation hergestellt werden und immer wieder neu hergestellt werden müssen. Die Kopräsenz von Akteuren in sozialen Situationen, in der diese Realitäten hergestellt werden, ist die face-to-face-Situation.

3.1.2 Face-to-face-Interaktion

Goffmans über viele Publikationen verfolgte Mission bestand darin, Situationen der face-to-face-Kommunikation als konstitutives Element der sozialen Welt und ihre Erforschung als eines der Kerngeschäfte der Soziologie zu verstehen: Goffman bemerkt immer wieder, dass es sein Ziel ist, diese als eigenständiges Forschungsfeld innerhalb der Soziologie zu etablieren (IR: 1, SI: ix, RIP: ix, FA: 162, FOT: 2). Kendon meint, dass Goffmans Analyse der Ordnungsleistungen in gegenseitiger Anwesenheit die Beschäftigung mit einer „separate world" (Kendon 1988: 29) sei: Diese gegenseitig aufeinander bezugnehmenden Ordnungsleistungen in der Situation sind die Grundbausteine der sozialen Realität, aber als soziologisch befremdetes Phänomen ist die physische Kopräsenz, in der wir uns alle über weite Teile des Tages befinden, eine fremde Welt. Der Focus Goffmans auf face-to face-Interaktionen bezieht sich auf die Momente der unmittelbaren Kopräsenz, weil hier Präsentationen nicht nur gemacht werden, sondern auch aufgenommen und unmittelbar auf sie reagiert werden müssen. Es geht ihm hierbei nicht nur um die Situation als Ziel der Forschung: Es geht ihm vielmehr darum, wie in solchen Situationen eine geteilte soziale Realität und die Ordnung der Interaktion entstehen. Goffmans Soziologie sucht, wie viele andere Soziologien, wie soziale Bedeutungen zustande kommen; seine besondere Leistung besteht darin, die kleinen Handlungen des alltäglichen Miteinanders als Werkzeuge zu identifizieren, mit denen soziale Bedeutungen im Spiel miteinander produziert werden. Ein Schneuzen ist mehr als ein Schneuzen, ein Blick nebenbei ist nicht nebenbei: Goffman versteht sie alle als Teile des detailreichen Spiels alltäglicher Aufeinanderbezogenheit, mit dem Akteure gemeinsam abmachen, was in einer Situation real ist, auf welche Weise es real ist, worauf reagiert werden muss, wer mit wem in welcher Beziehung steht und was als nächstes passieren soll. Es handelt sich in diesen face to face-Situationen um jene, in denen eine „reciprocal influence of individuals upon one another's actions when in one another's immediate physical presence" (POS: 15) besteht. Diese untersucht Goffman in erster Linie durch die detaillierte Betrachtung und clevere Analyse von „small behaviors" (IR: 1): Die Kleinigkeiten des Alltags, die wir alle selbstverständlich ausführen, ohne zu bemerken, welche elaborierten Produktionen sozialer Realität in ihnen stecken. So betont Goffman „only in face-to-face encounters […] almost anything can become the basis of a definition of the situation" (ENC: 41); nur in face-to-face-Interaktionen sieht man sich dem Glücksspiel der offenen Aushandlung mit anderen, letztlich immer unberechenbaren Personen ausgesetzt, nur in ihnen sind die kleinen Handlungen, mit denen wir zeigen, in was für einer Art von Situation wir uns befinden, den Reaktionen anderer ausgesetzt, die gemachte Deutungen unterstützen oder stören können. Die Bedeutungen, die wir uns gegenseitig und damit der Realität, die wir gemeinsam aufrechterhalten, zuschreiben, bleiben in diesen Situationen in der Schwebe: Sie bedürfen der gemeinsamen Anstrengung, um aufrechterhalten zu werden, und Kleinigkeiten können sie durchbrechen (s. Kap. 6). Das macht uns alle zu Spielern mit unseren Realitäten, sobald wir in soziale Interaktion eintreten, und alle anderen spielen mit (und das unabhängig von „Intentionen" der Beteiligten): Sie machen in jeder kleinen Handlung ein Angebot dazu, wie die Realität der Situation verstanden werden soll, und reagieren in jeder kleinen Handlung auf die Angebote anderer. Dazu müssen diese Handlungen einen feinen Bezug aufeinander aufrechterhalten, der mit einem Strauß voller Unterstellungen einhergeht, welche Realität andere gerade in ihren Handlungen vorgeben. Diese Aufeinanderbezogenheit übersehen wir im Alltag gerne und überspielen sie als „Instinkt", „Reflex" oder „einfach natürlich".

Goffman privilegiert die face-to-face-Interaktion als Ort der gegenseitigen reziproken Referenzierung von Unterstellungen und Interpretationen. In ihr gibt es weiter keine „echten" Einsichten darüber, was die anderen erwarten, antizipieren, denken, unterstellen. Das Innenleben von Personen bleibt immer unzugänglich.

Die Urteile bleiben damit weiter gegenseitig *unterstellte* und *interpretierte* Urteile: Ich weiß nicht, was du denkst, aber ich handele auf der Basis dessen, was ich denke, das du denkst. Die Handlungen, die auf diesen Interpretationen aufbauen, müssen in einer face-to-face-Situation in die Interaktion rückgespeist werden, wo sie von der anderen Seite wieder interpretiert werden. Die Urteile der Anderen sind immer anwesend, wenn man an sie denkt, dazu benötigt es keine Präsenz in der Begegnung, und ihre Präsenz in der Begegnung sichert die Unterstellung nicht ab. Face-to-face sichert vielmehr die Rückkopplung der gegenseitig unterstellten Urteile und damit der gegenseitig unterstellten Realitätslinien in gemeinsamer, aufeinander bezogener Handlung.

In *Strategic Interaction*, dem Werk, in dem Goffman sich am stärksten der Spielmetapher zuwendet, bemerkt er, „What is effected by strategic moves is not merely a state of information, but rather courses of action taken" (SI: 145). Die Darstellungshandlungen sind Teile von geteilten Handlungen, die aufeinander abgestimmt werden müssen. Zu diesen bemerkt Gary Alan Fine, „action is always generated in response to other actions within a local scene" (2010: 356). Bob Prus sekundiert, „humans define one another in developing (and maintaining) lines of action toward each other" (Prus 1997: 15). Goffmans Soziologie ist damit eine Soziologie der Gelegenheiten („sociology of occassions", IR: 2), die sich „Momenten und ihren Menschen" („moments and their men", IR: 3) zuwendet, ohne, dass sie dabei die soziale Welt in reiner, unverbundener Situationalität untergehen lassen würde (TIO). Die „Soziologie der Gelegenheiten", die Goffman verfolgt, ist weder eine Soziologie der determinierten Interaktionen, die nur zu ihren Strukturen zurückverfolgt werden müssten, noch ist es eine Soziologie der magischen Situation, in der „alles geht":

> It is plain that each participant enters a social situation carrying an already established biography of prior dealings with the other participants-or at least with participants of their kind; and enters also with a vast array of cultural assumptions presumed to be shared. [...] And although this cognitive relationship can be modified during a social contact, and typically is, the relationship itself is extrasituational, consisting of the information a pair of persons have about the information each other has of the world, and the information they have (or haven't) concerning the possession of this information (TIO: 4-5).

Es ist eine Soziologie der Aufeinanderbezogenheit:

> when we get close to the moment-to-moment conduct of the individual we find that he does not remain passive in the face of the potential meanings that are generated regarding him, but, so far as he can, actively participates in sustaining a definition of the situation of the situation that is stable and consistent with his image of himself (ENC: 104).

An dieser Stelle zeichnet sich eine klare Linie zu G. H. Mead ab, insofern man daran interessiert ist, solche Linien ausfindig zu machen. Goffman bemerkt,

> To this end, the subject turns on himself and from the point of view of the observer perceives his own activity in order to exert control over it. He follows G. H. Mead's dictum and ‚takes the attitude' of the observer, but only insofar as the observer is engaged in observing him and ready to make decisions on this basis, and only long enough and deep enough to learn from this perspective what might be the best way to control the response of the person who will make it; the observer ‚takes' the viewpoint of the subject, but he does not ‚identify' his interests with it. The subject thus tends to make use of the observer's use of his behavior before the observer has a chance to do so. He engages in impression management (SI: 12-3).

Und dieses Management ist ein „Wettkampf" der Ausdrücke: Goffman beschreibt die „maintenance of expressive control" (POS: 51) durch den Darsteller, aber es ist wichtig zu bemerken, dass alle Beteiligten solche Darsteller sind und die „offizielle" Realität, die in der Szene durch „communication contingencies" ausgehandelt wird (POS: 51), ein Ergebnis des Zusammenspiels dieser Teilnehmer ist. Das bedeutet, dass gerade in wichtigen Verhandlungssituationen alle Teilnehmer versuchen müssen, maximale Ausdruckskontrolle zu wahren,

> making sure that as many as possible of the minor events in the performance, however instrumentally inconsequential these events may be, will occur in such a way as to convey either no impression or an impression that is compatible and consistent with the overall definition of the situation that is being fostered (POS: 51).

Unmittelbarer von mittelbarer Präsenz zu trennen – also Kopräsenz von Formen wie z. B. gedruckten Texten, Werbungen, Filmen, etc. – ist hierbei nicht zwingend. Auch in mittelbaren Präsenzen werden Bedeutungen präsentiert, und Goffman hat in der Tat auch solche Darstellungen analysiert, beispielsweise in Filmen, Zeitungsausschnitten, Werbeanzeigen, Erzählungen dritter etc. Es ist nicht etwa der Fall, dass keine anderen da wären, wenn Personen nur in mittelbarer Kommunikation aufeinandertreffen: Auch in diesen Fällen werden Realitäten nicht abstrakt und eindeutig präsentiert, das Präsentierte wurde mit Blick auf ein mögliches Publikum und die Antizipation von dessen Interpretation „auf die Reise geschickt", und das „Lesen", die Rezeption der Kommunikation, ist eine interpretative Auseinandersetzung, in der Unterstellungen gemacht werden müssen, was die andere Seite erwartet hat. Aber die gegenseitige Aufeinanderbezogenheit der beiden Interpretationen ist zumindest zeitlich getrennt und von der Erwartung der sofortigen Reaktion entbunden. Goffmans Analysen bleiben auch in mittelbaren Kontexten ohne weiteres anwendbar, jedenfalls wendet er sie ohne weiteres an.

Gegen sterile, großflächige und systematisch gebundene Analysen der sozialen Welt setzt Goffman somit eine geschäftige Welt, in der Bedeutungen im Fluss und unsicher sind, genauso unsicher wie Goffman letztendlich in seiner Beschreibung bleibt: „Somehow, but only somehow, a brief time span is involved, a limited extension in space, and a restriction to those events that must go on to completion once they have begun" (IR: 1). *But only somehow*, nur „irgendwie". Es geht nicht um bestimmte Beendungen, sondern darum, dass face-to-face-Situationen ausgespielt, beendet werden müssen.

Das gilt für die Forschung ebenso: Wenn man zu Beginn der Forschung bereits weiß, wie sie beendet wird, ist es kaum Forschung, dann kann man nichts herausgefunden haben. Wenn man zu Beginn auch den Weg bereits kennt, muss man vorher das Feld gekannt haben und kann ebenso wenig erforscht haben. Offene Forschung von der Art, wie Goffman sie macht, dehnt daher diese Perspektive der Offenheit der Welt auf die soziologische Forschung aus. Genau, wie die Welt nicht vorentschieden ist und ihre Wege linear vorgezeichnet sind, ist auch der Weg der Forschung nicht im Voraus festgezurrt. Der Weg dieser offenen Forschung ist die Flaneurethnografie.

3.2 Flaneurethnografie

Sozialwissenschaft kann in eine einfache Trennung gefasst werden: Auf der einen Seite das Feld, das erforscht werden soll, auf der anderen Seite die Werkzeuge, die zu dieser Forschung verwendet werden. Die Wissenschaft beginnt in der Regel mit der letzteren Kategorie: Die quantitative Sozialwissenschaft verwendet ihre Rube-Goldberg-Apparate,[1] um mit rigiden Methodiken standardisierte „Daten" zu generieren und in Bezug zueinander zu setzen. Die (foucaultische) Diskursanalyse nutzt diskursanalytische Theorien und Methoden, um historische Dokumente zu untersuchen, was seinerseits gegenwärtige Diskursstränge genealogisch rekonstruieren soll. Die ethnomethodologische Konversationsanalyse nutzt die dort entwickelten Kodierungsmethoden, um aufgezeichnete Gespräche zu untersuchen. Die objektive Hermeneutik, die *grounded theory* in ihren strikteren Variationen, etc. – alle sind wissenschaftliche Herangehensweisen, die vorgeben, wie Material zu sammeln

---

[1] Rube Goldberg war berühmt dafür, überkomplexe Maschinen zu bauen, die einfachste Funktionen erfüllten: Eine detailverliebte, mit vielen separaten Elementen ausgestattete Mechanik, die einen ganzen Raum einnahm, musste durchlaufen werden, um z. B. am Ende ein Licht einzuschalten. Die Apparate können über die Bezeichnung „Rube Goldberg contraptions" gegooglet werden.

und wie es zu ordnen ist, Werkzeuge, mit denen Wissenschaft gemacht wird. Diese linearen Wege benötigen geglättetes Material, um ihre Apparate füllen zu können: Die Mechanik der Untersuchung und Analyse gibt vor, je nach Apparat mehr oder weniger, wie die Daten aussehen müssen. Das geht von hochstandardisierten Daten und strukturierten Interviews bis zu historischen Dokumenten und Gesprächen.

Diese einfache Zweiteilung ist eine Metapher des Festen gegenüber des mehr oder weniger Beweglichen: Die Werkzeuge garantieren die Wissenschaftlichkeit und müssen daher zitiert, an die Literatur angeschlossen und in Nachfolge früherer Wissenschaft entwickelt werden. Das Material allerdings kommt aus dem „unsanitären" Raum der Lebenswelt und muss deshalb im Durchgang durch diese wissenschaftlichen Werkzeuge „sterilisiert" werden, indem es durch die Materialsammlungs- und -verwertungsmechanismen der Herangehensweise gefiltert wird. Das habe ich in einigen Seminarkontexten in die Metapher des Knetwolfs gepresst: Der Knetwolf wird als Werkzeug auf eine diffuse Masse angewandt. Dieser Knetwolf muss in der klassischen Idee von Wissenschaftlichkeit solide, ordentlich, sauber und intakt sein, was er durch die Qualitätskontrolle der Wissenschaftlichkeit erreicht. Die unförmige Masse an lebensweltlichem Material, die der Wissenschaftlerin begegnet, wird durch die korrekte Anwendung des Knetwolfs förmig und förmlich gemacht: Erst der Knetwolf macht sie zu einer ordentlichen Masse, für die die Wissenschaftlerin beanspruchen darf, wissenschaftlich verwertbar zu sein. Aus diesen ordentlichen Formen darf die Wissenschaftlerin die Häuschen wissenschaftlicher Erkenntnis bauen. Goffman hat diese klare Zweiteilung nicht sonderlich geschätzt und sich sowohl gegen die Festigung von abstrakter Theorie als auch gegen die Festigung abstrakter Methode „neben" und „über" der zu untersuchenden Welt gestellt.

3.2.1 Gegen Methode

Über Goffmans Werke verteilt finden sich viele scharfe Spitzen gegen die methodisch geschlossenen, strikten Datensammlungen, die vor allem die quantitative, aber auch Teile der qualitativen Sozialwissenschaft pflegen, in der Hoffnung, dass diese klare Befolgung von Prozedur dazu führt, dass ihnen der Adelstitel der Wissenschaftlichkeit verliehen wird. Goffman bemängelt, dass diese Praxis der einseitigen Ausrichtung an methodischer Strenge und Solidität einer Idealisierung der Naturwissenschaft nacheifert, die in der tatsächlichen Geschichte der Naturwissenschaft nicht die Rolle spielt, von der die Unterstützer glauben, sie hätte sie gespielt: „We social scientists are too much awed by what we feel the history of the physical sciences should have been, and too little influenced by what it actually was" (OPM:

323, fn. 5). So drückt Goffman seinen Frust bezüglich dieser einseitigen Verengung der Wissenschaft aus, die nun ihre methodisch hochkomplexen Werkzeuge immer besser auswendig kennt, so gut, dass die Wissenschaftlichkeit nun nur noch unter ihnen ausgefochten wird. In ihrer quantitativen Variante nennt Goffman diese Orientierung abschätzig „chi-squaredom" (TNS: 134), in dem „(the) battle for scientific respectability … is often fought out on a primitive field of contingency tables" (OPM: 323). Dabei geht die eigentliche Erkenntnis verloren, da vor allem der konzeptionelle Zugriff nicht (mehr) über einen Versuch des Verständnisses des Feldes erfolgt, sondern umgekehrt die Konzepte von den Erfordernissen der Methode abhängig werden: „Concepts are devised on the run in order to get on with setting things up so that trials can be performed and the effects of controlled variation of some kind or other measured, the science of which is assured by the use of lab coats and government money" (RIP: xvi).[2] Mit immer elaborierteren Methodenwerkzeugen ausgestattet ordnen diese Versuche die Welt nach ihren Methoden, so dass die Ergebnisse dieser Wissenschaft „creatures of research designs" sind „that have no existence outside the room in which the apparatus and subjects are located, except perhaps under sympathetic auspices and a full moon" (RIP: xvi). Als Kreaturen der Mechanik der Erhebung werden sie freudig von allen reproduziert, die diese Mechaniken der Erhebung ebenso verwenden. Das führt zu „the melancholy fact that clinicians and chi-square scientists unwittingly reinforce each other's investment in variables that glow from within the isolated individual like a dose of radioactive salts" (OPM: 323, f. 5).

Nicht nur entspringen die Konzepte dem Werkzeug, nicht der untersuchten Welt; zudem, und was noch schlimmer ist, sie sind in ihrer ganzen Form mit den Voraussetzungen der Methode synchronisiert, die Welt in einzeln zu bearbeitende, einzeln zu findende und monadische Elemente zerlegt, die „isolated individuals" mit den radioaktiven Salzen der „Eigenschaften" und „Meinungen". Sie müssen ihrer Voraussetzungen nach die Welt in Einzelpunkte ordnen, die einzelnen, abgeschotteten Personen zugeordnet sind, um dann diese zueinander in Bezug zu setzen und damit den einzelnen Punkten und isolierten Personen eine abstrakte Realität jenseits der Handlungen, in denen sie geleistet werden, und der Situationen, in denen ihre Rollen konstruiert werden, zuzugestehen: „aggressivity is studied, not aggressions; compulsivity, not compulsions. Through revival of scholas-

---

[2] Währenddessen ist Goffman dennoch der Ansicht, dass man als Sozialwissenschaftler wissen sollte, was dort abläuft. Einmal forderte er seine Studentin Jacqueline Wiseman auf, Kurse in quantitativer Sozialforschung zu besuchen und die Artikel zu lesen. Auf ihren Protest, dass sie so etwas niemals brauchen würde, antwortete er, „We have to know what the enemy is doing" (Shalin und Wiseman 2009).

3.2 Flaneurethnografie

tic psychology, the most interpersonal event can be made safe for questionnaire studies or private office practices" (OPM: 323, fn 5). In ihrem Drang, die Welt zu sortieren und zu ordnen, haben sie sie auf Faktoren, Elemente, Individuen und ihre Eigenschaften und feste Objekte reduziert; „as though the uncovering of a pattern in social life were that simple" (RIP: xvi). In diesem Drang geraten die Prozesse aus dem Blick, in denen diese Elemente in Situationen überhaupt erst intersubjektiv aufkommen. In ihrer Verpflichtung, „Kausalzusammenhänge" mit Hilfe ihrer festen Werkzeuge aufzudecken, waren sie gezwungen, die „Ursachen" und „Folgen" ebenso zu verfestigen, damit ihre Werkzeuge anwendbar werden, was das untersuchte Feld gefrieren und zerschlagen musste, um an Elemente zu gelangen, die ins System passen. Goffman hält von all diesen Apparaturen nichts. Auf einer Party bei den Piliavins, die zu diesem Zeitpunkt hauptsächlich Psychologen kennen, die entsprechend der Zeit hauptsächlich kontrollierte Laborexperimente machen, geht er umher und hört sich die Forschungen der Partygäste an, kommt dann frustriert zu den Gastgebern und meint: „Why are all these smart people doing such stupid things?" (Shalin und Piliavin 2009). Die Sozialwissenschaft erlegt sich mit diesem Fokus auf Methode eine Position zur Ordnung der Welt auf, die die Möglichkeit zur tiefgründigen Erforschung sozialer Prozesse erstickt; in seiner nie gehaltenen Präsidentenrede schreibt er, „we havent managed to produce in our students the high level of trained incompetence that psychologists have achieved in theirs, although, God knows, we're working on it" (TIO: 2).

Goffmans Arbeit ist eine Rebellion gegen den Glauben, es bräuchte einen steril-sauberen, ordentlichen Knetwolf als Methodenapparat, der ihm als „a sort of a sympathetic magic" erscheint. Wissenschaft, so Goffman, entscheidet sich nicht an Methoden und Zugriffen, an Mechaniken und Formeln, an festen Schemata der Untersuchung, die einseitig die Forschung in Ketten halten, während auf der anderen Seite die Welt, die man untersuchen wollte, entkommt. Sie entscheidet sich an Ergebnissen. Die Grundlage, auf der Goffmans Arbeit, die zu keinem Zeitpunkt ein festes Methodenwerkzeug präsentiert oder festen Vorgaben folgt, dennoch zum großen Klassiker erwachsen ist, liegt in seinen Ergebnissen. Goffman hat eine Welt der Interaktion eröffnet und in ihr faszinierende Erkenntnisse generiert; dass er niemals Methoden offenlegte, steht dem nicht im Wege. Das Problem besteht für ihn in der Nabelschauisoliertheit der strikten Wissenschaft, die in ihrer Hingabe zu ihren Prozeduren vergisst, in ihrer Forschung etwas zu entdecken: „Understanding of ordinary behavior has not accumulated; distance has" (RIP: xvi). Seine Arbeit ist ein Versuch, diese Form der Distanz im Zaum zu halten; „the assumption […] that if you go through the motions attributable to science then science will result" reicht nicht. „Many of these efforts remind me of the experiments children perform with Gilbert sets: ‚Follow instructions and you can be a real chemist, just like the picture on the box" (RIP: xvi).³ Goffmans Ziel ist es, diese Box beiseite zu werfen, die von ihr vorgeschriebene Distanz zu überwinden, Konzepte nicht vorzugeben und nicht zu operationalisieren, sondern sie in einem beidhändigen Zugriff auf Material und Konzepte kreativ zu gewinnen.

3.2.2 Der stetige Sammler

Bill Bennett (1974: xvii) stellt fest, „Goffman was a rule-breaker, a frame-breaker… there was a bad boy outrageousness to him that delighted in testing rules by testing the limits of tolerance toward the breaking of them". Das gilt für seine Alltagsinteraktionen (s. Kap. 2) genauso wie für seine Forschung. Goffman lässt in seinen Arbeiten jede Ehrerbietung für solche Fassaden strikter Wissenschaftlichkeit aus. Eines der höchsten Komplimente, die Herbert Blumer für Goffman aufbringt, zielt auf Goffmans beständige Ablehnung strikter Forschungsprozeduren:

> [A]n additional word of commendation is in order – in this instance with regard to Goffman's research procedure. In the true spirit of a scientific pioneer he is ever ready to probe around in fresh directions in place of forcing his investigation into the fixed protocol so frequently demanded in contemporary social science research. Fortunately, his interests are in untangling the empirical world rather than in paying obeisance to some sanctified scheme for doing so (Blumer 1972: 50).

Goffman betreibt im Gegensatz zur methodisch geschlossenen und geleiteten Forschung das, was ich gemeinsam mit Bob Prus offene Forschung genannt habe (Dellwing und Prus 2012: 68ff). Eines der Grundprinzipien offener Forschung ist *serendipity* (Dellwing und Prus 2012: 71ff; Bude 2008; Merton und Barber 2004): Der Begriff birgt in sich die Überzeugung, dass Forschung im Sinne einer Entdeckung des Neuen nur möglich ist, wenn man sich von seinen vorher zurechtgelegten Wegen löst und bereit ist, von Methoden und zuvor gesetzten Thesen und Zielen abzukommen, um in Gefilde zu gelangen, wo man finden kann, was man nicht gesucht hat oder Gesuchtes finden kann, wo man es nicht erwartet hätte. Goffmans Materialsammlung ist daher das Gegenteil der methodisch stringenten Form der Sammlung, die klassische Fassaden von Wissenschaftlichkeit vorgeben. Peter Berger hat einmal festgestellt, dass Soziologen zu den Wissenschaftlerinnen gehören, denen eine Trennung von Berufs- und Privatleben nur schwer möglich sein kann:

---

³ Goffman hatte viele dieser Sets, als er klein war, und mit einigen davon hat er Explosionen im Keller verursacht. Sein erstes Studium war das der Chemie (s. Kap. 2). Keine dieser Boxen hat ihn zu einem „echten Chemiker" gemacht.

The astronomer does not live in the remote galaxies, and the nuclear physicist can, outside his laboratory, eat and laugh and marry and vote without thinking about the insides of the atom. The geologist looks at rocks only at appropriate times, and the linguist speaks English with his wife. The sociologist lives in society, on the job and off it. His own life, inevitably, is part of his subject matter (Berger 2011).

Goffman hat diese fehlende Trennung zum Grundprinzip seiner Sammlung erhoben: Sein Material konnte von überall kommen. Er sammelt an allen Orten, jederzeit, aus allen Quellen und ohne Sorge um die Unmittelbarkeit des Materials. Selbst Gesehenes, Gehörtes, Erzähltes, Gelesenes, über drei Ecken Weitererzähltes: Da Goffman soziale Situationen als Material benötigt, ist jede Situation willkommen. In *Relations in Public* beschreibt er seine Sammlung als „based on offhandedly collecting and analyzing data, a hit-or-miss license I was encouraged to exercise" (RIP: 235); in *The Neglected Situation* bemerkt er, „[s]ounds are used in this gestural work because sounds, in spoken encounters, happen to be handy; but everything else at hand is systematically used too" (TNS: 136), und in *The Interaction Order*: „pedestrian traffic rules can be studied in crowded kitchens as well as crowded streets, interruption rights at breakfast as well as in courtrooms, endearment vocatives in supermarkets as well as in the bedroom" (TIO: 2). Und Goffman ist ein gieriger Sammler. In Goffmans Haus fand sich ein Raum, gefüllt mit Aktenschränken, in denen Goffman alle möglichen Arten des Materials sortiert sammelte. Die Piliavins, die diesen Schrank zu Gesicht bekamen, sahen „pieces of paper, magazine clippings, references to books he had read, lined pieces of paper with notes on them (fieldnotes)" (Shalin und Piliavin 2009) – und davon eine ganze Menge.[4] Grimshaw (1983: 147) nennt diese Materialsammlung „eklektisch" Goffman selbst spricht in *Relations in Public* von „unsystematic, naturalistic observation" (RIP: 20). „Serendipitös" ist vielleicht der passendere Begriff, wenn man die Arbeitsweise Goffmans als Vorlage für spätere Arbeit anbieten möchte.

„Kriterien" etablieren sich für offene Forschung, wie Goffman sie betreibt, nicht vor Feldeintritt, sondern in beständiger Bezugnahme zum Feld. „Forschung" besteht darin, die Kategorien der Analyse und die Wege der Sammlung von Material im Dialog mit der Feldforschung erst beständig zu entwickeln (vgl. Dellwing und Prus 2012: 144; Bude und Dellwing 2013). Goffman hat durchaus Kriterien, aber keine festen und vorher fixierten, und betreibt Forschung, indem er sich treiben lässt. Folgerichtig hat er auch keine vor der Forschung gesetzten Linien, die eingehalten werden müssten, und auch keine Linien, die im Laufe der Forschung konstant bleiben. Er schreibt voller Ehrlichkeit: „I have culled them [the materials, M. D.] over the years on a hit-or-miss basis using principles of selection mysterious to

---

[4] Das erinnert deutsche Leser natürlich an Luhmanns Zettelkästen!

me which, furthermore, changed from year to year and which I could not recover if I wanted to" (FA: 15). Atkinson spricht von einem „cavalier approach to method", einer sorglosen Herangehensweise, was Methode angeht (Atkinson 1989: 68): „We the readers are not offered the normal justificatory apparatus of, say, ‚methods' and a corpus of specially marked ‚data'" (60). Anstatt dass Goffman offenlegt, wie genau er sein Material gesammelt hat, wählt er lieber den Weg, seine Sammlung zu ironisieren. Er hat einfach gesammelt, was er interessant fand, und macht einen unehrlichen Knicks vor jenen, die ihn dafür kritisieren möchten: „Obviously, many of these data are of doubtful worth, and my interpretations – especially of some of them [sic!] – may certainly be questionable" (BPP: 4) – aber damit ist nichts zugegeben und nichts benannt. Das ist ein Spiel, das Goffman im Umgang mit seinen vorweggenommenen Kritikern beständig spielt: Er nimmt ihnen den Wind aus den Segeln, aber nur insofern er einen Knicks vor der Sorge macht, so dass man ihm nicht vorwerfen kann, sie wäre ihm nicht bewusst. Sie ist ihm bewusst, sie kümmert ihn lediglich nicht. Denn alles, was auf diese Ironie folgt, ist die Feststellung, dass diese offene Suche nach allem, was ins Auge fällt, immer noch besser ist als das, was die strengen Methodiker tun, wenn sie sich ihre Welt aus ihren Methoden zusammenbauen: „I assume that a loose speculative approach to a fundamental area of conduct is better than a rigorous blindness to it" (BPP: 4).

Wenn man möchte, kann man Goffmans Material in einige lose Herkunftsgruppen ordnen. Das soll nicht den Eindruck erwecken, dass Goffman diese vorher gesetzt hätte und diese Gruppierung die Sammlung angeleitet hätte; das wäre falsch. Es soll auch nicht den Eindruck erwecken, offene Forschung müsste diesen Sammelgruppen folgen; es soll hier keine strikte Anleitung gegeben werden. Es handelt sich in der angebotenen Liste lediglich um eine nachträgliche Gruppierung, um zu zeigen, wo Goffman sein Material fand: potentiell überall, wo er selbst oder seine Bekannten unterwegs waren oder was ihm durch Literatur, Filme und Zeitungsberichte zugänglich war. Das waren (a) Szenen aus seinen eigenen ethnografischen Feldforschungen; (b) Observationen auf und jenseits der Straße auf seinem üblichen Weg durchs Leben, inklusive hypothetischer Situationen, die erfunden wurden, um einen Punkt zur Interaktionsordnung mit ihnen zu untermauern; (c) Material aus fiktionalen oder Reportagequellen, aus Romanen, Zeitungen, Werbung, Filmen und (häufig!) Benimmbüchern; (d) Erfahrungen anderer, die ihm erzählt wurden, und Forschungsarbeiten von Studierenden. Es gab zwischen diesen Materialquellen keine Balance, kein gesetztes Suchmuster, keine systematische Ordnung; Goffman benutzte, was ihm in die Hand fiel.

Die ersten beiden Kategorien hängen insofern zusammen, als sie beide Material beinhalten, das Goffmans eigener Erfahrung und seiner „Immersion" in seinem lebensweltlichen Alltag entspringt (s.u.). Kategorien drei und vier hängen ebenso zusammen, da es sich um die Erfahrungen und den lebensweltlichen Alltag anderer Gesellschaftsmitglieder handelt. Alle vier sind darin verbunden, dass sie Goffmans Aufmerksamkeit erlangten und allein dadurch in seinem Aktenschrank endeten.

(a) Teile von Goffmans Arbeit fallen in den Rahmen klassischer Ethnografie. Seine Forschungsaktivitäten beginnen mit einer klassischen soziologischen Anthropologie auf den Shetland-Inseln. Später verbrachte er drei Jahre mit Forschungsaufenthalten in Psychiatrien (s. Kap. 2 und 7). Zudem forschte er in Las Vegas, entweder als Spieler oder als Kartengeber (s. Kap. 2). Es ist auffällig, dass Goffman keines dieser drei Felder zu einer klassischen Feldstudie ausbaute; auch die Werke, die sich am ehesten mit diesen Feldern beschäftigt haben, sind keine klassischen Ethnografien *zu* ihnen (Atkinson 1989: 60). *Presentation of Self* ist keine Ethnografie der Shetland-Inseln; die Shetland-Studie führte zwar zu einer Dissertation, jedoch wurde diese, wie Fine und Manning berichten, vom Dissertationskommittee genau dafür angegriffen, keine klassische Ethnografie zu sein, sondern eine allgemeine Betrachtung der face-to-face-Interaktion (2003). *Where the Action Is* ist keine Ethnografie von Las Vegas (wobei Goffman allerdings an einem Buch über Glücksspiel arbeitete, als er starb, Shalin und Heilman 2009. Da seine Archive versiegelt sind, ist an dieses Material nicht heranzukommen). Einem klassischen Feldbericht am nächsten kommt wohl *Asylums* (ASY), das explizit die Forschungsaufenthalte in psychiatrischen Kliniken verarbeitete und sich hauptsächlich mit Anstalten auseinandersetzte. Aber auch in dieser Arbeit findet sich Material aus Quellen wieder, die keine ethnografischen Feldforschungen waren, und auch die Analysen in *Asylums* orientierten sich konzeptionell an Alltagsinteraktionen und der Analyse der Interaktionsordnung (s. Kap. 3). Man kann nicht sagen, dass Goffman klassische Ethnografien geschrieben habe, die sich auf Immersion und Blick auf die innere Realitätsorganisation eines bestimmten Umfeldes konzentrierten. Das in diesen feldgebundenen Forschungen gesammelte Material wurde nicht in einer gebundenen Studie zu diesem Feld verwendet, sondern stattdessen aufgeschnürt, auseinandergebrochen und wieder neu zusammengesetzt. Teile dieser Felder finden sich in allen Arbeiten Goffmans verteilt, wenn es um konkrete Interaktionsrituale geht. Die Ordnung, die Goffman aufmacht, ist eine Ordnung nach analytischem Interesse an dem Umgang mit rituellen Motiven im Alltag, keine Ordnung nach Feldern.

(b) Goffmans Bücher sind voller nichtspezifischer Beobachtungen aus seinem eigenen Leben, die er in seinem berühmten Notizblock festhielt, „a file where I keep quotations that have struck me as interesting" (BPP: 4). Es ist ein Ordner mit Kleinigkeiten des Alltagslebens, Notizen zum „allgemeinen Leben" die am Ende

allen Lesern bekannt vorkommen sollten, wie „young middle-class American girl playing dumb" (POS: 75), das Pfeifen bei vorübergehenden Frauen (BPP: 145), der „the ‚terminal squirm'", mit dem Bettler abgehalten werden (BPP: 146) oder die Rollendistanz, die geleistet wird, wenn größere Kinder sich „ironisch" mit dem Karussell beschäftigen (ENC: 107ff). Das macht die Linie zwischen jenen Situationen, die Goffman tatsächlich beobachtet hat und jenen, von denen er als normal sozialisiertes Gesellschaftsmitglied nur weiß, fließend. In *Frame Analysis* kündigt er an, „The interchanges in this paper are drawn from notes taken on actual interaction, except where quite stereotypical or apocryphal interplay is cited" (FA: 149): Wenn klar ist, wie eine Interaktion abläuft, braucht Goffman keine *konkrete* Beobachtungssituation, um sie zu explizieren. Es reicht ihm die Immersion ins Feld des Alltags und die Bekanntschaft mit Interaktionen dieser Art aus seiner eigenen Lebenserfahrung, protokolliert oder nicht, oder das Hineinversetzen in eine Situation dieser Art, erlebt oder nicht. Auch in *Asylums* gesteht er, dass er seine Konzepte mit Beispielen illustriert, die fiktional (ASY: 19) sind.

Diese zweite „Kategorie" Goffmanschen Materials ist der Kern der Flaneurethnografie: Der Begegnung im Alltagsleben mit Situationen, die für eine gegenwärtig verfolgte Analyse interessant sind. In diesen Begegnungen erwächst dann der Druck des soziologischen Interesses, der Goffman dazu bewegt, eine bestimmte Form des rituellen Umgangs zu explizieren, zum Beispiel Formen von Vermeidungsritualen. Wenn eine solche Linie erst einmal gezogen ist, können in allen Umfeldern, in denen man sich befindet, Beispiele für eine solche Interaktion gefunden werden. Umgekehrt können Situationen aufkommen, die erst einmal interessant scheinen und Goffman dazu anregen, darüber nachzudenken, was er da eigentlich gesehen hat. In Kontrast zu den Kategorien, die gerade verfolgt werden, ergibt sich so eine neue Kategorie. Und wenn Lücken in dieser Taxonomie der Rituale auftauchen, kann Goffman auch imaginäre Situationen verwenden, von denen er als gut sozialisiertes Mitglied der Gesellschaft weiß, dass sie so ablaufen könnten – nicht notwendigerweise, dass sie so ablaufen würden, aber dass sie es könnten. Da es nicht darum geht, sie zu zählen, sondern festzustellen, welche Formen der Ritualarbeit und damit welche Formen der Arbeit an der Realität mit diesen Ritualen betrieben wird, ist die Erfindung einer solchen Szene nicht tragisch, solange an dieser Szene etwas gezeigt werden kann, was das Verständnis der Ritualarbeit im Alltag vorantreibt.

(c) Während die ersten beiden Kategorien aus „Feld"-notizen zu Situationen stammen, die Goffman entweder selbst beobachtet oder erdacht hat, formt die dritte Kategorie einen größeren Kreis von Szenen, die er zwar nicht beobachtet hat, deren

3.2 Flaneurethnografie

Darstellung er allerdings gesehen oder gelesen hat. Hier haben es ihm besonders Etiketten- und Benimmratgeber angetan, die nicht (nur) beobachtend, sondern vorgebend sind.[5] Er weidet außerdem Filme, Bücher und Briefe aus, um aus ihnen Material zur Interaktion zu gewinnen. Diese Materialien, die in seinen Werken als solche zitiert sind, weisen auf einen bemerkenswert breiten Appetit hin, was Literatur angeht. Die referierten Werke reichen von Sartre (POS: 75) zu James Bond, von Hemingway (IR: 214) und Jane Austen (FC: 42) zu literarischen Darstellungen, wie „Ponsonby" dem König von Norwegen Rat erteilt (POS: 68), hin zu Romanen eines Blinden (BPP: 182) und „pulp fiction"-Detektivgeschichten,[6] von Lillian Ross' Beobachtungen zu Hollywoodrestaurants (BPP: 180) bis hin zu Zeitungsberichten (z. B. unter vielen IR: 199, 217). Auch Comicmagazine wie „Mad Magazine's Snappy Answers to Stupid Questions, a useful source book" (RIP: 171, fn 53) und der „Peanuts"-Comic (RIP: 176-7, fn 57: „you don't like me, do you?") finden Verwendung, ebenso wie die persönlichen Briefe einer Lehrerin (POS: 201) – und zufällig gefundene Magazine auf einem Flohmarkt. Sherri Cavan erzählt in ihrem Interview für die Goffman Archives, wie Goffmans Buch *Gender Advertisements* zustande kam, in dem er die Darstellung von Frauen in Werbeanzeigen untersuchte:

> [H]e liked to go to garage sales and flea markets, and I liked to go to garage sales and flea markets, so we would meet at these places sometimes. There was a wonderful flea market in Alameda, and I would run into him there. On one of his trips, he found a couple of boxes full of women's magazines, and that was the whole basis of *Gender Advertisements* – two or three boxes of women's magazines (Shalin und Cavan 2009).[7]

Seine Materialquellen zeichnen das Bild eines außerordentlich belesenen Menschen, der zudem in jeder Alltagssituation aufmerksam war, was für seine soziologische Analyse verwendet werden könnte.

---

[5] Dieselbe Methode wurde auch von Luc Boltanski und Laurent Thévenot (2010) verwendet, wenn auch gradliniger und sauberer, theoretischer und französischer.

[6] „Pulp Fiction", der Titel, den Quentin Tarantino für seinen wohl berühmtesten Film gewählt hat, ist eigentlich die Bezeichnung eines Genres: „Pulp" ist Brei, Paste, der Papierbrei, aus dem billiges Papier gemacht wird – „pulp fiction" sind Groschenromane.

[7] Die Geschichte geht weiter: Aus diesen Magazinen machte Goffman eine Analyse, die dann in einem Vortrag in Cavans Haus mündete. Zu diesem Vortrag waren ausschließlich Frauen eingeladen, „30 women, almost all of them sociologists, Ph.D. sociologists, not even students at that time" – aber keine Männer, denn Goffman verbat Männern den Zutritt: „he refused to let in any men there, including my 10 year old son" (Shalin und Cavan 2009).

(d) Außerdem nutzt Goffman immer wieder die Erfahrungen anderer, die ihm weitererzählt werden. Das können seine Studierenden sein, die in ihren eigenen Forschungen Feldnotizen anfertigen, die sie ihm dann weitergeben und aus denen er eine besonders prägnante Szene zieht, um einen eigenen Punkt zu untermauern (z. B. BPP: 186). In einer großen Zahl von Fußnoten in Goffmans Werk dankt er Kolleginnen und Studierenden dafür, ihm interessante Situationen zugänglich gemacht zu haben; noch öfter zitiert er Studierende aus Arbeiten, die diese bei ihm geschrieben haben. Das ist ein besonders charmanter Zug in Goffmans Arbeit: Wenn seine Studierenden über Themen schrieben, die ihn interessiert haben, nutzt er diese Arbeiten und zitiert sie als „unveröffentliches Manuskript" (z. B. POS: 173, ENC: 87, BPP: 183, ABS: 330, u. v. m), oft namentlich, manchmal jedoch nur in Referenz zu „a student" (BPP: 84). Gary Alan Fines Hausarbeit über Rahmenbruch im französischen surrealistischen Theater wird von Goffman in *Frame Analysis* zitiert (Shalin und Fine 2009), und Fine bemerkt, Goffman habe immer wieder darauf hingewiesen, dass seine Schüler ihn zitieren sollten, wenn sie seine Ideen in Arbeiten übernehmen, und dass er im Gegenzug dasselbe für sie tun würde.

Diese Gruppierung ist keine Anleitung. Arbeit in der Tradition Goffmans wehrt sich dagegen, Flaggen in die Erde zu stecken, um die sich angehende Wissenschaftlerinnen versammeln können, scholastische Formeln, die ausgeführt oder rigorose Rituale, die befolgt werden müssten. Kein Autor dürfte ein Set von Praktiken vorgeben, sie „klar definieren" und sie „Regeln der Flaneurethnografie" oder „Regeln der dramaturgischen Analyse" nennen – oder welchen Namen wir auch immer für das verwenden wollen, was Goffman getan hat. Dell Hymes (1984) bemerkt in Bezug auf Goffmans Arbeit als Redakteur eines wissenschaftlichen Journals, „his controlling consideration, for Erving as editor, was rather a finely tuned sense of what would and would not suffice": Goffman sammelt Material so, dass es für seine analytischen Ziele ausreicht, und alles, was diesen Zielen dient, ist als Material zugelassen. Er hat überall gesucht und überall gefunden; er hat alles verwendet, was ihm nützlich erschien; er hat sich in seinem Alltag leiten lassen, um aus seinen eigenen Erfahrungen und jenen, die ihm erzählt wurden, Einsichten zu gewinnen. Das war sinnvoll, weil es ihm gerade um den spontan ausgehandelten fluiden Alltag ging und um die Regelmäßigkeiten, mit denen in diesem Alltag gespielt wird. Man benötigt einen Sinn dafür, wann man etwas Innovatives getan und einen Beitrag geleistet hat, und was dagegen reiner wissenschaftlicher Ritualismus ist. Auf reinen Ritualismus kann aus solcher Perspektive getrost verzichtet werden. An die Stelle des Rituals tritt beständige Analyse: Wiseman berichtet, „he was always analyzing things […] even though we were having a social time, he was still being an observer" (Shalin und Wiseman 2009). Seine Sammlung ist daher nicht von der

Analyse zu trennen, seine Analyse nicht von Methode eingeschränkt, sondern nur von einer Idee, die ihre eigenen Grenzen offen erweitert, wenn der Forscher das für notwendig erachtet.

3.3 Metaphern und Flaneurkategorisierung

Es ist eine Sache, überall Material zu sammeln. Es ist eine völlig andere, mit diesem Material etwas anfangen zu können. Offen gesammeltes Material in bereits bestehende Kategorien einzuordnen, die andere Sozialwissenschaftlerinnen bereits vorgefertigt haben, ist einfach (aber keine große Leistung); methodisch rigoros gesammeltes Material in bestehende Analyseapparate einzubauen ist vielleicht nicht per se *einfach*, und es ist durchaus eine Leistung, aber es ist gradliniger wissenschaftlicher Ritualismus, der wenig Innovation verspricht. Sich der kreativen Verantwortung zu stellen, offen gesammeltem Material eine interessante Erkenntnis zu entreißen, aus dieser eine Kategorie werden zu lassen und um diese Kategorie herum weitere Kategorien zu positionieren, die mit weiterem offenem Material gefüllt werden, während anderes offenes Material neue Kategorien generiert: Das ist eine echte Herausforderung, an deren Ende jedoch echte Einblicke und die Entdeckung forscherischen Neulands locken.

Goffmans Weg zu diesem Neuland spiegelt seinen Weg zum Material wider. Wie er sein Material nicht mit Hilfe von strenger Methode gewinnt, leistet er seine Analysen nicht mittels fester theoretischer Fundamente und klar definierter Begriffe, auch wenn seine Schriften teils den Anschein erwecken, dass sie das täten. Sie liefern ihre Einblicke in die Alltagsphänomene, mit denen Goffman sich auseinandersetzt, indem sie über alltagsverständliche Metaphern zu ihnen stoßen. Über den Weg dieser Metaphern gibt Goffman den von ihm beobachteten Phänomenen dann Namen, die in Anlehnung an die oben vorgenommene Einordnung seiner Herangehensweise als „Flaneurethnografie" als „Flaneurkategorisierung" bezeichnet werden könnte: Mit Metaphern im Gepäck in der Welt gebildete Namen.

3.3.1 Gegen Theorie als Geschäft

Goffman wurde beständig vorgeworfen, ein Systematisierer gewesen zu sein. Er hat beständig neue Begriffe generiert, mit deren Hilfe er sein Neuland kartografierte. So wird ihm häufig zugeschrieben, ein Theoretiker ersten Ranges zu sein (Lenz 1991: 25), dessen Theorie sich in diesen Begriffen an die Oberfläche vorwage, während ihre Struktur jedoch zwischen den Zeilen versteckt liege und von dort aufgedeckt werden müsse. Goffman selbst ziere sich nach dieser Lesart seiner Arbeit, seine explizite Theorie offen darzustellen. Ob dem tatsächlich so ist, ist umstritten. Greg Smith meint, Goffmans Soziologie sei nicht theoretisch ambitioniert gewesen (2006: 1) und habe vielmehr einen sehr bescheidenen theoretischen Apparat geliefert; Goffman „showed no aspiration towards propositional expression as fully-fledged explanatory and predictive theory" (1).

Was Goffman geleistet hat, ist nicht nur als „versteckte Theorie", sondern auch als „begriffliche Systematisierung" schlecht beschrieben. Viele seiner Fußnoten sind, wie ich eben bemerkt habe, flaneurethnografisch und zitieren Romane, Studentinnen, Briefe. Rodney Stark bemerkt daher abschätzig, „He read hell of a lot more artsy stuff than he did of sociology" (Shalin und Stark 2009). Er zitiert nur selten wissenschaftliche Quellen, und wenn er das tut, dann nicht systematisch zur Unterfütterung seiner gesamten Arbeit, sondern lokal zur Unterfütterung eines konkreten und eingegrenzten Argumentationspunktes.

Während „klassische" wissenschaftliche Arbeiten sehr strikt aufgebaut sind, indem sie Theorie und Methode deutlich und gradlinig explizieren, um diese dann an einem Feld ebenso trocken und direkt anzuwenden, geht Goffman den längeren Weg über die Verwendung von Alltagsmetaphern. Mit ihnen lässt er seine Leser *wieder*erkennen, wie komplex und fluide ihre Welt ist und welche Leistungen sie beständig in ihr erbringen, um sie „normal" zu machen und zu halten. Goffman faltet so das Objekt seiner Soziologie auf sich selbst zurück und lässt so die Geheimsprachen, Geheimordnungen und Geheimcodes der Soziologie, das, was er abschätzig „big-ass sociology" genannt hat (Miller 2009), hinter sich. Tatsächlich war Goffman mit ganzer Seele Soziologe, war aber gegenüber der Soziologie seiner Zeit eher negativ eingestellt: Gary Alan Fine korrigiert Dmitri Shalin, wenn dieser von Goffmans „Ambivalenz" gegenüber der Disziplin spricht, mit: Er war nicht ambivalent, er war ihr feindlich gesinnt (Shalin und Fine 2009) – nicht der Soziologie als Beruf, wohl aber der Realität der Soziologie und ihren Praktikern mit ihren Theorie- und Methodenfoci. Goffman wollte Fine dazu bewegen, in die Anthropologie zu gehen anstatt in die Soziologie; Deborah Schiffin sollte, wenn es nach Goffman ging, lieber Linguistin werden. Die Theoriedebatten der Soziologie – und ihre Übermethodisierung – waren Wege, mit denen sie sich für Goffman aus der wissenschaftlichen Erkenntnis verabschiedete.

Sein Blick hinter die Fassade der Alltagswelt nutzt die Fassade mit, anstatt die Nase über sie zu rümpfen, vermengt sie mit bekannten Metaphern, anstatt tief in die soziologisch-professionalisierte Begriffskiste zu greifen. Er beginnt mit den „normalen" Handlungen, die wir alle aus dem Alltag kennen, den „normalen" Metaphern, mit denen wir alle etwas anfangen können. Mit anderen Worten: Er fängt

3.3 Metaphern und Flaneurkategorisierung

dort an, wo wir uns alle bereits befinden. Dann setzt er gegen diese Metapher einen Kontrapunkt, der dazu führt, dass die Metapher auch auf diesen Kontrapunkt angewandt wird; und in Anwendung an diesen Kontrapunkt entsteht Erkenntnis.

3.3.2 Metaphern

Goffman entwickelt kein Theoriegebäude, dessen Fundament in *Presentation of Self* (POS) und dessen Dach in *Frame Analysis* (FA) gebaut wird (mit *Forms of Talk*, FOT, als Anbaugarage). Goffmans Bücher stellen einen immer neuen Anlauf auf dasselbe Feld dar, bei dem vorher genommene Hürden in späteren Arbeiten noch einmal genommen werden, nun aber mit einer anderen Zielsetzung und damit in einer anderen Position, ohne die anderen Werke dabei allzu häufig zu erwähnen.[8] Das heißt nicht, dass er immer wieder etwas anderes tut, nur, dass er aus seinen unterschiedlichen Anstrengungen kein System baut: Er hat seine Arbeit nicht um theoretische Systematik, sondern über Metaphern organisiert.

Man findet eine breite Verwendung metaphorischer Sprache in Goffmans Arbeiten – die Bezeichnung der Psychiatrie als „tinkering trade" (ASY: 321) oder die Kontingenzen, die in sozialer Interaktion aufkommen, als „many different kinds of monkey business" (FA: 45). Interaktionsteilnehmer werden bemerken, dass „during the interaction there will be no time and place immediately available for eating the pudding that the proof can be found in" (POS: 2). In einer seiner berühmtesten Metaphern stellt er fest, dass man die Realität verpasst, wenn man nicht an den Orten ist, an denen ihre Aufführung stattfindet: „The world, in truth, is a wedding" (POS: 36).

---

[8] Die offensichtliche Ausnahme ist hier *Frame Analysis*, in dem Goffmans eigene Werke zu den meistzitierten gehören: Hier greift er die in früheren Büchern angesprochenen Metaphoriken auf und verfestigt sie zu „Rahmen", um sie in Beziehung zueinander setzen zu können. Das haben einige Betrachter Goffmans als Kurswechsel verstanden, als Aussage, dass das, was zuvor nur Gerüst und Zugang war, nun festes Element der Welt sei, quasi ein später Objektivismus; Crook und Taylor beispielsweise meinen, „The dramatic and the theatrical are now no longer a model but a frame – a particular transformation of concrete actual activity with its own claims upon our attention and its own felt sense [...] They are now frameworks which taken together constitute a framework of frameworks; a delimited set of organizational principles" (1980: 235). Das verfehlt allerdings das Ziel von *Frame Analysis*, das einfach eine neue Metapher nimmt – Rahmen – um systematisch über die alten Metaphern reden zu können. Wenn überhaupt ist Goffman in *Frame Analysis* noch schnippischer, lockerer und ironischer als in seinen früheren Büchern – was er sich im Licht seiner fortgeschrittenen Karriere leisten konnte.

Aber vor allem ist es die Ordnung der Analyse um Kernmetaphern, die ein Bündel an Kindern abwerfen, mit denen dann kleinteiligere Phänomene betrachtet werden können: „A model is taken as a prototype" (Lofland 1980: 25), und von diesem Prototyp ausgehend werden dann kleinere Modelle gebaut. Manning nennt das eine „substantive or root imagery" (1980: 263), aus der dann die kleineren Begriffe und Konzepte erwachsen. Sein naturalistisches Material wird durch beständigen Vergleich gegenüber wechselnden Metaphern reorganisiert, durch die „method of the ‚natural metaphor', used as a technique of comparative analysis" (Drew und Wootton 1988: 9). Lofland nennt das den „Goffmanesque touch", erreicht durch das, was in Kenneth Burkes Diktum eine „perspective by incongruity" ist: „This is the trick of taking a word usually applied in one setting and transferring its use to another setting'" (1980: 25).

Die „Wurzelmetaphern", die Goffman verwendet, sind die des Theaters, Rituals, Spiels und der Sprache sowie des Rahmens als „Metapher der Metaphern".

Die berühmteste von Goffmans Metaphern ist zweifellos die Theatermetapher, gerade in der deutschen Fassung, in der es das Theater in den Titel geschafft hat (wo es im Original, *The Presentation of Self in Everyday Life*, nicht zu finden war). Über berühmte Metaphern wie die der Bühne („Vorderregionen" und „Hinterbühnen") und mit den aus der Metapher entsprechend erwachsenden Analysebegriffen (wie „Requisiten") entsteht eine Umformulierung des Prozesses, in dem Menschen vor unterschiedliche Zuschauer treten und ihre Identität aushandeln, sich vorbereiten, Darstellungen abliefern und Fehltöne vermeiden. Die Metapher des Rituals übernimmt Goffman aus der Religionssoziologie, mit engem Bezug zu Durkheim: Mit Hilfe der Ritualmetapher entsteht die Betrachtung des Menschen als „letzte verbleibende Gottheit", nämlich als Wesen, das rituelle Ehrerbietung von anderen erfordert (ein Erfordernis, das wir nicht für uns selbst erbringen können) und das rituell „verschmutzt" werden kann, wenn diese Ehrerbietungen problematisch werden. Während wir in der Theatermetapher Bedeutungen darstellen, greifen wir in der Ritualmetapher nicht nur auf ein rituelles Idiom zurück, welches zu dieser Bedeutungskonstruktion verwendet wird, sondern sind vor allem in einem beständigen Spiel der gegenseitigen Huldigung gefangen, aus dem viele Konflikte und Vorwürfe hervorgehen können, wenn andere sich nicht gehuldigt genug fühlen. Die Interaktion in einer Welt voller Götter ist eine eifer- und rachsüchtige, und dass diese Welt eine gemeinsame Bedeutung aufrechterhält, bedarf beständiger ritueller Tänze, beständigem Ritualmanagement. Hierin sind schon zwei weitere wesentliche Metaphern verborgen: Die Metapher der Sprache erlaubt es, die unterschiedlichen Darstellungen und Rituale als Idiom zu sehen, als Töne oder Silben, aus denen lokale Realitäten zusammengesetzt werden, was in Reaktion auf die vorhergehenden Realitätslinien anderer erfolgt. Wie die Sprache muss dieses Idiom

3.3 Metaphern und Flaneurkategorisierung

interpretiert werden: Es muss verstanden werden, es bezieht sich nicht auf Regeln einer Grammatik, sondern auf die rituellen Regeln des Agierens und Reagierens, nach denen Fehler gemacht, aber ausgebügelt werden können. Ein rituelles Idiom erlaubt lange rituelle Austauschsituationen, die gespielt werden, bis eine annehmbare Resolution entsteht oder aber die Situation bricht. Die Spielmetapher letztlich entspringt aus Goffmans ausgedehntem Kontakt mit dem Casino als sozialem Raum, aber diese Metapher erlaubt ihm, diesen Umgang mit dem rituellen Idiom, diese Darstellung von Bedeutungen in sozialen Interaktionen, die er beständig untersucht, als Spiel mit Zügen, Spielern, Spielabschnitten und Ergebnissen zu verstehen, in denen es Gewinner und Verlierer gibt, weshalb Spiele auf *Resolutionen* hin gespielt werden können: Am Ende der Situation ist klar, welche Bedeutungen in ihr fixiert wurden, aber bis zu dieser Resolution ist es ein offenes Spiel. Das rituelle Idiom ist eine Spielressource, mit dem viel erreicht werden kann: Im Rahmen der face-to-face-Interaktion, in der geteilte Realitäten gemeinsam ausgemacht werden, ist das rituelle Idiom ein Werkzeug, diese Realitäten zu beeinflussen.

Dabei sind diese Metaphern nicht auf eine Quelle pro Metapher limitiert: *Presentation of Self* ist nicht das Theatermetapherbuch, *Interaction Ritual* nicht das Ritualmetapherbuch, *Strategic Interaction* und *Encounters* sind nicht die Spielmetapherbücher, *Forms of Talk* ist nicht das Sprachmetapherbuch. Die Metaphern kommen vielmehr vermengt und vermischt auf, sie überlappen, und ich werde sie ebenso vermengt verwenden, da eine Serie von Einzelbetrachtungen es erfordern würde, Zusammenhängendes brutal zu trennen. Wenn wir diese Metaphern vermischen,[9] können wir fragen, wie die Menschen auf der Klaviatur dieser Töne spielen, wie sie zu den Melodien, die sie gemeinsam machen, tanzen, wie sie mit den Ritualen spielen.

Mit Hilfe dieser Metaphern transformiert Goffman die Situationen, die er untersucht, in analytische Erzählungen. Konzepte, die in unserer Vorstellung bereits mit der Metapher verbunden sind, werden dann in die Analyse übernommen (Lofland 1980: 25) und treiben diese Analyse voran. Die Metapher war, wie Atkinson feststellt, nicht einfach ein Hut, der dem Material aufgezogen wurde, „not as imagery, nor for the purpose of merely embellishing some pre-existing text" (Atkinson 1989: 74–5); sie entsteht im Zusammenspiel mit dem Material, weil sie Goffman einfällt, als er flaneurethnografisch unterwegs ist. Einmal eingefallen erweitert die

---

[9] „Gemischte Metapher" scheint ein Schimpfwort zu sein. Eine goffmaneske Perspektive sollte sich vielleicht abgewöhnen, es als Schimpfwort zu verwenden: Als ob die Ordentlichkeit der Metapher mehr wert wäre als eine Einsicht, die eine gemischte Metapher gerade deshalb produzieren kann, weil sie Grenzen der Rahmung überschreitet und somit auf Thematisierungen kommen kann, die dem Ordentlichkeitsdenken, dem eine solche Vermischung vulgär erscheint, entgehen.

Metapher die Suche und die Interpretation; sie erlaubt es so, ein breiteres Feld von Konzepten mit ihrer Hilfe zu gewinnen. Aus einer Beobachtung wird eine Idee, aus einer Idee eine Kategorie, eine Kategorie wird in metaphorische Begriffe gefasst und führt so dazu, neue Kategorien innerhalb derselben Metapher zu erdenken und zu entdecken, was auf die Suche nach weiterem Material zurückwirkt. Ganz metaphorisch durchzogen bemerkt Goffman, „Once you have caught your hare, you must trim him to fit the pot. A category that stays in common use always has a gleam of sociological truth in it, the members tending to share something sociologically significant. This essence must be caught and polished, and the setting changed to show it off" (OPM: 322). Raab nennt das „impressionistisch" (2008: 8), und vielleicht ist Impressionismus nicht die schlechteste Form, soziologisch einsichtsreich zu sein.

Damit ist Goffmans Verwendung der Metapher eines der zentralen Beispiele für das, was Anselm Strauss und seine wechselnden Mitstreiter *grounded theory* genannt hatten – allerdings repräsentiert es eine unmethodische Form, die der späteren, weniger methodischen, weniger stringenten Form der *grounded theory* eher ähnelt als den strikten Codierungssystemen ihrer Frühzeit (vgl. auch Charmaz 2003, 2006; Charmaz und Mitchell 2001). Dieser Ansatz bietet gerade in seiner unstringenten Form eine Chance für kreative und einsichtsreiche Sozialwissenschaft. John Lofland (1984: 13) bemerkte, dass Goffmans Mission die *Um-Beschreibung* war, nicht die Erkenntnis irgendeiner abstrakten Wahrheit: „We are to judge sociological work in terms of the degree to which it changes the way we see". Über diese Metaphern kommt die Leserin in eine Position, eine verständliche Konzeptionalisierung vorzufinden, die zugleich als wissenschaftliche Erklärung eine große transformative Macht hat: „his conceptual advances were accomplished in the only way possible, through the process of linguistic invention and development pressed into the service of a sociological perspective" (Atkinson 1989: 75).

Diese Metaphern sind *Ansätze* im besten Sinne des Begriffs: Sie stellen keine Behauptung auf, dass mit ihnen die „Wahrheit" über die Welt erkennbar wäre, die zuvor verborgen war. Es ist keine Umformulierung, die für sich beansprucht, nun über alle anderen Thematisierungen hinweg ernst, ernster als alles andere, genommen werden zu müssen. Goffman kennt eine solche analytische Ernsthaftigkeit nicht, die weite Teile der Ökonomie, der Psychoanalyse und der Psychiatrie durchzieht, die ihre Analysen im Duktus des „wir wissen, was hier wirklich vor sich geht" anbieten. Goffman macht nur ein Angebot, einen Teil der Welt aus einer lokalen Anwendung von Metaphern heraus anders zu verstehen, in der Hoffnung, dass das hilft. Er nennt seine Metaphern – in direktem Bezug auf die Theatermetapher – „Gerüste", und „Scaffolds, after all, are to build other things with, and should be erected with an eye on taking them down" (POS: 254).

3.3.3 Goffman, der Täufer[10]: Flaneurkategorien und Definitionen

Aus diesen Metaphern heraus, und im beständigen Kontakt mit seinem überall gesammelten Material, bildet Goffman Konzepte, und davon eine beträchtliche Menge: Fokussierte und unfokussierte Interaktion (BPP), Vorderregionen, Hinterbühnen und Außenräume (POS), unterstützender und korrigierender Austausch mit seinen Unterkategorien (RIP), die Taxonomie der Geheimnisse (POS) oder die Phasen und Elemente des Spiels (ENC). Manning sieht Goffman als Forscher, dessen Modus daraus besteht, „stacking concept upon concept, example upon example" (1980: 169); Hymes sieht es als seine Leistung an, dass er Praktiken „tauft", die noch keinen Namen hatten (Hymes 1984: 628). Wie seine Sammlung unsystematisch erfolgt und Goffman sich davon leiten lässt, was er interessant findet, so wird dieses Material auch in eine elaborierte Sammlung von Konzepten transformiert, die ebenso zu keinem Zeitpunkt „systematisch" werden. Smith bemerkt, „his oeuvre lacks self-evident internal coherence. Each of his books is written… as if none of the others had been. Each starts from conceptual scratch" (2006: 5). Das bedeutet keineswegs, dass es in Goffmans Werk keine einende Linie gibt: Jedes Buch startet neu, weil jedes Buch *dasselbe* Feld wieder bearbeitet, dieselben Themen wieder diskutiert, welche die anderen Bücher auch bereits diskutiert hatten. Die Konzepte der vorherigen Werke stehen zu Beginn des nächsten Werkes jedoch nicht als Stockwerk bereit, auf das das nächste Stockwerk aufgesetzt werden kann. Jedes Buch zimmert eine neue Hütte, mit neuen Spielbrettern und neuen Tanzschritten,[11] auch wenn es dazu Material und einige Eckpfeiler aus früheren Büchern übernimmt. Häufig führt das dazu, dass dasselbe Phänomen in einem neuen Kontext aufgegriffen wird, weshalb es nun einen anderen Namen erhält. Seine Arbeiten bauen nicht konzeptionell und begriffsbestimmend aufeinander auf; Goffman interessiert es nicht, wie er im letzten Buch das Selbst definiert hat (vgl. Manning 1980: 258), sondern wird im nächsten Buch eine neue Definition finden, die zu dem passt, was er gerade tut. Auf die Begriffe kommt es nicht an, und es gibt keine einheitlichen Definitionen. „Goffman often confuses the reader by employing multiple concepts to refer to the ‚same thing', and at other times uses one concept to refer to more than one thing" (Manning 1980: 261; vgl. Drew und Wooton 1988: 2). Definitionen werden im Rahmen von etwas gesetzt, was hier „gerade vor sich geht" (FA), und je nachdem, was das ist, ändern sich Definitionen, Begriffe, Konzepte und Sammlungen derselben.

---

[10] Diese Überschrift verdanke ich Alessandro Tietz.
[11] Gemischte Metapher! Man könnte „Räume" und „Balken" sagen, aber wozu zu sehr in einer Schiene verbleiben?

Goffmans Ziel ist es, seinen Analysen innovative Namen entlang einer innovativen Metaphorisierung zu geben. Er verspürt dabei keinen Druck, Begriffe aufzugreifen, nur weil sie immer benutzt werden, weil sie Teil eines geheiligten Apparates eines Ansatzes sind oder weil sie besonders klinisch-objektiv klingen. Im Rahmen seiner Herausgebertätigkeit der Zeitschrift *Language in Society* bemängelt er öfter, dass Manuskripte häufig nur Verwendungsorgien der innerhalb einer Perspektive kanonisierten Begriffe sind (Hymes 1984). Diese Einstellung trägt Goffman seine ganze Karriere lang mit sich, und vor allem in der Frühzeit seiner Karriere führt das oft zu Konflikten. Seine Dissertation schafft „Dysphorie" als soziologische Kategorie, was Everett Hughes stört, da er den Begriff noch nie in der Soziologie als Analysekategorie gesehen hatte (Winkin 1999); in einer Präsentation in Princeton zu seiner Psychiatriestudie spricht er vom Heim als einem „metabolischen Prozess", was die dort anwesende Margaret Mead nachhaltig verstört. Goffman wird von ihr und von Gregory Bateson beständig unterbrochen. Auf seinen Begriff kam es Goffman aber gar nicht an: Er erwiderte Mead, „give me another one and I shall use it. Intake? Outtake?" Mead fragt, warum er den Prozess nicht einfach beschreibt, wie er geschieht (was Goffman ja tut, aber in seinen eigenen Begriffen; Meads Aufforderung bedeutet nichts anderes als: Benutz die Worte, die wir immer benutzen). Goffman erwidert, dass er betonen will „that these are processes oriented to the taking in and disgorgement of people", und Mead schießt zurück, *disgorge* bedeute übergeben: kotzen. Meint er das? Bateson schlägt zum allgemeinen Frieden vor, er solle doch einfach „processing of people" sagen, was Goffman annimmt und seinen Frust darüber ausdrückt, wie moralistisch diese Konzeptdiskussion unter Wissenschaftlern doch sein kann: „There are some moral feelings cropping up in this discussion that I hope will not arise too often" (Winkin 1999). Als er in einem Seminar von einer Studierenden darauf hingewiesen wird, dass er einen Begriff kurz zuvor ganz anders verwendet und eine ganz andere Position eingenommen hatte, als er das in diesem Moment tut, wiegelt er ab, die Studentin solle „nicht so nostalgisch" sein (Winkin 1999).

Das ist einer der Gründe, warum Systematisierungen von Goffmans Werk so fruchtlos sind: Das Werk ist absichtlich geschrieben, um sie zu vermeiden, und Sozialwissenschaftler, die sich den Kopf darüber zerbrechen, wie seine „Begriffe des Selbst" aus *Presentation of Self*, *Stigma*, *Asylums* und *Relations in Public* auf einen Nenner gebracht werden können tun etwas, das von Goffman zum Scheitern vorverurteilt war und gegen das er sich explizit ausgesprochen hat: „he was probably more than a little irked by [...] the fact that social science reserved their highest honors for systematizers" (Bennett 1974: xii) und wollte ihnen kein Futter liefern. Vor allem hielt er die großen Ansagen der theoretischen Linien in soziologischen

3.3 Metaphern und Flaneurkategorisierung

Werken für „all doctrine and ideology" (Verhoeven 1993a: 313) – es sind die Vorderbühnenpräsentationen der Soziologie, die offiziellen Versionen (s. u.).

Während metaphorische Begriffsbildung im Licht dessen, was gegenwärtig untersucht und damit gegenwärtig erreicht werden soll, Kreativität und Einsicht befördert, dienen systematische Begriffe nur, Ballast zu schaffen, der Analysen nicht etwa befördert, sondern einengt. Das expliziert er am schönsten in *Frame Analysis* in einer Passage, die ganz zitiert werden sollte:

> The problem … is that once a term is introduced (this occurring at the point at which it is first needed), it begins to have too much bearing, not merely applying to what comes later, but reapplying in each chapter to what it has already applied to. Thus each succeeding section of the study becomes more entangled, until a step can hardly be made because of what must be carried along with it. The process closely follows the horrors of repetition songs, as if […] what Old MacDonald had on his farm were partridge and juniper trees (FA: 11).

Die Begriffe, die Goffman verwendet, sind daher keine Fundamente für weitergehende Analysen. Das ist natürlich insofern sinnvoll, als die Zielsetzung des neuen Buches ein neues Set aufeinander bezogener Begriffe setzt, und die alten Begriffe wären nicht auf dieses neue Ziel bezogen, sondern auf die externe Idee einer abstrakten Systematik, die ihre lokale Verwurzeltheit an diesem Punkt eingebüßt hätte. Manning fasst das im Bild eines „Puzzles" zusammen:

> Having arrayed a variety of examples, he peers at the pieces first in one way and then in another, and in doing so is able to apprehend that first this piece and then that piece might be fitted together. When looked at differently, they may more properly fit in another place to form still another pattern (Manning 1980: 268).

Goffman untersucht, wie Menschen in lokalen Kontexten Ordnung miteinander schaffen; auch seine Studien sind Beispiele für Ordnungen, die in lokalen Kontexten geschaffen werden. In der Praxis gewann Goffman seine Konzepte aus einer Praxis der Ordnung von Stapeln heraus, die ich in einer Einleitung in die Ethnografie näher beschrieben habe (Dellwing und Prus 2012: 157 ff.): „He laid out hundreds of strips of paper on a table with field notes and other materials in order to piece together his anecdotes and examples" (Swidler 2009). Seine Kategorisierung funktionierte nach dem Perlensammelsystem: Ein gutes Beispiel liegt auf dem Tisch, wird von anderen Materialien umringt, die Ähnliches beschreiben, so dass aus dem Haufen eine Kategorie wird und aus der Distanz zwischen diesem und ähnlichen, aber nicht denselben Haufen Familien von Kategorien.

Diese lokale Ordnung der Goffmanschen Bücher hat gerade jene Wissenschaftler, die versucht haben, aus Goffman Systematiken zu gewinnen, nachhaltig frustriert. Wenn man die Person Goffman in Bezug zu dieser Praxis setzt, kommt man nicht umhin, dahinter Absicht zu vermuten: Goffman wählt eine ironische und teils polemische Auseinandersetzung mit seiner Disziplin, indem er nach außen scheinbar rigide Begriffsgebäude aufbaut, voller Definitionen und Taxonomien, die bei genauer Betrachtung genau die Systematik, die sie augenscheinlich reproduzieren, belächeln. Goffman war ein Ironiker durch und durch, und seine Aussagen dürfen nicht immer so direkt verstanden werden, wie sie sich geben. Manning bemerkt, dass Goffman oft das genaue Gegenteil von dem kommunizieren möchte, was er scheinbar sagt; „[the] phenomena are all that he suggests they are not" (1973: 16) – und umgekehrt. Dawe hält ihn daher für einen „sociological jester", einen soziologischen Hofnarren (1973: 248), und Gary Alan Fine und Daniel D. Martin untersuchen die Ironie in *Asylums* und kommen gar zum Schluss, sein Werk sei „literary terrorism ... an apparently innocent package is, in truth, a bomb" (1990: 99). Dawe bemerkt, „his work often appears to be a prime example of the con games he sees in the public behavior he studies" (1973: 246) – und dem Trickbetrügerspiel, das er in seinen persönlichen Interaktionen immer wieder pflegte. Es war ein Spiel mit Außendarstellungen und versteckten Aushandlungen, mit in der Öffentlichkeit dargestellten Ehrerbietungen und einer Fassade von Benehmen, die vor einem „eingeweihten" Publikum auch fallengelassen werden konnten. Goffman sieht sein Publikum jedoch nie als völlig eingeweiht an (s. Kap. 8), lässt niemals die Maske fallen. Aber er lässt beständig durchscheinen, dass die diese nicht allzu ernst genommen werden sollte.

Goffmans Aussagen völlig ernst nehmen hieße, ihn nicht zu ernst zu nehmen, und das fällt wissenschaftlichen Lesern bemerkenswert schwer: „Nicht völlig ernsthaft" übersetzt sich häufig, und nicht zuletzt für deutsche Leserinnen, in „ganz und gar unverständlich". „Like so many satirists, Goffman finds that this audience does not always ‚get' the message. The problem [...] is that Goffman writes tongue-in-cheek, and perhaps in doing so overestimates his audience" (Fine und Martin 2000: 110).

Die Interpretation liegt daher nahe, dass Goffman den Definitionsbetrieb der Wissenschaft nicht ernst nahm und seine beständigen Ausflüge in definitorische Ausschweifungen genau das darzustellen versuchten. Er imitiert diesen Betrieb ironisch immer wieder in seinen Werken, um den scharfen Erwartungen seiner Kolleginnen in den sechziger und siebziger Jahren auf der vordersten Vorderbühne zu genügen, während er sie zugleich an der Nase herumführt. Wie oben bemerkt: Er gewinnt eine „heitere spirituelle Aggression" daraus, mit dem spielen zu können, was andere ernst nehmen müssen (POS: 18). Arlie Hochschild bemerkt das für sei-

3.3 Metaphern und Flaneurkategorisierung

ne angeblich „Durkheimianische" Obsession mit den „Regeln der Interaktion" und erkennt, dass Goffman nur spöttisch die Perspektive der Regel einnimmt, während er damit zugleich zeigt, was man mit einer solchen offiziellen Fassade alles machen kann (Hochschild 1990: 278).

Das wird an den Formen, die seine Definitionen annehmen, immer wieder deutlich. Definitionen sind immer nur Namen, die man nützlicherweise vergeben kann, mehr nicht. Wenn er Benennungen anbietet, dann mit der immer wiederkehrenden Formulierung, dass diese „convenient", „nützlich" seien: Ein Eindruck eines Teams kann „conveniently be treated as a fact in its own right" (POS: 79); nicht, dass es abstrakt eine eigene Tatsache *wäre*. Es ist „convenient to call the team that controls the setting the performing team" (POS: 93), man könnte es auch anders nennen, und „it will sometimes be convenient to use the term ‚front region' to refer to the place where the performance is given" (POS: 107).

In *Presentation of Self* definiert er „interaction" als „all the interaction which occurs throughout any one occasion when a given set of individuals are in one another's continuous presence" (POS: 15); das erfüllt vielleicht die abstrakte Voraussetzung, dass man durchaus definieren soll, tut dies jedoch vollkommen zirkulär. Wenn man weiß, dass Goffman seine Seiten dutzende Male schrieb, bevor er mit ihnen zufrieden war, ist klar, dass er diese Definitionen nicht einfach heruntergeschrieben hat. In *Encounters* treibt er die Darstellung, dass es um die Namen nicht geht, weiter und sagt, „I call the natural unit of social organization in which focused interaction occurs a focused gathering, or an encounter, or a situated activity system" (ENC: 8). Wieder wurde die abstrakte Erwartung, man solle definieren erfüllt, und diesmal ist die Definition nicht zirkulär, aber in der Aufzählung zum Schluss wird klar: Wie wir das Kind nennen, ist nichts, worum man sich allzu genau kümmern muss. In *Relations in Public* wird er in seiner Distanz zur Definition offener, wenn er feststellt, „The term ‚scanning' does not have to be defined, but the way it is done … needs to be described" (RIP: 11), und wenn er bei *Frame Analysis* angekommen ist, wird er (durch das Buch hindurch) vollends schnippisch: „no one has a theory as to what particular span and level will come to be the ones employed. To begin with, I must be allowed to proceed by picking my span and level arbitrarily, without special justification" (FA: 8).

Auf der einen Seite findet sich so eine Fassade der Einhaltung wissenschaftlicher Form in einer Prätention abstrakter Definition, auf der anderen Seite der offene, wilde Widerstand gegen die Pietäten wissenschaftlicher Schematik. Oft kommt zudem nur einmal eine Definition auf, und Goffman tut sonst nie wieder etwas damit. In Hausarbeiten wäre das ein Anfängerfehler: Aber bei Goffman ist es das daher nicht, weil es sich überhaupt nicht um Begriffsdefinitionen im klassischen Sinne handelt.

Das ist eine Pietätlosigkeit, die gerade erst die kreativen Einsichten Goffmans erlaubt, denn die Konzepte, die Goffman uns vorführt, sind auch wenn sie alleine auftauchen nicht nur Schmuckstücke, sondern oft ganze Analysen, raffiniert in Begriffen verpackt. Mannings Einschätzung, „Goffman rests his case sometimes with a series of definitions rather than analyses" (1980: 261) könnte daher als ungnädig verstanden werden: Aber Goffmans Konzepte sind häufig selbst Analysen, die er lediglich als Definition verkleidet. Wenn er zum Beispiel eine extendierte Darstellung in *Behavior in Public Places* mit dem Satz beginnt, „Pedantic definitions seem to be required" (BPP: 13) – eine Formulierung, die man sonst von strengen „Chiquadratlern" (s. o.) erwarten würde – folgen „Begriffsdefinitionen", mit denen Goffman tatsächlich die betrachteten Felder bereits analysiert. Am Beispiel der Situationen ist das bemerkbar: Diese „definiert" er, indem er bemerkt, als das, was beginnt „when mutual monitoring occurs, and lapse when the second-to-last person has left". Eine „social occasion" sei dagegen „a wider socal affair, undertaking, or event, bounded in regard to place and time and typically facilitated by fixed equipment; a social occasion provides the structuring social context in which many situations and their gatherings are likely to form, dissolve, and re-form" (BPP: 18). Seine Begriffsbestimmung einer „merely situated activity" beschreibt diese als „[t]his unblushing part of reality [in which, M. D.] activity may occur in situations but is not of situations, characteristically occurring at other times outside situations" (BPP: 22). Das sind alles keine Anstrengungen im Bereich der ariden Begriffsdefinitionen, die späteren Analysen zugrunde liegen, sondern sie werfen die Leserin bereits mitten in Goffmans Analysen mit wechselnden Werkzeugen.

3.4 Goffmans Eingängigkeit

Es ist sicherlich nicht Goffmans Beitrag zur Soziologie, Selbstverständlichkeiten auf ihre sozialen Hintergründe zu untersuchen, geglaubte Objektivitäten als gemachte, soziale Leistungen und das Individuum als soziales Produkt zu verstehen. Solche Erkenntnisse finden sich in der Soziologie zu häufig, als dass sie einem Autor zugeschrieben werden könnten. Es ist jedoch sein Beitrag, dies zu leisten, ohne dabei in sozialwissenschaftliche Geheimsprachen zu verfallen. Auch darin ist er nicht alleine, steht jedoch auf einem deutlich überschaubareren Feld. Damit bietet Goffman basale Soziologie mit Hilfe einer Prosa, die rebellisch auftritt. Gerade so erreicht sie eine breite Wirkung, die der Soziologie sonst versperrt bleibt: Seine Soziologie ist gerade aufgrund dieser Rebellion *im* Alltag *erfolgreich*. Die klassischen „Seitentrenner" liefern dagegen häufig Analysen, die für Alltagsmenschen unnachvollziehbar sind. Während diese „strenge" Form der Befremdung des Alltags, die von Ideen

3.4 Goffmans Eingängigkeit

der Konstruktion sozialer Realität im Abstrakten ausgeht oder diskurstheoretische Prämissen zunächst setzt, bei Leserinnen außerhalb der Soziologie eine für Sozialwissenschaftler wohlbekannte Frustrationserfahrung hervorruft und dort daher nur wenig Anerkennung erfährt, gehören Goffmans Arbeiten zu den wenigen, bei denen das nicht der Fall ist.

Was Goffman aus den von ihm untersuchten Momenten, Interaktionen, Situationen, Zusammentreffen (*encounters*), Ansammlungen (*gatherings*) etc. gemacht hat, kann zunächst als brillanter Schachzug verstanden werden. Mit ihnen verbindet Goffman die Interessen der Soziologie mit den Alltagserfahrungen seiner Leserinnen, zieht diese Alltagserfahrungen dann auf die Analyseseite und fädelt sie durch Metaphern hindurch, die die Menschen in ihrem Alltag so nicht herangezogen hätten, die ihnen aber aus anderen Kontexten bekannt und damit sofort verständlich sind. Goffmans Analysen schaffen es dadurch, den Leser dazu zu bewegen, sich an Alltagssituationen entlang auf die Soziologie einzulassen: Goffmans Eingängigkeit liegt gerade darin begründet, andere Interpretationen zu aktivieren, die über ein Alltagsverständnis erreicht werden können. Seine Leserinnen werden bei den alternativen Erklärungen, zu denen sie bereits selbst Zugang haben, abgeholt und zu Interpretationen geführt, die nicht Teil dieses Alltagsverständnisses sind. Mit diesen reißt er seine Leser aus ihren Alltagsinterpretationen, mit denen sie ihre akzeptierten Erklärungen für Verhalten liefern, aber ohne dass ihnen damit auch verständliche Erklärungen abhandenkommen.

Goffmans Arbeit ist allerdings nur eine halbe Rebellion gegen die „Zweiteilung" in Wissenschaft und Welt, da eine vollständige schwer möglich ist, ohne etwas „anderes" zu machen als das, was im Alltag ohnehin getan wird.[12] Ich will diesen Weg als Schachzug verstehen, das zu untersuchende Feld – den Alltag – auf beide Seiten dieser Zweiteilung zu setzen. Hier setzt Goffmans Beitrag an: Anstatt den Alltag auf eine Seite zu stellen, die dann von soziologischer Methode neu geordnet werden müsste oder die hinter dem Alltag liegende komplexe, ihn verursachende Ordnung mit Hilfe ordentlicher soziologischer Methoden aufzudecken, setzt Goffman den

---

[12] Postmoderne Ansätze haben den Versuch einer Komplettrebellion gegen diese Zweiteilung gewagt, indem sie postmoderne Geschichten, Gedichte, Bilder etc. als Vehikel wissenschaftlicher Erkenntnis verwenden: Es ist der Versuch einer völligen Rebellion dagegen, den Knetwolf zu verwenden, aber erfolgreich war wohl nur eine Dreiviertelrebellion. Da der Anspruch der Erkenntnis beibehalten wird, ist die „Umformulierung", Erkenntnis in den Subtext gepackt; es ist damit eine künstlerische Umformulierung des Werkzeuges, indem das Werkzeug nicht mehr verbalisiert, nicht mehr an die Oberfläche gedrängt wird. Da aber weiter eine Erkenntnis intendiert ist, ist das Werkzeug lediglich versteckt, was dann dazu führt, dass Kritiker postmoderner Arbeiten diese als „exklusiv" verstanden haben: Es ist sicherlich viel aufwändiger, diese Erkenntnisse nachzuvollziehen, wenn sie nicht so deutlich gemacht werden, wie die klassische Wissenschaft das verlangt.

Alltag auf *beide* Seiten seiner Analyse. Alltag ist nicht nur das zu erforschende Feld, Alltag ist durch die metaphorische Gewinnung seiner Analysekonzepte auch ein wesentlicher Teil des „Werkzeugs". Anstatt die Werkzeugseite aus neuen Objektivismen bestehen zu lassen, verwendet Goffman alltäglich bekannte Metaphern als Linsen, durch die die soziale Welt mit ihren eigenen Ideen uminterpretiert werden kann. Sein Werkzeug, mit dem er die Selbstverständlichkeit der Welt „dekonstruiert" (Goffman hätte sich dagegen gewehrt, dieses beladene Wort auf ihn angewandt zu sehen), ist nicht theoretische Durchdringung, nicht die historische Analyse, auch nicht die Analyse der Handlungen interessierter Konstruktionsakteure (wie die Soziologie sozialer Probleme und Labeling-Soziologinnen), sondern die kleinen Szenen der Alltagswelt selbst, vermengt mit metaphorischer Umformulierung. Statt von Konstruktion und Produktion von Realität zu reden, historische Kontingenz nachzuzeichnen, Systeme und Theorien über Diskurse und Dispositive zu entwickeln, abstrakte „Systeme" der Realitätskonstruktion im Stil klassischer Wissenschaftsbilder zu bauen oder die erfundenen Welten anzugreifen und aus ihrer Konstruktion ihre „Falschheit" zu behaupten, wählt Goffman den Weg der Erklärung über Geschichten, die über alltägliche Metaphern erzählt werden. Das klingt zunächst einfach und eingängig und ist durchaus einfach und eingängig lesbar; es ist jedoch in vieler Hinsicht der kompliziertere Weg.

Thomas Scheffs „Schauder des Erkennens" ist nur möglich, indem die Befremdung im Befremdeten verankert und damit eben *erkennbar* bleibt. Die Verwendung von Metaphern des Alltags erlaubt es, den Alltag in seinem interaktiv geschaffenen Charakter zu untersuchen, ohne dadurch diesem Alltag seine Realität zu versagen oder (als Mitgliedern unserer Alltagswelten) unsere Alltagsgewissheiten als Illusion markieren zu wollen. Sie geht nicht mit einer Infragestellung der Realität mit Hilfe von Begriffen der historisch-kontingenten Konstruktion einher: Tatsächlich verteidigt Goffman die Realität der Realität wiederholt. Er wendet sich mehrfach gegen die Interpretation, dass eine solche Metaphorisierung – die Analyse als Rituale, Spiele oder Theater oder der Zugang über „Definitionen der Situation" – dazu führt, dass das, was hier passiert, „nicht wirklich real sei": „Social life is dubious enough and ludicrous enough without having to wish it further into unreality" (FA: 2). „To say that people define situations, and that they are thus real, is not to say that they alter the world they define in such a way, for the world is too infinitely complex to be altered by a definition. Rather, he asks, what can definitions produce when believed?" (Manning 1980: 253). Sein Ansatz nimmt dieser Realität nicht ihre Realität, sondern nur ihre unhinterfragte Selbstverständlichkeit.

Das Theater der Realität

4

> *Normal is an illusion. What is normal for the spider is chaos for the fly.*
> Morticia Addams (Anjelica Huston), The Addams Family
> (Caroline Thompson und Larry Wilson, Autoren).

Die Natur kennt keine Bedeutungen, sie ist einfach nur da. Jede Konzeptionalisierung, Kategorisierung, Benennung und Ordnung ist Menschenwerk, und als Werk eine aktive und expressive Angelegenheit: Sie muss getan, geleistet, und das heißt vor allem: *ausgedrückt* werden. Wer wir sind ist eine soziale Leistung, die in Interaktion miteinander entsteht; was Objekte sind, was Ideen, Ideale, Prinzipien, Ängste, Hoffnungen, Wünsche, Eigenschaften, Beziehungen sind: Das alles besteht nicht, damit es herausgefunden wird, es wird in Interaktionen gemeinsam gemacht. Als soziale Bedeutungen liegen sie zwischen den Menschen, nicht in ihnen und nicht in Objekten. In den folgenden drei Kapiteln, die als Einheit zu verstehen sind, möchte ich aufzeigen, wie Goffman die face to face-Interaktion im Alltag daraufhin untersucht, wie mit scheinbaren Kleinigkeiten der Alltagsinteraktion soziale Bedeutungen immer wieder gemacht werden. Als Rahmung für meine hier angebotene Ordnung (die nicht etwas Goffmans „Globalordnung" widerspiegeln soll, sondern ein besonderes Interesse Goffmans verwendet, um dieses Segment auszuweiten) nutzt Goffman seine drei Metaphern. Dieses „Machen", die „Leistung" der geteilten Realität, kann mit der Theater-, Sprach-, Spiel- und Ritualmetapher eingefangen werden: Was die geteilte Realität sein soll, wie wir sie gemeinsam handlungspraktisch verstehen, worauf unsere gemeinsamen Handlungen aufbauen, die diese Bedeutungen dann wieder verfestigen und weiterverhandeln wird in ritualisierten Handlungen dargestellt, die Teil einer „Sprache" darstellen, die in gewisser Hinsicht als Programmiersprache der Realität angesehen werden kann. Die Alltagshandlungen der Beteiligten können hierin als „rituelle Spiele mit Darstellungsidiomen" thematisiert werden: Die Beteiligten verwenden eine ritualisierte

Sprache von Darstellungen, mit der sie „Linien" zur Realität einnehmen und sie damit definieren, Darstellungen, mit denen in Interaktion miteinander gespielt werden kann. Andere wirken an diesen geteilten Ritualen mit, und so liegt die rituelle Ordnung einer Situationen und die gemeinsam hergestellte Realität zwischen den Teilnehmern von (face to face-)Interaktionen. Das geschieht in einem Umgang mit Unterstellungen in Situationen (die Goffman in erster Linie in face-to-face-Interaktion untersucht, aber auch darüber hinaus). Goffman nennt diesen gegenseitigen Umgang mit Unterstellungen Eindrucksmanagement oder allgemeiner die Arbeit an der Definition der Situation. In dieser geteilten Praxis wird miteinander ausgemacht, was die Realität sein soll, welche Form der Konstruktion sozialer Realität gemeinsam zur Grundlage der Interaktion gemacht wird (und welche Form aus dieser Interaktion erwächst). Diese Praxis verlangt dem Alltagsmenschen eine feine Aufeinanderbezogenheit ab, zu der wir im Alltag jedoch anstrengungslos in der Lage sind. Goffmans Alleinstellungsmerkmal ist es, die scheinbar selbstverständlichen Kleinigkeiten des Alltags nicht nur ernst zu nehmen, sondern detailliert zu erforschen, *wie* mit ihnen Bedeutungen im rituellen Miteinander geleistet werden. Damit, dass er das an sofort nachvollziehbaren Alltagsbeispielen und Anekdoten leistet, hebelt er unseren unreflektierten Glauben an die Wahrheit der präsentierten Definitionen der Situation elegant aus. Aber die Erforschung der Praktiken, mit denen wir die geteilten Realitäten stabil halten (oder gegebenenfalls nicht), benötigt einiges an Anstrengung, wenn sie verbalisiert und expliziert werden sollen. Denn obwohl diese Bedeutungszuweisungen ausgedrückt werden müssen, geschieht das nur selten verbal.

Teile dieser Bedeutungspräsentationen sind, für die Zwecke dieser Einführung, Eindrucksmanagement; Bindungszeichen, mit denen Unterstellungen zu Bindungen gemacht und Beziehungen als Bedeutungen expressiv in die Situation eingebracht werden; und „Ehrerbietung und Auftreten",[1] womit Goffman Formen der Expression untersucht, in denen anderen Menschen rituell „gehuldigt" werden. All diese Darstellungen geschehen in Kontexten, vor unterschiedlichem Publikum. Die Sprache und die Spiele mit dieser Sprache spielen in diesen ersten Teil der Beschäftigung mit den rituellen Spielen mit Darstellungsidiom bereits hinein, werden jedoch im nächsten Kapitel ausführlicher besprochen.

---

[1] Die deutsche Originalübersetzung spricht von „Ehrerbietung und Benehmen", aber das engl. Wort „demeanor" ist nicht mit dem moralischen Gehalt besetzt, das im Deutschen mit dem Wort „Benehmen" verbunden ist; „Auftreten" meidet diese Moralkonnotation, weshalb ich es präferiere. „Deference" bedeutet außerdem, anderen den Vortritt zu lassen, sich anderen erst einmal anzupassen: Das Wort „Ehrerbietung" ist auch hierfür eigentlich zu breit, aber in Ermangelung eines ähnlich kurzen deutschen Begriffs jenseits dieser elaborierten Paraphrasierung lasse ist es so stehen.

4.1 Das Theater der Interaktion

Goffmans populärstes Werk, *Presentation of Self in Everyday Life*, ist in Deutschland unter Betonung der Zentralität der Theatermetapher unter dem Titel *Wir alle spielen Theater* erschienen. Den Kern des Goffmanschen Werks leistet die zunächst einfache Betrachtung von Alltagshandeln, wie auch immer es in diesem Alltag thematisiert wird, als Drama, Präsentation oder Darstellung, mit denen Bedeutungen (des Selbst, aber auch aller anderer Bedeutungsträger) angeboten und festgeschrieben, modifiziert oder angegriffen, angenommen, ausgehandelt oder abgelehnt werden.

Wie wir in unzähligen Soziologiebüchern erinnert werden, ist „Person", „persona" der griechische Begriff für „Maske": Unsere Person ist, was nach außen getragen wird, nicht, was sich in uns befindet; Bedeutungen, auch die von Personen (die wir dann „Identitäten" nennen) sind jene, die in einer konkreten sozialen Situation diesem Objekt oder dieser Person zugeschrieben werden. Dieses „nach außen tragen" nennt Goffman „face work", die „Arbeit" an dem, was andere interpretieren werden, in Eindrucksmanagement, nämlich im Umgang mit dem, was sie bereits interpretieren. Wir stehen im Kontext bestehender Unterstellungen anderer, und „face work" ist der Prozess, in dem wir erstens erwarten, was diese Unterstellungen sein könnten, und zweitens einen Eindruck liefern, der im Licht dieser bestehenden Eindrücke zu einer (Neu-)Interpretation unserer Person führen kann. Da man nicht weiß, wie andere uns interpretieren, muss man es unterstellen; so ist Eindrucksmanagement ein Spiel mit Unterstellungen, um diese Unterstellungen zu verschieben, um so eine „Person" zu konstruieren, die sich für alle sozialen Zwecke im Zwischenraum zwischen den Menschen befindet, nicht in ihnen.

Goffmans Untersuchung dramatisierter Bedeutungen ist so in gewisser Hinsicht Antipsychologie. Er untersucht die kleinen Details alltäglicher Handlung, die Positionierungen in Interaktionen, die nonverbalen und verbalen Präsentationen, die Menschen abgeben, nicht danach, was sie über die Person *aussagen*: Es geht nicht darum, aus ihnen einen Weg in den Menschen hinein zu schlagen, so dass an den Handlungen eine „Wahrheit" über diesen Menschen gewonnen werden kann. Das Innere von Menschen bleibt uns systematisch versperrt. Eigenschaften, Gefühle, Ziele, Motive, Gedanken, Hoffnungen, Ängste – all die Dinge, die die Psychologie (und hierunter vor allem die Psychoanalyse) aus den Außendarstellungen von Personen glaubt, *herauslesen* zu können, sind unhintergehbar unzugänglich. Allerdings benötigen wir im Alltag Grundlagen, auf deren Basis wir diesen Menschen eine „Person" zuschreiben können. Wir machen beständig Unterstellungen darüber, was die Eigenschaften, Gefühle, Ziele, Motive, Gedanken, Hoffnungen und Ängste anderer sind, wir behaupten sie über uns und andere, schreiben sie zu. Auf der Basis der Unterstellungen handeln wir, und andere handeln auf der Basis ihrer

Unterstellungen. Wenn Menschen das gemeinsam tun und ihre Unterstellungen handlungspraktisch zueinander passen, macht sie das sozial wahr, und ihre soziale Wahrheit ist unabhängig von irgendwelchen putativen Innenzuständen die einzige Wahrheit, die handlungspraktisch wichtig ist.

Das Innenleben der Personen ist uns verborgen, aber die Unterstellungen können sichtbar gemacht werden. Die Theatermetapher erlaubt es, die kleinen Handlungen von Menschen dahin zu wenden, sie als Zeichen für die Unterstellungen zu lesen, die diese Menschen bezüglich der Bedeutungen der Situation machen: Jede kleine Aktion sagt etwas darüber aus, welche Bedeutungen unterstellt werden. Sie enthalten Unterstellungen bezüglich der Bedeutung ihrer Person (also ihrer „Identität"), der Bedeutung der anderen Personen (also deren „Identität"), und der Bedeutung der Objekte, die an der Situation beteiligt sind, sowohl materielle als auch ideelle Objekte. Jede kleine Handlung macht eine Aussage dazu, wofür diese Symbole gehalten werden und auf welcher Basis erwartet wird, dass andere ihnen begegnen. Goffman zitiert hierzu im Laufe seines Werkes fortwährend und immer wieder den Begriff der „Definition der Situation". Er kommt in fast allen Publikationen Goffmans vor, mit einem tendenziell stärkeren Übergewicht in seinen früheren Büchern (POS, ENC), aber bei weitem nicht ausschließlich in diesen. Die Beteiligten in face-to-face-Situationen „formulieren" eine Definition der Situation (POS: 4); sie geben Zeichen, welche Art von Situation sie unterstellen, welche Identität sie sich unterstellen, welche Identität sie anderen unterstellen. In *Interaction Ritual* nennt Goffman diese dargestellten Bedeutungen eine „Linie", die bezüglich der Situation eingenommen wird, um damit eine Definition auf die Bühne zu heben: „(a) person [...] tends to act out a line – that is, a pattern of verbal and nonverbal acts by which he expresses his view of the situation and through this his evaluation of the participants" (IR: 5). Das sind zunächst Behauptungen. Goffman bemerkt: „At the center of social organization is the concept of claims, and around this center, the student must consider the vicissitudes of maintaining them" (RIP: 28). Er meint in diesem Zitat Räume, die man als seine eigenen beansprucht, „Territorien des Selbst", aber die Aussage gilt nicht nur für Räume, sondern für alle sozialen Bedeutungen. All diese Bedeutungen werden auf die Bühne gehoben und dort verhandelt, und ob eine gemeinsame Handlung aus diesen Bedeutungen erwächst, hängt nicht davon ab, ob sie auf irgendeine abstrakte Art und Weise „wahr" sind, sondern davon, dass andere mitmachen. Die Bedeutung einer Idee hängt damit davon ab, ob andere diese Linie mitgehen; die Behauptung eines Innenzustandes ist „real" in ihren sozialen Konsequenzen, wenn andere diese Behauptung annehmen und auf ihrer Basis zu handeln bereit sind. Andere müssen die so vorgegebenen Linien nicht annehmen, aber handeln müssen sie, und in dieser Handlung liegen eigene Behauptungen zur Definition der Situation: Sie haben keine Chance, das nicht zu tun. „Regardless of whether a person intends to take a line, he will find that he has done so in effect" (IR: 5), denn

> In any case, in so far as the others act as if the individual had conveyed a particular impression, we may take a functional or pragmatic view and say that the individual has ‚effectively' projected a given definition of the situation and ‚effectively' fostered the understanding that a given status of affairs obtains (POS: 4).

Das macht ausnahmslos alle Handlungen, in die Menschen verwickelt sind, als Handlungen fassbar, mit denen Realitäten dargestellt, Linien eingenommen, Behauptungen aufgestellt werden, was hier vor sich geht und was die Rollen der Beteiligten in dieser Szene sind. Sie müssen nicht als solche verstanden werden, und Alltagshandeln funktioniert nur, wenn es während seines Ablaufs als authentisch und real verstanden wird; aber diese Anwendung der Theatermetaphorik erlaubt es uns, die beständige Konstruktion von Bedeutungen in face to face-Interaktionen zu analysieren.

Diese „Linien", „Definitionen der Situation" oder „Behauptungen", die durch alle möglichen Handlungen eingenommen werden, sind der Stoff, aus dem die soziale Interaktion und die Realität zusammengesetzt werden. Dass es sich um Behauptungen und Linien handelt, bedeutet nicht, dass die Menschen, die sie verwenden, notwendigerweise zynisch oder täuschend agieren oder dass die Innenzustände, die mit unterstellt werden, nicht existierten – nur, dass wir sie als Beobachter sozialer Interaktion nicht kennen, und das gilt für uns als Teilnehmer in sozialer Interaktion genauso wie für uns als Wissenschaftlerinnen (egal welchen Fachgebiets[2]): „there are many individuals who sincerely believe that the definition of the situation they habitually project is the real reality" (POS: 70). Und das ist für einen Großteil unserer eingenommen Linien wohl auch nötig, wenn wir handlungsfähig bleiben wollen. Von dieser im Alltag behaupteten Sicherheit dieser Linien darf sich die Soziologin jedoch nicht abhalten lassen, sie in ein anderes Licht zu rücken und als Darstellungen zu verstehen. Diese Focussierung der soziologischen Betrachtung geschieht nicht aus Zynismus, sondern um nachvollziehen zu können, wie das soziale Leben sich organisiert.

---

[2] Das heißt: Auch Psychologen kennen sie nicht in einem absoluten Sinne. Sie haben lediglich einen professionalisierten Diskurs der institutionalisierten Unterstellung geschaffen und sind damit Lieferanten einer offiziellen Version des Innenlebens, wenn das von anderen Instanzen in einer solchen offiziellen Version benötigt wird. Psychologinnen produzieren Innenzustände für formale Kommunikation und für die Akten, wie Goffman sagen würde: für die Vorderbühne (s. u.).

4.1.1 Expressive Praktiken

Die Organisation des Alltags wird in expressiven Praktiken geleistet, in denen einem Publikum ritualisierte Darstellungen geboten werden. Ein Beispiel, das hier immer wieder sofort anschlussfähig ist, ist das, was ich ein „Vergesslichkeitsdrama" nennen möchte. Man geht aus dem Haus, bemerkt nach einiger Zeit, dass man etwas Wichtiges nicht an seiner Person trägt, dreht sich um und geht zurück nach Hause, um es zu holen. Nur dreht man sich nicht einfach um: Man blickt zweifelnd, bleibt stehen, blickt dann fragend und klopft seine Taschen ab, schaut danach leicht verärgert auf kein Ziel im Besonderen, sondern mehr in-sich-hinein, dreht sich dann um, lässt den Ausdruck der Verärgerung fallen und geht steten Schrittes zurück, möglicherweise mit noch kurz zusammengepressten Lippen, um dann im Zurückgehen wieder eine „ausdruckslose" Haltung einzunehmen. Diese Szene passiert nicht einfach, sie spielt etwas aus, was man ein „ritualisiertes Vergessensdrama" nennen könnte. Als Dramatisierung handelt es sich um eine öffentliche Darstellung von Informationen über den Vergesslichen, denn in diesem Drama wird dem Außen eine Person präsentiert[3]: Der Vergessliche zeichnet ein Bild von sich als Person, die sich nicht einfach grundlos im Alltag umdreht, sie gibt Zeichen, die einerseits als Begründung des Umdrehens interpretiert werden können, andererseits (und damit verwoben) als Darstellung einer Persönlichkeit, eines „Gesichts". In dieser dualen Dramatisierung wird das Umdrehen als begründet *dargestellt*, der Mensch der sich umdreht, als ein Mensch *dargestellt*, der begründet und vor allen zielsicher und kontrolliert handelt. Goffmans Ziel ist niemals, zu untersuchen, welche Begründungen das Umdrehen „tatsächlich" hat, die „wahren Ziele" und „wahren Motive" dieser Szene zu finden. Auch sind Goffmans Analysen keine Analysen der „wahren Bedeutungen" des Umdrehens (denn all diese „Wahrheiten" sind soziale Produkte, und es geht um die Praktiken, in denen diese produziert werden). Es geht darum, wie ein rituelles Idiom verwendet wird, um *Darstellungen* zu leisten (vgl. Kap. 5 zur Diskussion dieses Idioms), die diese Wahrheiten soziale Fixierungen werden lässt. Wir bemerken mit einer goffmanesken Herangehensweise immer nur, *welches* rituelle Idiom *wie* verwendet wird, um anderen Deutungen *anzutragen* und – und das ist vielleicht der zentrale Punkt – *wie genau* das „vor sich geht".

In dieser Darstellung leistet der Vergessliche eine Selbstdarstellung, die mit einer Darstellung von Innerlichkeiten einhergeht, indem ritualisierte Zeichen verwendet werden, die als Ausdrücke von Innerlichkeit gedeutet werden können. Der zweifelnde Blick ist ein *präsentiertes* Zeichen inneren Zweifels: Es kümmert uns, was außen dargestellt wird, nicht, was innen vor sich gehen mag. Es folgt eine Präsen-

---

[3] Die „Absicht" ist hier zunächst nicht relevant. Auch sie ist keine einfache innerweltliche Tatsache, sondern eine intersubjektiv geleistete Bedeutung.

tation des Ärgers, eine Präsentation des „Schluckens" dieses Ärgers (indem dieser Ärger nur kurz dargestellt und dann wieder eingestellt wird). Wenn die Darstellung des Ärgers ihre Schuldigkeit getan hat, kann er das Gesicht des Vergesslichen auch wieder verlassen, der damit eine Person präsentiert, die sich gebührlich, aber nicht über Gebühr ärgert. Dann eine Darstellung von wiedergefundener Zielstrebigkeit: Umdrehen und beherzt zurückgehen, nicht etwa langsam oder schlendernd, denn man hat ja ein Ziel, eine „Mission", und keine Zeit zu verlieren, besonders jetzt, wo man sie bereits verloren hat. Man ist nicht sprunghaft; man ist nicht unentschlossen; man ist kein Blatt im Wind, das Ziel, das man hatte, bleibt das Ziel. Mit dieser Darstellung verbunden ist somit auch die Selbstdarstellung als eine besondere Art von Person: Das Zögern und Abtasten dramatisiert, dass man zum Zeitpunkt, als man das Haus verlassen hat, der Ansicht war, komplett ausgestattet zu sein. Man präsentiert sich so als eine Person, die üblicherweise auf so etwas achtet. Der verärgerte Gesichtsausdruck zeigt zudem an, dass die Person sich selbst für dieses Vergessen verurteilt. Dieser Teil des ritualisierten Vergessensdramas zeigt auf, dass man eine allgemein zielgeleitete, produktive Person ist, deren Zeit wertvoll und die üblicherweise bedacht ist, eine Person, die üblicherweise solche Unterbrechungen ihrer Ziele nicht gutheißt. Die Verurteilung trägt mit, dass eine solche Vergesslichkeit als abgewertete Eigenschaft zu gelten hat, hilft also, Standards zu bestätigen: Man ist niemand, der diese Standards geringschätzt oder dem die Organisiertheit egal wäre, man möchte zielstrebig sein, man ist aber um die Möglichkeit gebracht – wenn auch durch einen Umstand, den man selbst verschuldet hat. Daher geht der Blick, der die Verurteilung kommuniziert, ins Leere, beziehungsweise ist in sich selbst gewandt: Objekt der Verurteilung ist man selbst, oder besser: Das frühere Selbst, das diese Erwartung nicht erfüllt hat (siehe Kap. 6: *remedial interchanges*), indem man das Objekt, das sich hätte in der Tasche befinden sollen, nicht dort platziert hat.

Ich werde das Beispiel in einem weiteren Kreis wieder aufgreifen. Andere von Goffman häufig aufgegriffene Beispieldarstellungen, in denen „Gesichter" dargestellt und „Eindrücke" vermittelt werden, sind der scheinbar spontane Ausruf und die scheinbar reflexhafte Körperreaktion. Beides sind Dinge, denen wir keine sonderliche Beachtung schenken: Als reine Reflexe sind es einfach „Dinge, die passieren".[4] In *Presentation of Self* betrachtet er die Ausrufe „Oh Gott!" oder „mein Gott!" („good Lord", „my God"; POS: 169), in *Forms of Talk* greift er eine ganze Reihe von

---

[4] Diese „Tatsache", so sie denn als solche konstruiert wird, erlaubt uns auch, nicht vollständig für sie verantwortlich zu sein. Das heißt, in Frage zu stellen, dass sie „einfach passieren", ruft die üblichen Abwehrreaktionen hervor, die die soziologische Befremdung auslöst, da diese Befremdung scheinbar die Trennung der Handlungen von der verantwortlichen Person in Frage stellt (s. u.).

„Antwortausrufen" („Response Cries") auf (FOT: 106). Es sind im Alltag als solche bekannte „Schockreaktionen". Mit ihnen verwandt sind hörbares Einatmen, aufgerissene Augen mit Vorschieben der Seiten des Gesichts (Stirn in Falten, Mund verengt), zusammengepresste Lippen, kurzzeitige „Starre" bis zur Fortsetzung der von der Reaktion unterbrochenen Handlungen. Im Alltag gelten sie uns als Zeichen dafür, dass eine Person (durch eine Einwirkung von außen) temporär aus dem Gleichgewicht der „Haltung" gebracht wurde, wobei „Haltung" und das Fehlen derselben als „momentane Zustände" der Person gesehen werden. „Oh Gott" ist dann zunächst eine öffentliche Präsentation, in der das Selbst als temporär „ausgehebelt" präsentiert wird, was seinerseits in sozialen Interaktionen Leistungen erbringt. Die Darstellung, deren Realität zugleich mitproduziert wird, funktioniert, gerade weil sie auf die „Realität" dieses Ausgeheseltseins verweist. Aber Goffman durchbricht diese selbstreferentielle Legitimation, die diesen Ausruf im Alltag funktionieren lässt, zugunsten der Umformulierung in Betrachtung der Selbstdarstellung, die dieser Ausruf erbringt: „Good Lord!', ,My God!', or their facial equivalents often serve as a performer's admission that he has momentarily placed himself in a position in which it is patent that no performed character can be sustained" (POS: 169). Die Szene ist eine, in der das Eindrucksmanagement kurzzeitig in die Sackgasse geraten ist; „Oh Gott!" bezeugt davon, dass unser Ausrufer unterstellt, dass andere ein „cooles" Weitermachen als „Hinweis" lesen würden, dass der Person der „Ernst der Lage" nicht bewusst ist, was Weitermachen als Form des Eindrucksmanagements unklug macht. Zugleich gibt es nichts anderes, was getan werden könnte, Witze, Kritik oder Unterstützung irgendeiner Art, jedenfalls in der Unterstellung des Ausrufers, die von der Unterstellung durchzogen ist, was andere wohl erwarten werden. Das einzige, was bleibt (und das ist keine Tatsache, sondern eine Einschätzung, die zwischen den Beteiligten ausgespielt wird) ist es, eine „Schockstarre" zu präsentieren und einen passenden Ausruf zu liefern.

4.1.2 Darstellungen als Sprache der Beziehung: Bindungszeichen

Aus öffentlichen Darstellungen miteinander kann nicht nur eine Darstellung des Selbst gelesen werden, sondern auch eine Darstellung einer anderen Bedeutung, einer sozialen Beziehung. Beide sind notwendigerweise verwoben, da Identitäten schon von den Zuschreibungen und Interaktionen mit anderen und damit mit sozialen Beziehungen verwoben sind: Wie andere meine Darstellungen lesen, hängt wesentlich davon ab, welche Darstellungen sie bereits kennen, welche Rolle sie mir zuschreiben, welche Erwartungen sie an mich haben. Daher kann umgekehrt aus

4.1 Das Theater der Interaktion

der Art der Selbstdarstellung vor bestimmten Publikum eine Unterstellung der Beziehung zu diesem Publikum gelesen werden. Wie im Fall der Selbstdarstellung sind diese Beziehungsdarstellungen keine Hinweise auf objektive Wirklichkeiten, sondern „Pfeile", die auf die Beziehung-als-Bedeutung zeigen: Bindungszeichen (*Tie Signs,* RIP: 194) sind eine „choice of strategies for expressing his relation to those around him" (BPP: 237). Diese sind selbstverständlich dann Wirklichkeiten, wenn alle Beteiligten sie zusammen leisten, aber dazu komme ich später. „Tie-Signs could be said to form a language of relationships, but only if we accept a loose and popularistic manner of speaking. Often the ends will not be intent on communicating in the narrow sense ... and often the most telling tie-sign is the one that the makers are entirely unaware of" (RIP: 225).

Bindungszeichen sind zunächst einfache Symbole wie Händehalten, Küssen und Freiheiten der Körperlichkeit, die mit wachsender Vertrautheit ausgiebiger werden. Im Alltag können wir mit ihrer Hilfe mit gewisser Wahrscheinlichkeit (aber nie mit Sicherheit) feststellen, ob wir ein Pärchen oder Freunde, eine Mutter mit ihren Kindern oder eine Babysitterin mit ihren Pfleglingen, gute Freunde oder lose Bekannte vor uns haben, auch wenn wir diese Menschen nie gesehen haben. Ein Bindungszeichen ist nicht nur ein Signal, das ausgesendet wird, um „bestehende" Bindungen einfach zu „repräsentieren". Sie sind ein Teil der Darstellung des Selbst, das Einnehmen einer Linie in Bezug zu dieser Verbindung zwischen zwei Personen. Das war oben bereits angedeutet, und das zeigt, dass diese Kategorien, die Goffman anbietet, keine dicken Wände haben: Sie gehen ineinander über, und Bindungszeichen von Darstellungen zu trennen ist in gewisser Hinsicht arbiträr.

Bindungen können besonders gut anhand des Umgangs mit dem dargestellt werden, was Goffman die Territorien des Selbst nennt. Um uns herum liegen mehr oder minder ausgedehnte Gebiete, die Teile unserer erweiterten Person sind. Goffman thematisiert in *Relations in Public* die Organisation dieser Territorien, Räume, die als Teil des extendierten Selbst behauptet werden: „some are ‚fixed'; they are staked out geographically and attached to one claimant ... Fields, yards, houses ... some are ‚situational'; they are part of the fixed equipment in the setting ... claimed goods while-in-use" (RIP: 28). Diese Territorien zu „betreten", sie im weitesten Sinne mit der Präsenz der extendierten Körperlichkeit einer anderen Person zu kontaminieren, ist ein Angriff auf die Körperlichkeit und den Schutzraum dieser Person. Dringt daher jemand von außen in dieses Territorium ein, ist das eine Verletzung der Person, auch wenn ihr physischer Körper nicht verletzt oder auch nur berührt wird. Das sind andere, die zu nah an uns vorbeilaufen; sich an den Tisch, an dem wir sitzen, setzen; das Auto, das wir fahren, betreten. Schon ein längeres fokussiertes Ansehen kann ein solcher Bruch sein – es ist es jedoch nicht abstrakt, sondern nur, wenn mit ihm die von der anderen Seite gesetzten Grenzen übertreten werden.

Ein Blick kann daher ein Bruch sein, oder aber Beziehungen anzeigen, in denen ein Territorium „betreten" werden kann, das anderen Personen in anderen Beziehungen versperrt wäre. Wer zum Beispiel mit anderen in die Mensa geht und sich dort eine Schüssel Pommes Frites nimmt, kann oft erwarten, dass Bekannte sich an dieser Schüssel in Maßen mitbedienen werden: Unter Freunden ist es oft üblich, dass zumindest die Pommes Frites geteilt werden, und wenn ein Freund in die Schüssel anderer Freunde greift,[5] um sich zu bedienen, muss das nicht in Sanktionen enden, wobei das auf die besondere Aushandlung dieser Freundschaften ankommt und, wie immer, auf die Situation, in der das geschieht. Für diesen Moment wesentlich ist, dass „Zugang zum Essen anderer" ein Bindungszeichen ist, und eine Gruppe, die sich frei auf den Tellern der jeweilig anderen bedient, sieht für Zuschauer als eng befreundete Gruppe aus: Sie sendet Bindungszeichen nach außen.

4.2 Looking-Glass Self: Darstellung vor Darstellern

Jede Handlung kann also als Darstellung eines ganzen Bündels sozialer Bedeutungen gesehen werden. Aber wir sind nicht Herrscher über unsere Bedeutungen, und nicht einmal Herrscher über unsere Darstellungen. Wir können nicht alleine bestimmen, wer wir sind, wir können nicht alleine bestimmen, welche Bindung wir zu anderen haben und wir können nicht bestimmen, wie andere unsere Darstellungen interpretieren werden. Die Anderen müssen in diesem Theaterstück mitspielen.[6]

Wenn Personen Darsteller sind, wer ist dann das Publikum? In unserem Beispiel können wir das Handeln der Person nicht in Bezug auf „Regeln der Interaktion" klären; wir brauchen mehr als das. In *Felicity's Condition* bemerkt Goffman, dass sich Handlung auf andere Handlungen in der Begegnung bezieht, nicht auf Abstrakta hinter diesen Handlungen oder hinter diesen Begegnungen: „in the last analysis it is the situation and circumstances of the prior speaker as these interact with the situation and circumstances of the respondents that the latter must address, the former's speaking merely providing the occasion for doing so" (FC: 49). Das gilt auch jenseits der hier referierten verbalen Interaktion.

Goffmans doppeltes Ziel ist daher immer, zu zeigen, wie sich Ordnung in einer Situation in gegenseitiger Aufeinanderbezogenheit etabliert. Die Perspektive geht nicht von einer bestehenden Ordnung aus, sondern von der face to face-Situation der Kopräsenz und der Unvermeidlichkeit, in dieser aufeinander zu reagieren, um

---

[5] In der Mensa der Universität Kassel werden Pommes Frites in einer Beilagenschale getrennt serviert.
[6] Das muss das Publikum im Theater selbstverständlich ebenso.

4.2 Looking-Glass Self: Darstellung vor Darstellern

in der Situation lokale Ordnung zu schaffen. Kendon bemerkt, „in establishing the notion of co-presence, Goffman makes us realize that in any situation where people are in a position to mutually perceive one another, some sort of interdependency of action is bound to arise" (1988: 22): Es geht nicht darum, zu zeigen, wie die Interaktionen „Folge" der Ordnung, „Durchsetzung" der Ordnung, reine „Anwendung" einer hinter diesen Praktiken liegenden Ordnungen sind, sondern um die Praktiken, in denen das in Situationen geschieht. Goffman widersetzt sich jeder Perspektive, die dieses fundamentale Hin- und Herwerfen des Balls nicht mitthematisiert.

Thomas Scheff (2006) schreibt, Goffmans Arbeit sei eine große, metaphorisch organisierte, empirisch-narrative Ausformulierung von Charles Horton Cooleys Konzept des *looking-glass self* (2009 [1922]). Ein *looking-glass* ist ein Spiegel; das „Spiegel-Selbst" bezeichnet die Art, in der Bedeutungen zwischen Personen dadurch ausgemacht werden, indem anderen Menschen Interpretationen unterstellt werden, auf die dann reagiert wird. Die Selbstdarstellung im Alltag steht im Rahmen der Unterstellung, was andere von einem denken – und die Darstellung spielt in diesen Unterstellungen mit oder wendet sich gegen sie, sei es abweisend oder modifizierend. Die interpretierenden Personen, also wir alle, sind damit gezwungen, „to live in the minds of others" (Cooley 2009 [1922]), die multiplen „organized attitudes of the others that we definitely assume" (Mead 1974: 209) zu antizipieren. Das „looking-glass self" thematisiert daher, dass wir im Rahmen eines engen, aber nicht abstrakt vorhandenen Korsetts von Erwartungen leben, die andere gegenüber unseren Darstellungen haben; da wir diese Erwartungen aber eben nicht sehen können, nicht in Menschen hineinsehen können, bleiben nur Darstellungen dieser Erwartungen (die ihrerseits interpretiert werden müssen) und unsere Unterstellungen, was andere erwarten (und die darauf bezogene Handlung, auf die andere dann reagieren können, was wieder interpretiert werden muss). Die Bedeutungen dieser anderen Menschen und auch der Objekte, die in dieser Situation präsent sind, sind damit in diesem Darstellungsspiel „mitgefangen, mitgehangen". In ihr ist jede Person Darsteller, und jede beteiligte Person ist Interpret, das Publikum hat wieder ein eigenes Publikum (in face to face-Situationen beinhaltet dies üblicherweise den ursprünglichen Darsteller), das seinerseits deutet, bewertet und reagiert; und so weiter. Aus der Alltagswelt der festen, objektiven Bedeutungen, festen, inneren Zuständen, Eigenschaften und Persönlichkeiten, klaren Motiven und Ideen anderer wird so durch Goffmans metaphorische Brille ein offenes, aber letztlich geordnetes Spiel mit Unterstellungen und Interpretationen, aus denen in Interaktion miteinander die nur scheinbar festen Bedeutungen entstehen, mit denen wir dann weiteragieren. An die Stelle des Findens tritt das miteinander-Machen einer sozialen Bedeutungswelt, deren Schritte sich mit Goffmans Begriffen und Metaphern kleinteilig nachzeichnen lässt.

Wir stehen damit im Schatten der Deutungen Anderer, und sie im Schatten unserer Deutungen. Diese Deutungen sind uns nur insofern zugänglich, wie wir sie selbst deuten: Da ich in niemanden hineinsehen kann, weiß ich nicht, ob meine Unterstellung stimmt, und dasselbe gilt für die andere Seite. Darum, ob sie in einem abstrakteren, objektiveren Sinne „stimmt" geht es gar nicht: Es geht darum, ob sie in der Situation stimmend wird, und das ist kein reines Raten der Deutung der anderen, der sich angepasst werden müsste, sondern eine aktive, gegenseitige Handlung, in der Deutungen sich tänzelnd annähern können, bis eine gemeinsame Deutung etabliert wird, ein Spiel, das, wie oben bemerkt, weitgehend ohne unser aktives Wissen von statten geht (oder aber Deutungen sich gegen Widerstand durchsetzen können oder Deutungen nicht verteidigt werden und sich die eine Partei sofort an die andere anschmiegt; das ist ein wesentlicher Aspekt von dramatisierter Macht und Ohnmacht). Wenn alle Beteiligten auf Basis dieser Unterstellungen handeln, dann werden diese zur Realität der Begegnung; jede gemeinsame Handlung beruht auf dem prekären und bröckeligen Fundament des gemeinsamen Glaubens an die Grundlinien, auf der diese Handlung ruht. Das ist das berühmte Diktum von William I. Thomas: Wenn wir Situationen für real halten, sind sie real in ihren Auswirkungen. In *Presentation of Self* schreibt Goffman in Rekurs auf Thomas:

> When the individual is in the immediate presence of others, his activity will have a promissory character. The others are likely to find that they must accept the individual on faith, […] no amount of […] past evidence can entirely obviate the necessity of acting on the basis of inferences. As William I. Thomas suggested: ‚It is also highly important for us to realize that we do not as a matter of fact lead our lives, make our decisions, and reach our goals in everyday life either statistically or scientifically. We live by inference. I am, let us say, your guest. You do not know, you cannot determine scientifically, that I will not steal your money or your spoons. But inferentially I will not, and inferentially you have me as your guest' (POS: 2–3).

Aber auf Basis der Unterstellung lade ich Dich als Gast ein. Was uns in diesem Netz der gegenseitigen Interpretationen bleibt, ist die gemeinsame Handlung und damit die „Lösung" des Problems, dass alle Interpretationen immer nur Unterstellungen sind, durch Handlung.

Das bedeutet, dass wir an diesen Handlungen die gegenseitigen Unterstellungen ablesen können: Wenn gemeinsame Handlung funktioniert, können wir für die Zwecke dieser Situation unterstellen, dass die gegenseitige Interpretation geklappt haben könnte. Man weiß es immer noch nicht: Auch diese Lösung liefert keine Versicherung (man könnte gemeinsam harmonisch handeln, ohne eine gemeinsame Definition der Situation zu leisten, was aber nicht auffällt, weil die Konfliktpunkte nicht handlungsrelevant wurden). Man könnte das als philosophisches Problem weitertragen, aber das ist unnötig. William James folgend können wir für diese Situation festhalten, dass ein Unterschied, der keinen Unterschied macht, kein Unterschied ist (1907). Praktisch gesehen ist die Interpretation harmonisch und geteilt, wenn kein Konflikt in der Handlung auftaucht. Wenn aber einer auftaucht, ist eine Lösung erforderlich. Was Goffman immer wieder interessiert hat, sind die Techniken, mit denen diese Unterstellungen aufeinander abgestimmt werden, damit gemeinsame Handlung möglich ist, was uns anzeigt, wie wild unterschiedlich „Wahrheiten" sein können, die an Situationen getragen werden. Vor allem hat ihn interessiert, in welchem Maße diese Unterschiedlichkeit in einer face-to-face-Situation ausgebügelt und gemeinsame „Arbeitskonsense" gefunden werden können, damit gemeinsame Handlung trotz dieser wilden Divergenzen erreichbar ist. Wir können nie in andere hineinsehen; aber wir bemerken, dass andere *darstellen*, unsere Handlungen nicht zu verstehen, von ihnen überrascht, beleidigt oder aus dem Konzept gebracht worden zu sein oder andere Linien gegen unsere durchsetzen: Wir bemerken, wann gemeinsames Handeln *scheitert*, weil es auch rituelle Dramatisierungen des Scheiterns gibt.

Das „Vergesslichkeitsdrama", mein obiges Beispiel, ist somit nicht im abstrakten Bezug auf Regeln, sondern in Bezug auf eine Reihe von Unterstellungen verständlich. Zunächst einmal, dass man gesehen werden könnte: Wir tasten uns nicht ab, wenn wir alleine wohnen und auf dem Weg in die Küche bemerken, einen Zettel im Wohnzimmer liegen gelassen zu haben und uns umdrehen: Die Vergesslichkeitsshow wird für ein mögliches Publikum aufgelegt (auch, wenn in diesem Moment keines wahrgenommen wird, wenn die Chance, beobachtet zu werden, *besteht*). Die nächste Unterstellung ist, dass es das Publikum kümmert und es Negativzuschreibungen machen würde. Stellt man sich vor, dass eine Person im Alltag einfach auf dem Absatz umdreht und zurückgeht, würde das seltsam scheinen. Man muss sich also Sorgen machen, dass mögliche Zuschauer auf der Basis des Umdrehens und Zurückgehens zuschreiben könnten, die sich umdrehende Person sei „seltsam" oder eine Person, „um die man sich Sorgen machen sollte".

4.3 „Arbeit" an der Bedeutung: Beidseitiges Theater

Erst in diesem erweiterten Rahmen – Darstellungen in Unterstellung der Deutungen anderer, bei unterschiedlichen Anderen – ist die gemeinsame Darstellung von sozialen Bedeutungen komplett. Das gilt für Selbstdarstellungen, die in diesem sozialen Rahmen zu Eindrucksmanagement werden, genauso wie für Bindungszeichen, die in dieser Beidseitigkeit Bindungen werden. Es geht in Goffmans Analysen damit immer wieder darum, wie Menschen im Alltag im Licht, das heißt im Rahmen der gegenseitigen Unterstellung gegenseitiger *looking-glass*-Unterstellungen, Realitäten ausspielen:

> [W]hen we get close to the moment-to-moment conduct of the individual we find that he does not remain passive in the face of the potential meanings that are generated regarding him, but, so far as he can, actively participates in sustaining a definition of the situation that is stable and consistent with his image of himself (ENC: 104).

Goffman spricht daher nicht von einseitigen Präsentationen oder Darstellungen, sondern von *Eindrucksmanagement* („impression management"). An anderer Stelle spricht er von „face-work" (IR: 5), der Arbeit am eigenen Gesicht (in der deutschen Version als „Image" übersetzt[7]): „By face-work I mean to designate the actions taken by a person to make whatever he is doing consistent with face. Facework serves to counteract incidents – that is, events whose effective symbolic implications threaten face" (IR: 12). Gegen diese Vorkommnisse zu handeln bedeutet jedoch, erst einmal etwas als Vorkommnis zu unterstellen; man kann nur gegen etwas arbeiten, wenn es eine Bedeutung gibt, die davon abgehalten werden muss, das eigene „Gesicht" zu treffen, die eigene Identität zu verschmutzen.

4.3.1 Beidseitige Eindrücke

Face-work ist eine Arbeit in dem Maße, in dem hier ein Material bearbeitet wird. Das Material ist nicht etwa der physische Körper, der durch besondere Maßnahmen in eine Form gebracht wird, die dann präsentiert wird; das Material besteht auf den Interpretationen anderer, die man nie kennt und daher unterstellen muss. *Face-work* thematisiert daher zentral die Abhängigkeit der Identität der Person von den Deutungen anderer. In einer face to face-Situation sind alle gegenseitige Darsteller und alle gegenseitiges Publikum: „The Meadian notion that the individual takes toward himself the attitude others take to him seems very much an oversimplification. Rather the individual must rely on others to complete the picture of him of which he himself is allowed to paint only certain parts". Goffman spricht von einer Kettenzeremonie (IR: 84-5): In der Organisation unserer Aktivitäten haben wir die von anderen dargestellten Bedeutungen nicht in der Hand; wir geben ihnen weiter, was uns geschuldet ist und stehen in einer Kette gegenseitiger Interpretation.

---

[7] In seiner Verwendung des Wortes „face" schließt Goffman explizit an die chinesische Idee von „Gesicht" und „Gesichtsverlust" an. Die deutsche Vokabel „Image" trägt dagegen die PR-Metapher mit sich, die für Goffmans Werk ebenso einschlägig ist (vgl. Kap. 8): Der Mensch als Werbender in der Sache des „Produkts" seiner Person, das eine Bedeutung erst dadurch erhält, wie es sich auf dem Markt der Bedeutungen darstellt.

4.3 „Arbeit" an der Bedeutung: Beidseitiges Theater

„A move is subject to interpretation, so a characterological outcome may be differently read by different participants" (IR: 247), und „the person's face clearly is something that is not lodged in or on his body, but rather something that is diffusely located in the flow of events in the encounter and becomes manifest only when these events are read and interpreted for the appraisals expressed in them" (IR: 7). Wir sind nicht Herrscher über unser Image und auch nicht Herrscher über andere soziale Bedeutungen, mit denen wir agieren. Die Situationen, in denen diese Darstellungen geleistet werden, sind „an eye-to-eye ecological huddle[8] that maximizes each participant's opportunity to perceive the other participant's monitoring of him … The meaning of everyone is under negotiation" (ENC: 18), und daran können wir nichts ändern.

Face-work ist damit als Arbeit an der Identität einer Person (und als Arbeit an den Bedeutungen der Objekte, die in Kontakt mit ihr kommen) zwar die Arbeit an etwas, was ihr höchstpersönlich zugeschrieben wird, das seine „Heimat" jedoch im interpersonalen Raum sozialer Begegnungen hat. Das gibt den Menschen Möglichkeiten, diese Interpretationen zu beeinflussen, was wir beständig tun; „in this arena the individual constantly twists, turns, and squirms, even while allowing himself to be carried along by the controlling definition of the situation" (ENC: 139). Das funktioniert nur, wenn man eine funktionierende Unterstellung dieser Interpretationen hat.

Als Eindrucksmanagement gewendet sieht das Vergesslichkeitsdrama nun noch einmal komplexer aus: Es ist nicht nur eine einseitige Darstellung, es ist ein Umgang mit unterstellten Unterstellungen. Die dargestellten Innenleben referieren keine Innerlichkeit der Person: Sie werden von anderen so gelesen – und das ist, was zählt. Dass man sich umdrehen muss, kann von anderen als Ausdruck eines möglichen Fehlers, als beschämender Fehltritt interpretiert werden. Der Unterstellung, dass das geschehen könnte, wird so gut es geht entgegengetreten: Der zweifelnde Blick zeigt einem Publikum, das zielstrebiges Handeln im Alltag erwartet, an, dass diese Zielstrebigkeit gerade brüchig und ein ursprünglich verfolgtes Ziel unsicher geworden ist. Das Abtasten geschieht dramaturgisch überhöht, mit weit ausschweifenden Armen und einem systematischen Abtasten von und einem Hineinfühlen in die unterschiedlichen Taschen, und das stellt nach außen dar, dass man sich vergewissern muss, ob das ursprüngliche Ziel weiterverfolgt werden kann oder eine Unterbrechung der Zielstrebigkeit vonnöten ist. Die Darstellung der Begründetheit des Umdrehens stellt zudem sicher, dass die Unterbrechung der ursprünglichen

---

[8] „Huddle" bedeutet einerseits „Wirrwarr", beschreibt aber andererseits auch die Situation, in der beim Football die Spieler auf dem Spielfeld zusammengedrängt „die Köpfe zusammenstecken", um ihre nächsten Spielzüge abzustimmen.

Handlung selbst als zugunsten einer zielsicheren Handlung gelesen werden kann: Man hat nun zwar die Verfolgung des ursprünglichen Ziels unterbrochen, allerdings „nur" durch die Einfügung eines Zwischenschritts, der nun „Zwischenziel" ist und zuerst erledigt werden muss, wonach das ursprüngliche Ziel jedoch wieder aufgenommen werden kann.

Was also in diesen Außendarstellungen vermittelt wird, ist eine *Vorlage zur Begründung* des bevorstehenden Umdrehens vor öffentlichem, unbekanntem und damit Vorderbühnenpublikum. Bevor dieses erfolgt, setzt der verärgerte Blick eine weitere Perle in die Kette der darstellerischen Rahmung dieses Umdrehens: Der verärgerte Gesichtsausdruck beantwortet nicht nur die Frage des Abtastens, d. h. rückt das Abtasten in den sicheren Rahmen einer nachvollziehbaren Geschichte. Dieser Ausdruck ist zudem die Antwort auf eine unterstellte Frage. Zuerst beantwortet er die Frage, die das Abtasten angeregt hat (ja, man hat etwas vergessen). Zudem nimmt es unterstellte Urteile der Zuschauer auf und spiegelt sie, indem man sich selbst verurteilt und damit die Position möglicher Zuschauer einnimmt (und sich selbst damit zum Zuschauer seiner Handlung macht). Dann, beim Umdrehen, ist der Zweifel überwunden, die Darstellung komplett und das nun erfolgende Umdrehen sozial begründet. Diese Begründung ist bereits ein Aspekt der Darstellung einer Person, eines „Gesichts". Diese Darstellung schützt den Darsteller davor, eine Zuschreibung als „seltsam" oder gar „verrückt" zu erhalten, die schnell drohen würde, würden Handlungen im Alltag plötzlich und ohne ersichtlichen Grund geschehen: Diese Begründung hilft, nachzuvollziehen, was hier vor sich geht und schützt den Vergesslichen davor, als Mensch bewertet zu werden, der Unverständliches tut.[9]

Diese anderen (das Publikum) reagieren ihrerseits auf diesen Umgang mit ihrem eigenen Umgang. Das kann in solchen Fällen eine „Darstellung des Nichtbemerkens" sein, zum Beispiel dramatisiertes Ignorieren durch Nicht-Hinsehen: Eine eingängige, mündlich überlieferte Geschichte ist die des Bordells in kleinstädtischer Umgebung zur vorletzten Jahrhundertwende, aus dem ein Mann gerade heraustritt und von einem ihm bekannten Mitbürger mit Monokel gesehen wird. Der Beobachter, der unglücklicherweise gerade zur Tür hingewandt war, konnte nun sein Monokel (das ja durch Zusammenkneifen der Gesichtsmuskulatur an seinem Platz gehalten wird) demonstrativ fallenlassen, um „überdramatisiertes Nichtbemerken" zu präsentieren. Im Gegensatz zum reinen Wegsehen ist hier eine gemeinsame Definition aufgemacht, aus der eine Abmachung der Nichterwähnung unterstellt

---

[9] In *Felicity's Condition* (FC) bemerkt Goffman, dass eine solche Darstellung von Verständlichkeit menschlichem Alltagshandeln breit zugrunde liegt: Das ist die unterschwellige Angst vor den Darstellungen, die man abgibt, wenn man sich nicht als verständlich präsentiert, nämlich verrückt zu wirken.

werden kann – aber auch dargestellt wird, dass das eine bewusste Schonung ist, die nicht etwa bedeutet, man könne es nicht erwähnen. Sicherheit wird dargestellt, aber damit ist nun eine Schuld begründet, die im reinen Wegsehen nicht begründet gewesen wäre. Wenn das nicht mehr funktioniert, kann aktiv weggesehen werden: In *Relations in Public* bietet uns Goffman die sofort eingängige Beschreibung, wie man sich geriert, wenn man beim Beobachten einer Szene erwischt wurde, die man nicht hätte beobachten sollen: Man lässt von nun an den Blick gleiten und tut so, als hätte man die Szene gar nicht beobachtet, sondern seinen Blick schweifen lassen. Es wird damit versucht, zu dramatisieren, dass der „ertappende" Blick der anderen Seite den Beobachter gar nicht ertappt hatte, sondern nur zufällig gerade zu dem Zeitpunkt erfolgte, als man beim Umherschweifen beim Beobachtenden war. Das heißt: man war nicht dort involviert, wo eine Involvierung abgelehnt wurde, und was aussah wie Involvierung, war gar keine – das jedenfalls ist die Darstellung, die, noch einmal, von der anderen Seite mit einer Reaktion bedacht werden muss, mit der dann gemeinsam das Spiel der Aushandlung gespielt wird, was die geteilte Bedeutung der Situation sein soll. Auch das ist eine Dramatisierung, die angenommen werden muss; in dem Fall dadurch, dass der Blicker den „ertappenden Blick" fallen und keine weiteren Konsequenzen folgen lässt und die angesehene Person wegsieht.

4.3.2 Beidseitige Bindung

Genauso handelt es sich in Beziehungszeichen um Praktiken des beidseitigen Umgangs und damit des beidseitigen Ausdrucks von Bedeutungen: Da es sich um die Linie handelt, die eine Person bezüglich einer anderen einnimmt, muss diese andere Person auf diese dargestellte „Ausrichtung" („alignment") auch reagieren. Der Darstellung wird eine komplementäre Darstellung der anderen Seite entgegengesetzt, und erst im Zusammenspiel beider ergibt sich eine gemeinsam gemachte soziale Realität. Ein Kuss muss erwidert werden, Hände müssen beide halten, und längere fokussierte Blicke sind nur gegenseitige Beziehungszeichen, wenn es gegenseitige Blicke sind. Wenn eine Person zum ersten Mal geküsst oder ihre Hand zum ersten Mal genommen wird, sind dies Gesten, die die andere Seite durch „Mitmachen" bestätigen muss, auch wenn elaborierte Rituale des „Ignorierens und Gewährenlassens" bestehen und die Aktivität verschleiert wird, um dieses Ignorieren zu ermöglichen. Zum Beispiel können Situationen herbeigeführt werden, in denen solche Beziehungszeichen zum ersten Mal rituell verwendet werden, während eine dabei ablaufende Aktivität zugleich weitergeführt wird. Das ist das berühmte Umarmen im Kino beim Filmsehen, das durch ein Gähnen mit Räkeln „verschleiert" wird: Man sieht nur gemeinsam den Film, das andere passiert nicht „offiziell", aber passiert eben doch, und wenn es ohne Widerstand geschieht, ist ein gegenseitiges Beziehungszeichen erreicht und damit eine Beziehung auf dem Wege der Anbahnung. Ein anderes Beispiel wäre eine Unterhaltung, die zum Zweck der Initiierung des Beziehungszeichens nicht unterbrochen wird: Man redet miteinander, und während man das tut, nimmt man die Hand der anderen Person, ohne dass das Gespräch in irgendeiner Weise beeinflusst wird.

Das oben genannte Beispiel der Pommes-Frites-Freiheiten ist ebenso erst beendet, wenn die anderen Personen in der face-to-face-Situation mitgemacht haben. Genauer betrachtet ist dieser Hinweis auf eine Beziehung damit als Hinweis auf Unterstellungen lesbar: Wer mit dramatisierter Selbstverständlichkeit in die Pommes-Frites-Schale von anderen greift, handelt auf Basis der *Unterstellung*, dass es sich um eine Selbstverständlichkeit handelt. Dann unterstellt der „Nehmer" die Beziehung bereits und bedient sich in Antizipation, dass die andere Seite diese Beziehung ebenso definiert und daher die Selbstbedienung gewähren lässt. Unterstellt wird, dass die andere Seite das ebenso als Selbstverständlichkeit darstellen wird und die Territorien des Selbst der anderen Person dadurch nicht verletzt werden. Das beinhaltet die Unterstellung, dass die andere Person die Beziehung als eine solche einschätzt, in der diese Handlung „normal" ist. Sie sieht daher den Nehmenden als Person, die sich solche Freiheiten nehmen darf, also in einer sozialen Beziehung steht, in der die Territorien des Selbst nicht so weiträumig definiert sind wie in ferneren, flüchtigeren Beziehungen.

Zur geteilten Unterstellung wird es, wenn das handlungspraktisch der Fall ist, das heißt: wenn Person A Pommes Frites nimmt, Person B weiterisst und die Konversation, die gerade stattfindet, weiterläuft, ohne dass eine zuvor begonnene Handlung unterbrochen wird. Das kann in völligem Ignorieren der Handlung geschehen, also in der Darstellung: „Hier ist nichts, was besonders beachtet werden müsste", was die Unterstellung des Nehmers ratifiziert; oder in einem Lächeln, was dem Nehmer ein „go ahead" signalisiert, eine Bestätigung der Annahme durch Mimik (die dann aber zugleich eine Bestätigung der Ausnahme oder Anbahnung ist!), aber auch durch Stocken, kurzes auf-die-Schüssel-Schauen, was eine Skepsis und potentiell eine Warnung kommuniziert und damit das von der anderen Seite „versuchte" Bindungszeichen nicht ohne weiteres gewähren lässt. Das ist nicht das Ende der Aushandlung und keinesfalls die Entscheidung über diese Interaktionsform: Dem können beispielsweise Reaktionssymboliken entgegengesetzt werden, um diese „leichte" Widerständigkeit zu brechen, ein Lachen mit dem einhergeht, dass der „Nehmer" den skeptischen Blick des „unfreiwilligen Gebers" pointiert-überspitzt imitiert, um seinen Widerstand ins Lächerliche zu ziehen, das mit einem wohlwollenden Lächeln zum „Geber" hin abrundet und damit dazu einlädt, den

Widerstand aufzugeben. So ist eine Ressource ins Gehege mit anderen Ressourcen gekommen: Auch skeptische Blicke, Lächeln, Imitieren und alle anderen explizierten Darstellungen sind Spiele mit rituellen Idiomen und seinerseits Beziehungszeichen, und aus dem „Konzert" dieser Beziehungszeichen gemeinsam ergibt sich ein Bild der Beziehung dieser Personen, nicht als rigide und stabile Tatsache, sondern als Prozess der beständigen Aushandlung.

4.3.3 Normalität

Eine der explizitesten Darstellungen, wie Menschen Eindrücke managen, in denen sie die Unterstellungen anderer nutzen, um einen Bruch der Situation zu verhindern, findet sich in *Normal Appearances* (RIP: 238).[10] Der Beitrag untersucht, wie Interaktionsteilnehmer mit der Unterstellung, dass Teilnehmer bestimmte Darstellungen erwarten, umgehen können, um die Situation „normal" zu halten. Goffman erzählt hier von Bankräubern, die sicherstellen, dass Routinetätigkeiten, die der Bankmanager und seine Angestellten nach außen sichtbar darstellen, während des Raubs weitergeführt werden. Es soll vermieden werden, völlige Ruhe und Ereignislosigkeit darzustellen, wenn üblicherweise kleinere Aussetzer zu erwarten wären, die dann von den Zuschauern übersehen und normalisiert würden, da eine zu glatte Darstellung verdächtig wäre: Das ist die klassische Situation, in der Kinder „zu ruhig" oder „zu brav" sind, die dazu führt, dass die Eltern argwöhnisch werden und Probleme unterstellen. Ein sehr eingängiges Beispiel dafür findet sich bei Donald Glover, der erzählt, wie er und seine Cousins als Kinder mit dem Vater im Baumarkt waren und einer der kleineren Cousins die dort ausgestellten Toiletten für die Aktivität verwendet hatte, für die angeschlossene Toiletten gemacht sind, dann feststellt, dass sie nicht spült, seinen Cousins mitteilt, dass hier ein Problem besteht und die Cousins dann versuchen, diese Tat zu verdecken: Sie gehen zum Vater zurück, werden außerordentlich ruhig und außerordentlich brav. Dann schreit ein anderer Kunde, es entsteht Aufruhr und durch den allgemeinen Aufruhr hindurch bleiben die Kinder ruhig. Das reicht als rituelle Kommunikation, auf deren Basis vom Vater eine nonverbale Schuldzuschreibung gemacht wird, die dann mit dem kurzen Aufruf endet: „kids, let's leave". Strategisch gesehen, unter der Unterstellung des Ziels der Nichtentdeckung, war das eine Niederlage, ein „looking glass fail": Die rituelle Kommunikation „es geht nichts Außergewöhnliches vor" ging über das er-

---

[10] „Den" Goffman-Beitrag zu einem Thema gibt es nicht: Goffman nimmt die Themen immer wieder in unterschiedlichen Beiträgen auf, nicht nur, um sie zu drehen und zu wenden, sondern auch „nebenbei", als Schrittstein auf dem Weg zu etwas anderem. Eine klare Ordnung aus Goffmans Arbeiten zu gewinnen ist daher unmöglich.

wartete Maß an Ruhe hinaus und wurde somit verdächtig. Das Verfehlen, als Reaktion auf die allgemeine Aufregung diese Darstellung zu ändern, tat ihr Letztes, um diese übertriebene Ruhe auf genau das Ereignis beziehen zu können, über das hinweg die Ruhekommunikation aufrechterhalten wurde. Ein erfolgreiches Spiel sähe anders aus: Es muss die Reaktionen einer Person antizipieren, die nichts verbergen möchte. Für die Kinder wäre es besser gewesen, weiterhin zu spielen und zu toben wie gehabt, möglicherweise dabei auch eine Verurteilung herbeizuführen, man solle sich doch besser benehmen. Eine neue kleine Verfehlung hätte keinen Verdacht aufkommen lassen, dass noch eine größere vertuscht wird. Als die anderen Kunden das Werk bemerkten, hätte man sich vom Wechsel der emotionalen Gezeiten mitreißen lassen müssen, staunend hinlaufen, gegebenenfalls lachen. Ein solcher Umgang mit rituellen Idiomen muss, um erfolgreich zu sein, antizipieren, ob die andere Seite Warnzeichen erwartet, wenn ja, welche, von wo und von wem, was die andere Seite als „alles in Ordnung"-Zeichen erwartet, von wem, von wo, und sich entsprechend positionieren. So erkennt Goffman, „what is a normal appearance for the subject becomes the cloak that his others must discern, tailor, and wear (When their concern is to give false alarm or ensure warranted alarm, then what the subject sees as normal must be addressed, too, although not, as it were, dressed)" (RIP: 257). Dieser Mantel ist beständig Ästen, Dornen, Hecken, Zaundraht und rostigen Nägeln ausgesetzt, und nur eine beständige Achtsamkeit bei gegenseitiger Realitätsunterstellung und Reaktion auf diese Unterstellungen hält ihn intakt.

4.3.4 Rollendistanz

Eine interessante Variation des Bindungszeichens in Abhängigkeit von Unterstellungen, was andere unterstellen, findet sich in Goffmans berühmten Artikel zur Rollendistanz (ENC: 83), der darauf hinweist, dass man Bindungen zu sich selbst dramatisieren und dementsprechend auch Distanz zu sich selbst dramatisieren kann. Goffman setzt sich in kleinen und in großen Beispielen mit diesem Phänomen auseinander, zwischen Kindern auf dem Karussell und Chirurgen (eine Gegenüberstellung, die Raab als charakteristisch für Goffmans Werk erkennt, denn hier wird dasselbe Konzept in „maximalem Kontrast" dargestellt), die sich in Situationen auf Distanz zu sich selbst und ihren gegenwärtigen Handlungen begeben. Das ist im Beispiel des Karussells das kleine Kind, das begeistert und enthusiastisch Karussell fährt. Wenn es jedoch älter wird und eine Rolle beweisen muss – zum Beispiel als „angehender junger Mann" – wird der Umgang mit dem Karussell distanzierter, es wird nicht mehr einfach genossen, sondern es werden Faxen und Eskapaden auf ihm gemacht; das ältere Kind stellt sich auf die Vehikel, macht viel-

4.3 „Arbeit" an der Bedeutung: Beidseitiges Theater

leicht sogar Handstand auf ihnen: Es präsentiert, dass es für das einfache Fahren schon zu alt ist und nimmt eine Rolle als abgeklärterer Junge ein, der mit diesen Motiven spielen kann. Die Eskapaden weichen im Teenageralter dann der Ironie, die distanzierte, abwertende Fahrt mit diesem Objekt, für das man viel zu alt ist. Womit dieser Junge umgeht, sind die Erwartungen der anderen. Von einer Rolle distanzieren muss er sich nur, wenn er unterstellen muss, dass andere diese Rolle zuschreiben. Mit dem Benutzen des Karussells geht damit eine unterstellte Rollenzuschreibung einher, und die Rollendistanz ist die Distanz zu dieser Unterstellung.

Die Rollendistanz ist damit eine Form von Eindrucksmanagement, die von außen zugeschriebene Rollen unterstellt und sich dazu distanzierend verhält. Das wird besonders dann signifikant, wenn Menschen an Übergängen zwischen unterschiedlichen Rollen stehen und alte Rollen überwinden müssen, um die neue für sich abzustecken. Das ist für aufwachsende Menschen selbstverständlich einer der Grundkonflikte zwischen zwei Klassen von Publikum: den Eltern und den peers, den gleichaltrigen Freunden. Eltern schreiben die Kinderrolle noch zu, während die peers bereits den Ausbruch planen, was Aufwachsende in peinliche Situationen bringt, wenn die peers sehen, dass sie von Eltern noch wie Kinder behandelt werden. Die Rebellion der Jugend ist eine Form der Rollendistanz, die keine Auswirkung einer rein biologischen Entwicklung darstellt, sondern den Umgang einer besonderen Form der Rollendivergenz mimt, die in unserer westlichen Gegenwartsgesellschaft routiniert aufkommt, und das weit über diese Lebensaltersschwelle hinaus.

Wer in eine neue Rolle kommt, jedoch befürchtet, an der alten festgehalten zu werden, distanziert sich von dieser alten Rolle. Novizen in einer Rolle können dem Publikum unterstellen, ihnen die neue Rolle nicht wirklich zuzuerkennen. Das führt zu Darstellungen, die zur Distanzierung von der alten Rolle und der Behauptung der neuen dienen; sie neigen dann dazu, ihre alten Rollen weit von sich zu weisen und ihre neuen Rollen mit besonderer Verve zu erfüllen. Im Universitätsalltag ist das leicht zu bemerken: Wenn junge, neue Dozentinnen ein besonders formales Auftreten und strenge Bewertung an den Tag legen, die Distanz zwischen Studierenden und Dozenten dramatisieren (die vielleicht noch ein Jahr zuvor als Tutor minimiert wurde), dient das der Stärkung einer Rolle, in die man gerade noch wachsen muss, und zur Abgrenzung von einer Rolle, die man gerade verlassen hat.

Umgekehrt führt das jedoch zu „the lady doth protest too much" (aus Shakespeares *Hamlet*), dem Phänomen, dass Distanzierungen vom Publikum daher gerade als Beweis gelesen werden können, dass die sich distanzierende Person noch nicht angekommen ist: starke Abgrenzung und eine strenge Distanz können dann als Verteidigung einer Rolle gelesen werden, die keine so deutliche Verteidigung benötigt, was wiederum dazu führen kann, dass die Zuschauer die Rolle in Frage stellen, gerade weil sie so verteidigt wird. Das Paradoxe – oder möglicherweise auch ganz Selbstverständliche, je nachdem aus welcher Perspektive man es betrachtet – an dieser Dynamik ist daher, dass man im Prozess der Verteidigung gegen eine Rollenzuschreibung dem Umfeld unterstellt, gerade diese Rolle, von der man sich distanziert, zuzuschreiben: Die Behauptung der Entfernung von dieser Rolle, die in der Distanzierung liegt, trägt zugleich eine Behauptung der verbleibenden Nähe (oder zumindest ihre Unterstellung durch das Publikum) implizit mit sich. Sichere Statusinhaber machen diese Unterstellung nicht mehr: Aus ihrer Rolle heraus ist eine Rollenerfüllung mit voller Hingabe eine Übererfüllung, und eine Distanzierung von anderen Rollenzuschreibungen ist unnötig. Wer in seinem Status sicher angekommen ist, kann sich von diesem Status auch gefahrlos wieder ironisch entfernen. Erfahrene Rollenträger, die sich ihres Status als Rollenträger sicher sind, können in ihrer Rollendarstellung nicht nur deutliche Lockerungen einbauen, es wird sogar erwartet, dass sie das tun (siehe unten: „graces"). Eine Person, die gerade in die Rolle hineinsozialisiert wird, kann das nicht so einfach tun. So kann Rollendistanz vom Publikum gerade als *Bestätigung* der Rolle gelesen werden, wie oben eine Darstellung der Normalität bestätigt wird, indem man die Normalität nicht zu sehr erfüllt: Das völlig Normale ist genauso verdächtig wie eine strenge Rollenerwartungserfüllung.

Wieder ist wesentlich, dass diese Einsicht nicht überstrapaziert werden darf. In der Psychologie, aber vor allem in der Populärpsychologie ist ab und an die Unterstellung anzutreffen, eine zu strenge oder zu lockere Darstellung sei ein *Beweis* für eine mangelnde Rollenidentität. Wer sich distanziert, sei genau das, wovon sie sich distanziert, und wer übererfüllt, der ist gerade das nicht, was er da übererfüllt. Das stimmt so nicht. Alles, was wir aus diesen Darstellungen lesen können, sind die *Unterstellungen*, auf deren Basis sie gemacht werden; *wessen* Unterstellungen das sind, ist nicht sichtbar. Das können die eigenen Unterstellungen sein, es kann sich jedoch auch auf die unterstellten Zuschreibungen anderer beziehen, und in jedem Fall sind beide im *looking-glass self* ohnehin verwoben, so dass die „eigenen" Unterstellungen nicht alleine die eigenen sind. Eine Novizin könnte sich sofort und ohne Übergang sicher und ironisch gegenüber der neuen Rolle darstellen; das ist aber ein Glücksspiel, denn wenn die anderen Rolleninhaber gegenüber ihrer neu gefundenen Sicherheit nicht positiv reagieren, läuft sie Gefahr, als Angeberin dazustehen. Andere Felder, in denen das Funktionieren in der neuen Rolle wichtig ist und keine Zeit mit Übergangsritualen verloren werden kann, bestehen dagegen darauf, dass die Novizen das Spiel der langsamen Distanzierung von der alten und des langsamen Wachsens in die neue Rolle lassen.

Das ist alles einfach nachvollziehbar, wenn man Eindrucksmanagement dem Begriff zufolge als *Management* versteht, nicht als einseitig kreative Leistung und vor allem nicht als Ausdruck irgendwelcher innerer Zustände von Personen: Es ist ein Spiel mit den Unterstellungen, Erwartungen und Zuschreibungen anderer, das daher immer bereits im Kontext dieser Anderen und ihrer erwarteten und unterstellten, und im Rahmen dieser Erwartungen und Unterstellungen gemanagten, Deutungen steht.

4.4 Soziale Darstellungen: Präsentation und Status

Goffmans Arbeiten sind vom Interesse an Hierarchien und Machtbeziehungen in ausgehandelten Rollenverhältnissen durchzogen. Ein einsichtsreiches Beispiel, das Goffman für eine Eindruck managende Bindungsanzeige hält, die eine Anzeige eines Statusverhältnisses ist, ist die „Eigenschaft", in sozialen Zusammentreffen „gut mit anderen Menschen zu können" – der (so genannte) „soft skill" der „Teamfähigkeit" oder der „sozialen Kompetenz", die Goffman noch „graces" nannte. So beliebt es mittlerweile ist, in solchen Kontexten von „Kompetenzen" zu sprechen, so sehr eröffnet sich ein differenzierteres und damit viel komplexeres Bild, wenn diese gegenseitigen Handlungen als Verhandlungen gegenseitiger Rollenunterstellungen verstanden werden statt als individuelle Eigenschaften. Dann wird diese Lockerheit zum Bindungszeichen, das eine soziale Beziehung anzeigt – in diesem Fall eine Hierarchiebeziehung. In *Encounters* (129) bemerkt Goffman, „Charm and colorful little informalities are thus usually the prerogative of those in higher office, leading us mistakenly to assume that an individual's social graces helped bring him to his high position, instead of what is perhaps more likely, that the graces become possible for anyone who attains the office". Es ist wichtig, genau zu durchschauen, was Goffman hier bemerkt. Es heißt nicht, dass die Sozialisation in die Position soziale Kompetenz verleiht oder zu sozialer Kompetenz führt oder soziale Kompetenz in der Person verankert, wo sie vorher nicht war. Es heißt gerade das Gegenteil. Die „graces" der Person sind keine Elemente, die einfach „in ihr" liegen, nicht vor dem Erreichen der Position und nicht danach. Die Position ist es, die diese „graces" möglich, das heißt sie der Person als rituelles Vokabular der Interaktion erst zugänglich und als solche intersubjektiv verständlich macht. Sie sind keine objektiven Dinge: Dieselbe Handlung von Statusniedrigen wäre Anmaßung, absurd, schlimmstenfalls ein Zeichen für eine Krankheit (was umgekehrt „Krankheit" ebenso wie „graces" zu einer Bedeutung macht, die ebenso an sozialen Positionen hängt, s. u.). Sie sind Eindrucksmanagement und Bindungszeichen und werden erst im Paket mit der Zuschreibung auf die Person als „graces" verständlich. Eine Person, die diese Rollenzuschreibungen nicht hat, kann dieselben Handlungen nicht ausführen, da die Handlungen nur scheinbar dieselben wären. Handlungen haben keine Eigenbedeutungen unabhängig von ihren Quellen und Kontexten; ob Personen zu Handlungen autorisiert sind, informiert die Art der Handlung mit, macht die Handlung zu etwas anderem. Eine Handlung, die ohne Autorisierung ausgeführt wird, wird als Form der Täuschung wahrgenommen, nicht als diese Handlung. Mit anderen Worten: Dass eine Handlung als „graceful", als sozial kompetent überhaupt erst erfahren wird, ist untrennbar von der Rolle, die eine Person innehat, d. h., die der Person im sozialen Miteinander erfolgreich zugeschrieben wird. Sie ist nicht als unabhängige Eigenschaft der Handlung im Vakuum behauptbar. Und eine Person in einer statushohen Position hat alle Vorteile, eine Handlung als „sozial kompetent" verstanden zu wissen.

Goffman greift in *Interaction Ritual* ein Beispiel auf, das dies verdeutlicht und zugleich die Befremdungsaufgabe der Soziologie großartig erfüllt: Die Nervosität der Statusniedrigen in Interaktion mit Statushöheren. Die Nervosität, die dargestellte Unsicherheit, ist für ihn nicht als Ausdruck einer „Charaktereigenschaft" zu sehen, die anzeigt, dass der Darstellende „introvertiert" sei oder möglicherweise gar ein psychiatrisch relevantes Problem hätte[11] – sie ist vielmehr die Darstellung einer Person im Rahmen einer unterstellten Relation zueinander, nämlich eines Statusgefälles in Form der Darstellung der Abhängigkeit (Goffman organisiert dieses Beispiel um die Figur des Amtsträgers herum, dem man nur begegnet, wenn man ein Anliegen beim Amt hat). Nehmen wir ein Amt, mit dem wir von beiden Seiten aus Bekanntschaft gemacht haben: Dozierende, als Vertreter der Universität als Instanz des Landes, und Studierende sowie die Interaktionssituationen, in denen Studierende zu Dozierenden kommen, von denen sie im Universitätskontext abhängig sind.

In Goffmans Beispiel können die „Zeichen der Nervosität" (oder das Fehlen derselben) als Aspekte eines „Nervositätsdramas" und die erste Darstellung als „Aufschlag" in einem Spiel gesehen werden. Sie geben die Definition der Situation an ihr Gegenüber ab, treten somit vorsichtig und betont höflich auf, zurückhaltend in der Wortwahl. Der Hauptaspekt einer solchen „nervösen" Darstellung ist aber die Präsentation, immer „bereit zur Änderung" zu sein: Jede kleine Geste des Zweifels, die die Statushöhere aussendet, führt zur Neuanpassung des Statusniedrigen, garniert mit Formeln wie „sicher", „gerne", oder „ja, natürlich!". „Nervosität" – „Aufgeregtheit", „Reizbarkeit", „Erregtheit" – ist schließlich die Körperdarstellung, mit der die Möglichkeit der Notwendigkeit einer schnellen Änderung dramatisiert wird, mit der Unsicherheit einhergehend, ob die gegenwärtige Darstellung die „richtige" ist – was seinerseits darstellt, dass man selbst nicht in der Position ist, über diese „Richtigkeit" zu befinden, auch nicht in der Position, diese Richtigkeit

---

[11] Die Psychiatrisierung von Nervosität ist weit fortgeschritten, vgl. Lane 2007, 2013.

4.4 Soziale Darstellungen: Präsentation und Status

maßgeblich mit auszuhandeln, sondern in der Position, von der Feststellung der anderen Seite, was die richtige Darstellung ist, abhängig zu sein.[12] Das kann von der anderen Seite gebrochen werden, indem sie gegen diese Nervosität agiert, beispielsweise, indem sie gelassene Formen der Interaktion und das, was Goffman alltagspraktisch „Charme" genannt hat, ausspielt. Sie lächelt, während sie ruhig spricht, fragt: „Wie wäre es Ihnen lieber?" und „Was machen wir da?", signalisierend, dass sie bereit ist, sich auf Aushandlungen einzulassen. Sie wehrt Höflichkeitsformeln ab („Ach, betitelt werden muss ich nicht"[13]) genauso wie klassische Unterwürfigkeitsformeln wie beständige Entschuldigung oder ausschweifende Erklärung der Umstände („Macht jetzt ja nichts, wie das gekommen ist, bringen wir es in Ordnung"; „das passiert vielen, kein Grund zur Entschuldigung", etc.). Dieser Charme, das Abwehren der Nervositätsdarstellung der anderen Seite sind Spielzüge gegen den Nervositätsaufschlag, von denen Goffman bemerkt, dass wir sie im Alltag häufig sogar erwarten: Das ist „noblesse oblige", „Adel verpflichtet", wonach „those of high status are expected to curb their power of embarrassing their lesser" (IR: 28), nämlich ihre Macht, eine „richtige" Definition der Situation gegen die Unterlegenen zu setzen, mit der diese Unterlegenen in eine ungünstige Lage gebracht, gar beschämt werden. So ist der „tiefe" Aufschlag der anderen Seite oft eine Vorleistung, von der man erwarten kann, dass er nicht völlig ausgenutzt wird, da die Möglichkeiten der Gegenseite, sich so erhöhen zu lassen, nicht ausgenutzt werden; Goffman bemerkt, „negative bargaining, through which each participant tries to make the terms of trade more favorable to the other side as a form of exchange it is perhaps more widespread than the economist's kind" (IR: 31).

Aber dieses Ausnutzen geschieht (wenn die andere Seite auf die Unterwürfigkeitsdarstellung besteht – gerade bei Ämtern gerne ein Machtmittel), und auf der anderen Seite muss auch die gelockerte Variante nicht „halten", denn die andere Seite muss diese Lockerung annehmen (und wir kennen alle Situationen, in denen die putativ statusniedrigeren Personen beständig über alle Gegenzüge hinweg an diesen Unterwürfigkeitsformen festhalten). An diesem Beispiel lässt sich gut nach-

---

[12] Das ist selbstverständlich der Grund, warum Personen, die sich selbst in hohen Statuspositionen befinden, vor einem Amt nicht so leicht Nervosität präsentieren werden: Sie sind es nicht nur gewöhnt, in diesen Feststellungen selbst einen großen Einfluss geltend machen zu können, ihr „looking glass" ist gegenüber den Erwartungen der Beamten auch besser geschärft, was ihre Darstellungen weniger unsicher macht – und zwar nicht unsicher in irgendeinem psychologischen Sinne, sondern ganz empirisch als „geringer gefährdet, dass ihnen Änderungen auferlegt werden". Wenn das geschähe, könnten diese Personen sich auch besser wehren. Im Gegenteil wäre daher eine Nervositätsdarstellung aus einer statushohen Position heraus seltsam und beschämend.

[13] Wie Goffman selbst, der darauf bestand, „Mr. Goffman" genannt zu werden, aber nicht „Dr. Goffman" (Shalin/Bershady 2009, s. o.).

vollziehen, wie diese Darstellungen nicht nur „Eindrucksmanagement" des „Images des Nervösen" darstellen, sondern gegenseitig Rollen zuschreiben und gemeinsam festschreiben, „was hier eigentlich vor sich geht": Das Eindrucksmanagement des „Nervösen" schreibt diesem die unterlegene Rolle in der Situation zu und damit der anderen Person die Überlegene; die „Nervosität" schreibt der anderen Seite zu, das rituelle Idiom der Interaktion bestimmen zu dürfen, tut dies aber, indem selbst ein rituelles Idiom verwendet und damit eine Verteilung vorgegeben wird – die aber als „instabil" kommuniziert wird. Der ganze Kern des Nervositätsdrama besteht aus der Präsentation von Instabilität: nicht zu wissen, nicht sicher zu sein, was man sagen soll, weil man vom Urteil der anderen Person abhängig ist oder das zumindest unterstellt, was es für die Situation auch so macht. Wer „weiß", was zu tun ist, ist der Experte, der Situationen dieser Art oft genug durchlaufen hat, um seine Handlung „sicher" sein zu lassen, da entweder zwar durchaus die anderen entscheiden, ob das „richtig" war, man ihre Erwartungen aber antizipieren kann, oder aber indem man sich selbst in der Rolle sieht, setzen zu können, was richtig war. In beiden Fällen jedenfalls wird kein Gegenwind erwartet (der aber selbstverständlich dennoch immer aufkommen kann).[14]

Auch wenn die Situation vom Statushöheren dann „nivelliert" wird, indem die Unterwürfigkeitsdarstellungen der anderen Seite abgefangen und abgewehrt werden, bedarf es gerade in Erstkontakten mit Statushöheren dieses Aufschlags: Das charmante Abwinken kann erst aufkommen, nachdem ein Erstaufschlag der Nervosität erfolgt ist, besonders dann, wenn die Person vom Urteil der anderen Seite nachhaltig abhängig ist: In „occasions when the individual ought, out of respect for the difficulties he is in, to be preoccupied or overinvolved [...] perfect poise [...] may scandalize those present as to disrupt the interaction even more" (IR: 131). Wer zu forsch und selbstsicher in die Aushandlung eintritt, in denen er ab-

---

[14] Ein schönes Beispiel für das „Setzen-Können" in solchen Situationen stellt die Reaktion eines bekannten Universitätsdozenten, Koryphäe in seinem Bereich, auf „Selbstdarsteller im Seminar" dar. In Seminaren kommen zeitweise Situationen auf, in denen Studierende Fragen stellen, deren scheinbarer (unterstellter) Zweck nicht darin besteht, zu fragen, sondern in der Frage die eigene Brillanz und Belesenheit zu demonstrieren und die Dozierenden zu beeindrucken. Diese Situationen sind anderen Studierenden in der Regel verhasst, und auch Dozierende sind zumeist keine Fans solcher Situationen. Der besagte Dozent pflegte, solche „bewundert mich"-Fragen mit einer mehrsekündigen Pause zu quittieren und dann zu antworten: „Das habe ich nicht verstanden." Die Lösung ist nur eine Lösung, weil Status unterstellt wird. Würden Mitstudierende dieselbe Antwort geben, müssten sie befürchten, dass ihnen zugeschrieben wird, es tatsächlich nicht verstanden zu haben und möglicherweise weniger fortgeschritten zu sein als der Fragesteller, jedenfalls weniger belesen und „brillant". Die Koryphäe jedoch muss diese Zuschreibung nicht befürchten: Reagiert sie mit „das habe ich nicht verstanden", kann er sich der Zuschreibung sicher sein, dass das bedeuten muss, dass die Frage mangelhaft war, sonst würde die Koryphäe sie selbstverständlich verstehen.

4.4 Soziale Darstellungen: Präsentation und Status

hängig ist, schreibt sich eine Statusrolle zu, die mit einem Recht der Entscheidung einhergeht, das andere ihm aber nicht zugestehen und lädt damit die andere Seite zur „Berichtigung" ein.[15] Die Nervosität nicht an den Tag zu legen und dem Statushöheren mit gelassener Ruhe zu begegnen, gar in eine entspannte Interaktion zu fallen, die sonst für Statusgleiche reserviert ist, kann als Herausforderung gelesen werden: „if the subordinate shows composure on these occasions, the superior may feel affronted and embarrassed" (IR: 131). *Könnte*: Es ist eine Aushandlungssituation. Die reine Tatsache, dass einer Amtsträger ist und der andere ein Anliegen hat, entscheidet in keiner Weise unabänderlich vor, wie die Interaktion der beiden Personen geordnet wird. Sie können feste Statusgrenzen ziehen oder Hierarchien nivellieren, und diese Entscheidung wird in der nächsten Begegnung zwar referiert werden müssen, aber entscheidet auch die nächste Szene nicht fix vor: Spätere Begegnungen können die Nivellierung aufgreifen, weil ein selbstsicheres Auftreten vom Statushöheren „geliehen" wurde, der es in seiner Abwehr „verliehen" hatte, aber die Verteilung auch wieder verschieben.

Wenn, wie Goffman sagt, das Fehlen der Nervosität als mangelnde Reproduktion des Statusgefälles gesehen wird, dann *tut* das also jemand: Es liegt in einer Handlung, nämlich in der Reaktion des Statushöheren, „angegriffen und beschämt" zu sein. Aber ohne Reaktion stellt der Statushöhere die Gelassenheit des Statusniedrigen nicht als Angriff dar, und folglich war diese Reaktion dann auch kein Angriff – was eine Handlung bedeutet, ist ein Produkt der Aushandlung in einer Situation. Es gibt natürlich viele Statusungleiche, die sehr entspannt und gelassen miteinander umgehen, da ihre vorlaufenden Interaktionen zu dieser Möglichkeit geführt haben. Nervosität und mangelnde Gelassenheit finden sich damit vor allem vor fremden Statuspersonen, mit jenen, mit denen man noch keinen Rapport erlangt hat und jenen, die sich dem Rapport versperren.[16] Wenn der Gelassenheit mit Dramatisierung von Beschämung begegnet wird oder der Angegriffene sich

---

[15] Außer, natürlich, sie berichtigen nicht und lassen sich von der Person täuschen. Eine „Täuschung" ist es, indem der Auftritt eine Statusposition behauptet hat, die ansonsten nicht zugeschrieben worden wäre. Die Täuschung ist erfolgreich, wenn die so auftretende Person tatsächlich entscheiden kann, was nun geschieht und das rituelle Idiom bestimmt. Die TV-Serie *Burn Notice* hat diese Interaktion übrigens zum Kernlösungsmechanismus auserkoren, mit dem die Protagonisten immer wieder in unbekannten Umfeldern durch „Definitionen setzendes" Auftreten Statusrollen einnehmen und in der infiltrierten Gruppe Statusniedrige „überwältigen".

[16] Dabei bemerkt Goffman, dass die Präsenz einer solchen Person ausreicht, um eine gesamte Situation zur Starre zu führen: „The individual in the situation to whom the tightest conduct is owed ... tends to ,govern' the gathering regardless of the extent to which he is outnumbered by persons present who are on symmetrically familiar terms with one another and could act loosely were he not present" (BPP: 229-30), ein Umstand, den er als „durchdringende Art der Dominanz" identifiziert.

als angegriffene Person darstellt, weist uns das nicht auf den „Innenzustand" des „Gefühls, angegriffen worden zu sein" sein hin, sondern ist eine Darstellung, die aufzeigt, dass die Person eine Definition sozialer Realität vornimmt: nämlich, dass seine Statusposition nicht so selbstverständlich ist, dass sie eine mangelnde Darstellung der anderen Seite unbeschadet übersteht. (Wieder ist das keine Aussage über die wirkliche Stärke dieser Position: Sie ist so stark, wie die Beteiligten sich das gegenseitig unterstellen.) Erst im Kontext dieser Unterstellung macht eine Reaktion Sinn, die diese Bedeutung affirmieren möchte: Wäre die Unterstellung, dass die Statusposition auch den gelassenen Statusniedrigeren erträgt, könnte eine solche gelassene Reaktion der anderen Seite sehr wohl ohne gegenläufige Reaktion aufkommen.

Wenn das *looking-glass self* und die Grundlagen der interpretativen Soziologie im Blick bleiben, bedeutet das daher kein irgendwie geartetes „objektives" Statusgefälle: Status ist auch eine Bedeutung und benötigt ebenso situative Zuschreibung. Das Statusgefälle, das sich in dieser Interaktion ausdrückt, ist damit ein gegenseitig zugeschriebenes Statusgefälle. Eine so zugeschriebene Statusungleichheit bedeutet, dass die Definition, was in dieser Situation eigentlich vor sich geht, häufig dem Statushöheren obliegt, vor allem in den Fällen, in denen die statusniedrige Person gerade daher zur statushöheren kommt, da sie etwas von ihr benötigt. Dieses „Statusgefälle in den Köpfen" ist jedoch, einmal wieder, für uns unerreichbar; wir können nicht in Menschen hineinsehen. Erreichbarer ist die Handlung-in-Sequenz, die Interaktionssituation, in der die Teilnehmer aufeinander abstimmen, was in dieser Situation als geteilte Realität gelten soll, was die gegenseitige Rollenzuschreibung betrifft. Wie das Vergessensdrama von Goffman als Darstellung sozialer Bedeutungen im Rahmen der gegenseitigen Rollen- und Bedeutungszuschreibung gelesen wird (und nicht als Ausdruck „innerer Aufgewühltheit" o. Ä.), so ist auch das Nervositätsdrama als eine solche Darstellung lesbar. Goffman führt uns zu dieser Deutung, indem er sich damit beschäftigt, was passieren kann, wenn es gebrochen wird.

In diesen Unterstellungen werden auch die Unterstellungen jener mit berücksichtigt, die nicht aktiv an der Situation teilnehmen, zum Beispiel die der zahlreichen Vertreter einer offiziellen Organisation, die die gemachten Unterstellungen mittragen und im Zweifelsfall dem Amtsinhaber beiseite stehen könnten und würden. Eine Unterstellung, von der man unterstellt, dass *alle* sie hegen müssten, hat damit aus Sicht der Teilnehmer den Status einer festen Wahrheit. Sie ist allerdings nur solange fest, wie diese gemeinsam gehegt wird. Sie wird brüchig, wenn wesentliche Definitionsteilnehmer in ihren Handlungen aus ihr aussteigen.

4.5 Teams

Die „Wahrheit", das heißt die zwischen Interaktionsteilnehmern geteilte soziale „Wirklichkeit", verteidigt sich nicht von selbst; die reine Existenz der Praktiken der theatralischen Bedeutungsdarstellung, mit denen Goffman sich beschäftigt, zeigt uns, dass es eben Praktiken benötigt, um Realitäten solide *bleiben* zu lassen. Aber Strategien zur Aufrechterhaltung von Normalität sind nur nötig, wenn diese Normalität als gefährdet gesehen wird, d. h. wenn unterstellt wird, dass *andere* diese Normalität in Frage stellen könnten; Strategien zur Verschiebung von Normalität sind ebenso nur vonnöten, wenn erwartet wird, dass *andere* die Normalität sonst stabil bleiben ließen. Die Realität ist, wie Bob Prus eingängig formuliert, für die Teilnehmer an ihr „not theirs alone to determine" (1999: 9–10). Goffman bemerkt daher, dass eine soziale Situation am ehesten als Interaktion zwischen Teams verstanden werden kann: „the individual is not the natural unit for our consideration but rather the team and its members" (POS:149), und „since each team will be playing through its routine for the other, one may speak of dramatic interaction, not dramatic action, and we can see this interaction not as a medley of as many different voices as there are participants but rather as a kind of dialogue and interplay between two teams" (POS: 91). Diese Teams sind nicht als bestehende stabile Einheiten interessant, sondern in ihrer Rolle in einer Situation: „we find that for the duration of any particular interaction, participants of many different statuses are typically expected to align themselves temporarily into two team groupings" (POS: 92). Ein wesentlicher Teil der Stabilität der Welt besteht damit in der Zusammenarbeit mit jenen, die mit anwesend sind und darin, wer in diese Zusammenarbeit gegen wen involviert ist. Dass Realitäten im Spiel miteinander aufrechterhalten werden müssen, thematisiert Goffman in seiner Bearbeitung der Rolle von „Teams" bei dieser Aufrechterhaltung. Die deutsche Übersetzung verwendet den Begriff des „Ensembles" in einem Versuch, nachdrücklicher in der Theatermetapher zu bleiben, als Goffman das im Buch tut. In anderen Werken nutzt Goffman selbst den Begriff der „Koalition" (ENC: 12, SI: 86, RIP: 338, ABS: 308), um über diese Dynamik zu sprechen. In *Strategic Interaction* spricht Goffman auch von „parties", Parteien, als „something with a unitary interest to promote" (SI: 86). Alles in allem ist der Begriff nicht wesentlich; er bietet lediglich den metaphorischen Zugriff: Wenden wir uns der Dynamik zu.

Auch, wenn man sich als zwei Einzelpersonen in einer Interaktionssituation befindet, spricht Goffman von einer „two-team interaction where every team only has one member" (POS: 80). Oben hatte ich das Beispiel des Vergesslichen, der ein Ein-Mann-Team zur Darstellung der Realität ist; Aber jede dieser Einzelpersonen mit seinem „alleinigen" Einstehen für eine Teamrealität ist nicht einsam, auch das

„mitgliedslose Team" der Zuschauer im ersten Fall ist selbstverständlich nicht mitgliedslos. Die Situationen beinhalten die Unterstellung des Darstellenden, Teil eines Teams zu sein, in dessen Namen er eine Realität vertritt und die Unterstellung, vor einem anderen Team Darstellungen aufzuführen. Mit anderen Worten: Auch, wenn niemand die Darstellung einer Person aktiv unterstützt, sind Darstellungen davon abhängig, dass der Darstellende davon ausgeht, dass eine solche Unterstützung im Zweifelsfall zu erreichen wäre. Wenn das im Testfall der Herausforderung der dargestellten Realität nicht tatsächlich geschieht und der Darstellende mit seiner Realität alleine auf weiter Flur steht und damit in der Tat einsam ist, verursacht das ein für den Darstellenden kaum mehr zu lösendes Problem. (Wer dann trotz definitorischer Einsamkeit weiterhin an der Darstellung festhält, wird schnell als Person identifiziert, die unter einer Störung leidet und gegebenenfalls medizinisch behandelt werden muss, s. Kap. 7.)

Populäre Medien spielen häufig mit diesem Motiv. Macht eine Person eine Aussage, eine andere in einem kompromittierenden Umfeld gesehen zu haben, hängt die „Realität" dieser Darstellung daran, wie diese Aussage in Teams untermauert werden kann. Ist die Person, über die berichtet wird, „geständig" und damit im selben Team wie der „Angreifer", ist die Situation schnell gelöst. Stellt sie sich gegen die Aussage, sucht man Zeugen; hat man die nicht, sucht man Alliierte, die aufgrund anderer bestehender Zuschreibungen gewillt sind, diese Vorwürfe zu glauben. Hat man jedoch nur diese, kann das den Erfolg des Vorwurfs schwächen: Wenn nur die „üblichen Verdächtigen" einen Vorwurf mittragen, die „Gegner" der beschuldigten Person, ist der Vorwurf schnell als „noch einer aus dieser Kiste" diskreditiert. Findet man jedoch eine Mitspielerin im Vorwurf, die üblicherweise im Team des Beschuldigten spielt, ist die Beschuldigung damit gleich viel gewichtiger. Statushohe Personen können alleine gegen großen Widerstand Deutungen durchsetzen; statusniedrige Menschen können oft auch mit „Beweisen" kein Team um ihren Vorwurf versammeln, da auch der Status des Beweisobjekts als „Beweis" eine Bedeutung darstellt, die scheitert, wenn ein Team diese Bedeutung erfolgreich in Frage stellt. Das deutsche Wort der „geteilten" Welt ist damit ein zufällig passendes Geschenk, wenn wir über die gemeinsam aufrechterhaltenen Normalitäten der Welt sprechen: Geteilt hat im Deutschen zwei Bedeutungen, einerseits geteilt im Sinne von „zusammen", die untereinander geteilte Welt im Sinne des gemeinsamen Aufrechterhaltens derselben, andererseits geteilt im Sinne von (auf)geteilt, die plurale Welt parteiischer Darsteller, die unterschiedliche Versionen der Realität aufrechterhalten und die Realitätskonstruktionen anderer Parteien angreifen und zerstören können. „We commonly find that the definition of the situation projected by a particular participant is an integral part of a projection that is fostered and sustained by the intimate cooperation of more than one participant" (POS: 77–8), und „One over-all objective of any team is to sustain the definition of the situation that its performance fosters" (POS: 141). Einsamkeit macht verletzlich: Wo Teams miteinander spielen, um Realitäten zu sichern, haben sie auch Gegenspieler, und eine Darstellung, die einsam aussieht, lädt Gegenspieler zum Angriff ein. (Das ergibt sich fast von selbst, denn wo keine Gegner oder zumindest Herausforderungen vorhanden sind, braucht es auch keine Anstrengungen der Verteidigung). Das harmonische Zusammenspiel gemeinsamer Normalitätsdefinitionen geht natürlich nur solange gut, wie nicht zwei Akteure Interesse an derselben Definition, und an unterschiedlichen Ausgängen dieser Definition, haben. Dann folgen definitionale Streits, die dann die „Stabilität" der Situation stören, die gemeinsame Handlung unterbrechen und eine neue gemeinsame Handlung – „Streit um die Definition" – etablieren, eine Unterbrechung, die man im Alltag, so Goffman, in der Regel vermeiden möchte, wenn nicht wichtige Gründe dafür sprechen, diesen Umweg einzuschlagen. Diese Gründe gibt es selbstverständlich. Die soziale Welt besteht nicht nur aus Kooperation. So bringt Goffman uns dazu, die Welt in Spieler und Allianzen aufzuteilen. So sehr wir im Alltag an „einfach vorhandene" Realitäten glauben, so einfach verständlich ist uns diese Metapher, wenn wir uns an Alltagssituationen erinnern, in denen wir erwartet hätten, dass andere unsere Realitätskonstruktionen teilen und diese Erwartung enttäuscht wird: In einer solchen Konstellation kann die Sicherheit der soliden Realität plötzlich wegbrechen und die so „verlassene" Person sich allein auf weiter Flur befinden.

4.6 Pluralität der Welt: Regionsidentitäten, Vorder- und Hinterbühnen

Die Darstellung von Bedeutungen – Selbstdarstellungen und Bindungsdarstellungen, Normalitätsdarstellungen und Distanzdarstellungen, Darstellungen in und mit Teams – geschehen in konkreten Umfeldern, in Bezug zu *Kontexten*. Eine der zentralsten Konzeptionen in Goffmans Arbeit, mit denen diese Kontexte offengelegt werden, ist die Trennung von „Vorderregionen und Hinterbühnen". In ihnen geht es in erster Linie darum, wie mit den Kontingenzen der Darstellung vor Publikum umgegangen wird. Wer sich selbst und damit verwoben eine Realität darstellt, stellt das damit in einem Team und vor einem Publikum dar. Je nach Team und Publikum ändert sich die Darstellung.

Es gibt die „Vorderregion" – in der Theatermetapher vielleicht auch einfach: die Bühne – und einen Raum, in dem die Vorbereitungen für den Auftritt gemacht werden und in den die Darsteller sich zurückziehen, wenn die Darstellung vorbei ist, die „Hinterbühne". „Vorderregionen" sind die Orte, an denen „Darbietungen" vorgeführt werden (POS: 107), „Hinterbühnen" sind dagegen die Orte, von denen das Publikum der Darbietungen ausgeschlossen ist und an denen der Darsteller damit den Charakter, den er auf der Bühne spielt, hinter sich lassen kann (POS: 112). Auf den Alltag übertragen weist das zunächst auf die banale Einsicht hin, dass wir uns „bühnenfertig" machen, bevor wir uns in eine Situation begeben, in der wir der Beobachtung ausgesetzt sind und in einen Status bringen, in dem bestimmte Öffentlichkeiten uns dann sehen sollen. Auf der Hinterbühne gibt es Dinge zu verstecken: „the vital secrets of the show are visible backstage" (POS: 113). Die Probleme, die aus dieser Teilung erwachsen, sind uns aus dem Alltag ebenfalls hinlänglich bekannt: Wer seine öffentliche Erscheinung nicht kontrollieren kann, ist nicht in der Lage, sein Eindrucksmanagement mit den unterstellten Erwartungen der Anderen abzustimmen (POS: 134), da er den Zugang des Publikums nicht kontrollieren kann und damit Zuschauer in Situationen hat, in denen er nicht bereit ist, akzeptables Eindrucksmanagement zu leisten.

Die Regionen sind zwar mit der Metaphorik des Ortes benannt, jedoch als Orte schlecht beschrieben. Goffman macht sie zunächst an den Darstellungen fest, die in ihnen aufgeführt werden:

> Throughout Western society there tends to be one informal or backstage language of behavior, and another language for behavior for occasions when a performance is being presented. The backstage language consists of reciprocal first-naming, co-operative decision-making, profanity, open sexual remarks, elaborate griping, smoking, rough informal dress, ‚sloppy' sitting and standing posture [...] playful aggressivity and ‚kidding', inconsiderateness for the other in minor but potentially symbolic acts [...] The frontstage behavior language can be taken as the absence (and in some sense the opposite) of this (POS: 128).

In unserem Alltagsverständnis ist das der „wahre" Mensch ohne Publikum und die „aufgesetzte" Person in der Öffentlichkeit, aber Goffmans Thematisierung zerschlägt diese charmante und moralistische Selbstgratulation des ehrenhaften, ehrlichen Knochens schnell, indem er zeigt, wie diese Umfelder funktionieren. Es geht vielmehr darum, welcher Kontext als vergleichsweise „öffentlich" zu gelten hat, welcher dagegen nicht; aus welchem Umfeld die „inoffiziellen" Bedeutungen daher fernzuhalten sind, und in welchem man sie offener thematisieren kann.

Die Regionsidentitäten sind abhängig davon, wer in diesen Regionen präsent ist und welche Unterstellungen man diesen Personen unterstellt; das heißt: welche Beziehung zu einem selbst man ihnen zuschreibt. Das sind unterschiedliche „Räume" vor allem deswegen, weil mit ihnen unterschiedliches Publikum einhergeht. Vorderbühne und Hinterbühne ist eine Metapher für den Wechsel zwischen unterschiedlichen Darstellungen, mit denen unter anderem unterschiedliche Ehr-

4.6 Pluralität der Welt: Regionsidentitäten, Vorder- und Hinterbühnen

erbietungs- und Auftretenskontexte bewältigt werden: Auf der Vorderbühne positioniert man sich vor einem breiten Publikum und ist daher vorsichtig, da man nie erahnen kann, wer zusieht und was diese Zuschauer mit diesen Darstellungen machen werden, wie sie sie verwenden werden, wie sie sie gegebenenfalls gegen die Darsteller wenden könnten. Hier müssen „öffentliche" Höflichkeiten aufrechterhalten werden, die Ehrerbietung gegenüber anonymen Anderen, vor allem, weil ein „Anderer" aus dieser Anonymität treten und die Einhaltung der Ehrerbietung fordern und damit andere in eine Zerbrechlichkeit führen könnte: Die Vorderbühne ist der Raum, auf dem nicht vorherzusehen ist, welches Publikum möglicherweise die Harmonie stören und die Stabilität der Präsentation gefährden wird. Das sind die Hintergründe, vor denen zum Beispiel das amerikanische (Network-)Fernsehen dem Durchschnittseuropäer in seiner Wortwahl prüde vorkommt, während persönliche Bekanntschaften im selben Land häufig sehr ausgiebig fluchen: Vor der breiten Öffentlichkeit des „öffentlichen" Publikums versucht man, jene, die sich angestoßen fühlen könnten, nicht zu provozieren, während das alles kein Problem ist, wenn die anonyme Öffentlichkeit nicht präsent ist. Auch ist das die Quelle der vorsichtigen Wortwahl in den engen Korridoren der Präsentation, in der die Vermeidung von rechtlicher Verantwortlichkeit im Vordergrund steht, die die Mitglieder einer Kommission vor laufender Kamera anwenden. Wenn sie privat sprechen, reden sie ganz anders – das ist keine Scheinheiligkeit, sondern den Regionen der Darstellung geschuldet. Handlungen, so lernen wir aus diesen Darstellungen Goffmans, hängen nicht von inneren Prinzipien und Leitlinien ab, sondern von dem Umfeld, in dem sie aufkommen und den Unterstellungen der anderen Teilnehmer an der Interaktion, die dieses Umfeld ausmachen.

Vorder- und Hinterbühnen sind damit zunächst einmal eine Form des Managements von Publikums(un)sicherheit, die damit einhergeht, dass andere Menschen präsent sind, denen man im Spiel der gemeinsamen Produktion von Bedeutungsstabilität (nicht) vertrauen kann. Sie stellen schematisch die Unterscheidung zwischen jenen dar, denen man unterstellt, Mitspieler im eigenen Team zu sein und jenen, bei denen man sich hier unsicher ist. Auf der Hinterbühne sind die Gefahren, dass Gesagtes gegen die Sprecher verwendet werden könnte, nicht gebannt, aber man findet sich in der Gesellschaft bekannter*er* anderer, denen man auch mit unvorsichtigeren Darstellungen *eher* vertraut. Man könnte so von einer Serie von Bühnen sprechen, vorderste Vorderbühnen der vorsichtigsten Darstellungen bis zu hintersten Hinterbühnen der ungefährlichsten Präsentationen. Die Region ist damit weder ein physischer Ort noch ein Raum, in dem bestimmte Regeln abstrakt gelten, sondern ein Raum, der aus einem unterstelltem Umfeld anderer Menschen besteht, vor denen eine bestimmte Redeweise an den Tag gelegt wird und mit denen diese abgestimmt werden. Und diese Menschen bringen in den Unterstellungen, die wir nach ihrer Sicht der Dinge ihnen gegenüber machen, wieder nur insofern eine Identität mit, als wir sie von anderen Zuhörern unterscheiden.

Dass Räume letztlich von ihrer Besetzung abhängen (und damit von den Unterstellungen, die man den Deutungen der Anwesenden gegenüber macht) eröffnet zwei Möglichkeiten der Veränderung der Räume: (1) Dass ihre Besetzung sich ändert und (2) dass die Besetzung gleichbleibt, sich aber die Beziehung zu den anderen Personen in dieser Region ändert. Goffmans Studien mit Psychiatrieinsassen (s. auch Kap. 7) liefern seine eingängigsten Beispiele für einen solchen Bruch durch Invasion oder beständige Gefahr der Invasion: Personen, deren Hinterbühnen systematisch vernichtet werden, indem sie erstens nicht alleine auf ihrem Zimmer sind, zu denen zweitens die Belegschaft ständigen unangekündigten und nicht abweisbaren Zugang hat, während die Insassen drittens zugleich der Mittel beraubt werden, sich fertig zu machen und nach außen zu präsentieren, indem ihnen z. B. die dazu notwendigen Utensilien („Requisiten") abgenommen werden. Der Kern von Goffmans Betrachtung der Psychiatrie als „totale Institution" in *Asylums* besteht gerade darin, zu bemerken, dass diese Trennung der Sphären in totalen Institutionen nicht mehr gegeben ist:

> A basic social arrangement in modern society is that the individual tends to sleep, play, and work in different places, with different co-participants, under different authorities, and without an overall rational plan. The central feature of total institutions can be described as a breakdown of the barriers ordinarily separating these three spheres of life (ASY: 17).

Auch Kinder werden oft ihrer Hinterbühnen beraubt, wenn ihre Zimmer zuhause nicht vor Invasionen sicher und sie selten oder nie alleine sind. Ein Zimmer, das bis eben Hinterbühne war, wird schlagartig zur Vorderbühne, wenn Invasoren wie Eltern oder Pfleger in ihm auftauchen. Am klarsten geschieht das im Schullandheim, wo ähnliches gilt wie in der Anstalt, wenn Zimmer geteilt werden müssen und zudem ständig Kontrolleuren zugänglich sind. Umgekehrt führt das zu Praktiken der so Deprivierten, sich neue Hinterbühnen zu schaffen wie z. B. hinter der Garage am Schullandheim oder durch verlängerte Aufenthalte auf der Toilette, dem einzig abschließbaren Raum des Hauses (vgl. Junhai 2006). Nicht nur sind Goffmans putative „Räume" tatsächlich die Präsenz von Publikumsgruppen und nur solange Räume, wie die Gruppen sich an ihre Grenzen halten. Sie können nicht nur transformiert werden, indem die Besetzung sich ändert, sondern bei gleichbleibender Besetzung auch transformiert werden, indem (erfolgreich) gehandelt wird, als *wäre* man in einer anderen Region, was de facto die Region ändert (POS: 129). Das heißt zum Beispiel, dass eine geglaubte Hinterbühne zur Vorderbühne werden kann, wenn die dort bereits präsenten Personen Angriffe fahren, die Stabilität der

Situation gefährden und damit Brüche heraufbeschwören: Denn nun wird den Beteiligten klargemacht, dass sie auf die Mitspieler nicht vertrauen können, dass sie ihre Darstellungen nicht nachlässig vornehmen dürfen und dass sie sich bei dem, was folgt, nun auf einer glitschigen Bühne befinden.

Die regionale Identität (Goffmans Begriff) der Räume ist zudem fluide, und Räume können mehr als eine Regionalrolle erfüllen. In der Regel hat ein Interaktionsraum multiple „Regionsidentitäten" und „function[s] at one time and in one sense as a front region and at another time and in another sense as a back region" (POS: 126). Sie sind damit relative Regionen, „front region[s] or back region[s] of a performance" (POS: 126), „relative to adjacent areas" (POS: 124). Mit einem Klassenraum beispielsweise geht keine feste Redeweise einher: Er kann einerseits als Vorderbühne thematisiert werden. Das ist die Klasse als Raum einer Interaktion unter Ungleichen mit einem deutlichen Macht- und Autoritätsgefälle zwischen Lehrer und Schülern, in der die Darstellungen der Lehrerin und die der Schüler dieses Machtgefälle reproduzieren und beide sich vor einem Publikum befinden, vor dem Fehltritte schwere Konsequenzen haben können. Verlässt die Lehrerin den Klassenraum, transformiert sich derselbe Raum jedoch sofort zur Hinterbühne: Das Gefälle hat mit dem Lehrer den Raum verlassen, und die Schülerinnen handeln nun unter peers (wenn auch immer noch mit Statusgefällen, nun den internen Gefällen der peer-Gruppe). Zieht sich der Lehrer in das Lehrerzimmer zurück, dann ist auch dies als Hinterbühne unter Gleichen fassbar. In beiden Fällen kann die Maske der Autorität und die Maske des Autoritätsgläubigen fallen gelassen werden. Aber so klar ist das alles nicht. Gerade junge Lehrer sind oft in einer umgekehrten Situation, empfinden die Schüler als „Raum" (im Sinne eines Publikumsumfeldes), in dem man ohne Furcht vor Konsequenzen Lehrer sein kann, fürchten unter den Kolleginnen jedoch die Verurteilung, nicht gut sein zu können, sich als weniger erfahren und weniger wissend entpuppen zu können. Dann ist das Lehrerzimmer die (relative) Vorderbühne, auf der eine gut vorbereitete Darstellung aufgeführt wird, um sich als neuer Kollege nicht zu blamieren, eine Darstellung, die man vor den Schülerinnen lockern kann. Das zeigt auch eine Beziehung an: Nämlich die Unterlegenheitsrolle gegenüber den Kollegen, die im Klassenraum nicht vorherrscht, da man hier gegenüber zunächst Unterlegenen agiert (eine Rolle, die Lehrer durchaus verlieren können, was dann das Klassenzimmer zum Raum der Gefahr macht). Das bedeutet, dass eine „Vorderbühnendarstellung" vor dem Lehrerkollegium, indem vorsichtig agiert wird und die typische Lockerheit der Hinterbühnen nicht an den Tag gelegt wird, nicht etwa einen „Innenzustand" der Lehrerin „anzeigt". Der Lehrer stellt damit eine Rolle dar und lädt andere ein, sie auch einzunehmen; seine Handlung folgt nicht aus einem Zustand, sie macht diesen Zustand erst. Sie versetzt die anderen in eine Position, Handlungen ausführen zu müssen, die entweder der Definitionsvorgabe der Lehrerin stattgeben oder gegen sie agieren.

Im Partnerschaftsalltag ist das Gespräch mit der Partnerin eine Form von Vorderbühne, vor der bestimmte Informationen nicht an den Tag gelegt werden, die vor den Kollegen und Freunden offen besprochen werden; umgekehrt bespricht man Dinge mit dem Partner, die mit Kolleginnen und Freunden nicht besprochen werden. „Vorderbühne" und „Hinterbühne" sind also keine Räume, sondern relationale Einordnungen, mit denen eine Form der sozialen Nähe metaphorisiert wird, und insofern es verschiedene Formen der Aushandlung sozialer Nähe gibt, gibt es kein globales „näher" und „ferner".

Die Hinterbühne ist damit ebenso ein Raum der Darstellung. Sie ist kein „Freiraum", in dem man „man selbst" sein kann – für Soziologen ist die Frage danach, welches Selbst denn nun das „wahre" Selbst sein soll, eigentlich unsinnig, und die Antwort ist am ehesten: *Sie sind alle wahr.* Eine Hinterbühne ist „nur" Hinterbühne für *eine* relationale Vorderbühnendarstellung. Da auf der Hinterbühne aber selbst gespielt wird, ist sie Vorderbühne für eine andere Darstellung. „These distinctions are relative; performance of self continues back stage (albeit in a different role and to a different audience), and the same area may be simultaneously the front region of one performance and the back region of another" (Rettie 2009: 427). Es geht um einen Raum einer Darstellung und einen anderen Raum einer anderen Darstellung, in dem die Maske der Vorderbühnendarstellung durchaus fallengelassen werden kann – aber die Maske der Hinterbühnendarstellung dafür aufgesetzt wird, womit die Legitimationsdarstellungen sich ändern. Denn auch auf der Hinterbühne muss sich der Eindrucksmanager managen: Auf der Hinterbühne können zwar die rituellen Formalia fallengelassen werden, die vor öffentlichem Publikum aufrechterhalten würden, zum Beispiel das abstrakte Reden in Bezug auf Recht und Normen, auf Moral und Prinzipien, das ein Politiker vor der Kamera aufrechterhalten muss (und Goffman zeigt uns, dass das notwendig ist – es ist ein Bindungszeichen, das eine bestimmte Form formaler, öffentlicher Bindung und damit das Fehlen von intimer Bindung anzeigt!). Auf der Hinterbühne sind dafür andere Rituale einzuhalten – zum Beispiel die Offenheit als Bindungszeichen. Käme die Politikerin nach Hause zu ihrem Partner und würde dort in genau denselben Formeln von Recht und Normen, Moral und Prinzipien reden, müsste der Partner befürchten, jetzt Teil der Öffentlichkeit geworden zu sein – es wäre ein Zeichen der Abkühlung der Beziehung, schlimmstenfalls ein Zeichen, dass dem Partner unterstellt wird, die Seiten gewechselt zu haben und die Politikerin auszuspionieren, so dass sie befürchten müsste, dass ihre „privat" gesagten Beichten in der Presse landeten. Wird das „Ritual der Lockerheit" fallengelassen, wird damit die Darstellung auf der Hinterbühne betrogen – was Teil einer Neuaushandlung der Beziehungen sein kann, die die Hinterbühne ja gerade ausmachen.

Diese Publikumsabhängigkeit von Darstellungen macht es zentral – und nicht etwa „uninteger" –, nachzuvollziehen, in welchen Interaktionen man sich befindet. Gegenüber diesen so interpretationsaktiven Anderen müssen wir uns wieder interpretieren, aufnehmen und in Bezug setzen. Insofern das Publikum damit immer auch bereits ein Teil der Darstellung ist, wird in der Handlung vor Publikum immer bereits mitpräsentiert, um welche Art von Publikum es sich handelt. Indem man eine Linie zu sich und den Objekten einnimmt, die an einer Interaktion beteiligt sind, nimmt man somit auch eine Linie zum Publikum ein, das in der Handlung mitkonstruiert wird: Es besteht also nicht einfach als objektives Publikum, sondern muss als solches behandelt werden. Das ist die andere Seite der Darstellung: Indem wir präsentieren, machen wir das Publikum zu einer besonderen Art von Publikum.

4.7 Absicht und ihre Darstellung

Goffmans Verwendung der Theatermetapher wird oft als Theorie missverstanden, nach der Menschen „absichtlich" ihre Außeneindrücke manipulieren; Goffman wird in die Nähe der rational choice-Theorie gerückt, indem ihm unterstellt wird, er unterstelle Menschen, eindrucksmaximierende Manipulatoren zu sein. Das missversteht Goffmans Verwendung dieser Metapher. Es geht nicht darum, den Menschen eine Absicht zu unterstellen; die Metapher ist eine Umformulierung, mit der erkannt werden kann, wie Bedeutungen im Alltag unterstellt und verschoben werden. Absicht ist hierbei nicht als hinter den Darstellungen liegende Kraft verständlich, sondern sie ist selbst eine Bedeutung, die in face to face-Interaktionen unterstellt wird; gerade für Absicht gilt, dass man in Menschen nicht hineinsehen kann. Absicht kann niemals mit Sicherheit fixiert werden: Im Recht, wo Absicht notwendige Voraussetzung für die meisten strafrechtlichen Verurteilungen ist, unterstellen Gerichte Absicht, wenn sie nachvollziehbare und plausible Erzählungen zu Motiven aufbauen. Absicht ist in Goffmans dramaturgischer Soziologie eine vielschichtigere Frage als die nach „wahrer Intention", und sie ist mit der Unterscheidung verschiedener Darstellungen vor unterschiedlichem Publikum eng verwoben.

Absicht ist eine Bedeutung, und sie wird (ebenso) in gegenseitiger Unterstellung und Interpretation konstituiert, nicht in Personen. „It is important to remember that the issue here is not whether the informationprovided is in fact provided voluntarily or involuntarily. It is, rather, whether the co-participants […] take it that it is provided voluntarily or not" (Kendon 1988: 23). Ihre Bedeutung kommt erst im Rahmen des konkreten Verständnisses auf, das diese Verwendung des Idioms in der Situation erfährt. Absicht wird sozial zugeschrieben, und diese Zuschreibung ist dann Grundlage weiterer sozialer Handlung; diese Zuschreibung kann umkämpft sein oder machtvoll durchgesetzt werden.

Die Alltagvariante des Redens über Absicht ist die Frage nach der „wahren" Intention; Goffmans soziologische Variante kann diese Frage nur als fantastische, zumindest unzugängliche Idee behandeln. Ihr geht es stattdessen um praktische, intersubjektiv geleistete soziale Realitäten in Situationen. Worum es in der Zuschreibung von Absicht geht, ist offizielle *Verantwortung*: Absicht gewinnt ihre interaktionale Bedeutung dadurch, dass diese Bedeutung Grundlage für die Behandlung der Person durch andere ist. zugleich funktioniert sie durch eine Unterscheidung, die kulturell und erlernt ist: welche Handlungen wir als absichtlich einordnen, bei welchen wir Absicht ausschließen, eine Unterscheidung, die immer mit den Rollen der Personen und bestehender gegenseitiger Erfahrungen sowie der Situation, in der die Handlungen aufkommen, verwoben bleibt. Goffman hat sich der Frage nach der „Sprache" der Absichtsdarstellung über den Zugang der Körperlichkeit genähert.

Eine einfache Unterscheidung, mit der diese Zuschreibungen im Alltag voneinander getrennt werden, ist hier zunächst die zwischen verbalen und nonverbalen Ausdrücken. Hier beginnt die Ritualität der Absicht: Nonverbale Ausdrücke sind solche, deren Intentionen geleugnet und deren Bedeutung reinterpretiert werden kann; verbale Ausdrücke sind dagegen schnell der Intention und Freiwilligkeit der Person zugeschrieben. Nonverbale können die Fiktion aufrechterhalten, „[l]inguistic messages are felt to be voluntary and intended; expressive messages, on the other hand, must often preserve the fiction that they are uncalculated, spontaneous, and involuntary" (BPP: 14). In *Presentation of Self* unterscheidet Goffman zwischen „impressions given" und „impressions given off", also zwischen Eindrücken, die von sich gegeben werden, und Eindrücken, die verströmt werden:

> ▶ The first involves verbal symbols and their substitutes which he uses admittedly and solely to convey the information that he and the others are known to attach to these symbols. This is communication in the traditional and narrow sense. The second involves a wide range of action that others can treat as symptomatic of the actor (POS: 2).

Diese Interpretation informiert die rituellen Reaktionen: Auf die „impressions given" dürfen wir offen reagieren, aber die „impressions given off" machen wir zur Grundlage unserer nicht offen mitgeteilten Interpretation. „Impressions given off" sind damit Darstellungen der „presumably unintentional kind, whether this communication be purposely engineered or not" (POS: 4). Die Unterscheidung ist damit, wie alle anderen Bedeutungen auch, eine Frage situationaler und aufeinander bezogener Dramatisierung; sie spielt sich in Momenten ab, in denen sie ritualisiert

4.7 Absicht und ihre Darstellung

dargestellt und somit lokal entschieden wird: „the details of the expressions and movements used do not come from a script but from command of an idiom, a command that is exercised from moment to moment with little calculation of forethought" (POS: 74).

In der Unterscheidung zwischen „impressions given" und „impressions given off" bemerkt Goffman gar, dass es gerade die Darstellungen sind, die rituell als unabsichtlich präsentiert wurden, aus denen wir Zurechnungen zu Personen verbinden: Im Alltag warten wir darauf, einen Unterschied zu sehen zwischen den „offenen" Ausdrücken, die Absicht ritualisieren und den „versteckten", die als „Instinkt" oder „Reflex" oder „unterbewusst" o. ä. interpretiert werden, um dann die „absichtlichen" mit den „unabsichtlichen" abzugleichen. „The individual [is] presumably aware of only one stream of his communication, the witnesses of this stream and the other" (POS: 7), und dieses Doppelset von Eindrücken kann verwendet werden, um die „absichtlichen" durch die „unabsichtlichen" zu kontrollieren. Absicht wird nicht lediglich an Verbalität festgemacht; „Nicht-Absicht" lässt sich in unserer Gegenwart breit mit Bezügen zum Körper darstellen. Emotionale Darstellungen dürfen beispielsweise zunächst nicht als absichtliche Einflussnahme verstanden werden: Das wäre die Unterstellung, dass die andere Seite ihre Emotionsausdrücke manipuliert, um das Publikum zu manipulieren. Das darf mit „ich kann nichts dafür" quittiert werden, was nicht nur die Person schützt, sondern zugleich die soziale Bedeutung, dass Emotionen „unabsichtliche Darstellungen" sind. Erst, wenn andere Zeichen hinzutreten, denen erfolgreicher Bewusstheit unterstellt werden kann, kann diese Unterstellung auf die Emotion überspringen – wenn die Person beispielsweise plötzlich aufhört zu weinen, sobald das Publikum weg ist. Bis dahin ist eine Herausforderung der Emotionsdarstellung jedoch gefährlich, und Herausforderer müssen befürchten, dass bisher Unentschlossene sich dem Team des Emotionsdarstellers anschließen, um die „Unabsichtlichkeit von Emotion" zu verteidigen.

Denn mit diesen Bedeutungen gehen soziale Organisationen folgender Interaktion einher, vor allem im Rahmen der Verantwortung, die einer Person damit zugeschrieben wird. Für „impressions given off", gilt ein „right to deny that he ‚meant anything' by his action, should his recipients accuse him to his face of having conveyed something unacceptable, and the recipients have the right to act as if nothing, or only something innocuous, has been conveyed" (POS: 191). Linguistische, verbale Ausdrücke können als rechtsverbindliche Beweismittel gelten, nonverbale „tendieren dazu", dieser Verantwortlichkeit einfacher entkommen zu können: „Linguistic messages can be translated, stored, and held up as legal evidence; expressive messages tend to be ones for which the giver cannot be made legally responsible, it being usually possible for him to deny that he meant quite what others claim he meant" (BPP: 13f.).

Goffman hat das wesentlich an der Trennung zwischen „offiziellen" und „inoffiziellen" Darstellungen dargestellt. „Offizielle" Bedeutungen sind für Goffman dabei jene, auf die sich in einer Situation offen berufen werden darf. Das sind jene Bedeutungen, mit denen die Sender offiziell assoziiert werden und auch Anzeichen geben, diese Assoziierung mitzutragen: Sage ich, „mir ist schlecht", dürfen andere sich darauf berufen und mich fragen, wie man mir helfen kann; sehe ich dagegen nur bleich aus und sage nichts – oder gebe an, dass es mir gut ginge – ist es viel prekärer, zu fragen, ob man mir helfen könne (und wäre ein Beziehungszeichen, käme es auf – denn nur in der Sicherheit einer Beziehung dürfen solche körperlichen Anzeichen verbalisiert werden). Gleichzeitig zu den offiziellen Bedeutungen existieren so andere Sets von Bedeutungen, die die Grundlage gemeinsamer Handlungen eines Teams darstellen und mit denen die Beteiligten umgehen können und sogar müssen (sie sähen ignorant und naiv aus, täten sie das nicht) – aber dies nicht offen tun können, was in erster Linie bedeutet, dass diese Bedeutungen nicht verbalisiert werden dürfen. Ein Polizeirevier kann wissen, dass es eine Handlung nur für die Statistik ausführt; offen gesagt werden darf das nicht, vor allem vor externem Publikum, da die Außendarstellung der Polizei als „an Recht und Ordnung interessiert" leiden würde, würde man das offenlegen.

Damit ist die Unterscheidung zwischen „offiziellen" und „inoffiziellen" Darstellungen mit der oben diskutierten Frage nach Vorder- und Hinterbühnen eng verwoben: Wenn die „inoffiziellen" Darstellungen verbalisiert werden, ist das wieder ein Beziehungszeichen und somit zugleich ein Zeichen dafür, dass man sich auf einer Hinterbühne befindet. Grob kann man daher sagen, dass Vorderbühnen Räume sind, in denen offizielle Bedeutungen gesichert und inoffizielle versteckt werden, während auf Hinterbühnen inoffizielle Handlungsgrundlagen offener behandelt werden können. Dass Vorderbühnenkommunikation, mit der Darstellungen offiziell gemacht werden und so auf eine offizielle Weise bindend wirken, die dann auch die offizielle Unterstützung dritter erfahren kann, wird häufig ausgenutzt. Die Institution der Ehe beispielsweise macht eine Beziehung hochgradig aktenoffiziell, was sie vertieft, da sie die Verpflichtung gegenüber der Person öffentlich macht. Die Verpflichtung besteht nun nicht mehr nur gegenüber der Partnerin, sondern auch gegenüber allen anderen, deren Definition sozialer Realität diese Bindung mit ausspielt, so dass ein Beziehungsbruch die Realitäten all dieser Personen angreift. Dinge, die allen bekannt sind, werden an einem Arbeitsplatz dennoch „offiziell angekündigt", damit sie offiziell bindend sein können. Der gesamte Rechtsverkehr funktioniert über die offizielle Bindung, und Menschen nutzen diese auch aus: so wenn zum Beispiel eine Beziehung beendet werden soll und das im Restaurant geschieht, damit die verlassene Person von der Öffentlichkeit der Interaktion gebunden ist und keine Szene machen kann.

4.7 Absicht und ihre Darstellung

Aber ganz so klar ist die Unterscheidung nicht. Es ist nicht etwa der Fall, dass Darstellungen auf der Hinterbühne notwendigerweise von der Vorderbühne ferngehalten werden; die Darstellungswelten sind komplexer. Sie dürfen lediglich nicht offiziell auf die Vorderbühne gelangen. Viel informelle Kommunikation kann in einem öffentlichen Kontext stattfinden, diese inoffizielle Kommunikation muss nur unterhalb der Schwelle verbleiben, über der die anderen darauf reagieren müssten, dass sie erfolgt ist. Das ist die Welt der Andeutungen und impliziten Darstellungen, von denen wir erwarten, dass andere sie aufnehmen und mit ihnen umgehen können, ohne dass sie den Fehler begehen, diese Andeutungen und impliziten Präsentationen auf die offizielle Vorderbühne zu ziehen, sie also auszusprechen. (Goffman hat natürlich in seinen Alltagsexperimenten immer genau das getan: Er hat die impliziten Kommunikationen explizit gemacht und beobachtet, wie die Interaktion dadurch gebrochen, aber auch wieder zusammengesetzt wird.)

Wer auf der Vorderbühne nach nichtoffiziellen Bedeutungen handelt, muss diese hinter offiziellen Bedeutungen verstecken; es muss so gehandelt werden, dass auf Nachfrage eine offizielle Rechtfertigung als „Absicht" präsentiert werden kann. Wenn auf der Hinterbühne nachgefragt wird, muss diese Fassade aber fallengelassen werden: Wer hier weiterhin die „offiziellen Absichten" zitiert, wird oft als naiv gelten. Die Frage, ob eine Darstellung bewusst oder unbewusst war, stellt sich im Rahmen dieser Herangehensweise gar nicht. Die Frage, die sich jedoch stellt, ist: Wie wird Absicht verhandelt, und wie entscheidet sich, was sozial als Absicht gilt?

Statushohe dürfen häufig explizit machen, was implizit war, zu offizieller Kommunikation erheben, was inoffiziell war, gar anderen Absicht unterstellen und diese dazu bringen, ihr eigenes Handeln als absichtlich neu zu verstehen: andere können sich gezwungen fühlen, ihrer Vorgabe zu folgen und nun explizit mitzumachen.[17] Fängt in einer Beziehung unter Gleichen einer von beiden an zu weinen, darf der andere üblicherweise nicht herausfordern und unterstellen, dass das Weinen ein Angriff sei, der zu unterlassen ist; ein Feldwebel beim Militär darf gegenüber seinen Rekruten jedoch durchaus fordern, dass Weinen zu unterlassen sei, und der Rekrut hätte zu folgen. Damit hat der Statushöhere aber die Statusniedrigeren der Zerstörung ihres Gesichts ausgesetzt.

Koalitionspartner sind in der Verhandlung von Absicht ebenso zentral. In einer beobachteten Szene beispielsweise flirten zwei Menschen, die nicht miteinander

---

[17] Die vorsichtige Formulierung weist darauf hin, dass es keine strukturelle Linie ist, sondern eine Möglichkeit, und dass es daran liegt, ob die anderen folgen, und der Status für diesen Moment tatsächlich gegenseitig ausgespielt wird. Und genau das war Goffmans Experiment: Er wollte sehen, ob andere sich unterwerfen oder ob sie sich auf eine gleiche Statusposition heben, um Goffman zu widerstehen. Die, die widerstanden haben, hat er in den Kreis seiner *peers* aufgenommen.

flirten sollten, da sie sich beide in Beziehungen befinden, unbeschwert, aber unter dem Schleier der Zweideutigkeit miteinander: Eine dritte Person, die mit der Frau im Flirt befreundet ist, grinst diese an und meint: „Soll ich euch alleine lassen?" – was von beiden Seiten eine Empörungsdramatisierung hervorruft, und die Begegnung löst sich mit höflichen Abschiedsgrüßen auf. Die dritte Person hat aus inoffiziellem Spiel offizielles Wissen gemacht, nicht, indem sie „erkannt" hat, was andere nicht erkennen, sondern indem sie in offizieller Vorderbühnenkommunikation verbalisiert hat, was jeder wusste. Das allerdings macht diese Bedeutung zu einer, gegen die nun reagiert werden muss. Eine hierzu eingängige Szene findet sich in der US-TV-Produktion *Boardwalk Empire*, eine Gangstergeschichte zur Zeit der Prohibition in der Küstenstadt Atlantic City im US-Bundesstaat New Jersey. Der lokale Anführer der Alkoholmafia, Enoch „Nucky" Thompson, wird von seiner Frau gesehen, als er in einem prominenten Geschäft auf dem Boardwalk der Stadt seiner Geliebten ein Kleid kauft. Die Szene ist bereits nicht versteckt: Es ist ein Geschäft, das im Laufe der Serie immer wieder Ort des Geschehens ist und in dem Thompson's Ehefrau selbst eine Weile gearbeitet hatte, bevor sie seine Frau wurde. Als der so Ertappte nach Hause kommt, entschuldigt er sich nicht für die Affäre, sondern dafür, so indiskret gewesen zu sein, dass die Ehefrau die beiden öffentlich erwischt hatte, dass er also mit dem *Ruf* seiner Frau so nonchalant umging. Mit einer Geliebten gesehen zu werden ist in diesem Kontext kein Problem, solange die Frau „plausible Leugnungsfähigkeit" hat. Diese Begegnung, vor Publikum, nimmt ihr diese Fähigkeit, das Wissen um die Eskapaden des Mannes zu leugnen, und das ist die eigentlich sozial gefährliche Dynamik der Situation. Als seine Frau versucht, diese Aussage zur Empörung zu verwenden (ein Spielzug, s. u.), wird sie unterbrochen (auch ein Spielzug), und ihr Mann sagt ihr, sie solle das lassen und nicht so tun, als wüsste sie nicht, wie „das hier funktioniert". Auch das ist ein Spielzug, und mit diesen Spielzügen wird eine soziale Realität miteinander ausgehandelt, die die Identitäten der beiden Personen, ihre Beziehung zueinander und den Status der Spielzüge, die verwendet wurden, ausmacht (Empörung ist beispielsweise hier kein akzeptabler Zug, wie Nucky machtvoll „setzt"). Spannend an dieser Szene ist natürlich, dass Nuckys Frau eine Vorderbühne einfordert: Nämlich die offizielle Definition, die Ehe liefe ohne Betrug ab, während beiden inoffiziell bewusst ist, dass das nicht der Fall ist. Nucky setzt dagegen durch, dass das offiziell von beiden gewusst wird. Das schafft den spannenden Fall, dass eine geteilte Hinterbühne, die vertrauter, enger, sicherer sein sollte, einer Ehe erstens erst aufgedrängt werden muss und diese zweitens weder vertrauter noch sicherer macht. Absicht und Bewusstheit sind Bedeutungen, von denen Goffman beständig bemerkt, dass Teilnehmer an face to face-Interaktionen mit ihnen spielen. Das führt uns in die Welt der Spiele mit diesen Darstellungen ein, und zu diesen Spielen möchte ich jetzt gelangen.

Spiele mit dem rituellen Idiom: Bedeutungsmanagement im Alltag 5

> *The power of accurate observation is commonly called cynicism by those who have not got it.*
> George Bernard Shaw, The World (18 July 1894), Music in London 1890–1894 being criticisms contributed week by week to The World (New York: Vienna House, 1973).

Das vorhergehende Kapitel hat vor allem von Präsentationen und Ritualen in Teams und vor Publikum gesprochen, mit gegenseitigen Unterstellungen und Eindrucksmanagement. Es hat damit die Begriffe verwendet, die Goffman mit Hilfe der Metaphern des Theaters und des Rituals entwickelt hat. Zusätzlich habe ich bereits beständig vom „rituellen Idiom" und im Ansatz vom „Spiel" gesprochen: Ihre Darstellungsleistungen erbringen die Akteure im Rahmen von unterstellten Erwartungen anderer im *looking-glass self*, Erwartungen, mit denen sie *umgehen*. Ein wesentlicher, vielleicht der wesentliche Aspekt des Goffmanschen Werkes und ein Punkt, auf den er immer wieder rekurriert, besteht aus der Feststellung, dass diese Unterstellungen nicht Situationen vorgeben, sondern in Situationen benutzt werden: Wir sind nicht Gefangene von Erwartungen, nicht Eingeschlossene in sozialen Begrenzungen, sondern handelnde Menschen, die in einem Feld unterstellter Erwartungen anderer in Bedeutungen navigieren, auf Erwartungen reagieren müssen. Damit steht ein weites Feld möglicher Reaktionen offen, die ihrerseits auch nicht vorprogrammiert sind, und deren Konsequenzen sich daran entscheiden, wie andere diese Reaktionen interpretieren und ihrerseits mit diesen Reaktionen umgehen werden. „All the various elements in the standard structure [...] can be ‚worked,' exploited, and covertly breached in almost an infinite number of ways" (TIO: 15).

Mit Hilfe der Spiel- und Sprachmetaphern können wir bemerken, wie dieser Umgang mit den Darstellungen und Ritualen des Alltags ein Spiel mit einem rituellen Idiom darstellt, in dem gegenseitige Darstellungen vor gegenseitigem Publikum immer wieder prekär werden können. Wenn von einer „Sprache" die Rede ist, dann meint das jedoch nicht die festen Regeln und Grammatiken, mit denen die Interaktion aufgebaut wird. Wie die Sprache, mit der wir sonst hantieren, lässt sich diese Sprache nicht auf eine Grammatik und einen Wortschatz reduzieren: Ihre Elemente geben keine Verwendungen vor. Sprachen aller Art sind pragmatische Werkzeuge, mit der wir der Welt und einander begegnen und mit der wir unsere Handlungen, unsere Deutungen aufeinander abstimmen. Wie jede Sprache ist dieses Idiom somit letztlich nicht aus Regeln herzuleiten, sondern aus Verwendungsweisen.[1] Dieser Umstand macht aus den in ihnen dargestellten Bedeutungen Ressourcen: Dass die Realität als Spiel verstanden werden kann, eröffnet „the possibility of gamesmanship" (RIP: 14), und wie jedes Spiel bringt auch dieses Resolutionen, die als Realitäten lokaler Ordnung in den nächsten Abschnitten des Spiels wieder Ressourcen sind. Die Anekdoten, die Goffman erzählt und die seine Leserinnen für so eingängig befinden sind letztlich Darstellungen dieses Spiels, und der „Schauder des Erkennens" besteht häufig darin, uns als solche Spieler zu erkennen.

5.1 Sprach- und Spielmetapher

Goffman war Zeit seiner Karriere mit Sprache beschäftigt; sein letztes Buch, *Forms of Talk*, bündelt und sammelt dieses Interesse, aber seine Arbeit kann bis dato ebenso als Explikation einer *Sprache des Alltags* verstanden werden, nämlich dem rituellen Idiom, mit dem wir im Alltag agieren, um unsere Welten beständig in Darstellungen gemeinsam auszuhandeln. Diese rituelle Interaktion benötigt standardisierte Formen des Umgangs, mit denen Realitäten organisiert werden können,

---

[1] Diesen Punkt hier ausführlich zu diskutieren würde nicht nur den Rahmen sprengen, sondern uns auch vom eigentlichen Thema abbringen. Im Umgang mit Lernenden ist immer wieder nachvollziehbar, wie unbefriedigend die Idee ist, dass Sprache aus Regeln bestünde, denn wer eine Sprache in der Schule gelernt hat und Regeln memorisiert hat, spricht eine gestelzte, unnatürliche Sprache, die nach wenigen Worten als nicht-muttersprachlich erkannt wird. Erst die Immersion mit echten Sprecherinnen lässt die Sprache natürlich werden: nämlich in dem Maße, in dem nicht mehr nach Regeln gesprochen wird, sondern die Erwartungen und Reaktionen echter Sprecher unterstellt werden. Der moderne Sprachunterricht hat diese Einsicht inkorporiert, indem er nicht das Auswendiglernen von Grammatikregeln, sondern freie Verwendung an den Anfang stellt (was allerdings nur funktioniert, wenn die Person, mit der gesprochen wird, auf Muttersprachlerniveau ist – was für die meisten Lehrer an Schulen nicht gilt). Computerisierte Übersetzung hat eine ähnliche Evolution durchgemacht und übersetzt nicht mehr durch Abgleich mit Regelkatalogen und Wörterbüchern, sondern in einem Textvergleich: Die Eingaben laufen über das Internet in riesige Datenbanken professionell übersetzter Texte, gleichen ganze Segmente ab und lernen aus neuen Übersetzungen hinzu.

5.1 Sprach- und Spielmetapher

Elemente, die oft „habitual and standardized practices" werden; „they are like traditional plays in a game or traditional steps in a dance" (IR: 13).

Dieses Idiom taucht im Laufe von Goffmans Werk mehrfach unter der Bezeichnung „Sprache" auf: In *Behavior in Public Places* spricht Goffman von einer „situational language", in der die „signs he must rely on" „geschrieben" sind, ein „situational idiom" „to be made a convenience of" (BPP: 231). In *Interaction Ritual* spricht er von der „language of hint" (IR: 30), in *Relations in Public* über „Bindungszeichen" als einer „Beziehungssprache" (RIP: 225), in *The Neglected Situation* von der „Sprache des Respekts" (TNS: 134). Schon in *Presentation of Self* spricht Goffman von einem „Idiom", denn „the details of the expressions and movements used do not come from a script but from command of an idiom, a command that is exercised from moment to moment with little calculation of forethought" (POS: 74). Das wird in *Behavior in Public Places* aufgenommen, wo es heißt, Interaktionen und ihre Dartellungen seien „an idiom of individual appearances and gestures that tends to call forth in the actor what it calls forth in the others [...] Body idiom, then, is a conventionalized discourse" (BPP: 33–4). In *Deference and Demeanor* (in IR) bemerkt er,

> deference and demeanor practices must be institutionalized so that the individual will be able to project a viable, sacred self and stay in the game on a proper ritual basis. [...] the environment [...] is a place where it is easy or difficult to play the ritual game of having a self. Where ceremonial rules are thoroughly institutionalized, it would appear easy to be a person (IR: 91),

und „Any society could be profitably studied as a system of deferential stand-off arrangements" (IR: 63). In *Relations in Public* benennt er „studying ritual idiom" (RIP: 226) als sein Projekt und stellt fest, dass diese Studien selten sind: „few are likely to think the bit of idiom in question is important enough to protect by serious study" (RIP: 235).

Auch die Spielmetapher ist ein immer wiederkehrender Anknüpfungspunkt in Goffmans Werk. Vor allem *Interaction Ritual*, *Encounters* und *Strategic Interaction* sind von dieser Metapher durchzogen. Wenn Goffman in *Encounters* davon spricht, Spiele ernst zu nehmen, und die Realitäten untersucht, die in Spielen weg von der „normalen Realität" konstruiert werden, werden diese Ausführungen schnell über die Grenze hinweg übertragen und auf die Welt außerhalb der „Spaßausnahme" angewandt: „Games [...] are world-building activities [...] serious activities have this quality, too" (ENC: 27).[2] Diese sind Bausteine, die den Teilnehmern zur Verfügung stehen, um aus ihnen Realitäten zusammenzusetzen: „multi-situated games,

---

[2] Huizinga nennt das den „Zauberkreis", eine Herangehensweise, die in der Literatur gerne sehr starr rezipiert wird. Diese Metapher ist mit Goffmans Herangehensweise gut zu ver-

when institutionalized, can provide a kind of reality market – a world available whenever the individual decides to dip into it" (ENC: 41).

Mit dieser Metapher können wir fragen, welche Spiele unsere Menschen mit ihren Darstellungen und Ritualen spielen, das heißt: Welche Bedeutungen die Menschen unter Verhandlung bringen und welche Resolutionen sie damit erwirken. Sie „erspielen" sich im Umgang mit diesem Idiom ihre Bedeutungswelt, in der die Unterstellungen, die sie gegenseitig machen, auch Einsätze sind, mit denen Bedeutungen in die Situation eingebracht werden. Das ist wieder eine Metapher: Wie im vorigen Kapitel bereits dargestellt handelt es sich nicht um die anthropologische Grundannahme, Menschen würden oder könnten diese Elemente bewusst manipulieren, sondern lediglich um die Einsicht, dass mit Hilfe dieser metaphorischen Herangehensweise eine Perspektivänderung zu erreichen ist, die uns Einblicke in die Natur der gemeinsam gemachten Welt erlaubt.

5.2 Spiele mit Bedeutungen

Indem Bedeutungen in Beziehung zueinander gesetzt werden, spielen die Teilnehmer in Situationen mit dem rituellen Idiom von Darstellungen, Bindungszeichen, Rollendistanzen, Normalitäten etc.; sie unterstellen die Erwartungen anderer gegenüber diesen rituellen Zeichen, und so handeln die Personen in ihr ihre Beziehungen zueinander und die Bedeutung der Idiome selbst aus. Dabei nutzen sie die Tatsache aus, dass die Teilnehmer der Begegnung eine einheitliche Definition der Situation anstreben; „the key factor in this structure is the maintenance of a single definition of the situation, this definition having to be expressed, and this expression sustained in the face of a multitude of potential disruptions" (POS: 254). Die Fluidität der Realität hängt an den Spielen mit rituellen Idiomen, bei denen nicht klar ist, was man da erhält, und sich nicht darauf verlassen kann, dass man es erhält: Ein Spiel sind diese Darstellungen in dem Maße, in dem Mit- und Gegenspieler vorhanden sind, mit denen diese Bedeutungen ausgefochten werden. Wenn wir Goffmans Ausführungen zum Spiel verwenden, können wir einige Elemente dieses Spiels unterscheiden, in denen die Bedeutungen des Alltags ausgehandelt werden. Goffman spricht von Zügen und *plays*, von Spielern und von Resolutionen.

---

binden und kann für goffmaneske Analysen nutzbar gemacht werden (Huizinga 1950; vgl. Tietz 2013).

5.2.1 Züge

Die Darstellungen, die Rituale, die in den vorhergehenden Kapiteln expliziert wurden, können als Züge in einem Realitätsspiel aufgefasst werden: Die Verwendungen des rituellen Idioms laufen in Zügen („moves") ab, die in „Ausdrucksspielen" aufkommen (SI: 3). „[T]he basic activity in a game is a move, and moves are neither communicated like messages nor performed like tasks and deeds; they are made or taken [...] To make a move requires some social arrangement by which a principal, acting through his agent, can commit himself to a position" (ENC: 35). Wieder greift Goffman so die oben bereits dargestellte Position auf, dass Menschen in Handlungen „Linien" bezüglich der Realität einnehmen.[3] Pommes Frites zu nehmen stellt einen Zug dar, mit dem eine Definition der Situation bezüglich der Beziehung der Personen zueinander eingenommen wird; sich abzutasten, bevor man sich umdreht, ist ein Zug, mit dem der Abtastende eine Linie dazu einnimmt, wer er ist und wie er wahrgenommen werden sollte. Diese Züge und die Definitionen, die in ihnen angeboten werden, hängen davon ab, was andere mit ihnen machen: wie sie sie lesen, wie sie auf sie reagieren, was wieder Züge sind. Diese Züge sind einzelne Leistungen, mit denen diese Linien eingenommen werden, was die Welt und ihre Elemente sind, Züge, die die anderen dazu auffordern, in ihren Reaktionen ihrerseits Linien einzunehmen und damit Züge mit oder gegen die initialen Darstellungen zu machen. Die Spieler müssen sich in diesen Zügen aufeinander beziehen, und die eigenen Linien ergeben nur Sinn im Rahmen der kontextualen Annahmen, die im *looking-glass self* in einer Situation gemacht werden. Auf dieser Basis „the individual starts to define the situation and starts to build up lines of responsive action. The individual's initial projection commits him to what he proposes to be and requires him to drop all pretenses of being other things" (POS: 10), so dass in der Serie von Zügen und der Auflösung des Spiels mehrere Linien zusammenkommen, die sich aufeinander beziehen und miteinander abgestimmt werden.

5.2.2 Plays

Ein Zug allein macht noch kein Spiel, und Züge müssen aufeinander bezogen werden, was einen Schlagabtausch hervorruft; aber ein Schlagabtausch macht auch noch kein Spiel aus. Zwischen einem Zug und dem ganzen Spiel liegt ein *play*. Man

---

[3] Er unterscheidet diese Festlegung von der weiteren Handlung, diese Festlegung zu kommunizieren „as is demonstrated by the fact that often in games our object is to make a move without informing the opposing team that we have made it" (ENC: 35).

könnte „Segment" oder „Spielabschnitt" sagen. Ein ganzes Spiel besteht aus mehreren *plays*, die in sich abgeschlossene Teile des Spiels sind, aber mehrere Züge beinhalten: Ein Spielabschnitt des Spiels, aus denen das Gesamtspiel zusammengesetzt ist. American Football besteht aus *plays*, aus oft nur Sekunden dauernden Sets von aufeinander abgestimmten Spielzügen – rennen, werfen, täuschen, blockieren etc. –, die alle jedoch ihre „Abschnittsauflösung" finden, also vorbei sind, wenn der Ballträger erfolgreich getackled wird. Aus all diesen Einzelsegmenten setzt sich das größere, viel längere Spiel zusammen (das auch nur ein Abschnitt eines längeren Spiels ist, nämlich der Saison; und die nächste Saison bezieht sich wieder auf die vorherige, auch wenn die Punkte der vergangenen Saison zu Beginn der neuen gelöscht werden). Im Beispiel aus dem vorigen Kapitel ist das Nehmen der Pommes Frites ein Zug, die Sammlung der aufeinander bezogenen Züge der Spieler in dieser Szene sind ein *play*. Man weiß nicht, wie *plays* enden, weil sie andere benötigen, um mitzumachen, diese sich im *looking-glass self* auf erwartete Züge anderer beziehen und auf deren gemachte Züge reagieren müssen. Am Ende eines Spielabschnitts steht eine Resolution, eine fixierte, für die Situation momentan geteilte Realität. Diese steht als Ressource zur Verfügung, wenn das Spiel weitergeht.

In *plays* einzutreten ist risikoreich. Es ist zugleich gefährlich und gewinnversprechend; es bringt die gegenseitigen Unterstellungen in den Pott, aus dem die Interpretation der gegenseitigen Darstellungen geleistet wird und öffnet gesetzte Realitäten für Neuaushandlungen, aus denen Resolutionen hervorgehen können, die einige Teilnehmer rituell verletzen, andere Teilnehmer jedoch besserstellen können. Es ist damit ein Spiel mit Gewinnern und Verlierern, und Menschen sind im Alltag immer wieder der Gefahr ausgesetzt, dass andere sie in Spiele verwickeln oder sie selbst Spiele beginnen, die sie schlechter stellen als zuvor.[4]

5.2.3 Resolutionen

Die Metapher des Spiels lässt uns also auf den Ablauf blicken, und dieser metaphorisch gelenkte Blick erlaubt einige (wieder dieses Wort:) nützliche Feststellungen.[5]

---

[4] Die potentiell desaströsen Konsequenzen von *plays*, an deren Ende ein neuer Status Quo stehen könnte, der weitere Interaktion schwierig macht, führt im übrigen, wie Goffman bemerkt, zur „tendency for certain delicate transactions to be conducted by go-betweens" (IR: 15). Wenn es bei der Verhandlung aufgrund der mitgedachten Positionen und einem unglücklichen Spiel mit ihnen zum Desaster kommen sollte, können die beiden „Entsender" sich immer noch treffen, sich von den Handlungen der Gesandten distanzieren und „neu beginnen".

[5] Wieder bedeutet „nützlich" nicht „wahr": Es geht nicht darum, festzustellen, dass die Welt „tatsächlich" ein Spiel mit Bedeutungen sei, sondern darum, was gewonnen werden kann,

5.2 Spiele mit Bedeutungen

Eine immer wiederkehrende Note in Goffmans Werk ist die gar nicht so banale Feststellung, dass die face to face-Interaktionen, mit denen Bedeutungen ausgehandelt werden und die begonnen wurden, zu einem Ende gebracht werden müssen: Spiele laufen zu Resolutionen hin, und Begegnungen bleiben unangenehm offen, wenn wesentliche Bedeutungen nicht zwischen den Teilnehmern zusammengeführt werden. Es müssen also weitere Züge gemacht werden, *bis* ein *play* abgeschlossen ist (während das Spiel durchaus zu einem späteren Zeitpunkt wieder aufgegriffen werden kann; Menschen können Spiele über Jahre aufrechterhalten, Nationen über Jahrhunderte). Eine solche lokale Resolution kann eine geteilte Realität sein, die als geteiltes Ergebnis des *plays* ins nächste *play* weitergegeben wird.

Die beteiligten Personen müssen ins Spiel kommen und im Spiel bleiben, wenn sie in eine Situation geraten: Eine zumindest „diffuse" Orientierung zur Situation, ein „Interaktionstonus" muss aufrechterhalten werden, bis die Person sich aus der „Reichweite der Situation" entfernen darf (BPP: 25), und das heißt in der Regel: bis eine Resolution erwirkt ist. In einem *play* schweben Bedeutungen gemeinsam in der Luft, bis sie in der Resolution fixiert werden; „while he is present before them in exchange for something whose true value will not be established until after he has left their presence" (POS: 3).[6] Das ist zunächst banal, sagt es doch nicht mehr aus, als dass Menschen in gemeinsame Aktivitäten mit anderen einsteigen, mit denen etwas erreicht werden kann. Das ist in der Tat banal, aber Goffmans Leistung besteht wieder einmal darin, diese scheinbaren Banalitäten unter der Lupe zu zerlegen.

Ohne Resolution hängt der Status Quo in der Luft. Leser sollen einmal versuchen, während einer Konversation einfach fortzugehen, ohne Zeichen der rituellen Beendigung der Begegnung zu geben: das wird diesen Punkt sehr deutlich machen, denn „sudden withdrawal [...] force[s] the others into a ritually unsatisfactory state, leaving them to flounder in an interchange that cannot readily be completed" (IR: 24). Aus dieser Erwägung heraus stellt Goffman fest, dass fast alles als Beendigungszeichen verstanden wird, wenn beendet werden muss, denn „social nature abhors an empty slot. Anything can be dumped in it and read as the anticipated reply" (RIP: 81). Ein eingängiges Beispiel für Zeichen der Auflösung eines *plays*

---

wenn wir es zum Zweck der Analyse metaphorisch als ein solches betrachten.

[6] Diese Präsenz ist nicht einmal physisch nötig: Dass es um Antizipation geht, bedeutet zudem, dass diese Gemeinsamkeit der Definition nicht davon abhängt, dass andere Personen physisch präsent sind. „An individual may be his own audience or imagine an audience to be present" (POS: 81-2), denn die Idee des *looking-glass self* geht ohnehin davon aus, dass es sich in den Urteilen der anderen Personen, soweit sie für die Person relevant werden, um die Unterstellungen dieser Urteile handelt. In einem wichtigen Sinne sind also alle Urteile anderer Personen in gewisser Hinsicht „imaginär", da sie in unsere Handlungen nur als unsere Interpretation dieser Urteile einfließen.

ist das, was Goffman den „terminal squirm" nennt, mit dem wir uns aus Interaktionen befreien, die Bettler uns aufzwingen, indem sie Höflichkeitsformeln verwenden, um Begegnungen zu initiieren, die den anderen Beteiligten fast immer unerwünscht sind: Der so Bedrängte „grudglingly turns his attention to the speaker, gives a noncommittal reply, and then as quickly as possible turns away, taking for granted that the other will take his answer as a ‚signing out' cue" (IR: 146). Um die Auflösung zu erreichen, müssen beide mitspielen.[7] Alternativ kann die Situation so gespielt werden, dass der anderen Seite kein anderer Zug mehr bleibt. Eine Möglichkeit, dies zu verhindern, ist das Spiel ganz zu verhindern, indem die Reaktion verhindert wird und die eigene Darstellung ohne Widerstand bleiben muss: „One safety device is to make one's remarks on the run" (RIP: 179).

Probleme bei der Beendigung kommen beispielsweise dann auf, wenn eine Seite das *play* als beendet definiert, die andere aber nicht. Beispielhaft eine Szene aus *Downton Abbey*, die für viele solcher Ereignisse im Alltag steht, in der Ms. O'Brien, eine *housemaid* in den 1910er Jahren in England ihre Dienste im Schlafzimmer von Lady Grantham verrichtet hat, was von letzterer mit einem „Thank you" quittiert wird.[8] Das ist die Aufforderung zu gehen, und das *play* würde abgeschlossen, indem sie diese Aufforderung aufnimmt und den Raum verlässt. Stattdessen bleibt sie stehen, was Lady Grantham zur Frage „Anything else, Ms. O'Brien?" veranlasst: Die fehlende Beendigung des *plays* durch die Bedienstete ist irritierend und muss aufgefangen werden, um entweder ein „No, excuse me, m'lady" zu generieren –

---

[7] Das ist im übrigen eine Strategie, die wir im Alltag ständig verwenden. Ob es darum geht, Telefongespräche zu beenden oder einen sozialen Anlass wie z. B. einen Besuch von Freunden in der eigenen Wohnung aufzulösen. Die Person, die zuerst bereit ist, die Begegnung zu beenden, gibt kleine Zeichen dieser Bereitschaft: sie gähnt, schaut nicht an, die Drinks nachzufüllen, sagt „es ist ja schon spät" (das wäre schon forsch) – und wartet darauf, bis die anderen reagieren, indem sie anfangen, sich bereitzumachen, zu gehen. Diese Zeichen sind wichtig, denn sie erlauben es, vorher nonverbal abzustimmen, dass beide Seiten bereit sind, die Begegnung aufzulösen, bevor es jemand tatsächlich beginnt oder verbalisiert. Würde diese Bereitschaft vor dieser Abstimmung offen kommuniziert, könnte das die andere Seite überraschen – und ihr „Gesicht" kosten, denn dann wäre es ein Rausschmiss, eine Setzung einer Definition der Situation ohne ihre Beteiligung. Das könnte (im schlimmsten Fall) sogar als hierarchische Handlung verstanden werden. Indem die Bereitschaft vorher abgestimmt wurde, wird damit klargestellt, dass beide in der Tat auf derselben Seite sind: Es wahrt also Gesicht auf beiden Seiten.

[8] Es wird beim Lesen von Goffmans Werk, vor allem in *Presentation of Self*, immer wieder deutlich, dass Goffman seine erste Feldforschung im Großbritannien der 1950er Jahre verrichtet hat: Die Rituale, die er beschreibt, waren in einer dermaßen klassischen Gesellschaft besonders auffällig. Noch auffälliger ist jedoch, dass diese Rituale auch in den „klassenlosen" (im Sinne eines Fehlens einer Ständegesellschaft) USA und auch im gegenwärtigen Europa durchaus weiterhin auffindbar sind, nach einer öffentlichen Egalisierung der Umgangsformen lediglich nicht mehr so unverschämt offen.

und das Verlassen des Raumes – oder aber aufgenommen wird als Erlaubnis, das *play* zu verlängern, was dann auch geschieht.[9] Interessant ist, was ausgespielt würde, geschähe das nicht. Dann sieht es entweder aus, als habe die Bedienstete die Anweisung nicht verstanden, oder aber, als habe sie sie sehr wohl verstanden, aber sich in letzter Sekunde entschieden, das anvisierte neue *play* nicht zu beginnen. Wird die erste Unterstellung gemacht, kann eine Zuschreibung als inkompetent, nervös, sozial unangepasst erfolgen, im zweiten Fall kann es als Einladung gelesen werden, dass man gedrängt werden möchte, was ein altes Spiel zur Abweisung von Verantwortung für das folgende *play* und der mit ihm dann erreichten Resolution darstellt. Noch interessanter ist, dass *bestehende* Unterstellungen entscheiden, welche von beiden Optionen es sein wird. Hält man die Bedienstete aufgrund vorheriger Interaktionen bereits für inkompetent, neu und nervös o. ä., wird man die Unterstellung wählen, es sei eine weitere Inkompetenz gewesen; hält man sie jedoch für in ihrem Arbeitsumfeld ausgezeichnet sozialisiert, ist diese Deutung fast unmöglich, ohne eine „Ausnahmedeutung" hinzuzufügen (sie ist heute müde etc.), und die Unterstellung wird die eines zögerlichen Anbietens unangemessener Information sein (und ein Schutz der Ehrerbietung gegenüber Ranghöheren, indem sie diese nicht einfach ausplappert, sondern von einer Ranghöheren gezwungen wird, was ihre rangkonforme Selbstdarstellung schützt). Das zeigt uns die Statusimplikationen des „Ich-will-dreimal-gebeten-werden"-Spiels: Es spielt mit einer Unterstellung niederen Ranges durch die andere Seite und zielt auf die Beibehaltung desselben. Ein anderes, von Goffman aufgegriffenes Beispiel betrifft Verhöre. Erfahrene Ermittler werden es meiden, dem Verdächtigen zu früh eine wesentliche Frage zu stellen, wobei „zu früh" bedeutet: Während er noch in einer Phase des Widerstandes ist. „There will be times when the interrogator will be advised to refrain from putting a question to which a lying answer is likely, since once the subject is committed to a lie, he will exhibit increased defensiveness, having something further to conceal" (ENC: 52–3): Wenn eine Resolution eines *plays* erst einmal herbeigeführt ist, muss das nächste *play* damit begonnen werden, was dazu führt, manche Resolutionen strategisch zu meiden.

5.3 Spiele mit Bedeutungen

Menschen treten in diese Spiele ein, um Bedeutungen zu verschieben – setzen also Bedeutungen ein, legen *plays* auf, um zu Resolutionen zu gelangen, in denen Bedeutungen im Vergleich zum Beginn des Spiels verändert sind. Das tun wir mit allen möglichen Bedeutungen. Da Goffman das „Gesicht", die soziale Identität einer

---

[9] Downton Abbey, Staffel 2, Episode 2.

Person und die damit intim verwobenen Zuschreibungen von Beziehungen besonders wichtig sind, greife ich diese beispielhaft heraus, um die Spiele zu zeigen, in denen wir Bedeutungen verschieben.

5.3.1 Spiele mit Gesichtern

„As characters put on for an audience, we must not be subject to ups and downs" (POS: 56). Das ist keine Regel, die uns mitteilt, wie die Interaktionsordnung funktioniert; es ist vielmehr ein sehr abstrakter Einblick in eine allgemeine Zielsetzung vor öffentlichem Publikum, von der erwartet wird, dass die Spieler im Alltag sie verfolgen (und auch diese ist mit mannigfaltigen Ausnahmen belegt). Sie ist viel nützlicher als Hintergrund, vor dem einige Spiele verständlich werden, die mit dieser unterstellten Alltagserwartung gespielt werden können.

Where the Action Is (IR: 149) ist der Beitrag, in dem Goffman vor allem Material aus seiner Feldforschung in Las Vegas verwendet hat.[10] Hier geht es zentral darum, wie Menschen – und vor allem, zu dieser Zeit, Männer – Risiko suchen, um im Meistern dieses Risikos „Charakter" darstellen zu können. „Charakter" ist - wie oben "Absicht" - nicht als Ausdruck einer inneren Wahrheit gemeint, sondern als „Charakter-Darstellung", eine „Charakter-Show". Menschen „haben" nicht einfach „Charakter" oder nicht, sie produzieren „Charakter-Rollen", indem sie die rituellen Ressourcen der zeremoniellen Erwartungen anderer verwenden, um sich im Umgang mit ihnen in Beziehung zu ihrem Umfeld setzen. Das präsentiert den eigenen gebührenden Respekt vor unseren Mitmenschen als Menschen, was umgekehrt diesen anderen Menschen „geehrte" Rollen zuschreibt. Mit anderen Worten: Es handelt sich um eine Analyse, wie „Charakter" als sozialer Status unter Verhandlung steht, wenn Bedeutungen gefährlich, Realitäten zerbrechlich und Resolutionen unvorhersehbar werden.

Dafür werden Realitäten ins Wanken gebracht, „problematisch" gemacht: Wie Goffman in einer der besten Verwendungen des in der Sozialwissenschaft so oft und gerne aufkommenden Begriffes „problematisch" feststellt, „the term problematic [...] refers to something not yet determined but about to be" (IR: 152). Er bezeichnet Bedeutungen, die sich gerade in einem *play* befinden, aber eine Resolution benötigen, die diese Bedeutung für den Moment, für die Zwecke dieses *plays* fixieren wird. Diese „Problematik" erlaubt eine Selbstdarstellung als Person,

---

[10] Aber auch *Where the Action Is* ist ein flaneurethnografischer Text, wie alle anderen Texte Goffmans auch, der neben dem Material zu Spielern Zeitungsausschnitte, eigene Erlebnisse, Szenen aus James Bond und Texte Hemingways verwendet.

die eine „marked capacity to maintain full self-control when the chips are down" (IR: 217) aufweist, „capacities (or lack of them) for standing correct and steady in the face of sudden pressures" (IR: 217). Indem diese problematischen Situationen gesucht oder gar herbeigeführt werden, werden die „Eigenschaften" der eigenen Person in den „Topf" geworfen, in dem sich die Chips der Problematik befinden, um neu fixiert zu werden: „Attributes […] can be generated and destroyed during fateful moments. […] the individual can act so as to determine the traits that will thereafter be his" (IR: 238). Die Identität der Person, die sich dieser Gefahr aussetzt, wird somit selbst problematisch, in der Hoffnung, aus dieser Problematik gestärkt hervorzugehen. Die Gefahr besteht darin, zu „zerfließen" und sich so der Kontrolle anderer auszusetzen, die anstatt der eigenen Person die Kontrolle über die Problematik übernehmen. Wenn man seine Person in diesen Topf geworfen hat bedeutet das, dass zugleich die Kontrolle über die Person von diesen anderen übernommen würde. Verliert man seine Beherrschung, geschieht das, was Goffman „flooding out" nennt: Diese Personen „ceased to be their own masters, becoming […] subject to control by others" (IR: 224).[11] Wenn dieses „Zerfließen" nicht ignoriert wird, um die Begegnung (und das Gesicht des Zerfließenden) zu retten, können die Beteiligten ihren Focus auf die zerfließende Person verschieben, „but treating him now not as a participant but as a mere focus of attention – in fact, as an involuntary performer" (IR: 58). In dem Maße, in dem man sich diesen Gefahren selbst aussetzen kann, können auch andere diesen Gefahren ausgesetzt werden, um sie dazu zu bringen, „zu zerfließen": Man kann sie der Gefahr aussetzen, ihre Contenance zu verlieren, indem man sie in Situationen bringt, in denen sie zu Spielzügen gebracht werden, die ihr Gesicht gefährden. Das sind *plays*, deren Resolution einen neuen Status Quo bezüglich der Person schaffen, der nun weiteren Begegnungen mit ihnen zugrunde gelegt werden kann. In bezug auf Goffmans wohl populärstes Werk (STI) sind das selbstverständlich (auch) Stigmatisierungen, die beispielsweise in öffentlichen Skandalen herbeigeführt werden können, um die Reputation einer Person zu brechen und sie in zukünftige *plays* geschwächt eintreten zu lassen. Aber das gelingt nur, wenn das Spiel mit dieser neuen Bedeutung beendet wird. Der kürzliche Skandal um David Patraeus ist ebenso ein Fall, in dem eine Skandalisierung verwendet wurde, um eine Resolution zu erzwingen, die für spätere Begegnungen wegweisend war: Als es zur offenen Situationsdefinition wurde, dass dieser eine außereheliche Affäre hatte, musste er dafür seine Position als CIA-Direktor aufgeben.

---

[11] Aber auch das ist ein Bindungszeichen: „informality can be partly defined as a license to flood out on minor pretexts" (IR: 58), so dass „Zerfließen" in einer Freundschaftsbeziehung auch als „Öffnung" interpretiert werden kann, die dann als Angebot lesbar wird, eine neue, diesmal sehr intime Beziehung einzugehen. Geht die andere Seite unterstützend und verständnisvoll auf das „Zerfließen" ein, ist diese neue Beziehung nun ratifiziert.

Diese Geschichte selbst interessiert mich hier nicht; interessant ist vielmehr eine Geschichte, die in den Nachrichten zu diesem „Skandal" wieder aufkam, nämlich eine alte Geschichte über einen ertappten französischen Diplomaten zur Zeit des kalten Krieges. Von russischen Agenten mit Fotos konfrontiert, die ihn mit einer Frau zeigten, mit der er nicht verheiratet war, entgegnete er: „Schön! Ich hätte gerne Abzüge von diesem, diesem und diesem".

Diese Fotos zu prokurieren war ein Spielzug der Agenten; sie dem Diplomaten zu präsentieren, ein weiterer. Gemeinsam ergeben sie das Spiel „Erpressung mit belastendem Material". Die Entgegnung des Diplomaten ist ebenso ein Spielzug. Er zeigt sicherlich nicht an (wie die Nachricht es interpretierte), dass „ein Franzose nicht mit Sex erpresst werden kann"; das ist viel zu allgemein. Es zeigt auch nicht an, dass eine offene Stigmatisierung dieser Art dem involvierten Diplomaten nicht schaden würde (das weiß zu diesem Zeitpunkt niemand). Es zeigt nicht einmal an, dass der Diplomat davon ausging, dass es ihm nicht schaden würde (das ist Innenschau, und was in Personen vorgeht, das bleibt immer Spekulation). Im sozialen Raum zwischen diesen Personen ist die Entgegnung vielmehr ein Einsatz. Die Macht der Fotos entspringt nicht aus den Fotos, auch nicht aus einer wie immer gearteten „öffentlichen Moral", sondern in erster Linie aus einer Antizipation, nämlich dass eine gezielte Streuung der Fotos dazu führen wird, dass die „Person" des Diplomaten, also die öffentliche Bedeutungszuschreibung, die er erhält, aufgrund der Zuschreibung der „Untreue" ruiniert würde, dass seine Vorgesetzten ihm nicht mehr vertrauen, wenn herauskommt, dass auch seine Frau das nicht konnte. In jedem Fall sind es diese Unterstellungen einer veränderten sozialen Person, mit denen die Agenten drohen. Dagegen setzt der Diplomat das einfache Mittel, diese Situationsdefinition nicht zu teilen. Was er denkt, ist zweitrangig, er handelt jedenfalls auf der Basis, dieser Unterstellung zu widersprechen, indem er keine Sorge dramatisiert, dass diese Information ans Licht kommt und damit keine Sorge vor den Folgen einer solchen Aufdeckung. Das entzieht der Drohung der Agenten den Teppich unter den Füßen, versucht es jedenfalls. Sie sind nicht ohne Spielzug: Sie können auf ein anderes Spiel umschwenken, einen anderen Einsatz suchen, um ihn zum Reden zu bringen und das Fotospiel aufgeben. Aber das Fotospiel ist an diesem Punkt fast ausgelaugt. Die einzige Chance, es aufrechtzuerhalten, besteht darin, die „Ihr habt nichts"-Definition des Diplomaten für einen Bluff halten und Zeichen geben, die Veröffentlichung zu betreiben, ohne es jedoch bereits zu tun (das im Alltag bekannte „Hindere mich daran"-Spiel). Mit anderen Worten: Um das Spiel weiterspielen zu können, müssen sie unterstellen, dass der Diplomat blufft, und zudem hoffen, dass dieser Bluff brüchig ist, dass er nämlich seinen Bluff zurückzieht und nachgibt, wenn ihm bedeutet wird, dass die Drohung eine ernste ist. Aber das ist im Grunde nur die Weiterführung desselben Spiels, und der Diplomat wäre

5.3 Spiele mit Bedeutungen

ein schlechter Spieler, würde er die „dringendere" Version mitspielen, denn hält er diesen Zug noch aus, dann stehen die Agenten mit leeren Händen da: Wenn sie die Fotos veröffentlichen, verlieren sie ihr Druckmittel, was ihren selbst unterstellten Halt auf den Diplomaten endgültig löst; veröffentlichen sie sie nicht, definieren sie damit ihre ursprüngliche Drohung nachträglich als Bluff,[12] die Herausforderung scheitert und der Diplomat gewinnt die Auseinandersetzung.

Auseinandersetzungen dieser Art sind im Alltag weniger dramatisch, dafür sind sie in diesen weniger dramatischen Varianten anschlussfähiger, was eigene Alltagserfahrungen angeht. Goffman rekurriert hier auf Situationen, die herbeigeführt werden, um die eigenen Eigenschaften mit denen von anderen in den „Topf" des Spiels zu werfen, um „Charakterwettbewerbe" herbeizuführen: „border disputes are sought out and indulged in [...] as a means of establishing where one's boundaries are" (IR: 241). Die öffentliche Harmonieorientierung erlaubt unter ihrem dünnen Anstrich der höflichen Friedlichkeit einige Charakterwettbewerbe hinter den Fassaden der Angemessenheit, „phrasing his replies with careful ambiguity, so that the others' face is preserved even if their welfare is not" (IR: 17). Wenn „face-work" nichts ist, was in festen rituellen Bahnen quasi „vorprogrammiert" geschieht, sondern eine Sprachressource, die verwendet werden kann, „something that others can be counted on to perform or to accept", hat das die konterintuitive Folge, bemerkt Goffman, dass die Begegnung „becomes less a scene of mutual considerateness than an arena in which a contest or match is held" (IR: 24). „[T]he purpose of the game is to preserve everyone's line from an inexcusable contradiction, while scoring as many points as possible against one's adversary and making as many gains as possible for oneself" (ibid.). Eine Möglichkeit, das zu tun, ist die Andeutung von Beleidigungen oder untragbaren Herausforderungen, die jedoch gerade noch unter dem Limit versteckt sind, unter dem die anwesende Gruppe sie als offene Beleidigung verstehen *müsste*.[13] Besonders in offiziellen Umfeldern (wie in Sitzungen) kommen

---

[12] Das führt dazu, dass ein Beeinflusser, der Drohungen ausspricht, sich letztlich als Psychopath dramatisieren muss, um ernstgenommen zu werden. Unterstellt man einen rationalen Akteur, ist die Drohung von vornherein leer, denn wäre es ein Vorteil für den Drohenden, die Fotos zu veröffentlichen, hätte er es bereits getan; was er will, ist nicht die Veröffentlichung der Fotos. Wenn man dem Gegner unterstellt, solche Berechnungen nicht zu machen und „unberechenbar" zu sein, wird dieser Gegner – ironischerweise – *anders* berechenbar. Damit die Gegenseite also damit rechnet, dass die Drohung Anwendung findet, muss sie mit einer „Psycho-Show" einhergehen. Auch das ist in Filmen als rituelle Ressource, auf die Spieler zurückgreifen können, reichlich dokumentiert.

[13] Dieses „Müssen" ist, einmal wieder, eine Interpretation, und wo die Linie liegt, über der eine Herausforderung als „offen" definiert wird, liegt in den gegenseitigen Unterstellungen der Teilnehmer in ihrem Umgang mit dem rituellen Idiom, das für solche Herausforderungen zur Verfügung steht.

solche Spiele mit der Fassade der Harmonie regulär auf, zum Beispiel, indem Anklagen mangelnder Kompetenz hinter Hilfsangeboten versteckt werden: „Vielleicht sollten wir bedenken, dass dieses Projekt doch sehr aufwändig ist und nicht mit den Ressourcen nur einer Abteilung bewältigt werden kann. Man sollte darüber nachdenken, es zum Gemeinschaftsprojekt von Abteilungen X und Y zu machen" kann dann die Vorderbühnenformulierung sein, mit der ein Unternehmen darauf reagiert, dass das bisherige Handling durch Abteilung X unbefriedigend war – oder sich einfach nur der Kontrolle entzogen hatte.

Interpersonale Auseinandersetzungen können ebenso hinter dieser dünnen Fassade ausgetragen werden, indem beispielsweise Angriffe als Zug versteckt werden, indem sie auf Unbedachtheit oder sonstige Ursachen jenseits der Absicht verschoben werden. Bei Goffman ist das der latent bissige Kommentar, der sofort hinter einer Entschuldigung kaschiert wird, „which restores both the rule and the honor of the offended [...] demonstrating [...] a great concern of persons to stay out of this kind of action" (IR: 242) – nur, dass die Person dieser „Art von Handlung" eben nicht fernbleibt. Das sind Spiele, in denen nicht mit dem rituellen Idiom und nicht einmal wirklich gegeneinander gespielt wird, sondern mit den Unterstellungen eines Publikums.[14] Unterstellt die herausgeforderte Person, dass das Publikum keine offene Herausforderung unterstellt, hat sie keine Grundlage für eine offene Reaktion. Das heißt im übrigen nicht, dass das Publikum keine Herausforderung unterstellt, nur, dass es ein gemeinsames Interesse aufrechterhält, diese Herausforderung nicht *offen* werden zu lassen. Für die im Streit „just unter der Fassade" befindliche Person erwächst daraus die Erwartung, dass die Person, die beginnt, sie offenzulegen, sich damit gegen das Publikum stellt und Ausgrenzung erwarten kann. Offene Reaktion wäre auf Basis dieser Unterstellung nicht weise und *kann* zur Niederlage führen. Unterstellt die herausgeforderte Person jedoch, dass das Publikum sehr wohl eine offene Herausforderung aus der Situation gelesen hat (d. h. bereit ist, diese Herausforderung als offen zu behandeln), dann muss reagiert werden. Nun ist es das Ausbleiben einer Reaktion, das zur Niederlage führt. Goffman erkennt, dass gerade in unsicheren Situationen häufig der Mittelweg einer „mild challenge" (IR: 243) gewählt wird – genug, um die Niederlage durch Nichtreaktion abzuwehren, aber nicht so stark, dass die Reaktion als „Zerfließen" gelesen werden kann. Demgegenüber kann eine „milde Reaktion" im Angesicht schwerer Heraus-

---

[14] Herausforderungen, die ohne Publikum erfolgen, können häufig einfach ignoriert werden, um sie zu gewinnen. Herausforderungen mit Publikum können auf dieselbe Art und Weise gespielt werden, hier jedoch mit der hinzugefügten Schwierigkeit, dass das Publikum mit dem Ignorierenden im Team spielen und die Herausforderung als eine definieren muss, die der Angegriffene ignorieren sollte, damit der Zug funktioniert. In Zweierspielen ist keine solche Koalition nötig, und ausnahmslos jeder Angriff kann erfolgreich ignoriert werden.

forderungen natürlich die starke Gefahr in sich bergen, dass das Publikum sie als „zu schwache Reaktion" wertet und man mit ihr wieder untergeht. Aber in all diesen Auseinandersetzungen gilt wieder die Aufeinanderbezogenheit der Situation: Es ist nicht die feststehende Einschätzung des Publikums, dem gegenüber man sich verhalten muss; die Unterstellungen des Publikums sind ihrerseits Bedeutungen, die verschoben werden können. Statushohe Spieler können das Publikum dazu bewegen, seine Unterstellungen fallenzulassen und denen des hohen Spielers zu folgen; die Präsenz statushoher Spieler kann teils gar dazu führen, dass das Publikum seine Einschätzung völlig zurückhält, bis es eine Vorgabe des statushohen Spielers erhält. Das ist die bekannte Szene des Publikums, das auf eine potentiell gefährliche Darbietung, beispielsweise ein Witz auf Kosten des Statushohen, nicht reagiert, bis der statushohe Zuschauer lacht, was dann dazu führt, dass das Publikum erleichtert mitlachen kann, „it being safe to offend something no longer credited as reality. Typically, in such cases, we get a special-sounding ‚safe laughter'" (IR: 60). Hätte das Publikum zuerst gelacht, hätte es sich in den Witz eingereiht, ohne zu wissen, ob er als Angriff gewertet wurde. Wäre die Darstellung tatsächlich als Angriff gewertet worden, wäre es mitschuldig. Umgekehrt kann das Publikum natürlich gerade das tun und damit genau die Statusposition angreifen, aus der heraus die Person einen Angriff definieren würde und den statushohen Spieler somit zu stürzen versuchen. Goffman bemerkt, dass das Aggressoren einige risikoreiche Züge eröffnet: Er kann „begin either by committing an offense that the other can scarcely overlook, or by responding to a minor [...] offends in a way that draws the near-innocent offender into a fray" (IR: 249), aber muss dann mit dieser Definition durchkommen. Wenn der Angegriffene amüsiert und ruhig reagiert, kann dieser Angriff daran scheitern. Ist Publikum vorhanden, kann das Publikum der Darstellung des Angegriffenen folgen und den Angriff für amüsant halten, oder aber dem Angreifer folgen und sich über die Ruhe empören. Es kann Schock dramatisieren, dass der Angreifer einen solchen Zug gewagt hat, oder Erleichterung, dass endlich jemand diesen Zug macht. Wettbewerbe dieser Art entscheiden sich daran, wie man sein Publikum überblickt und welche Kontrolle man über seine Unterstellungen ausüben kann.

5.3.2 Neuaushandlung von Beziehungen

Spiele mit Bindungen werden von Goffman am explizitesten in *Behavior in Public Places* thematisiert, wo er bemerkt, dass rituelle Idiome „außerhalb der Erwartung" explizit dazu dienen, diese Erwartungen zu verschieben und damit die Beziehung neu zu definieren. So bemerkt er beispielsweise: „If the relationship is already one where informal looseness is appropriate, something implying social distance can be expressed by reasserting tight properties" (BPP: 229, vgl. TIO: 5) und umgekehrt.

Freundliche Offenheit zu Fremden kann die Einladung sein, in eine freundlichere (anstelle einer *höflichen*) Beziehung einzutreten. In *Presentation of Self* spricht Goffman von „Fühler ausstrecken", „a way in which one team can extend a definite but non-compromising invitation to the other, requesting that social distance and formality be increased or decreased, or that both teams shift the interaction to one involving the performance of a new set of roles" (POS: 190). Auch hier ist das jedoch, wie oben, keine Frage der rituellen Sprache oder fester Spielzüge, sondern eine Frage der Unterstellungen. Freundschaftliches Idiom vor Personen, die keine Freunde sind, kann eine Einladung sein – oder ein feindlicher Akt: „When an individual wishes to show hostility to someone before whom he would ordinarily conduct himself tightly, extreme expressions of looseness become an available means" (BPP: 128).

Ein einfaches Beispiel für ein solches Spiel mit den Unterstellungen, die dem Verständnis ritueller Idiome zugrunde liegen, bieten Flirtversuche. Goffman greift sie in *The Arrangement Between the Sexes* auf, wo er feststellt, dass die „expressiven Ressourcen", die eine Situation bietet, mit der Möglichkeit einhergehen, „to work social situations"; Mädchen und Jungen lernen in ihrer Jugend „this capacity to size up a social situation for what can be expressively wrung from it" (ABS: 322).

Um auf die Bindungszeichen aus dem vorherigen Kapitel zurückzugreifen und sie in die gegenwärtige Metapher einzubauen: Bindungszeichen können als Züge genutzt werden, um eine noch nicht bestehende soziale Beziehung in einem ersten Kontakt bereits kontrafaktisch zu *unterstellen*, um die andere Seite dazu zu bewegen, diese Beziehung ebenso zu definieren und so zu beginnen. Die banale (und spieltechnisch unraffinierte) Variante dieser Unterstellung ist natürlich „kennen wir uns?" – die deshalb so unraffiniert ist, weil sie die herzustellende Unterstellung ohne jegliche Subtilität verbalisiert. Außerdem handelt es sich um ein *play*, das die Verantwortung für den Kennenlernversuch ablehnt, solange es nicht sichtbar körpersprachlich ironisiert ist – denn, nimmt man das *play* ernst, kennt man sich ja schon. Diese Ablehnung der Verantwortung kann als Schwächung der Intention gelesen werden, nach der man Interesse hat, die andere Person erst kennenzulernen. Raffinierte Versionen eines solchen *plays* kommunizieren mit, dass die zu erreichende gegenseitige Unterstellung einer sozialen Beziehung noch nicht besteht und dass es damit das Ziel dieser Interaktion ist, Interesse verantwortlich, aber dennoch subtil zu kommunizieren: Indem man mit einer bis dato unbekannten Person umgeht, als sei man bereits enger verbunden (z. B. indem man sich mit ihr über etwas anderes an der Situation amüsiert, also eine gemeinsame Definition dramatisiert), bietet man diese engere Verbindung an. Ein Beispiel besteht in den Freiheiten, die man in Beziehungen untereinander in Anspruch nehmen kann, die umgekehrt als Mittel zur Grundlegung einer Beziehung verwendet werden können. Das Pommes-

5.3 Spiele mit Bedeutungen

Frites-Beispiel weist hier vielleicht am besten darauf hin, dass die Erwartungen der anderen Seite keine festen Dinge sind, sondern im Spiel mit diesen Ritualen verschoben werden können. Man kann in der Mensa eine unbekannte Person anlächeln und eine der Pommes Frites, die nicht einem selbst gehören, nehmen und auf die Reaktion achten. Erhält man ein Lächeln zurück, ist damit der Einstieg in eine nähere Bindung gemacht, und man kann damit beginnen, miteinander zu reden.

Daran, Bindungszeichen zu nutzen, um Bindungen herzustellen, kann selbstverständlich eine Problematik erkannt werden: Jene, denen auf diese Art und Weise begegnet wird, können sie als ungebührliche und die rituelle Person verletzende Handlungen verstehen, die dann Angriffe sind. Um das zu vermeiden, können diese Spiele langsam gespielt werden. Flirtavancen beginnen regulär mit den kleinsten Erwartungsbrüchen, einem Anschauen, aus dem gemeinsam eine Einladung ausgehandelt wird, einen größeren Bruch zu wagen, nämlich das Ansprechen ohne legitimen Grund, was dann graduell Experimente mit weiteren Bindungszeichen erlaubt, wenn die andere Person diese Spiele erlaubt, was in der expressiven Handlung gegeneinander angezeigt wird. Dass das der Fall ist, bemerkt man bereits darin, dass aggressive Darstellungen und Flirtdarstellungen durchaus Überlappungen aufweisen: Ein längeres Ansehen einer anderen Person kann ein Flirt sein, aber auch Streit provozieren. Eine einfache Unterscheidung läge zwar in den Details der Darstellung: Ein Flirt wäre wohlwollend gerahmt, ein Streit nicht, was sich in körpersprachlichen Präsentationen niederschlagen würden. Dass das nicht ausreicht, bemerkt man daran, dass das wieder Teil des rituellen Idioms ist, mit dem gespielt werden kann: Aggressive Darstellungen können durchaus mit Lächeln und allen dazugehörigen Zeichen des Wohlwollens präsentiert werden. Das sind beispielsweise Situationen in Vorderbühnenumfeldern, in denen ein scharfer Angriff gegen andere in ruhigen, netten und freundlichen Tönen mit einem Lächeln verpackt wird. Handelt es sich um eine gegenseitig definierte Vorderbühnensituation und definieren beide die verbale Handlung als Angriff, ist die Darstellung des Wohlwollens gemeinsam als rein formale Wahrung einer Fassade der Freundlichkeit verstanden. Wenn Teenager andere herausfordern und einen Angriff unter einer solchen Fassade verstecken – unter anderem, um von Kontrollpersonal nicht verantwortlich gemacht zu werden – kann dieser Angriff gerade dann spektakulär erfolgreich sein, wenn die so herausgeforderte Person die Herausforderung nicht mitdefiniert und reagiert, als handle es sich um eine Freundlichkeit, die tatsächlich ein positives Bindungszeichen zur Neuaushandlung der Beziehung anbietet und freundlich, vielleicht enthusiastisch in dieses dargestellte Wohlwollen einsteigt. Sie kommt nicht dazu, ihre Deutung der Situation als gemeinsame Definition der Situation zu setzen, da die andere Seite nicht nur nicht mitspielt, sondern häufig ein unterstützendes Team hat, das gemeinsam im Angesicht dieser enthusiastischen

Fehlinterpretation (tatsächlich: eines abgelehnten Angebots der gemeinsamen Deutung) in Lachen ausbricht.

Das macht diese Elemente des rituellen Idioms prekär. Viele Flirtversuche nutzen Bindungszeichen, die von den Personen, die angeflirtet werden, als ungebührlicher ritueller Angriff definiert werden: als Belästigung. Carol Brooks Gardner, eine Schülerin Goffmans, untersucht, wie Frauen auf der Straße mit „cat calls, Pfeifen und Obzönitäten" (1989, s. Kap. 8) belästigt werden (als Flirtversuche kaum rahmbar, weil sie praktisch nie als erfolgreiche Einstiege in unterstellte Beziehungen dienen können und eher Selbstdarstellungen der Belästiger vor ihren Freunden darstellen als Versuche der Anbahnung einer Beziehung). Das scheinen offensichtliche Fälle von Angriffen zu sein, bis man bemerkt, dass gerade Obszönitäten als Teil des Vokabulars der Hinterbühne identifiziert werden: Das Recht, gemeinsam von der sauberen Vorderbühnensprache abzuweichen, *ist* ein Zeichen einer geteilten sozialen Beziehung. Die Belästigung liegt in der *Anmaßung* einer Handlung, die nur im Rahmen einer Bindung erlaubt wäre, ohne dass die andere Seite eine Bindung unterstellt oder eine Bindung auf Basis der kontrafaktischen Unterstellung miteinzugehen bereit ist, oft auch daher, weil die kontrafaktische Anmaßung zu weit ging oder ansonsten unangenehm gerahmt war, zum Beispiel, weil die „impressions given off", die zugleich kommuniziert wurden, nicht zu den Bindungszeichen passen wollten (wenn in Flirts etwas gesagt wird, was sicher und frech klingen soll, aber mit Körpersprache gerahmt wird, die als unsicher und ängstlich lesbar ist). Aus einer Perspektive, wie sie bei Goffman verfolgt wird, geht es hier nicht um Moral und Anstand, nicht darum, ob etwas oder jemand falsch ist, verurteilt oder akzeptiert werden soll; das entscheidet ohnehin kein abstrakter Wissenschaftstext, das entscheidet sich in der Situation. Es geht vielmehr darum, *wie* sich diese Dinge in der Situation entscheiden. Und hier können wir bemerken, dass sich der Unterschied zwischen einer Aggression und einer Anbahnung oder Vertiefung einer Sozialbeziehung daraus ergibt, wie die Situation ausgeht. Anbahnung geschieht, indem sich Personen, die sich als unterschiedliche Teams oder zumindest nicht als im selben Team befindliche Personen definieren, über die Anmaßung von Bindungszeichen annähern, oder Personen, die bereits im selben Team sind, sich als engeres Team definieren, also kurz: Anbahnung endet in der Annäherung von Teams. Aggression geschieht umgekehrt, indem Teams sich voneinander distanzieren. Das entscheidet sich nicht an den inneren Intentionen der Darsteller (s. o.). Eine Anbahnung kann auf Reaktionen treffen, die man ablehnt, was dazu führen kann, dass aus einer Anbahnung „im Flug" eine Distanzierung wird; eine Distanzierung kann zu einer angenehmen Überraschung führen, zum Beispiel indem die Person entwaffnend reagiert, die Aggression als Witz definiert und die Person, die Bindungszeichen übertreten hat, als Anbahner behandelt, und die Person kann in Folge dieser Reak-

5.3 Spiele mit Bedeutungen

tion in der Anbahnung mitspielen. Goffman selbst hat genau das getan (s. Kap. 2): Er hat sich in Interaktionen Freiheiten genommen, die jenseits des Erwarteten im Rahmen der gegenseitig definierten Bindung lagen, und hat abgewartet, wie andere reagieren. Wenn diejenigen, deren Grenzen überschritten wurden, lachten und eine Grenzüberschreitung zurückgaben, Goffmans Unflätigkeit also Paroli boten, entstand daraus häufig eine langfristige Beziehung gegenseitigen Respekts; wenn sie aber darstellten, beleidigt oder angegriffen zu sein, hatte Goffman kein Interesse, weitere Beziehungen mit ihnen zu führen.

Die Linie zu überschreiten, die Anbahnung von Aggression trennt, ist damit auch die, die Flirts von Belästigung trennt: Es handelt sich nicht um eine abstrakte Verfehlung einer festen Grenze, sondern ein *looking-glass fail*, eine Fehleinschätzung, ob die andere Seite überhaupt bei Grenzüberschreitungen mitspielen würde und wenn ja, *was* die andere Seite mitzuspielen bereit sein wird und was sie als Grenze zwischen einer wohlwollenden Überschreitung und einer skandalösen Belästigung empfinden wird. Das sind Grenzen, die im rituellen Idiom zwar fluide bleiben, die aber im gemeinsamen Tanz „[t]hrough quite minor acts of deference and demeanor, through little behavioral warning lights" angezeigt werden. „[T]hese provide others with a running portent [...] which tells them what place he expects to have in undertakings that follow" (RIP: 344). Aber Plätze, die man zu haben erwartet, müssen nicht die Plätze sein, die man später tatsächlich einnehmen wird, und diese liegen nicht als Menge der Plätze bereit, die man zu akzeptieren bereit ist. Auch diese dargestellten Erwartungen sind rituelle Ressourcen, mit denen gespielt, die verschoben werden können. Die Fluidität der aufeinander zu beziehenden Erwartungen machen sie schwierig und zerbrechlich. Sie einfach für die andere Seite zu setzen, ist allerdings eine Handlung, die mit einer Annahme bezüglich des Selbst dessen, der sie setzt, einhergeht: dass man das Recht hat, das zu tun, und dass man damit durchkommt. Das ist eine Anmaßung, die durchaus Gegenwehr hervorrufen kann und das auch tut – nicht aber (empirisch gesprochen) *muss*. Belästigungen sind die kontrafaktischen Bindungszeichen, die entweder überspielt oder zu hartnäckig gespielt werden: Sie stellen Wiederholungen bereits verlorener plays dar, in der Hoffnung, dass die nächsten Züge die Situation ändern werden. Das geht durchaus, wenn man sich in einer Position befindet, in dem das Umfeld einem das Recht zuspricht, sich durchsetzen zu dürfen: Ein Polizist darf ein Spiel hartnäckig spielen, wenn ein Nein zum ersten Anlauf erfolgt ist, und kann mit kaskadierender Unterstützung der Institutionen rechnen, die die Realität gemeinsam mit ihm im Teamspiel fixieren werden, auch gegen Widerstand. Früher durften auch Männer ihre eigenen Definitionen gegenüber denen von Frauen fraglos durchsetzen. Heute dürfen sie das nicht mehr, und wer Spiele hartnäckig spielt, ohne eine Ablehnung zu akzeptieren, ist heute kein romantischer Verehrer mehr, sondern ein Stalker (auch, wenn die romantisierende Version weiterlebt und einiges an Unterhaltungsinhalten und alltäglicher Ärgernisse produziert). Im Alltag sicher die Unterstellungen und Interpretationen anderer beachten zu müssen oder ignorieren zu können, sie gleich bei der ersten Andeutung zu befolgen oder hartnäckig an ihrer Änderung zu arbeiten ist beziehungs- und statusabhängig.

Alltagshandeln ist voll von „Behauptungen" bezüglich unterstellter Bindungen. Wenn diese Perspektive einmal eingenommen worden ist, sind diese überall zu finden. Wer einen offenen Kleinlaster fährt, kann persönlich angegriffen werden, indem Fremde auf die Ladefläche springen, und in Darstellungen gewandt ist die „Aufregung", das heißt: die „Aufregungsshow" des Fahrers ein Bindungszeichen, denn es zeigt Zuschauern – dem aufgesprungenen Zuschauer, aber auch anderen – an, dass keine Bindung vorliegt, die ein solches Aufspringen erlauben würde. Gegenüber dem Aufspringenden schimpfend zu reagieren heißt derweil, dass man die Person entweder kennt, ihr das Aufspringen aber nicht erlaubt, oder aber sie nicht kennt, aber auch nicht für gefährlich hält. Ein Schock und Dramatisierungen der Angst dagegen können möglichen Zuschauern anzeigen, dass es sich hier um eine gegebenenfalls kriminelle Handlung handeln könnte (deren Kriminalität damit von den Bindungen und Unterstellungen der Beteiligten abhängt – ganz unabhängig davon, was Juristen dazu behaupten mögen). Umgekehrt ist ein Aufspringen auf einen Laster, das keine „Aufregungsshow" hervorruft, sondern ein ruhiges Weiterfahren, ein Umdrehen, Lächeln, und einen kurzen Gruß, ein Zeichen dafür, dass eine solche Bindung vorliegt.[15] Das zeigt uns, dass diese Schutzräume nicht stabil und einheitlich sind, sondern mit den Beziehungen variieren, die Menschen miteinander haben. Wer in der Annahme auf den oben explizierten Lastwagen springt, die Fahrerin zu kennen und sich diese Freiheit nehmen zu können, kann enttäuscht werden, wenn die Fahrerin anhält und – vielleicht freundlich, vielleicht nicht – darauf hinweist, dass das keine akzeptable Art sei, mitzufahren, und möglicherweise Verletzungs- oder Beschädigungsgefahren zitiert. Für eine Beschreibung der Welt als Spiel mit rituellen Ressourcen ist hier interessant, wie „abstrakte" Gründe verwendet werden, um die Ablehnung des Beziehungszeichens zu untermauern. Als goffmaneske Analystin darf man die Begründung nicht „mittragen", indem man diese Beschädigungsgefahr als „tatsächlichen Grund" versteht. Die bekannte Aussage, einige der eigenen Freunde seien solche, mit denen man „Pferde stehlen" könne, weist gerade darauf hin, dass bei engen Beziehungen solche Gefahren ignoriert werden und die Bindungszeichen gerade daher feste Bindungszeichen sind,

---

[15] Die Bedeutungen dieser Darstellungen können nicht abstrakt expliziert werden; weder Goffman noch ich haben Zugang zu einem abstrakten Bedeutungsraum, aus dem wir ableiten könnten, was diese Darstellungen „wirklich bedeuten"; ihre Bedeutung erschließt sich aus der gegenseitigen Bezugnahme der Personen und ihrer Reaktionen aufeinander.

weil diese Gefahren ignoriert werden, um diese Bindungsaktivitäten miteinander zu unternehmen. Was also – in der Analyse eines Umgangs – hier bemerkt werden muss, ist, dass die Beziehung zu diesen „abstrakten" Argumentationen offizielles Vorderbühnenvokabulr darstellt, das ins Feld geführt wird, um das Beziehungszeichen mit der Person abzuwenden, was eine Dramatisierung der Höherbewertung der abstrakten Bindung gegenüber des Bindungszeichens und eine Relegation der anderen Person in eine Vorderbühnenbeziehung anzeigt: Eine „Höherwertigkeitsshow" (wieder kann das nicht als „Zeichen" gelesen werden, dass dieses Gut „tatsächlich" höher bewertet wird – zu „Tatsächlichkeiten" haben wir keinen Zugang). Und noch weiter: Es gibt keine „abstrakten" Bindungen, jede Bindung ist eine Bindung zu etwas Konkretem. Die Gefahr für den Wagen zu zitieren ist ein „Prinzipienargument", das dramatisiert, den Wagen höher zu bewerten; abstraktere „Moralargumente" zu zitieren dramatisieren, dass eine abstrakte, unpersönliche Ordnung über die Beziehung gestellt wird (was wieder keine abstrakte Wahrheit ist und selbstverständlich strategisch geschehen kann). All diese Formen des Umgangs miteinander ist als Umgang mit zeichen und Bedeutungen rahmbar, in dem diese Bedeutungen dem Spiel der Alltagsinteraktion ausgesetzt werden, aus dem sie verändert hervorgehen.

Es wird Goffman häufig vorgeworfen, keinen Sinn für die „großen Fragen" der Soziologie zu haben, vor allem nicht für die nach Macht und Herrschaft.[16] Die bisherigen Thematisierungen haben sich mit dieser Frage jedoch explizit beschäftigt; die Aushandlung von Machtrollen floss an jedem Punkt mit ein. Wessen Darstellungen, wessen Linien formen die Realitäten, nach denen Gruppen handeln? Wer hat Teamunterstützung für seine Realitäten, wer steht alleine? Von wem wird welche Ehrerbietung vor welchen anderen Menschen erwartet? Welche Spiele können sie damit spielen, welche Unterstützung haben sie, mit welchen Spielen kommen sie durch? Diese Dinge in feste Schubladen von „Macht" zu stecken unterschätzt die Fluidität dieser Spiele im Alltag; das alles für völlig offen zu halten überschätzt sie dagegen. Im Rahmen der gegenwärtigen Metapher stellt sich als Machtrollenfrage: Wer kann wen in welche Spiele zwingen? Aus welchen Positionen kann gespielt werden? Dass das Möglichkeiten sind, auf die wir im Alltag beständig achtgeben, heißt umgekehrt auch, dass Menschen meiden können, in *plays* hineingezogen zu werden, wenn die wahrscheinlichen (oder nur möglichen) Resolutionen dieser *plays* das Spiel nachhaltig verändern würden. Das ist – wieder ganz banal – der Freund, der Situationen meidet, in denen er mit seiner Freundin alleine ist, weil er erwartet, dass sie die nächste solche Situation nutzen wird, um die Beziehung

---

[16] Eine ausführliche Diskussion dieser Thematik würde den Rahmen dieser Einführung sprengen und ist Thema einer kommenden Publikation.

zu beenden. Das ist ein Spiel mit rituellem Idiom, denn es spielt mit der sozialen Erwartung, dass sie das nur in einer Situation tun kann, in der beide alleine sind, was „Gruppensituationen" sicher macht (im schlimmsten Fall ihn aber dazu drängt, diese Regel zu brechen, um sein Ziel zu erreichen).

5.4 Spiele herbeiführen

Diese Spiele sind alltäglich, wir und andere beginnen sie fortwährend und treiben sie stetig weiter. In *Strategic Interaction* stellt Goffman fest, dass wir häufig keine andere Wahl haben als an diesen Spielen teilzunehmen; in *Frame Analysis*, dass wir üblicherweise die Definitionen der Situation nicht machen, sondern lediglich feststellen, was sie sein sollte und das Handeln daran ausrichten (FA: 1–2). Die Welt ist üblicherweise stabil, da alle gegenseitig synchronisiert unterstellen, welche Definition der Situation gegenseitig erwartet wird, wir unterstellen diese Erwartungen und handeln, und ernten keinen Widerstand, den wir als offenen Widerstand einordnen, während der Fluss der kleinen Widerstände, die die Bedeutungen alltäglich in Spielen verschieben, normalisiert und nicht weiter thematisiert werden –; alles funktioniert, und alles ist real.

Wir können jedoch durch die Aktivität anderer in Spiele geworfen werden (und viele Alltagsbeispiele erlauben Einblicke in Situationen, in denen jede mögliche Reaktion auf andere als Spielzug gewertet werden kann), die diese Realität öffnen und problematisch machen: durch „unpersönliche" Vorkommnisse, in Goffmans Beispiel bei einem Flugzeugabsturz, oder weil man vor Publikum in eine Begegnung gerutscht ist, in der das Publikum nun die eingenommenen Linien als Züge bewertet und der neue Status Quo vom Ausgang dieses Spiels abhängig wird. Zudem kann man sich selbst in Spiele werfen. In jedem Fall kann man einem „constraint to play" ausgesetzt sein, einem Zwang, sich daran zu beteiligen, eine neue Linie zur Situation einzunehmen, um diese vor der zu retten, in die sie geworfen wurde.

> Once in these gamey situations, [one] cannot decide to disdain the play or postpone it; his doing nothing itself becomes […] a choice and a course of action. Second, there are constraints regarding courses of action. [One] is not faced with a vast choice of moves … he is faced with a finite and often quite limited set of possibilities […] [one]'s situation, in other words, is structured (SI: 114).[17]

---

[17] Interessanterweise versieht Goffman diese Bemerkung mit einer Fußnote: „This may be a more practical than theoretical constraint" (SI: 114, fn 32), wieder wohl deshalb, um sich dagegen zu wehren, von ariden Debatten über Akteur-Struktur-Theorien vereinnahmt zu werden.

5.4 Spiele herbeiführen

Genauso wie Goffman die Reichweite der Theatermetapher limitiert („all the world is not a stage", FA: 1), limitiert er jedoch auch die Reichweite der Spielmetapher: In *Behavior in Public Places* nennt er die Spielmetapher nur, um sie als für seine gegenwärtigen Zwecke als zu eng auszugrenzen und stattdessen von einer Perspektive „sozialer Ordnung" zu sprechen (BPP: 8), und in *Strategic Interaction* bemerkt er, der Spielansatz „leaves out a great deal of face to face conversational interaction" (SI: 133) Vor allem ist das enge, gebundene Spiel, das er zum Beispiel in *Fun in Games* (in ENC) zum zentralen Thema der Betrachtung macht, gerade aufgrund seiner Ordentlichkeit keine gute Vorlage zur Untersuchung sozialer Interaktion, denn „wider reality is rarely as well designed to be psychologically real as a game is designed just for this purpose … a full mutual fatefulness may not arise from the moves taken by the players" (enc 27). Das ist zunächst erst einmal der typische Goffmansche Versuch, der Interpretation zu entkommen, er baue ein Theoriegebäude auf. Die zentrale Linie einer Analyse über Metaphern liegt darin, dass es sich um verschiedene Förmchen handelt, in die man den Sand des Lebens schütten kann, um dann ganz lokal analytische Sandburgen zu bauen, die nicht als ewige Strukturen gedacht sind, sondern mit denen ein konkretes Problem auf eine bestimmte Art und Weise dargestellt werden kann. Und dann tritt man sie nieder, wenn die Flut sie nicht wegschwemmt: Erst das ermöglicht es uns, neue Sandburgen zu bauen. In gewisser Hinsicht ist so auch die Goffmansche Beschreibung über Metaphern ein Spiel, denn auch sie ist eine „Welten aufbauende Aktivität".

Die zerbrechliche Welt und Hingabe zur Stabilität   6

> *We're at the mercy of each other and ourselves.*
> *– Abed Nadir (Danny Pudi), Community S02E07, „Aerodynamics of Gender" (Dan Harmon, Adam Countee, Autoren).*

In dem Maße, in dem wir nicht Herrscher über die Interpretationen sind, durch die andere unsere Handlungen deuten, sind wir deren Deutungen ausgeliefert und müssen darauf vertrauen, dass sie die vielen Möglichkeiten, unsere Realitäten zu zerbrechen, nicht nutzen. Wir brauchen uns daher gegenseitig, damit soziale Situationen funktionieren; andere müssen unsere Realitäten mittragen. Die Statusbeispiele zeigten bereits an, dass diese gegenseitigen Unterstellungen prekäre Angelegenheiten sind: Wo Realitäten in gemeinsamer Aktivität im Licht all dieser Bedeutungen und unterstellten (und unterstellbaren) Eindrücke aufrechterhalten werden müssen, da können sie auch gebrochen werden, wenn andere nicht mitspielen. Dazu möchte ich zuerst Goffmans Diskussion der Zerbrechlichkeit aufgreifen: Welche Praktiken die Welt zerbrechen lassen und welche Praktiken diesen Zerbrechlichkeiten entgegengesetzt werden. Das sind die berühmten „Kittpraktiken", die in *accounts*, Anpassungshandeln („aligning actions") und korrektivem Austausch besprochen worden sind, von Goffman und über Goffman hinaus. Diese sind Teamspiele: Wesentlich ist in Goffmans Diskussion das Thema, welche Arbeit wir leisten, um andere davon abzuhalten, offensiv zu werden –, was wir also tun, um andere nicht ohne Not in gegnerische Teams zu drängen. Das sind die rituellen Handlungen zur Aufrechterhaltung des interpersonalen Friedens, vor allem, aber nicht ausschließlich, „Ehrerbietung und Auftreten".

6.1 Zerbrechlichkeit

Die Realität, und das ist die Realität der gegenseitig zugeschriebenen Bedeutungen, ist ein „delicate, fragile thing that can be shattered by very minor mishaps" (POS: 56). Sie kann von kleinen und großen Feindseligkeiten zerschlagen werden, und häufig von einer Kombination aus beidem. John Lofland, einer von Goffmans Schülern und späteren Weggefährten, sekundiert, dass sie „quite delicate and subject to myriad punctures and breakdowns" und damit gar nicht so „orderly" (Lofland 1984: 9) ist, wie wir sie immer sehen. An wesentlichen Punkten machen wir die viszerale Erfahrung, dass die geglaubte Stabilität der Welt die Szene nicht überlebt und damit unseren Glauben an die Stabilität der Realität zumindest in dieser Szene Lügen straft. Die Angst der Interaktionsteilnehmer, dass gemeinsame Realität scheitert oder aber willentlich nicht aufrechterhalten werden könnte, durchzieht Goffmans Arbeiten: Die Realität ist eine brüchige Sache. In face-to-face-Beziehungen sind Menschen gegenseitiger Darstellung, gegenseitigen Bindungs- und Statuszeichen ausgesetzt. Und mit diesen Darstellungen können Menschen Katastrophen verursachen, wenn sie ihre Fähigkeiten, die Darstellungen anderer anzugreifen und zu zerschlagen, effektiv nutzen würden – oder nur aus der gemeinsamen Definition der Realität austreten. In *Where The Action Is* wird das besonders deutlich, wo Goffman bemerkt, „The physical capacities of any normal adult equip him, if he so wills it, to be immensely disruptive of the world immediately at hand. He can destroy objects, himself, and other people. He can profane himself, insult and contaminate others, and interfere with their free passage" (IR: 169). In *Encounters* greift er diese Linie noch einmal auf, wenn er schnippisch bemerkt, „as every psychotic and comic ought to know, any accurately improper move can poke through the thin sleeve of immediate reality" (ENC: 81). *Immediate reality*: Es geht nicht um die gesamte Realität, es geht um den kleinen Splitter derselben, den wir in einer Szene gemeinsam aufrechterhalten, die Unterstellungen, die wir machen, die Identitäten, die wir zuschreiben, und die Konsense, mit denen wir friedlich interagieren. Kleinste Handlungen können diesen Frieden brechen und die Szene zum Kampf werden lassen. Nur ein Blick kann einen Konflikt provozieren, der die Gesichter aller Beteiligten in ein Spiel offener Aushandlung zwingt. Eine vergessene Begrüßung, ein gut gemeinter, aber nicht so verstandener Witz, eine unachtsame Bewegung: Die Welt ist voller kleiner Handlungen, die andere zur Irritation wenden können, indem sie sie als Angriff auf ihre rituelle Person oder auf von ihnen für wesentlich gehaltene und konsequenzbehaftete Teile der geteilten Realität werten. Andere, deren Interpretationen wir nicht gefürchtet haben, können unsere Handlungen, mit denen wir uns sicher geglaubt haben, auf einmal gegen uns deuten und uns in eine Situation bringen, das über uns ergehen lassen zu müssen oder zurückzuschlagen. In *Presentation of Self* stellt er fest, dass in es „situations, often called ‚scenes', in which an individual acts in such a way as to destroy or seriously threaten the polite appearance of consensus" (POS: 210) um die Realität unserer Gesichter geht. Verbunden mit der Gefahr für Bedeutungen, der man im Alltag ausgesetzt ist, ist es verständlich, wenn Individuen eine „tendency to avoid occasions when character is in jeopardy" (IR: 248) an den Tag legen, um nicht „in eine Auseinandersetzung gezwungen" zu werden, deren Ausgangspunkte und Ressourcenverteilungen Ungutes erwarten lassen.[1]

Die Brüche, um die es Goffman hierbei vor allem geht, sind Irritationen des „Gesichts" der Beteiligten: Die Gefahr, die von diesen Brüchen ausgeht, ist die einer „possible ritual contamination of the performer" (IR: 67). Das bedeutet, dass die Darstellungshandlung, die ihm geschuldet wird, nicht an den Tag gelegt oder aber Darstellungshandeln, dass diese Person verletzt, nach außen gekehrt wird.

6.1.1 Zerbrechen als Handlung

> By expressing a view, one puts forth a possible self, a self which will continue to exist only if it is affirmed by the cooperation of others. This self at risk can be polluted by minor remarks, broken eye contact, coughs, or abrupt changes in conversational content [...] there is precious little one can do to invariably avoid them. [...] Each claim is a risk, each affirmation a tribute (Manning 1973: 16).

---

[1] Übrigens eine Erklärung, die psychiatrisch gerne behandelte „Agoraphobie", Angst davor, das Haus zu verlassen, viel besser erklärt als die biochemischen Geister, die Psychiater hierzu rufen (s. Kap. 7): Die Personen reagieren auf eine tatsächliche Gefahr, die umso größer wird, je stärker sie stigmatisiert werden und je unzufriedener sie mit den Darstellungen sind, die sie in den Interpretationen anderer präsentieren. Das Problem ist keine paranoide Illusion; das Problem ist das Fehlen der Coolness, sich der Gefahr dennoch auszusetzen und vor allem die Unfähigkeit, in diesen Unterstellungen ein Eindrucksmanagement zu spielen, mit dem sie sich aus diesen Stigmatisierungen herausspielen könnten. Ob sie dazu in der Lage sind, entscheidet sich aber nicht nur an ihnen, sondern eben auch an den Interpretationen des Publikums. Viele, die sich diesem Publikum nicht aussetzen – vor allem Schüler, deren Publikum aus Mitschülern besteht – haben in ihrer Einschätzung oft recht, dass dieses Publikum durch kaum ein Eindrucksmanagement auf ihre Seite gebracht werden kann, vor allem, wenn vorherige Spiele Außenseiterrollen verfestigt haben. Diese Personen brauchen vielleicht viel seltener Medikamente, als sie gegenwärtig erhalten, um ihre Angst zu überwinden; sie brauchen neues Publikum, dem sie vom ersten Tag an mit einem anderen Eindrucksmanagement begegnen müssen.

Sich anderen auszusetzen, „exposes him to being forced by someone else into a contest" (IR: 248).[2] Ein „Zerbrechen" einer Bedeutung, an der ein wesentlicher Teil der gerade miteinander aufgeführten Realität hängt, geschieht jedoch nicht einfach. Hier geht es nicht um objektive Tatsachen, sondern um Irritationen: Ein solcher Bruch der Harmonie einer rituellen Interaktion ist keine objektive Sache, genauso wie Normbrüche keine objektiven Dinge sind. Sie müssen als solche von den Beteiligten interpretiert werden, entweder für sich oder für andere. Das ist keine rein innerliche Begebenheit, sondern eine im *looking-glass self* in Bezugnahme auf die unterstellten Urteile anderer getroffene intersubjektive Einschätzung, die die Hochachtung einschließt, die diesen Urteilen anderer geschuldet wird. Auch reicht eine „innere" Interpretation, ein Gedanke, eine Irritation, nicht aus. Es geht um Dinge, von denen eine Person „can elect to find fault with, something he finds reasons to take action against" (FOT: 224) und betont, dass es sich nicht um objektive Fehler handelt, sondern um Dinge die sich dadurch definieren, dass sie korrigiert werden; nicht Fehler, sondern „faultables" (FOT: 225), Dinge, an denen man etwas auszusetzen haben könnte. Das sind Resolutionen, denen ein Zerbrechensspiel voranging.

Die aufeinander bezogen ausgehandelte Realität ist brüchig, aber nicht nachhaltig instabil: In ihr kommen beständig Risse auf, die die Harmonie nur nicht zerreißen, solange die Beteiligten in einer gemeinsamen Anstrengung der Aufrechterhaltung dieser Harmonie verpflichtet sind. Wenn die gemeinsame Bezugnahme scheitert, hat das nichts mit den objektiven Handlungen im Sinne von strikten Regelbrüchen zu tun, sondern mit einem spezifischen Scheitern von Ritualarbeit. Die Zerbrechlichkeit der Welt und der Menschen, die in ihr verwoben sind, geht nicht auf das Wirken einer Naturgewalt zurück.

Zerbrechen benötigt Handlung, und zwar nicht lediglich die Handlung des Angreifers, sondern umgekehrt auch die Handlung des Angegriffenen. Das macht die Handelnden wesentlich, denn entscheiden sie sich, keine Deutung des Bruchs zu verwenden, gibt es auch keinen Bruch; entscheiden sie sich, dass die Situation friedlich ist, ist sie friedlich, egal, was die Beteiligten sagen oder tun (unter Freunden ist es z. B. völlig üblich, *scheinbar* üble und harte Angriffe gegeneinander zu fahren, im Wissen, dass niemand sie als Angriffe werten wird, d. h. dass niemand aus ihnen eine Handlung des Zerbrechens spinnt).

Das sind Spiele. Das klassische, organisierte Spiel weist „an orderly exchange of moves among a small number of teams, the moves being made in accordance

---

[2] Wenn der „Aggressor" das unterstellt, kann diese Situation ausgenutzt werden: „knowing that his victim is likely to seek almost any means to avoid a show-down, can force him to face up to a display of the weakness before witnesses, while the aggressor displays his own bravery" (IR: 248-9).

6.1 Zerbrechlichkeit

with restricting rules" auf: „The moves made by one team add up to a single line of effort directed toward frustrating the design of the other team's action, the whole game engendering a single unfolding history of mutually oriented, *antagonistic* lines of action" (BPP 7-8, Hervorhebung meine). Die Mitspieler können antagonistische Linien einnehmen und damit die Stabilität der sozialen Welt gefährden – eine Gefährdung, die durchaus perspektivischen Nutzen haben kann. Insofern unterschiedliche Linien eingenommen werden können, die gegeneinander stehen, können die untersuchten Situationen so als Auseinandersetzungen über Bedeutungswelten verstanden werden: „a single unfolding history of mutually oriented, antagonistic lines of action" (BPP: 8), in denen zur Aushandlung steht, wer man ist und in welcher Art von Situation man sich befindet. Goffman hat das in die Form der Auseinandersetzung mit Abweichung gegossen, der er jedoch eine neue Richtung gegeben hat. Anstatt von Regeln und Abweichungen zu sprechen, spricht er von rituellen Verwundungen anderer, Herausforderungen und Kittpraktiken. Es geht Goffman hier prinzipiell wieder um die gemeinsame Herstellung sozialer Bedeutung, vor allem der um die gemeinsame Leistung von sozialen Identitäten der Beteiligten. Eine „Regelverletzung" ist so zunächst eine Verletzung der rituellen Person, die Produktion von Geschädigten. Dabei ist jedoch nicht preußisch jede „Regelverletzung" automatisch eine Schädigung: Ob eine Regelverletzung überhaupt vorliegt, und ob jemand geschädigt ist, spielt sich in der Interaktionssituation aus, und Akteure besitzen mannigfaltige Praktiken, um Schädigungen zu glätten und zu kitten, um Situationen friedlich und harmonisch zu halten. Der Weg zum reibungslosen Zusammenleben besteht in der Möglichkeit, Dinge ungesehen bleiben zu lassen, Verletzungen mit wohlwollendem Abwinken zu begegnen und weiterzumachen, als sei nichts gewesen, nicht mit Strafe und Verfolgung. Selbstpräsentation kann jedoch Strafe und Verfolgung notwendig machen, vor allem, wenn Publikum anwesend ist - denn die Glättung der Beziehung mit einer putativen Angreiferin kann zum Bruch des Teams mit Zuschauerinnen bedeuten.

„Anspannung", „Abweichung" und „Regelbruch" müssen wie alle anderen sozialen Bedeutungen auch in Interaktionen dargestellt werden, um sozial real zu sein. Die im Kapitel zur Darstellung sozialer Realität erläuterten Linien gelten hier ungebrochen weiter. Für alle sozialen Zwecke ist eine Interaktion erst dann angespannt, wenn eine solche Anspannung in die expressive Handlung der Beteiligten einfließt: Wenn also ein Zug gemacht wird, mit dem eine Handlung als Irritation definiert wird. Mit anderen Worten: der Zyklus der Abweichung, der ein Zyklus von Trennungsgefährdung mit Wieder-Anbindungsritual mit Hilfe des Rettungsrituals beginnt mit einem Indignationszug. Aber es ist nicht so einfach, wie einige einfache Lesarten des *labeling approach* sich dies vorstellen, nämlich dass die Abweichung *nur* in der Reaktion auf sie bestünde (und der „Abweichler" damit *nur* Opfer der Indignation und Kontrolle anderer sei). Abweichung, „Irritation" ist eine soziale, gemeinsam gemachte soziale Bedeutung, die in Aufeinanderbezogenheit erwächst: Im *looking-glass self*, in dem die Beteiligten die Urteile der anderen unterstellen und auf Basis dieser Unterstellungen handeln, während die anderen auch nur umgekehrt Urteile unterstellen. Häufig erwarten wir, dass unsere Handlungen Indignation hervorrufen; teils ist das gerade die strategische Leistung der Handlung, teils ist es eine Angst, die unsere Handlungen begleitet, vor der wir diese Handlungen aber schützen wollen. Eine erfolgte offene Indignation ist eine Handlung, mit der die andere Seite als rituell verschmutzt zu präsentiert wird, ob durch eigene Indignation („ich bin empört") oder durch die Erwartung der Indignation (eine Entschuldigung, bevor eine Empörung erfolgt ist). Die rituell verschmutzte Person hat, so Goffman, eine Pflicht, auf diese Verschmutzung mit einer Darstellung der Verschmutzung zu reagieren: denn „else, in addition to what has been conveyed about them, they can be seen as submissive regarding others' lapses in maintaining the ritual code" (FOT: 3). Auch das ist eine *looking-glass*-Annahme: Es geht selbstverständlich nicht um irgendeine Idee „objektiver" Verschmutzung, sondern darum, auf die unterstellten Zuschreibungen anderer zu reagieren. Im Alltag bedeutet das meistens, im *looking glass* zu unterstellen, was andere, vor allem ein Publikum, unterstellen: Nimmt man an, dass diese die Handlung als eine Verschmutzung wahrnehmen, muss man vor diesem und für dieses Publikum reagieren. Das führt oft dazu, dass sich gegen putative Angriffe vor Publikum oft sehr viel früher gewehrt werden muss als in einer Zweierszene, aus der man ohne Gesichtsverlust fortgehen kann, weil kein Publikum präsent ist. Denn nehmen andere an, dass eine rituelle Verschmutzung erfolgt ist, und der Verschmutzte tut nichts, sieht er aus, als läge er auf dem Rücken, während er verletzt wird. Umgekehrt bedeutet das jedoch auch, dass eine Reaktion, die erfolgt, während diese beobachtenden Anderen keine (relevante) Verschmutzung unterstellen, seltsam, dünnhäutig, möglicherweise paranoid aussieht. Und zudem spielen die zugeschriebenen Stärkepositionen mit: Eine Person, die unterstellen kann, dass ein Publikum ihren Status als sicher ansieht, kann auch große Angriffe unentgegnet lassen, da ihre Coolness als Zeichen dieser Statussicherheit wahrgenommen werden kann. Eine Person, deren Status ohnehin prekär ist, muss schneller und deutlicher reagieren. In all diesen Kontexten ist die Determination, ob eine Verschmutzung vorliegt, die Rettungshandeln benötigt, eine Frage aufeinander bezogener Unterstellungen in einem sozialen Raum, in dem die Beteiligten überblickt werden müssen, aber nie völlig überblickt werden können, mit Unterstellungen, die nie sicher sein können. Die Harmonie der Situation benötigt ein fein justiertes *looking-glass self*, und auch der glatteste Spiegel kann scheitern.

Goffman bemerkt zu Darstellungen, die möglicherweise als rituelle Verschmutzungen anderer gedeutet werden könnten, dass die putativen Verschmutzer die

„worst possible readings in mind" haben (RIP: 109), auf die Menschen managend reagieren, mit denen sie umgehen müssen. Goffman nennt das die „virtual offense" (108-9). In diese unterstellten Urteile fließen Statusimplikationen ein. Ist eine Person statusniedriger (und auch das sind *looking-glass*-Unterstellungen, die sich in der Interaktion erst aktualisieren müssen), ist sie auf die Akzeptanz der rituellen Glättung durch andere angewiesen: Die statushöhere Person (und oft nur diese!) kann nachsichtig sein (was im Falle einer rituellen Glättung durch den Verschmutzer allerdings auch erwartet wird, da sich ansonsten der Wind drehen und die unnachgiebige Reaktion auf eine Glättung der rituellen Verschmutzung eine eigenständige rituelle Verschmutzung der anderen Seite werden kann). Die Darstellung der Irritation muss zudem nicht von den Verletzten ausgehen; sie kann ebenso von der Person ausgehen, von der auch der Bruch ausging; in der Tat ist das häufig der Fall, und ein rechtzeitiges Zuvorkommen vor den Irritationsdarstellungen anderer ist ein häufig genutzter Weg, eine Irritation im Keim zu ersticken.

Die Zerbrechlichkeit der Welt besteht damit darin, dass sich andere Akteure gegen die Darstellungen ihrer Interaktionspartner zur Wehr setzen können oder allgemein unterstellte, aber nicht verbalisierte Unterstellungen zerschlagen können. Dem oben explizierten Vergesslichen muss lediglich seine Präsentation nicht abgenommen werden, oder man unterstellt, sie nicht gesehen zu haben, oder wirft ihm vor, vergesslich und schluderig zu sein. Die Studierende, die sich Pommes Frites nimmt, kann sanktioniert werden: Eine Unterbrechung – sei sie offen und verbal („was soll das?") oder aber nonverbal (ein Stocken, Zögern, ein Blick auf die Pommes Frites und auf die „offensive" Hand des Anderen) – markiert diese Situation als nicht selbstverständlich, so dass die gemeinsame Handlung einem außenstehenden Beobachter anzeigt, dass eine Inkongruenz der Unterstellungen vorliegt. Das ist nicht einfach nur mit der Konsequenz verbunden, dass der so abgewiesene keine Pommes Frites erhält: Es ist eine öffentliche Darstellung, die seinen Bindungszeichen widerspricht und damit die in dieser Handlung unterstellte und praktisch dargestellte soziale Beziehung leugnet. Sie leugnet die Bedeutungen der Personen, die sie sich unterstellt haben, der Zeichen, die sie verwendet haben. Sie leugnet ihr Gesicht. Und diese Gefahren machen die Welt prekär.

6.1.2 Zuarbeit zur Handlung des Zerbrechens

Situationen und die in ihnen dargestellten Realitäten benötigen also soziale Handlung, um zu zerbrechen; sie tun es nicht von selbst, und auch abstrakte „Regeln" leiten von sich aus keine zerbrochene Realität ein. Aber diese Handlungen müssen dargestellt werden, und das geschieht in einem *looking glass*-Umfeld, in dem derjenige, dem vorgeworfen wird, etwas Brüchiges getan zu haben, oft nur ein Teil des Publikums darstellt: Oft sind noch andere Menschen anwesend, vor denen die Indignation gerechtfertigt werden muss. Damit ist es notwendig, offiziell tragfähige Gründe zu liefern, und die Handlungen, die wir an den Tag legen, können diese Gründe darstellen.

Wir selbst können die Mittel liefern, mit denen Realitäten gebrochen und unsere Gesichter angegriffen und zerstört werden: Goffman identifiziert „slips, boners, gaffes, or malaproprisms" (ENC: 45) als potentielle Quellen der Zerstörung, deren Saat wir selbst legen, Darstellungen „which unintentionally introduce information that places a sudden burden on the suppressive work being done in the encounter" (ENC: 46). Das kann unbedacht und unwissend durch eine „unmeant gesture" geschehen, die selbst eine „fleeting definition of the situation" projiziert, die „different from the definition officially projected" ist (POS: 52); durch Scheitern der Unterstellung, was die wahrscheinlichen Interpretationen anderer sein könnten (also durch ein Scheitern der Unterstellung auf andere im *looking-glass self*).

Ob diese Vorlagen ausgespielt und gegen den Menschen verwendet werden, ist jedoch eine Frage des Wohlwollens – oder des Fehlens desselben. „Slips", Darstellungsinkongruitäten bringen uns nicht automatisch in Bedrängnis, sie legen nur die Saat dazu, die andere oder man selbst gießen muss. Ist das Publikum dagegen wohlwollend, ist es häufig bereit, Darstellungen zu liefern, die den Riss wieder kitten oder erst gar nicht auf diese *slips* einzugehen, also darstellen, sie wären nicht da, damit es weitergeht. Christopher Hitchens alte Definition eines Gentlemans greift auf, dass es die Aufgabe des Gentleman ist, diese unbedachten Schnitte zu meiden: Ein Gentleman ist „someone who is never rude *except on purpose*" (2009: 69). Es gibt durchaus auch Spiele, in denen keine Gegner zu verorten sind: „Games will be possible where opposition does not exist" (SI: 101). Zudem kann man selbst sein eigener Gegner sein, indem man sich selbst herausfordert, seine eigenen Realitätsdefinitionen konterkariert, an seinen Fixierungen zweifelt oder sich bezüglich der Konsequenzen der eigenen Setzungen Stress aussetzt. Manche Menschen bringen sich hier selbst in das Bedrängnis eines „contests", indem sie sich selbst das Wohlwollen entziehen und auf sich selbst negativ reagieren, ohne dass das Umfeld das getan hätte. Das bringt das Umfeld seinerseits in Bedrängnis, denn auf den Fehler reagieren hieße, eine Position gegen diesen Selbstzerstörer einzunehmen; nicht darauf zu reagieren, bedeutete jetzt allerdings dasselbe, weil man sich, würde man immer noch versuchen, den Fehler zu ignorieren, gegen seine offene Definition stellen würde.

In *Interaction Ritual* diskutiert Goffman ausführlich, was geschieht, wenn Menschen ihre Darstellungsfassaden verlieren, beispielsweise im „flooding in" oder im „flooding out", wenn Emotions- und Involvierungsdarstellungen, die für den Moment unangebracht sind (d. h. in diesem Moment von anderen nicht erwartet wurden) die Situation „durchbrechen". Die so „Zerflossenen" liefern sich und die Situation der Kontrolle durch andere aus, die diese Situation nun wieder „ordnen" müssen. Ein weiteres potentielles Problem der Darstellung, die ein projiziertes Bedeutungsschema in Gefahr bringen kann, besteht in einem „failure to regulate the information acquired by the audience" (POS: 67), also durch mangelnde Informationskontrolle. Hier werden andere in die Situation gebracht, aktuelle Darstellungen nicht mitspielen zu können, weil sie andere Darstellungen mit den aktuellen zu balancieren haben. Entweder man selbst oder andere können Eindrücke in die Situation bringen, die dem bisher gemeinsam aufrecht erhaltenen Eindruck widersprechen. Goffman stellt fest, „even sympathetic audiences can be momentarily disturbed, shocked, and weakened in their faith by the discovery of a picayune discrepancy in the impressions presented to them" (POS: 51), nicht, weil die Uneinheitlichkeit selbst so eine große Problematik darstellte, sondern weil Informationen geliefert werden, mit denen das Publikum nicht länger offiziell eine einheitliche Definition aufrechterhalten kann. „Given the fragility and the required expressive coherence of the reality that is dramatized by a performance, there are usually facts which, if attention is drawn to them during the performance, would discredit, disrupt, or make useless the impression that the performance fosters"; Goffman nennt sie „destructive information" (POS: 141). Diese zu liefern, bietet anderen Möglichkeiten, die Realität der geteilten Bedeutungen anzugreifen.

6.2 Rettung vor dem Bruch

Wenn erst Realitäten in gegenseitigen Angriffen ausgehandelt werden, ist die Welt – das heißt: ihre Bedeutungen, und vor allem die Bedeutungen von Personen – nicht mehr sicher. Wie das Zerbrechen von Realitäten von Handlungen von Mitmenschen abhängt, so hängt auch die Rettung der Realität an eben solchen Handlungen. Diese Handlungen kommen häufig vor. Gary Alan Fine betont in Bezug auf Goffman, dass wir trotz dieser ubiquitären Gefahr des Zerbrechens – oder vielleicht sogar aufgrund dieser Gefahr – ein „commitment to stability" an den Tag legen, eine „devotion to a smooth flow of action" (2010: 366). Goffmans kleine Alltagsanalysen zeigen beständig, welchen breiten Fächer an Praktiken Menschen an den Tag legen, damit die Situation nicht kippt und die allgemeine Ordnung der Situation gewahrt wird. Das ist kein Argument, dass die Welt strukturell ordentlich ist, auch keines, dass sie strukturell unordentlich ist: Was als Ordnung gilt und was nicht, das definieren wir, und wir tun dies, indem wir Brüche meiden, überwinden und mögliche Grundlagen von Brüchen inoffizielles Wissen bleiben lassen, es nicht durch Verbalisierung oder sonstige offene Kommunikation auf die Vorderbühne der Situation bringen. In den meisten Fällen sind Menschen stabilitätstragend: Jenseits aller Brüche in gegenseitigen Unterstellungen stellt Goffman fest, „Real agreement will [...] exist concerning the desirability of avoiding an open conflict of definitions of the situation" (POS: 10). Wir arbeiten in einem bemerkenswerten Tanz zusammen, um gegenseitig Definitionsklüfte überhaupt nicht erst im Drama des interaktiven Zusammenspiels aufkommen zu lassen und lassen Chancen verstreichen, die Realität zu zerbrechen: „Foregoing is usually so well learned that students of social life fail to see the systematic desisting that routinely occurs in daily living, and the utter mayhem that would result were the individual to cease to be a gentleman" (IR: 170). Die Stabilität der Situation, das Aufrechterhalten der Handlung und die Vermeidung öffentlicher Definitionsklüfte führt uns dazu, uns im Alltag an die Linien anderer anzupassen, mitzumachen, wohlwollende Unterstellungen zu machen und die Unterstellungen anderer mitzutragen, solange diese nicht all zu irritierend werden.

Ein wesentlicher Teil der gemeinsamen Definition des Alltags besteht darin, Interaktionen friedlich zu halten und Angriffe auf die Realitätsdefinitionen anderer nicht zu initiieren oder zu provozieren. Wenn dieses Spiel funktioniert, „the definitions of the situation projected by the several different participants are sufficiently attuned to one another so that open contradiction will not occur" (POS: 9). Diese gemeinsam geteilte Praxis, diese Zerbrechlichkeit nicht auszunutzen, ist in *Presentation of Self* als Arbeitskonsens explizit. Im Alltag vermeiden wir es, die Definitionen anderer in Frage zu stellen. „The maintenance of (a) surface of agreement, this veneer of consensus, is facilitated by each participant concealing his own wants behind statements which assert values to which everyone present feels obliged to pay lip service" (POS: 9).

Es geht nicht um innere Übereinstimmung, sondern darum, keine *offiziellen* Zeichen zu liefern, dass man die Konsense bricht oder anderen unterstellt, dass getan zu haben. Goffman bemerkt, dass sich hierbei eine „definitionale Arbeitsteilung" (ebd.) ergibt: Man lässt Personen die Teile der Situation definieren, an der sie akutes Interesse haben und erhält dafür umgekehrt dasselbe Recht. Bereits in seinem ersten Beitrag schreibt Goffman, „that the occupant of each status acts toward others in a manner which conveys the impression that his conception of himself and of them is the same as their conception of themselves and him" (SCS: 294): Ich breche die Selbstdarstellungen anderer nicht, solange dieser Bruch nicht nötig wird, um eine eigene Darstellung zu schützen, die mir nötig erscheint; das bedeutet gleichzeitig, in unseren eigenen Darstellungen darauf achten zu müssen, dass wir damit nicht die Darstellungen anderer durchkreuzen, gewollt oder ungewollt.

Darstellungen „retten" beinhaltet zunächst vor allem, anderen die Möglichkeiten des Angriffs zu erschweren: Indem die Fehler, die sie zur Legitimation des

Angriffes verwenden können, versteckt werden oder indem sie zwar dargestellt werden, aber mit Zusatzsymbolen versehen werden, um ihre Problematik auszugleichen.

6.2.1 Civil inattention

Ein berühmter Teil der Goffmanschen Analyse der Aufrechterhaltung des friedlichen Alltags ist die zivile Unaufmerksamkeit („civil inattention", BPP: 83), die wir im alltäglichen Umgang miteinander zur Schau stellen. Diese Personen finden sich, wie Goffman in *The Arrangement Between the Sexes* bemerkt, in einer gemeinsamen Begegnung (ABS: 301) – und er stellt fest, dass zivile Unaufmerksamkeit eine der losesten Formen der Begegnung ist, die aber dennoch gegenseitig gebunden wird: *Civil inattention* ist eine Form des offiziellen Nichtbemerkens im Alltag. Man schaut sich gegenseitig nicht in die Augen, liefert keine Ansätze dafür, dass man im Begriff ist, den Weg der anderen durch den Alltag zu unterbrechen. Dieses „Nichtbemerken" ist ein offizielles, nicht allerdings ein abstraktes Nichtbemerken. Goffman stellt fest, dass Menschen im Alltag elaborierte gegenseitige Radarmessungen vornehmen, um sich selbst gegenüber anderen in eine Position manövrieren zu können, in der sie sich einander nicht stören: Wie sie ihre Wege nicht kreuzen oder sich nicht in den Weg geraten, wie sie austarieren, wer welchen Weg entlang eines Hindernisses nimmt, wer zuerst durch eine Verengung des Weges gehen kann – das alles geschieht, ohne dass die Personen *offiziell* Bezug zueinander nehmen, in gegenseitiger Wahrnehmung und Reaktion auf die Richtungen anderer, die ihrerseits anzeigen, dass sie ausweichen werden (weichen beide zugleich in dieselbe Richtung aus, schafft das die peinliche Situation, einander doch zu nahe zu kommen und ruft entweder Veränderungen in letzter Sekunde oder, wenn das nicht geht, offene Bezugnahme hervor – wie ein Lächeln, ein Schulterzucken und ein nun offenes Ausweichen).

Zivile Unaufmerksamkeit kann als Spielchip verwendet werden. Das macht Goffman an mehreren Punkten deutlich: In *The Arrangement Between the Sexes* analysiert er, dass schnelle Blicke die zivile Unaufmerksamkeit in der Regel nicht brechen, wenn sie unpersönlich bleiben und nur verwendet werden, um gegenseitiges Austarieren der Bahnen im Alltag zu erlauben. In der Interaktion zwischen Geschlechtern sind damit schnelle Blicke zunächst einmal nur ein Aufblinken auf dem Radar, und „‚Civil inattention' allows male and female a quick mutual glance" (ABS: 330, fn 5). Was darüber hinausgeht, kann als Bruch gewertet werden. „Her second quick look can serve as a signal of encouragement to him" (ibid.), nämlich ein Einladungszeichen, zivile Unaufmerksamkeit brechen zu dürfen.[3] In *Behavior in Public Places* nennt er eine ähnliche Ausnutzung der Interaktionserwartungen in Situationen der Beziehungsanbahnung, um sich „absichtlich" in eine Position zu begeben, aus der nun Ouvertüren von Seiten anderer Teilnehmer zu erwarten sind, zum Beispiel die klassische (wenn auch nun etwas verstaubte) Situation, in der eine Frau ein Taschentuch fallen lässt (BPP: 140), was eine Entschuldigung bietet, die zivile Unaufmerksamkeit aus einem angemessenen und zunächst harmlosen Grund zu brechen, nämlich zum Zweck der Hilfeleistung. Flirtanbahnung im öffentlichen Raum ist häufig gerade eine Frage der Suche nach „Einfallspunkten", die es erlauben, die zivile Unaufmerksamkeit graziös zu brechen.

6.2.2 Verstecken

Tatsachen sind destruktiv, gefährlich für die momentane Realität und müssen vorm Publikum geheim gehalten werden, wenn sie a) den unterstellten erwarteten Informationen widersprechen (was eine Interpretation des Versteckers ist); b) diese unerwartete Interpretation ihrerseits als negativ interpretieren würden (wieder eine Interpretation des Versteckers), was auch damit zusammenhängt, c) in welcher Loyalitätsbeziehung die Personen zueinander stehen. Versteckt werden muss sie ganz besonders dann, wenn d) keine Loyalitätsbeziehung vorliegt (und es damit Vorderbühnensituationen sind) und negative Interpretation neutraler und/oder potentiell feindlicher anderer nicht oder nur schlecht beeinflusst werden können. Es ist eine wesentliche Leistung der Trennung von Vorderregionen und Hinterbühnen (und unterschiedlichen Vorder- sowie unterschiedlichen Hinterbühnen), dass eine solche Segregation der Darstellungen möglich wird. Wird diese Segregation gebrochen, liegt das Problem nicht in der reinen Dissonanz oder irgendeiner Form des „abstrakten" Widerspruches, sondern in der Verantwortung. Denn sind Informationen offen (und damit offiziell, und verantwortlich) eingeführt, die als Widerspruch definiert werden – und ist offengelegt, dass sie offengelegt sind –, legt das eine eigene Erwartung auf jene, die diese Information erhalten haben. Ihre Darstellungen stehen jetzt im Schatten des Wissens anderer, was sie erfahren haben und einer gemeinsamen Definition des Bewusstseins und der Verantwortung derjenigen, die es erfahren haben. Hält man die gemeinsame Fassade mit dem, den man schützen möchte, nun weiter aufrecht, könnte das zu einem Angriff auf den führen, der da schützen will und ihn zwingen, seinen Schutz aufzugeben, bevor das geschieht.

---

[3] Goffman schiebt den etwas traurigen Satz nach, „Some men have much experience with second looks; other men, practically none" (ibid.).

6.2 Rettung vor dem Bruch

Potentiell zerstörerische Darstellungen können auch durch Risikoausgleiche (*hedges*) und vorsichtige Darstellungen versteckt werden, damit die anderen im Zweifelsfall die Darstellung an diesen Vorsichtsgriffen anpacken können, um den aufgeflogenen Interaktionspartner zu retten: „he must not leave himself in a position from which even the lamest excuse and the most cooperative audience cannot extricate him. In telling an untruth, the performer is enjoined to retain a shadow of jest in his voice so that, should he be caught out, he can disavow any claim to seriousness" (POS: 191); „Thus, the individual constantly employs little shticks[4] to keep himself in some sort of defensible posture. He engages in little performances to actively portray a relationship to such rules as might be taken to be binding on him" (RIP: 186).[5]

Interessanter als diese offensichtlichen Versuche, eine Handlung aus dem Raum der Irritation zu entfernen, sind die nonverbalen expressiven Handlungen, die irritierende Definitionen fernhalten sollen. Goffman nennt sie „body glosses" (RIP: 119), „a first move redesigned so its maker can suffer going unanswered" (RIP: 137). Das extendierte „Vergessensdrama"-Beispiel im letzten Kapitel beinhaltete solche *body glosses*, Handlungen, die anderem expressivem Handeln hinzugefügt werden, um diesem (letzteren) Handeln eine Geschichte hinzuzufügen (ein „keying", in der Sprache von *Frame Analysis*) und andere dazu zu bewegen, mit Hilfe dieser Geschichte eine nicht irritierende Definition zu wählen. Das kann so wenig wie ein Lächeln sein, „a transfix, sustaining it over the whole course of a lengthy incedent so that a single reading can be applied to all of it" (RIP: 128), mit dem Wohlwollen und rituelle Ehrung trotz einer möglicherweise anders zu interpretierenden Handlung dargestellt werden kann. Beispielhaft kann hier an eine Szene gedacht werden, in der man sich vollbepackt mit mehreren Gläsern durch ein volles Lokal drängeln muss, um zurück an seinen Tisch zu gelangen, und man sich aufgrund der relativen Immobilisierung durch die Gläser, die balanciert werden müssen, langsamer bewegen müsste als das ohne Gläser der Fall wäre – und damit andere Gäste davon abhält, so schnell wie möglich zu ihren Zielen zu gelangen. Das ist eine Situation, die andere als rituell irritierend wahrnehmen könnten. Sie werden von einer Person aufgehalten, die schneller sein könnte, als sie ist. Ein beständiges Lächeln, abwechselnd an verschiedene wartende oder verlangsamte Gäs-

---

[4] S. Fußnote 22: Yiddish für „Maschen".

[5] Die Formulierung ist übrigens bemerkenswert: Man gibt Darstellungen, in denen man sich als gebunden von jenen Regeln präsentiert, von denen man annimmt, dass andere sie auf einen anwenden werden. Das gibt Goffmans Position zur „Regelgeleitetheit" der Welt konzise wieder. Regeln tun gar nichts und sagen nichts Bestimmtes. Es geht vielmehr um die unterstellten Interpretationen anderer, was einen da bindet und wie es einen bindet, und den eigenen expressiven Umgang damit.

te addressiert, stellte ein solches „transfix" dar. Goffman stellt einige weitere *glosses* dar: *orientation gloss* (RIP: 130), *circumspection gloss* (RIP: 132), mit dem „ehrwürdige Intentionen" dramatisiert werden (die Hand am Griff in der vollen U-Bahn, damit niemand unterstellt, die Hände würden anderes tun, RIP: 133), oder *overplay gloss* (RIP: 134), eine Dramatisierung der Selbstkontrolle. Auf diese möchte ich hier nicht weiter eingehen – sie sind bei Goffman nachzulesen. Diese verdeckten Heilungen verhindern, wenn sie erfolgreich sind, die Offenlegung dieser Brüche und damit den Bruch der Hauptinvolvierung: Es handelt sich um Wege, die Störung zu beseitigen, bevor „the illusion of reality will be shattered" (IR: 135).

6.2.3 Ehrerbietung und Auftreten

Eine der Linien, denen Goffman in diesem Kontext besondere Beachtung geschenkt hat, besteht aus den rituellen Darstellungen, mit denen in sozialen Interaktionen einander „gehuldigt" wird: Goffman spricht von *Deference and Demeanor* (IR: 47), in der deutschen Übersetzung heißt es „Ehrerbietung und Benehmen", jedoch wäre vielleicht „Ehrerbietung und *Auftreten*" passender gewesen (s. o.). Ehrerbietung und Auftreten gehören zu den Mitteln, die gegenseitig verwendet werden, um Menschen in einer friedlichen Aufeinanderbezogenheit zu halten und die geteilten Realitäten damit zu sichern. Das schließt an die oben erwähnte Analyse Goffmans von Menschen als „letzte Gottheiten" an. Es handelt sich nicht um abstrakte Spezies von Darstellungsformen, sondern um im Rahmen eines bestimmten Analyseziels gemachte Benennungen.

> Durkheimian notions about primitive religion can be translated into concepts of deference and demeanor, and […] these concepts help us to grasp some aspects of urban secular living. […] this secular world is not as irreligious as we think. Many gods have been done away with, but the individual himself stubbornly remains as a deity of considerable importance. He walks with some dignity and is the recipient of many little offerings. […] In contacts between such deities there is no need for middlemen; each of these gods is able to serve as his own priest (IR: 91).

Mit Hilfe der Metapher der „Gottheit" und der Rituale, mit denen Gottheiten gehuldigt wird, können einige der Darstellungen und Bindungszeichen, die ich oben expliziert habe, auf eine besondere Form des rituellen Gehalts hin untersucht werden: Wie wir mit ihnen die Persönlichkeiten anderer beständig „ehren" und wie es so dazu kommt, dass „the world tends to be bathed in better images than anyone deserves" (IR: 83). Als „kleine Gottheiten" sind Menschen auf die Anerkennung anderer angewiesen, weil sie diese selbst nicht darstellen dürfen; und diese An-

6.2 Rettung vor dem Bruch

erkennung an andere auszugeben ist ein Mittel, diese davon abzuhalten, in einer Interaktionssituation die Teams zu wechseln und gegen die sozialen Bedeutungen zu spielen, die die Anerkennenden darstellen. Es ist ein reziprokes Spiel: Gegenseitige Ehrerbietung hält alle Beteiligten gütig, und eine Vorsicht in dieser Ehrerbietung ist geboten, wenn andere nicht in eine Position gebracht werden sollen, in der sie ihre Gesichter verteidigen müssten – womit sich Angriffe auf das Gesicht der anderen verbinden. „Ehrerbietung" ist „a symbolic means by which appreciation is regularly conveyed to a recipient of this recipient, or of something of which the recipient is taken as a symbol, extension, or agent" (IR: 56), „Auftreten" dagegen „that element of the individual's ceremonial behavior typically conveyed through deportment, dress, and bearing, which serves to express to those in his immediate presence that he is a person of certain desirable or undesirable qualities" (IR: 77). Beide zusammen ergeben ein Gesamtbild: „Each individual is responsible to the demeanor image of himself and the deference image of others, so that for a complete man to be expressed, individuals must hold hands in a chain of ceremony, each giving deferentially with proper demeanor to the one on the right what will be received deferentially from the one on the left" (IR: 84-5), und so sind sie nicht einfach und strikt trennbar (wie alle Kategorien, die Goffman erdenkt, nicht einfach und strikt trennbar sind): „deference and demeanor are analytical terms; empirically there is much overlapping of the activities to which they refer" (IR: 81). Wie Bindungszeichen nicht abstrakt von Darstellungen getrennt werden können, können Ehrerbietung und Auftreten nicht abstrakt von Bindungszeichen und Statuszeichen getrennt werden. Ehrerbietung und Auftreten sind Formen dieser Zeichen: Mit ihnen werden soziale Positionierungen und Hierarchien aufrechterhalten, Persönlichkeiten dramatisiert und damit sozial ausgehandelt.

Goffman untersucht diese rituellen Ehrungen auf dem Feld von Etikette, Höflichkeit und Benehmen; dazu weidet er Etiketten- und Benimmliteratur aus und entnimmt ihnen „Zeremonien", bei denen wir im Alltag davon ausgehen, dass sie „secondary or even no significance in their own right" hätten und zeigt, wie sie unsere gemeinsam gemachte Welt immer wieder aufrechterhalten. Die kleinen Höflichkeiten des Alltags wie Grüßen und Verabschieden, das Abnehmen des Hutes und Krönungen (IR: 55) und andere Beispiele der „four very common forms [...] salutations, invitations, compliments, and minor services" (IR: 72-3) erbringen gegenseitige Rollenzuschreibungen und erhalten den sozialen Frieden aufrecht. Aber das geht weit über die rituellen Höflichkeiten hinaus, die wir im Alltag auf den ersten Blick „Höflichkeiten" nennen würden: Es beinhaltet all die Dinge, bei denen wir durchaus „Unhöflichkeit" unterstellen würden, aber nicht genau bezeichnen können, warum. Es beinhaltet die kleinen Gesten, mit denen wir die Realitäten des jeweils anderen gegenseitig unterstützen, die Definitionen der Situationen anderer als in Ordnung markieren, kurz: in denen wir mit dem mitspielen, was andere mit unseren Realitäten tun, und dabei unterlassen, den Ärger zu machen, zu dem wir immer in der Lage wären. In *Forms of Talk*, seinem letzten Buch, nimmt Goffman diese Praktiken besonders detailliert auseinander. Eines von Goffmans Beispielen ist der folgende Dialog:

> A: Do you have the time?
> B: Sure. It's five o'clock.
> A: Thanks.
> B: T's okay.

Mit scheinbaren Winzigkeiten dieser Art hat Goffman seinen größten Spaß. Die Frage wird „vorsichtig" gestellt – nicht etwas als „Hey! Wie viel Uhr ist es?", weil A sich das Recht nimmt, die Ereignislosigkeit von B zu durchbrechen, B im Gang durch die Welt anzuhalten, was durchaus sinistre Gründe haben könnte. Man denke an die Vorsicht, die man hat, wenn man bemerkt, dass jemand im Alltag Augenkontakt macht und hält und damit ankündigt, dass ein Ansprechen zu erwarten ist: Wir erwarten in solchen Momenten häufig unterschwellig einen Bettler oder Betrüger, und das informiert unsere Dramaturgie. (Das ist eine eigene Szene: Wir sind erst einmal auf der Hut und dramatisieren Skepsis, wenn wir im Alltag angesehen werden und damit das Gegenüber dramatisiert, dass es uns ansprechen wird, aber präsentieren dennoch Fokussierung: „Nein" zu sagen und abzuweisen, ohne zu wissen, worum es geht, ist ein eigener Bruch, und daher erlauben wir den ersten Satz; es sei denn, der, der die Ereignislosigkeit bricht, sitzt am Straßenrand und dramatisiert sich als Bettler – diese Personen werden in der Tat oft ignoriert, wenn sie Passanten ansprechen, weil hier keine Skepsis gewahrt werden muss, um dem Ereignislosigkeitsbrecher nicht Unrecht zu tun. Kommt der andere aber gehend und sieht zudem gepflegt aus, gibt unsere Körpersprache dennoch bereits die Skepsis mit, so dass wir bereits vorkommunizieren: Gib acht, überreize die Öffnung nicht.) „Do you have the time?" kommt also bereits mit einer dramatisierten Entschuldigung für die Invasion, die das beinhaltet. „Sure, it's five o'clock" gibt dieser Entschuldigung statt und dramatisiert „kein Problem" – „sure." Übrigens wird die Intention der Frage beantwortet, nicht ihr wortwörtlicher Inhalt: Die Antwort auf diese Frage wäre „Ja", und das wäre in seiner Bejahung abweisend, weil sie dem Fragenden und seiner zu unterstellenden Intention nicht entgegenkommt, sondern ihn für den Ausdruck der Intention extra arbeiten lässt: Er müsste jetzt sagen, „Und? Wie viel Uhr ist es?" – und man bemerke, dass er das nicht hätte gleich fragen können, ohne aufdringlich und „unhöflich" zu sein, ohne nämlich das Recht des anderen auf Ereignislosigkeit nicht dadurch zu sichern, indem die

Frage entschuldigend vorgebracht wird, eine Ehrerbietung, die nun aber zurückgezahlt werden muss, indem die Zeit gegeben und nicht die Frage beantwortet wird. Diese Interaktion ist inhaltlich beendet, aber wird dann rituell erst abgeschlossen sein, wenn beide gegenseitig dargestellt haben, dass alles recht ist mit der Welt, indem sich der so Informierte bedankt und der Informierende diesen Dank ablehnt („kein Problem"), womit er festhält, dass es nichts gibt, wofür gedankt werden müsste (während ein „bitte!" festhält, dass es das durchaus gab!). Zwar ist damit der Dank aufgelöst, aber er musste erst auftauchen, um aufgelöst zu werden; ein fehlendes Erscheinen wäre keinesfalls dasselbe gewesen, denn es geht nicht um den Dank, sondern um die gegenseitige Ehrerbietung, die das Dankesritual nur in der Gegenseitigkeit erlaubt, wenn es auftaucht, um zerstört zu werden. So zeigt Goffman uns, dass Ehrerbietung keinesfalls nur aus Gesten besteht, die wir lange eingemottet haben, wie das Abnehmen des Hutes, dem Knicks vor der Dame oder das Verbeugen vor dem Adligen. Ehrerbietung ist ein Alltagsgeschäft, dass sich hinter den Ritualen des Alltags versteckt, die wir aus Ermangelung von Einblick in die Matrix (s. Kap. 8) nur als „Höflichkeit" verbalisieren, ihre Abwesenheit nur als „flegelhafte Unhöflichkeit" fassen können.

Der Grund für Ehrerbietung ist Angst vor den geheiligten Objekten. Anders als die heiligen Objekte der Weltreligionen reagieren diese tatsächlich auf Herausforderungen – und schlagen zurück, wenn sie rituell verschmutzt werden. Ehrerbietung ist die Darstellung, die anderen anzeigen soll, dass eine solche Verletzung nicht verfolgt wird und zudem Schutzmechanismen Anwendung finden, sie nicht gedankenlos oder unintendiert zu verletzen. Sie bieten eine große Masse an Ressourcen, mit denen die geteilte Realität durch Neuresolution veränderbar ist. Die Kleinigkeiten, mit denen sie gespielt werden sind daher, bemerkt Goffman, „gestures we sometimes call empty [but] perhaps in fact the fullest things of all" (IR: 91), denn mit ihnen können wir gegenseitig anzeigen, wie wir zueinander stehen. Sie sind viel mehr als einfach nur die „geschuldeten" Huldigungen, Zeichen des Respekts, die wir „einfach erwarten können" und jene, die es nicht tun, nicht einfach „Flegel". Sie sind nur Flegel, wenn sie damit verlieren.

6.2.4 Involvierung

Die Harmonie der Situation beinhaltet nicht nur eine Vermeidung von offenen Angriffen auf die Realitäten anderer: Auf einem tieferen Level bedeutet es zudem die Darstellung eines gemeinsamen Focus. Man hält die gemeinsame Realität nicht nur dadurch aufrecht, keine offenen Infragestellungen der Realitäten anderer zu betreiben, sondern auch dadurch, dass anderen *dargestellt* wird, dass man sich in derselben Situation befindet und einen gemeinsamen Brennpunkt aufrechterhält. Goffman nennt diesen gemeinsamen Brennpunkt „Involvement": „It seems characteristic of encounters ... that their order pertains largely to what shall be attended and disattended, and through this, to what shall be accepted as the definition of the situation" (ENC: 19). In der „offenen" Situationsdefinition ist das Miteinander-Reden (oder einen Film schauen) die Hauptinvolvierung, in die das Händehalten als Nebeninvolvierung „einbricht", ohne dass diese Hauptinvolvierung gestört wird: Dargestellt wird das, indem die Beteiligten in ihrer Aufmerksamkeit gänzlich beim Gespräch oder dem Film bleiben (wie die Gesprächspartner beim Gespräch und nicht beim Getränk) und das Ineinandergehen der Hände in dieser Hauptinvolvierung völlig ignoriert wird. Jedoch ist diese Nebeninvolvierung eine, die gerade dadurch, dass die Hauptinvolvierung demonstrativ fortgeführt wird, um sie zu verdecken, eine „versteckte Hauptinvolvierung": Aber eine, für die im Zweifelsfall, wenn sie nicht funktionieren sollte, Rückzug möglich bleibt, ohne dass dadurch ein Gesichtsverlust droht. Diese Involvierungen sind Ansprüche an die Aufmerksamkeit einer Person. Sie bezeichnen den Anspruch, dass eine Person in ihrem Eindrucksmanagement sichtbar darstellt, dass sie präsent, interessiert und bezüglich des Focus der Situation „auf dem Laufenden" ist. Die Interaktionsteilnehmer müssen darstellen, dass sie die für diesen pertinenten Focus relevanten Handlungen anderer mit verfolgen.

Die oben besprochene Ehrerbietung überlappt auch mit der Involvierung: „involvements are sustained in a muted, modulated, and intermittent fashion, expressing in their style a continuous regard and deference for the official, dominating activity at hand": Wir schulden der „dominanten Aktivität" unsere Aufmerksamkeit, und da diese Aktivität selbst sich nicht durchbrochen oder verletzt fühlen kann, bedeutet das: Wir schulden unseren *Mitmenschen* in dieser Aktivität, dass wir der gemeinsamen Aktivität Aufmerksamkeit entgegenbringen. Wenn wir in einer Interaktion, in der wir uns mit ihnen gemeinsam befinden, etwas anderes tun, müssen wir es zeitlich und örtlich stark eingrenzen oder gar unter der Hand tun. Zu diesem Management spricht Goffman die Unterscheidung zwischen „dominant involvements" oder „main involvements", Hauptinvolvierungen, und „subordinate involvements", Nebeninvolvierungen als Teile einer Begegnung an (BPP: 45ff.). Während eine Hauptsache gemeinsam getan wird, indem die Gruppe einen gemeinsamen Focus zeigt, können Nebentätigkeiten ausgeführt werden, die – je nach Kontext und gemeinsamer Definition der Situation – nur der Focus einer oder weniger Personen sind, die jedoch den Hauptfocus und damit die Hauptinvolvierung nicht brechen, d. h. von den anderen nicht als störend eingeordnet werden. So kann in einer Gruppe „miteinander reden" als Hauptinvolvierung gelten, während zugleich auch als Nebeninvolvierung getrunken wird. Die Hierarchie er-

6.2 Rettung vor dem Bruch

gibt sich aus der Aktivität, aus deren Perspektive heraus die andere ignoriert wird: Trinken würde die Hauptinvolvierung brechen, wenn es selbst zu einer solchen werden sollte, wenn ein Gesprächspartner nur noch am Rande in das Gespräch mit dem Gegenüber involviert bliebt und seine Hauptaufmerksamkeit dem Getränk widmet, um seine Farbe zu begutachten, etwas herauszufischen oder dem Genuss des Getränks eine solche meditative Tiefe gibt, dass andere Involvierungen daneben zurücktreten.[6] Hier macht Goffman wieder deutlich, dass es sich hier ein weiteres Mal nicht um abstrakte Einordnungen handelt, sondern immer nur und ausschließlich um eine Darstellung im Rahmen von Erwartungen, die wiederum vom Darsteller wieder selbst erwartet werden müssen, in einer Situation, in der der Bruch einer Erwartung auch wieder zur Normalität zurückgeführt werden kann. Es gibt akzeptable „aways", z. B., wenn auf die Hauptinvolvierung gewartet werden muss (in Wartezimmern), wenn die Hauptinvolvierung der Personentransport ist, dessen Ende abgewartet werden muss (also: im Zug oder im Bus) oder wenn man sich in anerkannten Zonen befindet, in denen man keinen Focus zeigen muss (also z. B. am Strand oder in der Sauna). „Disinvolvierungen" dieser Art können auch gerettet werden, indem man eine Darstellung des „Zurückschnappens" liefert.

Auch Involvierungskontrolle ist eine Form der Stabilitätspraktik. Sie beinhaltet beispielsweise, „Themen, die man nicht anspricht" aus der Situation fernzuhalten, was von weitreichenden persönlichen Situationen (wie z. B. Erkrankungen) hin zu ganz situationalen und banalen Dingen (wie Rotz an der Nase) reichen kann. Die gemeinsame Definition der Situation wird aufrechterhalten, so Goffman, indem Relevanz und Irrelevanz markiert und kontrolliert werden, Markierungen, die im Alltag als „a matter of courtesy, manners, and etiquette" erscheinen (ENC: 80); aber sie sind tatsächlich die Grundpfeiler, auf denen unser „unshaking sense of realities" (ENC: 81) basiert, und sind nicht einfach als moralische Regel fassbar. Die Harmonie des gemeinsamen Definierens und gemeinsamen Aufrechterhaltens eines geteilten Fokus schützt die Interaktion, indem es die Gesichter der Mitspieler schützt: Indem man aufmerksam auf sie fokussiert ist und sie nicht herausfordert, bringt man ihnen Achtung entgegen, schützt ihre Darstellungen und meidet somit Unterbrechungen und Gegenreaktionen, wenn zum Beispiel einer der Teilnehmer einen Makel präsentiert, der aus dem gemeinsamen Fokus herausgehalten werden muss, damit die gemeinsame Handlung stabil bleibt und nicht in die gemeinsame

---

[6] Vgl. oben „Bindungszeichen": Ein Bindungszeichen, so wurde dargestellt, kann als Nebeninvolvierung eingeführt werden, während die Hauptinvolvierung aufrecht erhalten wird. Und dann vgl. „Absicht und Verantwortung": Während die Hauptinvolvierung die verantwortliche ist, kann diese Nebeninvolvierung unter dem Radar der gegenseitigen offiziellen Anerkennung fliegen, was es möglich macht, sich „inoffiziell" wieder aus ihr zurückzuziehen, wenn die erwünschte Reaktion ausbleibt.

Beachtung dieses Makels kippt. Wenn es sich um einen Makel handelt, von dem erwartet wird, dass der diesen Makel Darstellende von ihm weiß, wird man ihm erlauben, die dominante Involvierung zu brechen; „he may initiate or affect a subordinate involvement in order to show that he is in command of his circumstances" (BPP: 49-50). Das zu erlauben, schützt die Situation vor einem Bruch – aber nicht, wenn der Makel nicht entfernt werden kann, was bei dieser Art von Makeln dazu führt, dass dieser Makel nicht in den gemeinsamen Fokus der Situation spielt (also: „ignoriert wird"). In dem Maße, in dem das eine gemeinsame Anstrengung erfordert – zum Beispiel ein Lispeln „nicht zu bemerken", d. h. nicht handlungspraktisch in die Situation einfließen zu lassen – „these tactful actions on the part of the audience can become more elaborate than is the performance for which they are a response" (BPP: 233). Jenseits des Alltagstakts kann es sich hier auch um Realitäten handeln, die zum Zweck des gemeinsamen Handelns aufrechterhalten werden müssen, wenn beide Seiten sich bewusst sind, dass sie eine gemeinsame „offizielle" Realität aufrechterhalten, die von anderen Informationen bedroht ist, die aber beiden Seiten zugänglich sind, d. h. die von beiden Seiten als „real" und als „für die gegenwärtige Realität gefährlich" definiert werden: Goffman nennt diese „organizational fictions" (POS: 232, fn 5) und bemerkt, dass wir Mechanismen haben, diese kurzzeitig durchblitzen zu lassen, durch wissende Blicke oder kurzes Lachen. „At such moments the whole dramaturgical structure of social interaction is suddenly and poignantly laid bare, and the line separating the teams momentarily disappears" (POS: 233).

6.2.5 Cooling

Goffmans Analysen drehen sich beständig um die Problematik der Täuschung, die interaktional viel mehr ist als ein Problem der Unwahrheit. In dem Maße, in dem Wahrheiten sozial verhandelt werden, besteht Täuschung darin, zwei Wahrheiten in der Schwebe miteinander zu halten. Verschiedene Wahrheiten in pluraler Manier aufrechtzuerhalten ist für sich jedoch keine Täuschung; wir halten multiple Realitäten vor multiplen Teams aufrecht, in unterschiedlichen sozialen Rollen koexistieren diese unterschiedlichen Realitäten, und wir meinen sie alle ernst. Täuschung kommt dann auf, wenn eine Realität offiziell aufrechterhalten wird, während inoffiziell eine andere Realitätskonstruktion verfolgt wird — und den Teammitgliedern der Boden der geteilten offiziellen Realität unter den Füßen weggezogen wird, wenn es wesentlich wird. „Täuschung" ist so nicht so sehr die Angst vor der Falschheit als mehr die Angst davor, dass Personen vorgeben, eine gemeinsame

6.2 Rettung vor dem Bruch

Definition der Situation harmonisch mitzutragen, die sie in der nächsten Situation jedoch auf wesentliche Art und Weise fallenlassen werden.

Wenn die Definitionskluft nur innerhalb der täuschenden Person zu finden ist, ist sie im Verlauf der harmonischen Situation unsichtbar – das ist, was die Situation erst harmonisch macht – aber sichtbar, wenn der Blick erweitert wird, um die Handlungen der Personen jenseits der Kopräsenz der getäuschten Personen mit einzubeziehen, und sichtbar, wenn die Fassade der geteilten Realität fallengelassen wird. Eines der einprägsamsten Beispiele hierfür findet sich in Goffmans ausführlicher Analyse von organisierter Täuschung beim Straßentrickbetrug und darüber hinaus, in *On Cooling the Mark Out* (CMO). Dieser klassische Text beginnt im Umfeld von Trickbetrügern, die als Teil ihres Betrugs Praktiken des „Auskühlens" benötigen, um die Betrogenen davon abzuhalten, eine Szene zu machen oder gar die Autoritäten einzuschalten.[7] „In the terminology of the trade, the mark may squawk, beef, or come through" (CMO: 452). Die Rolle des Auskühlers besteht darin, eine aufkeimende Definitionskluft, nämlich den aufkommenden Verdacht, dass eine Realität nur offiziell geteilt, aber dann fallengelassen wurde, zu ersticken oder zumindest nicht virulent werden zu lassen. Geht ein Mitspieler z. B. beim Hütchenspiel trotz geglaubter „sicherer" Wette leer aus, und endet das Spiel, ohne dass der Verlierer seinen Einsatz zurückgewinnen kann, besteht die Chance, dass die Person sich selbst als „Betrogener" und somit die Trickbetrüger als „Betrüger" definiert, was zu späteren Komplikationen führen würde – von Rufproblemen bis hin zur Einschaltung von Institutionen sozialer Kontrolle. Eine mögliche Auskühlerrolle besteht darin, dass ein Mitglied der Straßenspielcrew als Zuschauer posiert und zurückbleibt, wenn der Rest mit seiner Beute davonzieht, um der um ihr Geld erleichterten Passantengruppe eine Definition des „Pechs" anstelle des „Betrugs" nahezulegen. Die „implantierte" Person definiert den Verlust als „Pech", bemerkt möglicherweise, dass sie selbst gestern viel mehr verloren hätte und setzt den Verlust der Neubetrogenen damit in eine Perspektive, aus der heraus er nicht mehr so furchtbar aussieht: Er bietet damit Definitionen an, die den Ärger der Betrogenen kühlen, sie von „Betrogenen" zu „Verlierern" heraufstufen und dadurch weitere Handlungen verhindern, die aus einer Selbstdefinition als „Betrogene" resultieren könnten. Goffman nimmt dieses Umfeld allerdings nur als Ausgangspunkt: In einem weiteren Beispiel der „perspective through incongruity" (s. Kap. 3) zeigt er uns, dass „cooler" eine Funktion ist, die in der „legitimen Gesellschaft" häufig zu finden ist. Goffman bemerkt, dass Serviceabteilungen von Firmen oder großen Geschäften ebenso „Auskühler" beschäftigen, die z. B. als Erstkontakte am Servicetelefon Kunden erlauben, Frust abzulassen (ohne diesen jedoch etwas geben

---

[7] Geschichten, die er von Onkel Mickey Book hat? Siehe Kap. 2.

zu können), oder die auf dem Gang positioniert werden, um dort angesprochen zu werden, damit an ihnen Frust und Ärger der Kunden abpuffern können, ohne dass diese Kunden spätere Frusthandlungen vornehmen: „In large stores the complaint department and the floorwalker perform a similar function" (CMO: 455), und in romantischen Beziehungen aller Art (vor allem den Anbahnungen derselben) ist viel „cooling" vonnöten, wenn Ablehnungen verteilt werden müssen, sei es gegenüber Dates, gegenüber Heiratsanträgen oder, im Falle bestehender Beziehungen, im Falle von Schlussmachen oder Scheidung. „Auskühlen" verhindert, dass eine Definition der Situation aufkommt oder verstärkt wird, die eine Handlung nach sich zieht, die schaden könnte.

Denn mit diesen Ablehnungen gehen Angriffe auf Images einher, sie stellen Bedeutungen der Person und der Beziehungen dar, in der sie sich befindet, nicht lediglich der „Sache". Die Person, die man sein wollte und vor sich selbst auch war, ist man im Fall dieser Ablehnung nicht mehr, und das muss mit Eindrucksmanagement überbrückt werden. *Cooler* geben Hilfestellungen bei „erwünschten" Formen dieses Eindrucksmanagements; „The job of the cooler is to supply the mark with a new set of apologies" (Lofland 1980: 32). Das sind solche, die dazu führen, dass die Diskrepanz zwischen erwünschtem und erlittenem Image nicht dazu führt, einen Bruch zu definieren, der nun aufwändig gekittet werden müsste – oder gar zu Angriffshandlungen führt, die später als eigene Brüche ihrerseits zu reparieren wären und starke negative Konsequenzen erwarten ließen.[8] Letztlich taucht bereits hier, in einem von Goffmans ersten Beiträgen, die Psychiatrie auf (s. Kap. 7): In Auseinandersetzungen, die Sackgassen erreicht haben und im gegenseitigen Krieg steckengeblieben sind, wird der Therapeut zu „society's cooler" (CMO: 461).[9]

6.3 Beidseitige Rettung

Dass Realitäten in Teams aufrechterhalten werden bedeutet, dass die Strategien der Kittung zerbrechlicher und zerbrochener Situationen letztlich ebenso in Gruppen verankert sein müssen. Auch Ehrerbietung, Auftreten, Involvierung und zivile Unaufmerksamkeit sind davon abhängig, wer wie mitspielt. Eine Ehrerbietung muss akzeptiert werden, die Geehrte muss Zeichen „rückmelden", die Harmonie muss von beiden Seiten aufrechterhalten werden. In soziologischen Betrachtungen zur

---

[8] Dagegen gibt es natürlich auch „heater", solche Interaktionspartner, die Personen dazu aufstacheln, eine Angelegenheit zum schärferen Bruch zu führen.
[9] Das findet sich ebenso früh in *Presentation of Self*, wo Goffman über Therapeuten sagt, sie „participate so widely in the domestic warfare of our times" (POS: 153).

6.3 Beidseitige Rettung

Autorität ist das ein Gemeinplatz, wenn es heißt, dass Autorität eine zweispurige Straße ist, in der Anerkennung der Autorität als Autorität diese erst in diese Rolle versetzt, umgekehrt die anerkannte Autorität jedoch auch Anerkennung „rückmelden" muss. Wenn Goffman bemerkt, dass Personen in diesen Ehrerbietungen durchweg Gesichter erhalten, die besser sind, „als irgendjemand sie verdient", weist er darauf hin, dass wir in unserem zeremoniellen Verhalten erhöhte Rollen zuschreiben: Personen sind Gottheiten, weil die rituellen Aufmerksamkeiten, die ihnen entgegengebracht werden, alltäglich überhöht werden. Ein schönes Beispiel hierfür ist das, was Goffman „after you, Alfonse" nennt, die bekannte Tendenz, dass gegenseitige Überhöhung Handlung blockiert: Die gegenseitige Verbeugung des „nach Ihnen!" führt dazu, dass niemand zuerst geht und daher niemand geht, bis jemand es auf sich nimmt, derjenige zu sein, der sich den Vortritt hat geben lassen. Vulgo wäre das „niemand will der Unhöfliche sein", aber das wäre zu kurz gegriffen. Denn derjenige, der seinen Platz aufgibt, indem er der anderen Person den Platz gibt, hatte ja den Platz: Wer zuerst geht, würde sich dadurch also zeremoniell auf die *zweite* Position setzen lassen, da er seinen ersten Rang in der Reihe ja von jemandem erhalten hat, der ihn großzügig vergeben hatte. Das macht den Wartenden zur erstrangigen Person, und so kann niemand zuerst gehen.

Fremde, die in denselben Handlungskontext eintreten, in dem man sich bisher alleine befand (z. B. im Hotelschwimmbad), werden mit einem kurzen Nicken und gegebenenfalls Lächeln begrüßt, danach aber ignoriert: Diese kleine Zeremonie zeigt an, dass die Präsenz anderer Menschen, die potentielle Zuschauer einer Selbstdarstellung sind, anerkannt wird und versichert so den jeweilig anderen, dass das Verhalten an diese Tatsache angepasst wird. „Unhöflich" ist es, diese Ehrerbietungen ausfallen zu lassen und stattdessen Distanz zu dramatisieren. Wer die Neuankömmlinge anschaut, aber weder lächelt noch etwas sagt, wirkt „abweisend". In der Darstellung, die diese Interaktion aufführt, ist es die Kommunikation „ich weiß, dass du hier bist, aber du bist nicht willkommen", was dem Neuankömmling und den Bestandsgast in aufeinander bezogene Rollen gegenseitigen Misstrauens bringt. Da alle Beteiligten mannigfaltige Möglichkeiten haben, die Situation zu zerbrechen, ist in einem solchen Fall die Stabilität der Situation bedroht, wenn diesen anderen nicht getraut werden kann, weil sie keine Zeichen senden, dass ihnen zu trauen ist; und umgekehrt lädt man diese Zeichen und Handlungen möglicherweise ein, wenn man selbst keine solchen Zeichen sendet.

Stabilität und Bruch, Harmonie und Verschiebung wird mit denselben rituellen Ressourcen erspielt; keine der beiden ist natürlich oder normal, sowohl Kontinuität als auch Wandel benötigen Anstrengung. Zu den Spielen, mit denen das geschieht, sind wir alle in der Lage, auch wenn wir nicht alle in der Lage sind, sie als solche Spiele mit der sozialen Realität zu identifizieren: „We all act better than we know how" (POS: 74). Wir haben ein Set von rituellen Zeichen internalisiert, mit denen zu spielen ist; aber diese Internalisierung reicht bei weitem nicht. Tatsächlich ist es die Internalisierung eines breiten Feldes von fluiden Informationen. In der Realität geht es darum, wer welche Symbole wahrscheinlich wie interpretieren wird, und das hängt nicht von diesen Symbolen ab. Das Idiom zu kennen befreit uns daher nicht davon, zu reflektieren, was andere internalisiert haben und vor allem immer: in welchen Kontexten andere diese Ressourcen gerade verwenden, „welches Spiel sie spielen". Um eine soziologische Analyse zu leisten, müssen wir daher besser wissen, wie gespielt wird, als wir tatsächlich spielen (können). Diese Dynamiken sind explizierbar und, wenn sie einmal expliziert wurden, den Beteiligten auch einsichtig; in den konkreten Situationen wird diese Dynamik der Produktion von Bedeutungen jedoch unter den Teppich gekehrt, und die Darstellungen werden – auch im subjektiv zugeschriebenen Sinn – als „Wahrheit" produziert und thematisiert. Dieses Produktionsspiel gehört in diesen Alltagssituationen auch unter den Teppich. Diese Analyse des Umgangs mit rituellen Idiomen ist zwar nicht kritisch animiert: Das Hauptprinzip einer solchen soziologischen Analyse besteht darin, nichts davon für schlecht, furchtbar, schrecklich, empörend usw. zu halten. Solche Bewertungen haben in einer soziologischen Analyse der rituellen Spiele mit Darstellungen nichts zu suchen. Es ist immer nur interessant, welche Spiele gespielt werden und was in diesen Bedeutungsspielen eigentlich vor sich geht.

Diese Ausgleiche helfen dabei, Brüche zu verhindern. Wenn es sich um versteckte oder um verdeckte *cooling*-Praktiken handelt, dann benötigt man dazu nur, dass die andere Seite sie glaubt und auf ihrer Basis handelt; Ausgleiche funktionieren nur, wenn die andere Seite auch mitmacht. Die offensichtlichste Form besteht darin, vor der Handlung um eine andere Interpretation, und die „Erlaubnis" der Handlung, zu bitten (RIP: 114): Mit ihr wird von einer „potentially offended person" (RIP: 114) die „Lizenz" zur Handlung erbeten und in dieser gemeinsamen Definition der Handlung als „in Ordnung" zugleich festgeschrieben, dass diese Handlung keine rituelle Verschmutzung sein soll. Ein bekanntes Beispiel ist hier der Arzt, der zum Zwecke einer Untersuchung einen Handgriff machen muss, der ansonsten als anzüglich verstanden werden könnte, aber auch der Bedienstete eines Restaurants, der fragt: „Darf ich Ihren Mantel nehmen?"[10]

Die andere Seite kann diese Praktiken aber auch anders interpretieren, und das gutmütig oder böswillig, wobei die Organisation einer sozialen Situation in diese Linien hineinspielt. Ein Beispiel zum gutmütigen Missverständnis, in dem die Organisation der Situation mit in den Bruch des Konsenses hineinspielt: „Geplänkel"

---

[10] Aber das eröffnet auch das Spiel, „Bitten" strategisch zu verwenden, um mit ihnen Anweisungen zu verdecken: „All compelling are clothed, howsoever lightly, as requests" (RIP: 115), was zum Beispiel im Arbeitsalltag sehr deutlich sichtbar wird.

6.3 Beidseitige Rettung

ist ein Beziehungszeichen der Stabilität und Normalität, lockerer Smalltalk, der alle Seiten „gütig" und ungefährlich halten soll. Gescheitertes Geplänkel bietet ein ertragreiches Feld, diese Dynamiken gegenseitiger Unterstellung und ihrer Versandung zu betrachten, die dann aber dennoch beendet werden müssen, *obwohl* sie versandet sind. An der Rezeption eines Hotels beispielsweise waren die Rezeptionsangestellten nicht an ihrer Position, sondern gemeinsam hinten. Sie bemerkten die Ankunft des Gastes nicht sofort, sondern unterhielten sich ausgiebig über das Essen vom Vortag, über das „vorzügliche Pesto". Erst einen Moment später kommt eine der Angestellten nach vorne, und folgende Interaktion lief ab:

Gast (lächelnd): „Jetzt haben Sie mir Hunger gemacht!"

Angestellte (mit professioneller Miene): „Was habe ich getan?"

Gast (lächelnd): „Na, Hunger gemacht!"

Angestellte (verwirrt): „Wieso?"

Gast: (immer noch lächelnd) „Pesto....?"

Die Angestellte präsentiert etwas, was man eine „Darstellung eines offiziellen, professionellen Dienstleistungslächelns" nennen könnte: „Oh!"

Der Witz (vielleicht kein „Witz", einfach nur eine „Lockerheit") präsentiert einen lockeren Gast, der keine Probleme machen möchte (also die Verzögerung nicht als Verfehlung herausfordern und so die Stabilität der Situation brechen wird), sondern beiden Seiten erlauben möchte, möglichst reibungslos ihrem Tag nachzugehen, ohne dass dieser durch dramatisierte Probleme durchbrochen wird. Nur ist das nicht die Dramatisierung, die gemeinsam ausgehandelt wird: Indem die Angestellte nachfragt, „Was habe ich getan?", nimmt sie gerade die Aushandlung der gegenseitigen Problemlosigkeit nicht an und präsentiert eine skeptische, zögernde Darstellung: Eine verständliche Geste gegenüber einer Person, bei der sie vorsichtig sein muss, da diese als Gast jederzeit Problemdefinitionen machen kann, die sie als Angestellte annehmen müsste; über Vorwürfe dürfte sie nicht plänkeln, als Servicekraft muss sie eine Dramatisierung des Ernstes des Vorwurfs einnehmen, unabhängig von ihrer privaten Einschätzung des Vorfalls. Die Hierarchisierung der Interaktion ist das Dynamit in dieser Servicesituation: Als Servicekraft darf sie den Arbeitskonsens nicht brechen, aber zugleich darf sie dem Kunden auch nicht widersprechen. Die letztere Anforderung wiegt schwerer, wenn also der Kunde den Konsens bricht, muss sie mitgehen und das dramatisierte Problem als Realität der Situation anerkennen, das Problem als Ausgangspunkt für spätere Aushandlung setzen, den Bruch und den Konflikt als neuen Konsens mittragen und zum Glätten des Bruches beitragen. Eine Restaurantkommunikation zeigt das beispielhaft, wenn der Gast den Kellner ruft, um sich über ein Haar in der Suppe zu beschweren. Antwortet der Kellner: „Ich sehe kein Haar", kann der Gast sagen: „Sagen Sie etwa, ich wäre blind?" und damit durchsetzen, dass der Definition des Gastes zu folgen ist. Im Hotelbeispiel ist das das Problem: Wenn der Aussage des Gastes unterstellt wird, den Arbeitskonsens zu *brechen*, muss die Rezeptionsdame mitgehen. Im vorliegenden Fall war es jedoch kein Bruch von Seiten des Gastes, was an seiner weiterhin offenen Auftretensweise und dem Widerstand gegen die Bruchdefinition erkennbar ist. Und genau das schafft die seltsame Situation, dass ein Bruch von einer Person definiert wurde, die eigentlich den Konsens halten müsste, was nun wegignoriert werden muss.

Wir könnten mit dieser Szene längere Zeit verbringen, aber die wesentliche Einsicht besteht daraus, dass ohne die gemeinsame Unterstellung nicht nur kein Witz zustande kommt, sondern in der Verschiebung der Annahme der Unterstellung (vulgo des „Verständnisses") nach hinten zum Ende der Interaktion hin auch das Eindrucksmanagement des Gastes scheitert und nur eine Fassadendarstellung, ein Schatten des ursprünglichen Eindrucksmanagements, übrigbleibt. Der Versuch, über den „geteilten Witz" eine situationale Bindung herzustellen, scheitert. Das zeigt uns, wie prekär Arbeitskonsense bereits sein können, wenn keine der Beteiligten Brüche aktiv betreibt. Wenn dagegen eine Person dem Bruch zuarbeitet, ist dieser kaum zu vermeiden; das ist die Grundlage der Angst, mit der ich Goffman oben zitiert habe. Auch dann, wenn niemand den Bruch sucht, können alle Versuche, offene Brüche zu verhindern, scheitern und die Situation kann zerbrechen. Der Bruch wird dann offen, „the social situation [...] may come to an embarrassed and confused halt: the situation may cease to be defined, previous positions may become no longer tenable, and participants may find themselves without a charted course of action" (POS: 242). Nun verschiebt sich die Situation von dem, was vorher getan wurde, zu einer offiziellen Begutachtung und Verhandlung des rituellen Bruchs; der Zwischenfall erhält so „accredited status as an incident", und die Teilnehmer „ratify it as a threat that deserves direct official attention" (IR: 19). Er wird so zur Hauptinvolvierung, in der die Beteiligten nun offen und hauptsächlich damit beschäftigt sind, die Realität wieder zu korrigieren und die rituelle Balance neu herzustellen, eine Balance, die von der vorherigen deutlich abweichen kann, denn nun befinden sich Bedeutungen offiziell in der Schwebe und können damit auch offiziell verändert werden: neue Spiele bringen neue Resolutionen, und das kann für die Beteiligten gefährlich werden.

6.4 Korrektur der Realität

Ein Kernelement von Goffmans Arbeit besteht in der Analyse der kleinen und großen Praktiken, mit denen wir diese Brüche kitten, *wenn* die Beteiligten als Team an diesem Kitt zusammenarbeiten.

Einige Züge zur Aufrechterhaltung, die in der Literatur immer wieder thematisiert werden und die auch Goffman und seine Kolleginnen immer wieder fasziniert haben, sind jene, die Goffman „remedial interchanges" (RIP: 95), an anderen Orten „realigning actions" (POS: 190) oder „corrective processes" (IR: 19) nennt: Handlungen, mit denen die Beteiligten einem Bruch begegnen, damit die geteilte Welt wieder hergestellt wird, wenn die Praktiken der Aufrechterhaltung gescheitert sind.

Goffman unterscheidet Erklärungen und Entschuldigungen (IR: 104, RIP: 109, 113) oder allgemeiner, „accounts". Er sagt selbst, „the terms for accounts – explanations, excuses, pretexts – tend to be used interchangeably" (RIP: 109), mal wieder ein Zug, um Systematisierung auszubremsen und die Aufmerksamkeit von den Begriffen auf die Interaktionsdynamiken zu lenken, zu deren Explikation sie lediglich erfunden wurden. Andere Teilnehmer an dieser Diskussion haben eine breite Palette weiterer Formen identifiziert, mit denen offen Brüche verhandelt werden.[11]

Erklärungen dienen dabei in erster Linie dazu, Neudefinitionen der vorhergehenden Handlungen zu liefern, nach denen überhaupt keine rituellen Verunreinigungen aufgekommen sind, wenn diese Handlunge „richtig" verstanden werden, d. h. wenn die Neudeufinition dieser Handlungen im Sinne der Erklärungen gelingt: Dass es diese Handlung in Wahrheit gar nicht gab (RIP: 109), dass das Wissen zur Zeit eines war, dass die Handlung harmlos gemacht hätte, wäre es wahr gewesen (RIP: 110), dass der Handelnde sich den Folgen nicht bewusst war (RIP: 110), dass es sich gar nicht um eine bewusste Handlung, sondern einen „involuntary motor act" handelte (RIP: 110), dass man schläfrig oder betrunken (RIP: 111) oder, „the weakest of pleas", dass man völlig in Ordnung, aber nicht bei der Sache war (RIP: 112). Erklärungen nehmen im Großen und Ganzen die Handlung als die eigene an, aber nicht die Bedeutung der Handlung als rituelles Vergehen. Damit ist die Verurteilung der „moralischen Person" des Handelnden falsch, denn die Handlung, richtig verstanden, war tatsächlich Ausdruck einer moralischen Person, die immer in einem richtigen Verhältnis zum Team und seinen Symbolen stand. Das geschieht in der Regel dadurch, dass die Handlung von der Absicht und damit von der verantwortlichen Person getrennt wird.

---

[11] Dazu zählen Motivreden (Mills 1940; Albas/Albas 2003), Disclaimer, Proclaimer; Stokes und Hewitt erkennen im psychoanalytischen Reden vom „Unterbewusstsein" ein häufig verwendetes Vokabular zur Wiederherstellung ritueller Harmonie (1976, ausgearbeitet von Krug 2012).

Eine Entschuldigung ist dagegen das Eingeständnis, zu einem früheren Zeitpunkt nicht in diesem richtigen Verhältnis gestanden zu haben; sie nimmt sowohl die Handlung *als auch* ihre Bedeutung als rituelles Vergehen als eigene Definition der Situation an, verurteilt sie jedoch aus der Perspektive der Gegenwart. Während eine Erklärung versucht, das Umfeld davon zu überzeugen, dass man immer zumindest nach seinen eigenen Einschätzungen im richtigen rituellen Verhältnis stand, versucht eine Entschuldigung, die gegenwärtige Person ins richtige Verhältnis zu rücken, indem sie sie von der früheren Person abtrennt (RIP: 113) und mit den anderen, den rituell Verletzten gemeinsam diese frühere Person verurteilt. Eine „negative Sanktion" wird als gerechtfertigt anerkannt und Wiedergutmachung geleistet (RIP: 113).

Diese rituellen Glättungen dienen als Dramatisierungen einer neuen Bedeutung, um eine alte Bedeutung zu überschreiben oder zu modifizieren. Es sind Rettungsspiele zur Wiederherstellung einer Interaktionsharmonie und einer geteilten Realität, die sich dadurch auszeichnet, dass weiter alle im selben Realitätsteam spielen. Als solche handelt es sich um Wege, sich in einer Situation „umzubeschreiben", wenn die alte Dramatisierung einen Konflikt hervorgerufen hat und die „Linien" der Beteiligten bezüglich der Realität auseinandergehen und das Team bricht. Nicht jede Divergenz sozialer Realitäten ist für sich bereits ein Problem; wenn aber die Gemeinsamkeit der Situation von einer geteilten Linie abhängt, dann wird solches Rettungshandeln nötig, nicht, um die „moralische Integrität" der Situation zu wahren, sondern um gemeinsam bespielte Teams zu verteidigen. Dann nimmt eine der Personen eine neue Linie ein, nach der sie sich selbst wieder ins Team hineinerzählt, nachdem andere ihr bedeutet haben, dass die alte Linie sie aus diesem Team ausgeschlossen habe: Durch „implying that his own standards are offended by his act" (RIP: 104) stellt die Person in Verteidigungshaltung sich auf die Seite von „Standards", die symbolisch für das Team stehen, das gerade diesen Angriff fährt; „were others to do to him what he is willing to do to himself, he might be obliged to feel affronted and to engage in retaliatory action to sustain his moral worth and autonomy" (RIP: 113). Das zielt darauf ab, in diesem Team symbolisch und darüber ganz praktisch weiter Mitglied zu bleiben, indem die Handlung „not [...] as an expression of his moral character" (RIP: 112) verstanden werden soll: Auch, wenn der Körper der Person es getan hat, die „moralische Person" soll von diesem Tun in unterschiedlichen Graden befreit bleiben. Diese Glättungen werden nicht immer von jenen angeboten, denen die Vorwürfe gemacht werden. Oft werden sie von jenen erzwungen, von denen das Umfeld meint, sie sollten sie anbieten: Kinder werden beständig dazu gezwungen, sich zu entschuldigen, eine Praxis, die niemand wirklich als Entschuldigung der Kinder auffassen kann, sondern als die erzwungene rituelle Glättung, die letztlich diejenigen entschuldigt, die zwingen;

6.4 Korrektur der Realität

das sind in der Regel zugleich diejenigen, die für das „unfertige" Individuum, das den rituellen Bruch begangen hat, verantwortlich sind, so dass es sich um eine rituelle Ent-Schuldigung (nicht Entschuldigung) von Seiten dieser Verantwortlichen handelt, von denen das Kind als Vehikel verwendet wird. Das beinhaltet selbstverständlich die zusätzliche Darstellung, dass man seiner Verantwortung nicht nur gegenüber des rituellen Ausgleichs, sondern auch gegenüber der Kontrolle der unfertigen Personen unter der eigenen Verantwortung nachkommt: eine doppelte Dramatisierung.[12] Oft werden die Glättungen auch von jenen angeboten, die selbst die Geschädigten sind (d. h. intersubjektiv als Geschädigte interpretiert wurden), die somit das rituelle Ungleichgewicht, von dem sie selbst belastet werden, selbst ausgleichen. Das zeigt, wie sehr die Beteiligten daran orientiert sind, harmonisch aufeinander bezogene Interaktion wiederherzustellen und damit die Irritation nicht zur Hauptinvolvierung werden zu lassen, dass sie diese Glättungen auch selbst anbieten, wenn derjenige, von dem sie erwartet werden, dies nicht tut: „The offended [...] may tactfully take over the role of the offender and volunteer excuses for him" (IR: 22). „Du warst bestimmt müde"; „das tut ihr sehr leid"; „er muss kurz nicht aufgepasst haben". Das erlaubt es, eine Unterbrechung der vorherigen Hauptinvolvierung kurz zu halten und zu ihr zurückkehren zu können; es ist, wie Goffman erläutert, jedoch ein gefährliches Spiel, denn es zeigt dem rituellen Angreifer, dass sein Angriff letztlich nicht so hoch gewertet wird wie die Rückkehr zur ursprünglichen Involvierung und der Interaktionsharmonie. Das Spiel, in dem eigentlich der Verletzer am Zug wäre, wird von den Verletzten weitergespielt; wenn der Verletzer dieses Sprechen in seinem Namen nicht annimmt und einen (kleinen) rituellen Zug macht, die Sache zu lösen (ein „ja" würde genügen, auch ein Nicken und ein schamhafter Gesichtsausdruck), „then it will be plain that their challenge was a bluff and that the bluff has been called" (IR: 22-3). In *The Insanity of Place* diskutiert Goffman das ausgiebig im Fall von Teenagern, die sich gegen die Hierarchie und Rollenverteilung im Haus auflehnen, indem er mit der Resignation eines Vaters bemerkt, die Herausforderung eines Teenagers „[is] a kind of doomsday machine, forcing the last available opportunity to avoid a breakdown of order upon the stronger of the two parties, who must act as if he is the weaker. Obviously, on occasion, he will not be considerate" (RIP: 369).

Es hieß oben bereits, dass Rettungshandeln Teams wieder zusammenführt, wo die Gemeinsamkeit der Linien in Frage gestellt wurde. Das unterscheidet die hier gewählte Darstellung von Rettungshandeln von einer einfacheren Interpretation: Zunächst kommt regulär die einfache Variante der Deutung dieser Züge auf, in denen sie als Reaktionen auf einen Normbruch gelten. Das ist jedoch zu einfach: Es

---

[12] Ich verdanke dieses Beispiel Marc-André Vreca.

geht hier nicht einfach darum, dass „Normbrüche" geschehen sind, die jetzt ausgeglichen werden müssten. Es geht darum, dass Angriffe auf geteilte Bedeutungen abgewehrt werden müssen, und das ist etwas viel Komplexeres, da es die fluiden und pluralen Realitätsdefinitionen der Beteiligten in den Vordergrund rückt, nicht irgendeine putative solide, abstrakte Blaupause. „Angriff" ist hier eine perspektivische Frage: Die eine Seite sieht eine Realitätsdefinition der anderen Seite als Angriff auf die geteilte Realität des Teams und reagiert mit einer Herausforderung; der so Herausgeforderte kann dagegen selbst als „Angegriffener" thematisiert werden, dessen Realitätsdefinition nun zu einem Bruch im Team und der Reorientierung auf Kittung hin geführt hat. Jede Seite kann ihren Angriff als durch einen Normbruch der Angegriffenen legitimiert sehen; das, ist die Story, die die Angreifer erzählen werden, weil sie sie erzählen müssen, um nicht einfach „Angreifer" zu sein. Die Normbruchstory ist die offizielle Version der Darstellung, die Vorderbühnenpräsentation vor Publikum, die wieder in erster Linie daran ausgerichtet sein muss, was als legitime Begründung akzeptiert werden kann, nicht daran, was „wirklich passiert" ist. Es ist nicht die Aufgabe der untersuchenden Soziologinnen, diese Stories einfach zu glauben, sie mitzutragen (auch nicht nach langer Analyse). Würde eine Soziologin mitspielen, dass es sich um den Ausgleich eines Normbruchs handelt, würde sie damit Teil des Teams des Angreifers, der diese Legitimation verwendet. Diese Gefahr, die in Fixierungen aller Art durch Soziologen liegt, wollen wir vermeiden. Worum es hier geht, ist nicht die abstrakte Ordnung von Recht und Unrecht, sondern es geht weiterhin um ein Spiel mit rituellem Idiom, in dem offizielle und inoffizielle Bedeutungen dargestellt und angenommen, abgelehnt und modifiziert werden, und das bedeutet: Die Angreifer reagieren nicht auf etwas Objektives wie Normbrüche, sondern sie setzen einen Normbruch als Interpretation, sie dramatisieren die Situation als Normbruch, um damit an den Bedeutungen arbeiten zu können, die in die Situation verwickelt sind. Daher ist Publikum so wesentlich, was diese Spiele angeht. In einer Zweierszene kann jeder alles behaupten, aber vor Publikum muss man die Einschätzungen des Publikums mitbedenken (und die Tatsache, dass das Publikum auch in Teams spielt). Es geht in ihnen nicht um die Glättung abstrakter Brüche, sondern um die Wieder-Ordnung und Neu-Ordnung von Teams, in denen entweder ein harmonisches Teamspiel wiederhergestellt oder eine neue Trennlinie gezogen wird. Diese Rettungshandlungen „show that whatever happened before, he now has a right relationship – a pious attitude – to the rule in question, and *this is a matter of indicating a relationship, not compensating a loss*" (RIP: 118, Hervorhebung MD): Sie sind damit Teil eines Prozesses, der vielschichtiger ist als „Normbruch-Glättung". Die Beteiligten sind damit beschäftigt, „to re-establish a satisfactory ritual state" (IR: 19). Es sind Züge, die Menschen verwenden, um *plays* daran zu hindern, einen zerstörerischen *turn* zu nehmen. Das tun sie,

6.4 Korrektur der Realität

indem sie die Bedeutung der vorgelagerten Züge nachträglich ändern: „Transforming what could be seen as offensive into what can be seen as acceptable" (RIP: 109), was er in *Frame Analysis* dann als „re-keying" thematisiert (FA: 45).

Es geht hier zu keinem Zeitpunkt darum, ob diese Distanzierungen und Glättungen, Angriffe und Rechtfertigungen in einem abstrakten Sinne „wahr" sind. Sie sind es, wenn sie funktionieren, d. h., wenn gemeinsame Handlung auf ihnen aufbaut: „a ‚good' account [...] succeeds in restructuring the initial response of the offended [...] a ‚bad' account is one that fails to perform this service" (RIP: 109).[13] Letztlich sind diese Rettungsspiele damit keine einseitigen rituellen Positionierungen, die der „Verletzer" erbringen muss. Sie kommen in einem dicht besiedelten Spiel von Irritation, Vorwurf, Glättung und Wiederherstellung auf, in dem wir als Soziologen nicht einfach sagen können, dass die Irritation die Situation und das harmonische Miteinander gestört hat: Es war ein verwobenes prozessuales Spiel, in dem die Interaktion Irritationen erfahren hat und aus der Bahn geworfen wurde. „The mere witnessing of an involvement offense, let alone its punishment, can cause a crime against the interaction" (IR: 125), und das bedeutet: Es ist die Reaktion genauso wie die originale Handlung, die die Situation bricht. Man hätte sie auch ignorieren können. Auch das ist jedoch, wie oben festgestellt, eine *looking-glass*-Einschätzung. Man muss nicht reagieren, weil „die Regel" das verlangt, oder die Ehre, oder die Aufrechterhaltung der Ordnung. Man reagiert, weil sowohl Reaktion als auch fehlende Reaktion expressive Handlungen sind, mit denen ein Selbst dargestellt wird, so dass die Frage „reagieren oder nicht?" im Schatten der Frage steht: Welche Zuschreibungen erhält man, welches Selbst präsentiert man, wenn man reagiert, welche(s), wenn nicht? Das sind alles Elemente, Einzelzüge in einem Spiel um Verantwortung und Mitgliedschaft, die in einem größeren *play* kombinierbar sind. Interessant ist in der Nachfolge Goffmans nicht mehr, diese

---

[13] Das Problem der „Unwahrheit" ergibt sich für die hier eingenommene Perspektive ebenso wieder nur dramaturgisch, nicht moralisch. Wenn eine Darstellung präsentiert wird, die entweder von anderen und ihren Darstellungen zerschlagen werden kann (die Versionen der Geschichte haben, die zum dargestellten Rettungsritual nicht passt), dann haben wir eine instabile Rettung, da die Realitätskonstruktion noch nicht beendet ist. Viel Nervosität wird von der *looking-glass*-Unterstellung verursacht, dass erstens andere Versionen der Geschichte präsentieren werden und dass zweitens diejenigen, mit denen man sich rituell ins richtige Licht gerückt hat, diese anderen Versionen zum Anlass nehmen werden, die rituelle Balance wieder aufzukündigen. Ein „schlechtes Gewissen" ist ein Spiel gegen sich selbst: Man gibt selbst Darstellungen ab, die mit den Darstellungen zur Glättung der rituellen Unbalanciertheit nicht vereinbar sind, und man erwartet auch hier einen Bruch. Mit anderen Worten: Die rituelle Balance mit den anderen Verletzten hat einen selbst zum Verletzten gemacht; man ist rituell mit sich selbst nicht in Balance.

selben Züge zu identifizieren – das hat Goffman bereits getan – sondern mit Hilfe dieser Züge Interaktionen in ihren Details zu betrachten.

Es gibt viele Wege, gegen Brüche zu arbeiten. Aber wenn nicht gegen den Bruch gearbeitet wird, sind Brüche von Arbeitskonsensen sehr einfach – und genau hierin liegt der Kern der Zerbrechlichkeit der Welt, die von Kittungspraktiken nicht einzuholen sind, wenn die Beteiligten einen Bruch verfolgen.

Brüche sind also Folgen von Angriffen, die Fehler definieren und ausnutzen und Angriffen, die Fehler interpretieren, behaupten, setzen, um sie dann als Aufhänger verwenden zu können, um mit einem Anstrich der Legitimität Konflikte rechtfertigen zu können. Auch Situationen, die man selbst gar nicht als Inkongruität wahrgenommen hätte, können von anderen verwendet werden, um „Ärger zu machen"; wer Ärger machen will, findet Möglichkeiten, das zu tun (wie jede Person, die jemals in einer romantischen Beziehung war, sicher weiß). Wird das Wohlwollen entzogen, so zerbricht auch die Situation: Besonders deutlich wird das in *Asylums* und in *Stigma*, in denen Goffman seine Aufmerksamkeit den Praktiken zuwendet, die verwendet werden, um die Realität von Personen zu zerbrechen – nämlich ihre selbst angenommene, bestehende Identität – und sie durch eine andere zu ersetzen. Fehler können gekittet werden, wenn die Beteiligten mitspielen; Angriffe dagegen müssen überwunden werden, und das benötigt soziale Unterstützung.

Das Kesselflickerhandwerk: Goffmans stetige Auseinandersetzung mit der Psychiatrie

7

I don't have an act, I'm a psychiatrist!.
Dr. Frasier Crane (Kelsey Grammer), Cheers 7 × 9, „Send In The Crane" (David Lloyd, Autor).

Ein Feld, zu dem Goffman beständig Bezüge herstellte, war die Psychiatrie. Sie kommt in Goffmans Schriften verstreut immer wieder als Thema auf: Das Buch *Asylums* entsteht aus Forschungen in drei psychiatrischen Einrichtungen (ASY: 7), und darüber hinaus rekurriert er immer wieder auf dieses Feld: in *The Symptomatic Significance of Situational Improprieties* (BPP: 216; das ganze Buch basiert auf einer initialen Abgrenzung zur Psychiatrie), *Mental Symptoms and Public Order* (IR: 137) und *The Insanity of Place* (RIP: 335) liefert das Feld der Psychiatrie für Goffman das Spiegel- und zugleich auch Idealbild der öffentlichen Aushandlung von geteilten Realitäten: Sie liefert ihm hier vor allem Beispiele, wie diese gemeinsame Realität spektakulär zum Scheitern gebracht werden kann und wie diejenigen, deren Realität gefährdet oder zerbrochen wird, sich mit institutioneller Hilfe gegen dieses Scheitern durchsetzen.

Goffmans Beziehung zur Psychiatrie ist zeitlebens eine gespannte.[1] Auf der einen Seite beginnt er seine Analyse psychiatrischer Anstalten in *Asyle* mit der Feststellung, „I came to the hospital with no great respect for the discipline of psychiatry nor for the agencies content with its current practice" (ASY: 10). In *Relations in Public* nennt er psychiatrische Kliniken „hopeless storage dumps trimmed in psychiatric paper" (RIP: 336) und bemerkt abschätzig, „patients recover more often than not, at least temporarily, but this seems to be in spite of the mental hospital,

---

[1] Und, wie immer wieder festgestellt wird, eine biografische: Goffman lebte mit den Komplikationen seiner ersten Frau (s. Kap. 3), und vor allem von seinen Betrachtungen in *The Insanity of Place* wird häufig angenommen, dass sie autobiografisch seien.

not because of it" (RIP: 335). In *Asylums* benennt er die Profession der Psychiater als „tinkering trade", als Kesselflickerhandwerk. So kann Manning feststellen, dass Goffman seine schneidendste Ironie für die Psychiatrie bereithält, deren Praxis und Annahmen er mitleidlos lächerlich macht (Manning 1980: 265). Aber auf der anderen Seite bekundet er der Psychiatrie mehrfach seinen Dank dafür, besseres Material zu gebrochener, disharmonischer Interaktion als alle anderen Sammler geliefert zu haben. Dadurch lassen sich hier die Spiele des Alltags besonders gut beobachten und im Kontrast zu den Spielen auf diesem Feld besonders gut erkennen. „We sociologists should be grateful for this harvest, all the more so because it has been brought in by delicate hands" (BPP: 3). Das bedeutet jedoch keinesfalls, sich mit diesem Material auch die Interpretation und Verwendung, die die Psychiatrie davon macht, mitanzuzeigen: „We can express our gratitude by trying to appropriate the yield for our own market, offering in exchange some observations about social situations that we appropriated long ago from anthropology" (BPP: 3). Und diese Gegenleistung ist eine, die das Feld der Psychiatrie, vor allem der gegenwärtigen, auf gehirnchemische Fiktionen festgefahrene Psychiatrie, nicht annehmen kann, ohne dabei zusehen zu müssen, wie ihre Selbstverständlichkeiten zerlegt werden.

7.1 Selbstverständliche Psychiatrie

Die Psychiatrie gehört zu den Wissenschaften, deren Realitätskonstruktionen im Alltag unhinterfragt angenommen werden. „Few professions [...] have so well been able to institutionalize, to sell on the social market, their own fantasies of what they were engaged in doing" (IR: 139). Die Mainstream-Soziologie hat sich mit dieser psychiatrischen Realitätskonstruktion in den letzten Jahrzehnten arrangiert und akzeptiert in weiten Teilen die biologistischen Erklärungen dieser Institution, ihr „Krankheitsreden" komplett mit seinen hirnchemischen und genetischen Ätiologien (Dellwing 2011a). Das ist durchaus kurios, da Versuche, die soziale Welt über Natur und Biologie zu erklären, in der Soziologie sonst mit größter Skepsis aufgenommen werden. Gerade die Soziologie mit ihrer Aufgabe der Befremdung der „Normalität" hat die klare Aufgabe, diese Festigkeiten zu durchbrechen und zu zeigen, welche Legitimationsfunktion die Behauptung, etwas „sei natürlich", in offizieller Kommunikation spielt – und währenddessen zu zeigen, wie wenig Natur mit diesen Realitätskonstruktionen zu tun hat. Die biologische Reduktion erscheint in Goffmans Schriften daher als charmante Eigenart der Psychiatrie, aber nicht als ernst zu nehmende Analyse.

Goffman war seiner Zeit voraus. Bevor die amerikanische Psychiatrie in der Neufassung ihres Diagnosekatalogs mit seiner dritten Auflage, DSM-III (1980), psychoanalytische Thematisierungen hinter sich ließ, um in der Hoffnung auf wis-

7.1 Selbstverständliche Psychiatrie

senschaftliche Objektivität und Reproduzierbarkeit der Diagnosen auf eine trockene, deskriptive Sprache umzuschwenken,[2] bemerkte er bereits:

> At present there is a rather special and hardening language in psychiatry, involving terms such as ‚flattened affect', ‚posturing', ‚manneristic movement' ‚out of contact', and others, which solves the problem of having to write up clinical notes in a hurry but which provides the practitioner with a handful of thumbs (IR: 138).

Der Versuch, Sozialverhalten, das in Kontexten und in Beziehungen und in spontaner Reaktion (aufeinander) aufkommt, in individualzentrierte Listen von persönlichen Verhaltensmustern zu pressen, ist aus einer soziologischen Perspektive von vornherein eine zweifelhafte Vereinfachung. Was „einer Situation unangepasst" ist, ist massiv von Zeit, Ort, Beziehung und Kontext abhängig: Das einfache und kaum widerlegbare Argument gegen eine solche Naturalisierung lautet natürlich, dass zu unterschiedlichen Zeiten und an unterschiedlichen Orten, aber auch in unterschiedlichen Situationen am selben Ort und in derselben Zeitperiode unterschiedliche Verhaltensweisen „normal" sind. Soziale Normalitäten und normales Verhalten sind keine natürlichen Dinge, was Psychiatriethematisierungen aber annehmen müssen, damit ihr ganzes Unternehmen überhaupt starten kann: „psychiatric textbooks [...] prove charmingly explicit formulations on the ‚nature' of human nature" (ASY: 85) – und der „Natur" der „richtigen" Interaktion. Wenn konzediert ist, dass „normales Verhalten" alles andere als natürlich ist – und dass das konzediert werden muss, ist für Soziologinnen eine Selbstverständlichkeit – dann ist es schwierig, eine persistente Abweichung oder ein persistentes Auffallen als „seltsam" im Rahmen dieser Normalität als „Krankheit" definieren zu wollen. Wenn der Normalzustand kein biologisches „Gesundsein" ist, sondern ein Angepasstsein an die Erwartungen und soziale Normalitäten, dann kann ein fehlendes Angepasstsein schlecht einfach nur „biologisch krank" sein.

Es geht, wie Goffman elaboriert, in den Fällen, die die Psychiatrie erreichen, in der Regel gerade nicht um Einzelne, sondern um soziale Beziehungen, die in hoffnungslose, unlösbare Konflikte gestürzt werden, weil Menschen Dinge tun, die mit legitimen Deutungen nicht einzuholen sind und Formen des Umgangs mit dem rituellen Idiom an den Tag legen, die Beziehungen und Bedeutungen darstellen und damit zur Grundlage der Handlung zu machen versuchen, die andere nicht akzeptieren können. Zum Zwecke der besseren Aktenverarbeitung, um die Probleme notieren und klassifizieren zu können, erfindet die Psychiatrie Abkürzungen,

---

[2] Eine Hoffnung, die bis heute Hoffnung bleibt; die Interpretativität von Symptomkatalogen, die Verhalten klassifizieren, ist letztlich wohl unüberwindbar, und die Psychiatrie hat über mehrere Neufassungen der „deskriptiven" Variante ihres Katalogs keine reproduzierbaren Diagnoseergebnisse erreicht, vgl. Whitaker 2010a, b, Moncrieff 2009.

und das zu Lasten des Verständnisses der Interaktionsrituale und -tänze, in denen diese Probleme entstehen, indem sie als Risse herausgefordert und über Kittversuche hinweg aufrechterhalten werden. „Current doctrine and practice in psychiatry have neglected these meanings. To collapse the warfare of social place in a troubled family into such terms as ‚acting out' or ‚manic' keeps things tidy, but mostly what such terms accomplish is the splendid isolation of the person using them" (RIP: 386). Das ist Goffmans Psychiatriekritik: Diejenigen Personen, die diese klinisch-objektivierten Begriffe verwenden, „isolieren" sich gegenüber der Welt, die sie mit ihren Dienstleistungen zu bearbeiten suchen, indem sie die Prozesse der interaktiven Aushandlungen von Bedeutungen ignorieren. Die Psychiatrie erbringt mit Hilfe dieser Verkürzungen jedoch die soziale Leistung, mit einem „Chaos" in Organisationen und sozialen Beziehungen auf Arten und Weisen umzugehen, die diese Beziehungen vom Chaos erlösen. Sicherlich ist die Prätention, es handele sich ausschließlich um ein biologisches Problem einer Person nützlich, um diese Leistung zu erbringen (s. u.). Sie ist allerdings nicht nützlich, wenn es darum geht, zu verstehen, was hier eigentlich interaktional vor sich geht – und in dieser Kombination *ist* sie nützlich für diejenigen, deren Realität von den putativ „Kranken" aus den Fugen gebracht wird, nicht unbedingt für die Personen, die als Ursache für dieses Chaos identifiziert werden. Denn mit Hilfe dieser einfachen Fassung kann schnell festgestellt werden, was normal ist und was nicht, damit wer normal ist und wer nicht, und damit, wer in einem sozialen Konflikt die Unterstützung der Instanzen erhalten soll, indem der „unnormalen" Seite eine gar nicht selbstlose Form der medizinischen Unterstützung gewährt wird. Aber das Verständnis der Situation liegt für Goffman in diesem Chaos, nicht in der Person: „It is this havoc that psychiatrists have dismally failed to examine" (RIP: 357).[3] Nur eine „Krankheit" zu sehen, die Person als „mechanisch nicht funktionierend" zu bezeichnen, ignoriert „the social overreachings that are actually involved" (RIP: 386-7).

Diese Verhaltenslisten zusätzlich in „richtig" und „falsch", „normal" und „gesund" einzuteilen, ersetzt kontextuale, lokale Beurteilungen durch die Illusion einer abstrakten Einordnung, die in den konkreten und lokalen Situationen, in denen sie aufkommen, wieder fluide werden muss, eine Tatsache, die die strikten Kataloge ignorieren müssen.

> The sharp distinction between symptomatic and non-symptomatic improprieties is certainly part of our folk conceptual apparatus for looking at people; the trouble is that it does not seem to have any fixed relation to the actual behavior to which it is applied. There is no consensus […] agreement typically comes after the fact, after the label ‚mental illness' has been applied (IR: 142).

---

[3] Dieses Zitat endet in einem zweiten Teil, in dem auch die Soziologie angegriffen wird; ich verschweige diesen Teil nicht, er spielt weiter unten eine zentrale Rolle.

Das ist im Übrigen nicht das Argument, „in Wirklichkeit" läge keine organische Beeinträchtigung vor; Goffman konzediert, einige dieser Probleme „are no doubt organic" (RIP: 345). Diese Frage ist für die Soziologie, die sich die sozialen Dynamiken ansieht, jedoch nicht zentral: Der Soziologie muss es darum gehen, zu bemerken, wie soziale Situationen überhaupt erst Störungen einer Schwere erfahren, die die Beteiligten dazu bringt, die Psychiatrie als Alliierten hinzuzuziehen, um diese Störungen aufzulösen, und welche Leistungen die Psychiatrie erbringt, um diese Lösungen zu erreichen.

7.2 Gemeinsame Realitäten und ihr Scheitern

Der Alltag ist, wie in den letzten Kapiteln erarbeitet wurde, eine beständig aufeinander abgestimmte Ordnungsleistung, in der soziale Realität in einem kleinteiligen und aufwändigen Umgang mit rituellen Idiomen und in Bezugnahme auf gegenseitige Unterstellungen geleistet wird. Dieser Prozess ist bei genauer Betrachtung so aufwändig, dass es ein Wunder ist, dass er in den meisten Fällen so reibungslos funktioniert. Die Psychiatrie interessiert Goffman vor allem, weil es sich hier um eine soziale Institution handelt, die eingreift, wenn dieser Prozess über extendierte Perioden hinweg nicht funktioniert. Schon in Fällen, in denen Zerbrechlichkeit (s. Kap. 6) gemanagt wird, geht es um das immer potentiell zu befürchtende Scheitern dieser Ordnung; in Fällen, in denen die Ordnung rituell „gekittet" werden muss (s. Kap. 6) hat Goffman thematisiert, wie die Ordnung gerettet wird, wenn die Tänzer sich auf die Füße treten. Die Analyse dieses Tanzes, dieses Spiels mit rituellem Idiom, lief damit bereits beständig über Bruch und Heilung hinweg. Die Psychiatrie liefert noch einmal ein reiches Feld zur Untersuchung dieser Spiele, Tänze, Prozesse: Wie diese Ordnung über beständige und andauernde Wunden hinweg gerettet wird, die nicht geschlossen oder verdeckt werden können.

Goffman weitet seine oben zitierte Kritik an der Psychiatrie und ihren Vereinfachungen komplexer sozialer Prozesse auf die Soziologie aus. Genauso, wie es nicht ausreicht, einfach von „organischer Krankheit" zu sprechen und die Sache dabei bewenden zu lassen, sind die Ansätze, die in der Soziologie (vor allem der sechziger und siebziger Jahre) entwickelt wurden, ebenso simplistisch.

Die kritische Soziologie hat die Psychiatrie früh zu einem Instrument sozialer Kontrolle erklärt, mit der herrschende Normalitäten mit Hilfe ideologisierter Biologismen durchgesetzt werden (Laing 1969, 1972; Cooper 1978, 1979; Basaglia 1973, 1974a, b, etc.), indem normbrüchige Menschen, deren Devianz eine Bedrohung für die herrschende Normalität darstellt, mit Hilfe des Etiketts „geisteskrank" ausgeschlossen und kontrolliert werden. Der Beginn einer solchen soziologischen

Betrachtung der Verhaltensweisen, die als „Symptome psychischer Störung" klassifiziert werden, liegt dann bei Normbrüchen und über den Umweg dieser Brüche auf bestehende soziale Normalitäten, die von diesen Normbrüchen herausgefordert werden. Obwohl Goffman teils in die Riegen der „Antipsychiatrie" eingeordnet wird (Kotowicz 1997; Ellerby 2011), folgt er dieser Perspektive nicht: Wie die Psychiatrie das „Chaos" in sozialen Beziehungen (zumindest analytisch) ignoriert, wenn sie sich allein auf die organische Problematik zurückzieht, so ignoriert auch die Soziologie diese Probleme „when they treat mental illness merely as a labeling process" (RIP: 357).

Der Beginn eines „Normbruchs" ist durchaus etwas, woran sich eine Zuschreibung von „Geisteskrankheit" entzünden kann: „When an act that will later be perceived as a mental symptom is first performed by the individual who will later be seen as a mental patient, the act is not taken as a symptom of illness but rather as a deviation from social norms" (RIP: 345). In seinen Studien begegnen ihm in der Tat viele Verhaltensweisen, die die Losung „Symptome der Geisteskrankheit als Normbruch" untermauern, zum Beispiel als Vergehen gegen die Territorialität, gegen Regeln, gegen Distanzen und Höflichkeiten, gegen Ehrerbietung und Rangkommunikation. Dieser Anfangspunkt ist jedoch komplexer, als einfache Analysen aus der Perspektive der „Verteidigung der Normalität" das annehmen. Die gebrochene „Normordnung" der Interaktion ist zwar das, was als Symptom *aufgeführt* wird: „in diagnosing mental disorder and following its hospital course, psychiatrists typically cite aspects of the patient's behavior that are ‚inappropriate in the situation' […] many of these delicts are petty, embarrassing, or messy" (BPP: 3). Was aber „der Situation unangemessen" ist, ist in einem aufeinander bezogenen Spiel mit rituellem Idiom durchaus offen und fluide. Wie oben bereits festgestellt wurde ist es unbefriedigend, Goffmans komplexe Thematisierung einfach auf „soziale Normen" herunterzukochen: Was in einem Moment als normativ gilt, ist ebenso ausgehandelt wie die „Gesichter" der beteiligten Personen. Normburch ist die Form, die ein Angriff auf die Realitätsdefinitionen anderer in der offiziellen Kommunikation einnehmen muss, um legitim zu werden, und „Normbruch" scheitert, die Umstände dieser Probleme detailliert nachzuvollziehen. Es geht vielmehr darum, *wer* welche Situation als Angriff gewertet hat, mit welchem Recht und welcher Teamunterstützung, und *was* die rituelle Signifikanz dieses Verhaltens war. Eine Person, die in ihrem sozialen Umfeld auffällt, ist nicht einfach eine, die eine abstrakte soziale Normalität oder Norm bricht, sondern zunächst eine Person, mit der andere in ihrem unmittelbaren Umfeld Interaktionsprobleme haben. Zu sagen, diese Probleme entstünden mit Regelbruch, ist alltäglich-moralistisch. Goffman bemängelt daher, dass die Losung des „Normbruchs" zwar häufig verwendet wird, es jedoch völlig unausgearbeitet bleibt, was in welchen Kontexten wie kontrolliert

7.2 Gemeinsame Realitäten und ihr Scheitern

wird, und wozu: „Although social scientists have been classifying psychotic behavior as a type of improper conduct, a type of deviancy [...] they, like their medical colleagues, have not carried the matter very far" (IR: 140), und schlimmstenfalls haben sie die Angelegenheit in moralistisches Gebiet getragen. Wenn Ordnung gemeinsamer, aufeinander bezogener Umgang mit dem rituellen Idiom ist, dann besteht ein Bruch der Ordnung nicht einfach und banal aus „Regelbrüchen", sondern er besteht in einem Scheitern dieses aufeinander bezogenen rituellen Umgangs: Das Verhalten ist nicht in Bezug zu einer abstrakten Norm- oder Gesellschaftsordnung „unangemessen", es wird von den anderen Beteiligten als „unangemessenes" *play* (s. Kap. 5) gesehen und in einem eigenen play als unangemesse Handlung markiert und gehalten. Nichts davon geschieht von sich aus. Es handelt sich um aufeinander bezogenes Verhalten, das das Spiel stört, während das Spiel jedoch auf eine unverständliche Art und Weise mitgespielt wird, indem ein durchaus verständliches rituelles Idiom verwendet wird. Das Gegenüber ist im Spiel, reagiert augenscheinlich, aber auf unverständliche Arten, mit unverständlichen Bezügen, in Referenz zu scheinbar absurden looking glass-Unterstellungen. Das mangelnde Verstehen bezieht sich daher nicht darauf, dass die Töne und Sätze unverständlich wären. Es ist ein normatives Nicht-Verstehen, da durchaus sinnvolle Verwendungen des rituellen Idioms aufkommen, deren Bedeutung für die Beziehung und Organisation jedoch scheinbar sicher geglaubte Bedeutungen stört: Das ist das Chaos, das von diesen *plays* ausgeht.

Die Perspektive der in den vorhergehenden Kapiteln explizierten Spiele mit rituellem Idiom erlauben es Goffman, diese „Angelegenheit" weiter zu tragen und die Analyse dieser Spiele umgekehrt aus diesen Beobachtungen zur Psychiatrie zu bereichern. Goffman mahnt an, dass eine Untersuchung dieser „Angelegenheit" sich die andere Seite dieser Medaille ansehen muss, die von der Psychiatrie in ihrer Konzentration auf individuelle Menschen und ihre Gehirne niemals bedacht wird: nämlich wie der beständige Aufbau sozialer Ordnung gestört (IR: 139-40) und die Zerbrechlichkeit der sozialen Welt benutzt wird, um sie tatsächlich und nachhaltig zu zerbrechen. Diese Thematisierung zieht sich durch die unterschiedlichen Diskussionsbeiträge zur Psychiatrie, die Goffman anbietet; am explizitesten, und am besten ausgearbeitet, findet sie sich jedoch in *The Insanity of Place*.

Die Fälle, für die psychiatrische Hilfe in Anspruch genommen wird, sind nicht einfache Normbrüche, auch nicht beständige oder für die Normordnung besonders schwerwiegende. Es sind Fälle, die an Orten aufkommen, an denen man ihnen nicht entkommen kann und an denen sie daher nicht einfach ignoriert oder beiseite geschoben werden können. Es sind Handlungen, mit denen die „Betroffenen" sich (scheinbar) weigern, auf ein gemeinsames Spiel einzugehen und die Gemeinsamkeit des Spiels fortzuführen: Sie spielen ihre Rollen nicht – nicht in dem Sinne, dass sie die engen Korsette der normativen Erwartungen nicht erfüllen, die diese Rollen beinhalten, sondern indem sie die rituelle Darstellung der Bindung zu den anderen Mitgliedern verweigern, die andere benötigen, um darauf vertrauen zu können, dass die Betroffenen im selben Team spielen. „Bizarreness itself is not the issue. Even when the patient hallucinates or develops exotic beliefs, the concern of the family is not simply that a member has crazy notions, but that he is not keeping his place in relationships" (RIP: 365). Der andere begeht „acts [...] which openly proclaim to others that he must have assumptions about himself which the relevant bit of social organization can neither allow him nor do much about" (RIP: 358). Diese Personen werden „manisch" und „befördern" sich in der Familie und im Beruf: Ihre Welt ist auf einmal zu klein, und sie expandieren sie ziellos und hektisch (RIP: 364). Oder sie werden depressiv und ziehen sich zurück, so dass „The burden of enthusiasm and domestic work must now be carried by fewer numbers" (RIP: 363). Auch ist es oft der Fall, dass „symptomatology is specifically and not merely incidentally an improper keeping of social distance" (IR: 69). Sie versperren sich Rollen, von denen die anderen überzeugt sind, dass sie sie einnehmen müssten, um die Begegnung aufrechtzuerhalten. Diese Personen spielen nicht mehr auf ihrem Platz, indem sie andere Plätze einnehmen. Sie passen nicht auf, wenn sie eigentlich „in" der Begegnung involviert sein sollten. „For example, I observed a female psychotic [...] who would, in the midst of a conversation, allow all of her attention to be drained away by the sound of the ward door" (BPP: 180-1). Anstatt sich an ihrem Platz zu involvieren, nehmen sie „okkulte Involvierungen" ein (IR: 75), „a kind of awayness where the individual gives others the impression, whether warranted or not, that he is not aware he is ‚away'. This is the area of what psychiatry terms ‚hallucinations' and ‚delusionary states'. Corresponding to these ‚unnatural' verbal activities, there are unnatural bodily ones, where the individual's activity is patently tasklike but not ‚understandable' or ‚meaningful.'" (IR: 75). Diese „failure to encode through deeds and expressive cues a workable definition of himself, one which closely enmeshed others can accord him through the regard they show his person, is to block and trip up and threaten them in almost every movement they make" (RIP: 366).

Im vorhergehenden Kapitel habe ich *remedial interchanges,* „Korrektivrituale" besprochen, die Rituale, mit denen soziale Harmonie aufrechterhalten wird, wenn ein Teilnehmer Irritationszeichen gegeben hat (die als solche anerkannt und denen begegnet wurde/n). Es ging um Zeichen, die verwendet werden, um die gegenseitige Unterstellung, dass man weiterhin im selben Team spielt, aufrechtzuerhalten, wenn diese Unterstellung fragwürdig wurde. Die oben genannten Praktiken und Beispiele beschäftigten sich mit ganz alltäglichen Vorkommnissen: Es waren sozusagen vergleichsweise unproblematische Probleme, wenn Erklärungen und Entschuldigungen aufkommen oder kleine Zeichen gegeben werden, dass man noch beisammensteht. Selbst wenn das nicht geschieht und offene Ausgrenzungsarbeit in Form von Sanktionen erfolgt (vgl. Dellwing 2008c, 2009b, 2010a) oder die Irritationsdarstellung scheitert und ein neuer Status Quo über die Irritation hinweg geschaffen wird (wie in den Flirtversuchen, die bewusst rituelle Idiome „fehlverwenden", um diese Fehlverwendung zur neuen „richtigen Verwendung" zu machen, s. o.), bleibt die Situation weitgehend unproblematisch, was die gemeinsame Definition sozialer Realität betrifft – und es werden regulär keine Fälle für die Psychiatrie generiert. Jedenfalls keine Fälle, die an die Psychiatrie klassisch herangetragen werden, um unlösbare Situationen zu lösen. Die Ausdehnung des Krankheitsvokabulars und vor allem die Ausdehnung der „Vorsorge" hat dazu geführt, dass Personen, die sich in keiner solchen Problematik befinden, dennoch aufgegriffen und mit Medikamenten verändert werden, alles im Namen der „Prophylaxe"). Phasen der „Ausbrüche" dieser Art sind für sich daher nicht das Problem. Sie können vorkommen und könnten mit den im vorigen Kapitel besprochenen Praktiken gekittet werden; „A person who suddenly becomes selfish, heartless, disloyal, unfaithful, or addicted can be dealt with. If he properly shows cause or contrition he can be forgiven; if he is unrepentant but removable he can be redefined" (RIP: 367). Auch wenn dieses Kitten immer wieder fällig würde und die Familie dennoch an diesen beständigen Zyklen von Ausbruch, Korrektiv und Vergeben zerbricht, wären das Handlungen, die mit „Ritualen der Absicht" einhergingen. Das Problem in diesen besonderen Situationen des familiären Chaos besteht darin, dass keine Seite rituelle Züge macht, in denen aufeinander zugegangen wird. Der Ausbruch wird weder rituell geglättet noch als neuer Status Quo akzeptiert. „The offender makes little effort to conceal his offense or ritually neutralize it" (RIP: 354), und „neither he nor they withdraw from the organization or relationship sufficiently to allow his expression to confirm what his status implies" (RIP: 367). Diese Familie hat es mit einem Bruch zu tun, den sie nicht ertragen kann, aber ertragen muss: Sie ist somit gefangen in anhaltenden, beständigen Ritualhandlungen, mit denen soziale Plätze mit Alltagshandlungen behauptet, vom Rest aber nicht anerkannt werden, Brüche, die niemals als Brüche rituell geglättet werden: Es ist ein beständiger Kampf um soziale Realität, den keine Seite aufgibt, sei es, weil sie dazu nicht in der Lage ist, sei es, weil sie dazu nicht bereit ist (für die Soziologie ohnehin eine problematische Unterscheidung). „They cannot let him have his wrong beliefs because they cannot let him go" (RIP: 365). Ein Dilemma.

Das Problem, das „Chaos", ist somit ein Chaos eines Ortes und der sozialen Plätze an diesem Ort. Der Titel *The Insanity of Place* ist damit mit wohl überlegter Doppeldeutigkeit gewählt. Das Chaos hat seinen Sitz nicht in der Person, sondern an diesem sozialen Ort enger Bindungen. Dort, und *nur dort*, sind diese Verhaltensweisen erst im Rahmen einer Beziehungsunterstellung signifikant: Das Chaos ist kein Chaos, das ausschließlich im Kopf der Person verortet ist, sondern es handelt sich um „organizational havoc and havoc in the minds of members" (RIP: 356). Nur dort sind sie in der Lage, die geteilten Realitäten nachhaltig zu stören. Das Problem besteht in der oben explizierten Notwendigkeit, soziale Realitäten gemeinsam im Team zu definieren; die Familie, diese besondere „Wir gegen die Welt"-Gruppe, ist eine Gruppe, in der dieses Teamspiel besonders wichtig ist. Wenn eine wesentliche Person aus diesem Teamspiel ausschert, „meaningful existence is threatened" (RIP: 366) – für alle, denn ohne den Mitspieler werden die eigenen Realitäten unsicher, die Sicherheit, wie man an sein Wissen gelangt, bröckelt (RIP: 367). Das Verhalten definiert nicht mehr rituell die Bindungen, die andere erwarten; es macht daher nur Sinn als „Symptom", wenn dieser Unterstellungsrahmen mit angelegt wird. Ohne diesen Rahmen ist die Unterstellung nicht aktiv, und ohne diese Unterstellung wäre das Verhalten nicht so störend. Das führt uns zu diesen Handlungen als spezielle Form des Umgangs mit dem rituellen Idiom.

7.3 Umgang mit dem Idiom außerhalb des Teams

Um „symptomatisches Verhalten" handelt es sich also nicht einfach nur dann, wenn beständig „Normen der alltäglichen Interaktionsordnung gebrochen" werden. Es handelt sich jedoch auch nicht um ein „Vergessen" des rituellen Idioms. Ganz im Gegenteil: Goffman stellt immer wieder fest, dass die von ihm beobachteten Patienten gerade in dem Verhalten, was dann als „symptomatisch" klassifiziert wird, mit diesem Idiom ganz ausgezeichnet umgehen und die Ressourcen, die ihnen zur Verfügung stehen, sinnvoll, aber eben nicht anerkannt nutzen. Das Problem, einmal wieder, besteht nicht im Idiom oder der „Kompetenz" der Person: „The mess that the manic makes does not come out of his head. It comes from the vulnerabilities of domestic and community organizations to persons with social resources to expend" (RIP: 388). Es besteht darin, dass die wohlwollende Aufeinanderbezogenheit, mit der wir diese Spiele spielen, aufgegeben wird, die Möglichkeiten des Zerbrechens geteilter Realität wahrgenommen werden und die Beteiligten nicht in der Lage sind, diese Brüche zu kitten, weil die Interaktionspartner nicht in diesem Kitt mitspielen und nicht zu bewegen sind, die Brüche aufzugeben – während sie zugleich auf der Klaviatur des rituellen Idioms bemerkenswert „kompetent" diese Brüche immer wieder aufs Neue herbeiführen. Diese „symptomatischen" Verhaltensweisen verwenden das rituelle Idiom des Alltags somit in „bad faith". An ihnen bemerkt man, wie sehr wir davon abhängig sind, dass andere mitspielen, eine Situation gemeinsam harmonisch und aufeinander bezogen zu halten und wie

7.3 Umgang mit dem Idiom außerhalb des Teams

viel zerbrochen werden kann, wenn andere diese einfache Aufeinanderbezogenheit aufgeben und sich aus dem rituellen Topf mehr nehmen, als andere bereit sind ihnen zu geben.

Goffman geht mit einer feineren Hand an diese Situationen und bemerkt, wie kunstvoll, ja genial die psychiatrischen Patientinnen mit den Instrumenten der rituellen Idiome spielen, wie ihre Unverständlichkeiten bei genauerem Hinsehen alles andere als unverständlich sind. Goffman nennt das „instances of [...] resolute manipulation of the rules [that] misemploy available excuses for breaking them" (BPP: 140); sie sind kein Zufall, nichts, was kontextlos geschieht, sondern zeichnen sich gerade dadurch aus, dass das rituelle Idiom auf nicht akzeptierte Arten und Weisen verwendet wird (RIP: 356). Man bemerke nur, dass die klassischen Symptome des Tourette-Syndroms gerade die Zeichen und Worte verwenden, die beleidigend, aggressiv und sexuell anzüglich sind, und gerade in den Kontexten, in denen sie am stärksten zerstörerisch gegenüber der gegenwärtigen Involvierung wirken (denn „beleidigende" Worte können in anderen Kontexten bindend, gar zärtlich sein) – dieses Idiom und die Kontexte seiner Verwendung sind nicht natürlich, sie müssen erlernt werden, und ohne eine ausgezeichnete Sozialisation in dieses Idiom wäre diese Symptomatik nicht möglich. Die pointierten Verletzungen der persönlichen Sphären anderer, z. B. in öffentlichen Verkehrsmitteln, sind also nicht denkbar, wenn nicht vorher erlernt wurde, was diese persönlichen Sphären sind und was sie verletzt (RIP: 359), und in welchen Kontexten Anzüglichkeiten als Verletzung interpretiert werden (Anzüglichkeiten in öffentlichen Verkehrsmitteln können durchaus interpersonal angemessene „Spiele" sein, wenn die Beteiligten sich in einer bestehenden sexuellen Beziehung befinden). „Mental symptoms are made up of the very substance of social obligation" (RIP: 387).

Goffmans verschiedene Diskussionsbeiträge zur Psychiatrie rekurrieren beständig auf Beispiele, in denen jene, die letztlich als „psychisch krank" gelten, rituelles Idiom kreativ auf eine Art und Weise verwenden, die seine Akzeptanz strapazieren. In diesen Handlungen werden Höflichkeiten ausgenutzt, indem Personen sich einladen lassen, die nicht eingeladen werden sollten; sie nutzen Zeichen der Involvierung aus (zum Beispiel ein beständiges wanderndes Starren, das auf noch kommende Personen wartet, die aber nie kommen, was ein beständiges Stehen am selben Punkt „rechtfertigt"); sie nutzen Zeichen des emotionalen Leidens, aber auf solche anhaltende und dramatische Art, dass sie die Geduld und Ressourcen des Umfeldes entleeren usw. Eine Person „riffles through a shopper's cart [...] [or] leans into an ongoing conversation not her own", sie begeht „self-contaminations involving exposure or befoulment [...] speaks aloud shameful admissions [...] or shies away from passing glances" (RIP: 356).

Ein Beispiel, das Goffman in seinem Material beschreibt, erzählt von einer Frau, die „would ask persons – both ones she knew and ones she didn't – for minor favors [...] in such a manner that the person approached would sometimes gradually realize that the favor was merely an excuse, and [...] the asker was merely toying with the conventional conditions of contact" (BPP: 140), ein Spiel, das die gefragte Person jedoch in die missliche Lage bringt, entweder in einer Konversation zu bleiben, in der sie nicht sein wollte, oder aber sozial weniger akzeptable („unhöfliche") rituelle Spiele verwenden zu müssen, um sich aus den Konversationen selbst zu entlassen, ohne entlassen worden zu sein. In *Behavior in Public Places* nennt er dieses „Spiel" „,attack the encounter'" (BPP: 162), die Verwendung von rituellem Idiom, um die Stabilität einer Begegnung zusammenbrechen zu lassen.

Wichtig ist wieder einmal, nicht zuzulassen, dass diese Kategorien objektiviert werden. Das oben genannte Verhalten ist für eine soziologische Betrachtung keine Liste „symptomatischen Verhaltens", das – wie im DSM – gelistet und abgehakt werden kann. Die Problematik besteht nicht in diesem Verhalten selbst, sondern eben im Scheitern der wohlwollenden Aufeinanderbezugnahme in gemeinsamen Spielen der Konstruktion von Definitionen der Situation in face to face-Interaktionen. Eine Person kann durchaus kuriose Annahmen haben, ohne solche Probleme zu verursachen, wenn die Bezugsgruppe auch der Ansicht ist, dass sie geteilt werden, das heißt, wenn sie die Situation gemeinsam als harmonisches Spiel mit rituellem Idiom definieren. All diese Brüche können normal werden: „If they accept this revision, then meaningful organization can be re-achieved, for example, when family cult-formation occurs or a folie à ménage. [Only, M.D.] if they do not, there is trouble" (RIP: 366). Es ist damit nicht das Verhalten selbst, das *rückwirkend* eine Rolle als psychische Kranker begründet: „A mental symptom, however, is a situational offense that the offender does not get away with; he is in a position neither to force others to accept the affront nor to convince them that other explanatory grounds ought to be accepted" (BPP: 240).

Goffman hat diese besondere Form des Scheiterns ritueller Aufeinanderbezogenheit nicht nur im Alltag untersucht, sondern ebenso in psychiatrischen Anstalten (sowohl im Umgang mit den Pflegern als auch im Umgang untereinander). Als Bezugsscheitern ist es als Form des Widerstands erkennbar, und gerade in seinen Anstaltsstudien wird das, was Ärzte und Pfleger einfach als „Symptomatik" notieren, als eigentümliche Form des Widerstandes erkennbar, als Form des Umgangs mit einer prekären Situation. Es ist der Rückzug aus einer erzwungenen Situation, die kontextual nicht nur verständlich ist, sondern sogar geboben scheint. In einem Umfeld, indem Rückzug und die Spiele mit den alltäglicheren Varianten der Rollendistanz unmöglich gemacht werden, bleiben nur außeralltägliche Varianten, wie totaler Rückzug in beständiges Schlafen. „It is difficult to escape the conclusion [...] that failure to exhibit ‚presence' is a normal, understandable expression of alienation from, and hostility to, the gathering itself and the officials in it" (BPP: 25). Aus psychiatrischer Perspektive jedoch ist „[t]his drastic curtailment of involvement in interactional events [...] best known, of course, [...] under the title of ‚regression'" (ASY: 61). Neben der Rückzugsvariante der Feindseligkeit steht die Angriffsvariante. Eines der plastischeren Beispiele, das Goffman aus seinen Beobachtungen mitbringt, ist „self-befoulments" (IR: 52), in diesem Fall ein Patient, der seine eigene Exkremente gegessen hat; „a type of heroic perversity" (IR: 52). Diese Formen des Widerstandes werden ihre eigene Form der Rollendistanz (IR: 112) in einem Umfeld, dass es „schwer macht, eine Person zu sein".

7.4 Der Prozess der Naturalisierung chaotischer Spiele

Wenn wir soziologisch bleiben, dann ist die Zuschreibung und folgende Annahme einer Definition als „krank", leidend unter einer „psychischen Störung" eine radikale, weitläufige Form von Anpassungshandlung (s. Kap. 6, 7): „Mental illness, pragmatically speaking, is first of all a frame of reference, a conceptual framework, a perspective applied to social offenses as a means of understanding them" (RIP: 354). Das ist eine soziologische Perspektive auf Erklärungen: Sie leisten sozial nicht „Wahrheit" im Sinne von „endlich wissen wir, worum es sich handelt"; sie leisten Schließung im Sinne von „endlich haben wir eine Definition, mit der wir weitergehen und die problematische Situation verständlich machen können". Erklärungen fassen Irritationen in die Welt des Normalen und schützen somit soziale Normalitäten (vgl. Dellwing 2011b). Die Zuschreibung einer „psychischen Störung" liefert einen Weg aus diesem Chaos für alle Beteiligten.

Die Zuschreibung, dass es sich um eine „Krankheit" handelt, leistet die Naturalisierung und Biologisierung sozialer Irritationen. Diese Realitätskonstruktion versichert die Irritierten, und über sie hinweg alle, die diese Praktik beobachten oder denen sie medial kommuniziert wird, dass die Normalität tatsächlich normal ist, und das nicht nur zeit-, orts- und kontextabhängig, sondern absolut und natürlich normal, denn diejenigen, die „ausbrechen", sind natürlich gehindert, diese Normalität zu unterstützen; und wären sie nicht natürlich gehindert, würden sie diese Normalität mittragen. Die Krankheitszuschreibung „functions [...] to protect the sanctity of the social occasion and the sentiments of the participants. This is an important service. We need to think that situational offenders are sick" (BPP 235). Dann nämlich gingen die Darstellungen, mit denen sie präsentierten, nicht im selben Team zu spielen, nicht von ihrem Selbst aus, sondern von ihrer Krankheit. Die wahre Person, verschüttet unter der Krankheit, hätte diese Brüche nicht begangen, hätte Ritualarbeit geleistet, hätte die gemeinsame Definition der Situation unterstützt, hätte die richtigen Bindungszeichen gegeben und immer mitkommuniziert, dass die gemeinsame Realität, die die Familie aufrechterhält, die richtige ist: „What can be more pleasing to one's sense that all is right with the world than to be given scientific evidence that the kind of bad behavior we cannot explain by our other methods is simply due to the sickness of the person who so behaves, and that, naturally, the worse he behaves, the sicker he is?" (BPP: 235).

Um diese Naturalisierung zu erreichen ist jedoch wieder einen Prozess der Neudefinition nötig, die Goffman als „moralische Karriere des Geisteskranken" analysiert hat. Psychiater kommen nicht regulär als erste an ein Verhalten, das zu begutachten wäre. Sie sind häufig das (vorerst) letzte Glied in einer langen Reihe, deren Ablauf Goffman als die „moral career of the mental patient" bezeichnet hat (ASY: 24): Die Unruhe, die das einer Person auslöst, führt zunächst dazu, gegenüber dieser Person Entschuldigungen zu machen. Sie ist müde, gestresst, überarbeitet, gerade nicht bei der Sache. Wenn die Irritation anhält und die Unruhe ansteigt, wird die Entschuldigung aufgegeben und eine Koalition mit anderen Betroffenen gesucht, die oft so erst zu Betroffenen gemacht werden: „Ist dir auch aufgefallen, dass X anders ist als sonst?" – „Ich mache mir irgendwie Sorgen um X". Mit diesen ersten Koalitionen wird die Realitätsdefinition, nach der man selbst am richtigen Platz ist, Person X jedoch nicht, ausgeweitet und bestärkt. Wenn X nun zunächst intern konfrontiert würde, könnte auf eine Koalition zurückgegriffen werden, der gegenüber X von vornherein in der Minderheit wäre. Das geschieht in der Gegenwart häufig im Fall von „Interventionen", die sozialdynamisch zunächst eine Erpressung sind: Das soziale Umfeld wendet sich geschlossen gegen eine Person, die so vor der Wahl steht, den organisierten Erwartungen des Umfeldes nachzukommen oder sich ausgeschlossen zu finden. Häufig jedoch, bemerkt Goffman, wird diese Konfrontation an diesem Punkt noch nicht gesucht. Es kann vorkommen, dass eine Kollusion eingegangen wird (POS: 170, RIP: 339), die sich bereits mit psychiatrischen Praxen in Verbindung setzt, so dass die Konfrontation darin besteht, die Person – oft gegen ihren Willen, aber in vorgespiegelter Freiheit – zu einem Termin zu bringen. Wenn die Psychiaterin der Person dann zum ersten Mal begegnet, findet sie bereits ein gefestigtes Umfeld der Irritation vor. Ihre Aufgabe ist nun, diese Irritation zunächst zu festigen, um dann eine Hilfe aus dieser Irritation heraus anzubieten: festigen, da die Urteile des sozialen Umfelds bestätigt werden sollen. Sie haben nicht etwa eine Person gegen ihren Willen gezwungen, Dinge zu tun und Rollen einzunehmen, gegen die zu wehren sie ein Recht hatte. Sie haben einem kranken Menschen geholfen.[4]

---

[4] Richtig verstanden nimmt diese Analyse im Übrigen nicht den Standpunkt ein, die Personen seien „nicht wirklich krank", genausowenig, wie sie den Standpunkt einnimmt, sie seien „wirklich krank". Die Konstruktion dieser Realität ist nicht Aufgabe der Soziologie. Aufgabe der Soziologie ist es, festzustellen, wie sie konstruiert wird.

7.4 Der Prozess der Naturalisierung chaotischer Spiele

Die Zuschreibung ist jedoch nur ein erster Schritt, denn diese Erklärung löst das Chaos nicht auf (RIP: 356), sie liefert nur eine Erklärung. „Havoc will occur even when all the members are convinced that the troublemaker is quite mad" (RIP: 357) – um dieses Chaos letztlich aufzulösen, muss die Psychiatrie einspringen, indem sie denjenigen, der als „Betroffener" ausgemacht wurde, entfernt. Die Anstalt ist „a place where persons who are still rightfully part of our daily lives can be held at bay and forced to wait for our occasional visits; and we [...] can ration it" (RIP: 358). Die Situation wird entschärft, indem die Person in ein Umfeld gebracht wird, das nicht mehr auf sie angewiesen ist, um gemeinsame Realitäten zu leisten; ihre Bekundungen, ein anderer Mensch zu sein als die bisherige Biografie das vorgibt, oder in Glaube an Dinge, die dem Umfeld absurd erscheinen, können hier ignoriert werden, und da die Verbindung nach Außen gekappt ist, können diese Bekundungen auch nicht in die Öffentlichkeit getragen werden.[5] Das ist jedoch eine Leistung, von der Goffman bemerkt, dass es für sie keine Ärzte benötigt: „They have served to remove the patient from the scene of his symptomatic behavior, which in itself can be constructive, but this function has been performed by fences, not doctors" (RIP: 336).

Die Psychiatrie leistet einen weiteren wichtigen Dienst, für den die Arztrolle dann doch benötigt wird. Sie entbindet die Angehörigen von ihrer Verantwortung für das, was sie getan haben. Wie das Recht verteidigt die Psychiatrie so soziale Ordnung, und wie das Recht tut sie es in den wenigen Fällen, in denen eine Ordnung so gestört wurde, dass es den Beteiligten sinnvoll und nützlich erschien, den Bruch zu den Institutionen zu tragen. Wie das Recht wird die Psychiatrie viel seltener mobilisiert, als sie es werden könnte, und wie im Fall des Rechts funktioniert die soziale Welt nur, weil wir uns entscheiden, solche Institutionen nicht häufig zu mobilisieren (vgl. Popitz 2004; Dellwing 2010b). Die Psychiatrie füllt eine Lücke, die das Recht auslässt: Sie verteidigt geteilte Realitäten in Umfeldern, in die das Recht nicht reicht, in „the domestic warfare of our times" (POS: 153) und die gemeinsame Aufrechterhaltung sozialer Rollen in Nahbeziehungen. In engen Sozialbeziehungen ist die Polizei in der Regel keine Option, um soziale Ordnung aufrechtzuerhalten. Denn wer gegen Personen, mit denen man enge Beziehungen hat, die Polizei einsetzt, gefährdet diese Beziehungen, bricht sie wahrscheinlich. Es wäre die Veröffentlichung eines Konfliktes, der damit anzeigt, dass die gesamte Beziehung nun eine öffentliche ist: In diesem Sinne ist es ein (negatives) Bindungszeichen (s. o.), die Polizei zu rufen. Mit nahestehenden Menschen zum Arzt zu gehen

---

[5] Goffman schreibt bis in die siebziger Jahre über die Psychiatrie; die psychopharmakologische Revolution hat er nur in ihren Kinderschuhen erlebt. Aber die Argumentation Goffmans ist problemlos auf sie anwendbar: Psychopharmakologie erlaubt diese „Entfernung" nun bei gleichzeitiger Anwesenheit des Körpers.

oder für sie die Notärztin zu rufen ist ebenso ein Bindungszeichen, aber ein ganz anderes: Man ruft sie nicht, weil die eigene Ordnung gestört ist, sondern, weil die Person, die die Ordnung stört, Hilfe benötigt. „A concern for the interests of the offender is to replace a concern for the social circle he has offended" (IR: 137), und das erlaubt den Angehörigen eine Thematisierung der Situation und ihres Selbst, mit der sie diese Kontrolle rechtfertigen können:

> The next-of-relationships of any deviant are faced with the fact that it is not as easy for them to cut themselves off from the deviant as it is for others to do so. One solution is provided [...] by the ratifier in a lovely example of three-person sociology: he enforces an estrangement which the next-of-relationships can enjoy yet feel no guilt over having created (ASY: 203).

Die Psychiatrie ist eine der Institutionen, die aus Fürsorge kontrollieren und daher aus Liebe gerufen werden können: Und glücklicherweise erklärt sie niemanden für über den Berg, bevor diese Person nicht psychiatrisches Reden als Eigenreden anerkannt hat, über sich selbst als krank spricht und damit die Kontrolle als liebevolle Hilfeleistung ratifiziert. Denn wenn die Störung vorbei ist, fehlt als letzter Teil der Ritualarbeit „the biggest piece of ritual work at all" (RIP: 365-6): Die Annahme der Narration des „kranken Selbst" und die dankbare Anerkennung der Intervention von Verwandten, Freundinnen und Ärztinnen als „Hilfe". Dieses Ritual ist eine tiefschürfende Form der *remedial interchanges* (s. Kap. 6), mit dem nicht nur die Störung überwunden, sondern zudem – im Sinne dieser *interchanges* – die Bedeutung dieser Störungen nachträglich verschoben wird. Geschähe das nicht, wäre die Handlung der Familie nicht von der kontrollierten Person mit gerechtfertigt, der „Kranke" träte nicht in die Koalition ein, die gemeinsam alles wieder glatt erklärt. „Small wonder, then, that a patient will be put under great pressure to agree to the diagnosis, and that he may give in" (RIP: 366).

7.5 Die andere Seite

So nützlich diese Hilfeleistung auch nach Goffmans Empfinden ist: Er ist dennoch kein zweifelloser Unterstützer dieser Hilfe. Sie rettet dem Umfeld die Realität seiner Welt; sie tut das jedoch zu einem hohen Preis. „I refrain from enlarging here on how unfortunate it has been for many offenders to have been granted this medical good fortune" (IR: 137). Vor allem in *Asylums* nimmt er die Seite der Kontrollierten ein, denen im Rahmen ihrer Einlieferung in eine Institution die Möglichkeiten der Selbstdarstellung und des Managements ihrer Selbst als autonome Personen genommen werden (ASY: 41). Nicht nur werden die Möglichkeiten der Präsentation

7.5 Die andere Seite

genommen: Die Präsentationen, die die Person an den Tag legt, werden zudem im Rahmen der Diagnose auf die Person und ihre Diagnose zurückgeworfen. Goffman spricht von „Looping", wo „the inmate's reaction to his own situation is collapsed back into the situation itself" (ASY: 42): Die Versuche, mit einer kaum managbaren Situation umzugehen, werden selbst wieder als Symptome gesehen. Das berühmte „Rosenhan-Experiment" hat hier unter anderem gezeigt, wie eine Zuschreibung einer „Geisteskrankheit" dazu führt, dass alle Handlungen, die vorher als normal hätten gelten können,[6] im Rahmen einer Institution als „Symptome" auftauchen. Das ist wieder Teil der Hand voller Daumen (s. o.), die der Psychiatrie ein Klassifikationssystem gegeben hat, mit dem pragmatisch fast alles unter eine Diagnose subsumiert werden kann, was in den Herkunftsumfeldern der Betroffenen kontrolliert werden soll.[7]

Die Person wird systematisch aus der Koalition zur Realitätskonstruktion ausgeschlossen, weil ihre Konstruktionsbeiträge die Realität, die der Rest des Teams aufrechterhält, stören. Zunächst sieht diese Person sich einer Kollusion gegen sich ausgesetzt (RIP), einer „Verschwörung", die zunächst durchaus gutmütig und gutwillig ist (RIP: 380). Aber auch eine gutmütige Verschwörung wirkt sich auf die Handlungen der Beteiligten auf eine Weise aus, die dazu führt, dass die Patientin sich in einer Welt wiederfindet, die lediglich „the appearance of innocence" hat (RIP: 380): Nämlich die Vorderbühne, die gegenüber dieser Patientin aufrechterhalten wird, wenn mit ihr geredet wird, eine Diskrepanz, die durchaus bemerkt wird und die sie von ihrer Familie trennt, die ja gerade eine gemeinsame Hinterbühne gegenüber außenstehenden Institutionen aufrechterhalten soll. Eine Familie funktioniert nach dem „wir gegen die Welt"-System (RIP: 381), und nun ist die Familie in eine Kollusion mit dem Psychiater verwickelt, mit dem sie eine gemeinsame Realität vor dem Patienten darstellt. Das bringt ihn in eine verzerrte Kopie der Kinderrolle. Kindern traut man nicht den Umgang mit allen Gegenständen im Haus zu; da ihnen aber offen eine Kinderrolle zugeschrieben wird, wird das in der Dramatisierung auch offen so dargestellt. Das funktioniert, da gegenüber Kindern eine fraglose Autoritätsrolle eingenommen werden kann, aus der heraus die Erwachsenen in der Lage und berechtigt sind, zu sagen: Leg die Schere weg, das ist zu gefährlich für dich, denn du bist noch ein Kind. Gegenüber dem Patienten wird dieselbe Vorsicht an den Tag gelegt; zugleich fällt aber aufgrund der gleichberechtigten Familienbeziehung die Möglichkeit weg, dieses Misstrauen of-

---

[6] Nicht etwa: normal sind; das ist eine Einschätzung, die nicht abstrakt gemacht werden kann.
[7] Die Neuauflage der Diagnosehandbücher geht in ihren Kategorien so weit und legt sie so breit an, dass sich nun auch massiver Widerstand innerhalb der Psychiatrie selbst regt (vgl. Allday 2011; Furedi 2012; Caplan 2012a, b).

fen auszusprechen, da nicht dieselbe Herrschaftsrolle eingenommen werden kann, ohne damit die Beziehung zu verschieben. Der oben verwendete Ausdruck „Leg die Schere weg" ist ein Bindungszeichen, er dramatisiert eine Hierarchieposition. Freundschaft und romantische Beziehungen setzen in der Gegenwart jedoch voraus, dass keine offenen Hierarchiepositionen eingenommen werden. So folgt die verzerrte Situation, dass die Patientin „is being treated like a child who can't be trusted around the house, but in this case one who cannot be trusted to be frankly shown that he is not trusted" (RIP: 381).

Sie werden aus dem Spiel, das sie nicht mehr wohlwollend spielen, herausgedrängt; am Ende werden sie in die Verliererrolle dieses Spiels gedrängt (vgl. Dellwing 2008b), und für die Lösung der gebrochenen Situation muss als Preis gezahlt werden, dass die nun diagnostizierte Person dem zivilen Leben entrückt und von ihren engen Angehörigen entfremdet wurde; zudem ist sie nach dieser Episode lebenslanger Stigmatisierung ausgesetzt. Da Episoden dieser Art nie als „geheilt" gelten, sondern immer nur als „gerade inaktiv" („in remission", vgl. Rosenhan 1973), ist eine einmal gemachte Zuschreibung dieser Art ein Damoklesschwert, das nun über allen zukünftigen Aushandlungen, und vor allem über zukünftigen Aushandlungskonflikten hängt: „This can mean that he must permanently lower the conception he has of his own character and must never again be adamant in presenting his views" (RIP: 366), da jede Selbstbehauptung gegen die Realität, die eine Gruppe geschlossen vertritt, schnell als Ausdruck seiner „Krankheit" klassifiziert, abgekanzelt und beendet werden kann. Goffman bemerkt daher, „This has been not merely a bad deal; it has been a grotesque one" (RIP: 336).

Trotz allen Widerstandes gegen die simplistischen Naturalisierungen der Psychiatrie ist die Lösung, die Goffman beschreibt, in Teilen durchaus elegant; und eine Lösung ist in solchen Problemlagen auch nötig. Doch führt der breite öffentliche Glaube an die psychiatrische „Hand voller Daumen" zu einigen Konsequenzen, die Goffman bemängelt. Die Naturalisierung der Normalität verengt den Raum dieser Normalität, was in neueren Entwicklungen der Psychiatrie auch erkennbar wird. Die psychiatrische Geschichte transportiert eine kuriose Form des Moralismus „built around the incredible notion that persons should be in good, clear, direct or open communication with one another", eine Annahme, die „if anything, worse" ist – „as if communication were a pill one ought to swallow because it's good for the tummy" (IR: 138). Diese Geschichte basiert auf einer gesäuberten Idee sozialer Interaktion und erklärt sie zum Idealfall. Das wäre für sich bereits fehlgeleitet genug; aber die Psychiatrie geht soweit, eine Darstellungsordentlichkeit zum natürlichen Modus sozialer Interaktion zu erklären, die tatsächlich immer nur eine nach außen hin aufrechterhaltene Vorderbühnenfiktion war. Damit verdeckt sie die vielen Unebenheiten, die wir taktvoll übersehen. Würden wir darauf bestehen,

7.5 Die andere Seite

sie nicht übersehen zu müssen, also darauf bestehen, dass die Interaktion so sauber sein soll, wie wir sie uns in unseren öffentlichen Fiktionen gegenseitig ausmalen, würde Interaktion vielleicht unmöglich, auf jeden Fall aber unerträglich. Psychiatrie nimmt unsere Vorderbühnenfiktionen der Ordnung viel zu Ernst, bemerkt Goffman: „Psychiatrists seem little to suspect that they assume and support a kind of prearranged harmony that is almost too good to be true" (BPP: 235). Nicht nur fast; aber das ist ein Verfehlen, das sie durchaus mit Teilen der Soziologie teilt.

Das lässt uns erkennen, dass es bei Goffmans Thematisierung der Psychiatrie subtiler zugeht als in anderen kritischen Auseinandersetzungen. Er zeigt uns, wie aus der oben diskutierten sozialen Leistung einer stabilen Welt, die es benötigt, dass andere mitspielen, schnell instabile Welten werden können, wenn Menschen sich dem rituellen Idiom auf Arten und Weisen bemächtigen, die diese Stabilität brechen. Die Kontrolle über diese Stabilität liegt in Härtefällen bei der Psychiatrie, und es ist eine Rolle, die jemand spielen muss: Gäbe es den Glauben an „Geisteskrankheiten" nicht, bemerkt Goffman, müsse man ihn erfinden (RIP: 335). Aber das hält ihn nicht davon ab, die Eitelkeiten dieser Disziplin genauso in Frage zu stellen wie ihre „grotesken Folgen": Die Eitelkeit, ihre Kontrollaufgabe zu einer breiten Konstruktion sauberer Interaktionsrealitäten zu missbrauchen, mit denen die soziale Welt in Korsette gezwängt wird, die sie ersticken, und die grotesken Folgen, unter dem Banner der Wissenschaft die so kontrollierten Menschen in Korsette zu stecken, die sie ebenso ersticken. Eine Psychiatrie, die ihre Rolle zu gewissenhaft spielt, zerstört, was sie eigentlich schützen sollte.

Zur Aktualität Goffmanesker Arbeit: Ein unentdecktes Land?

8

> *You take the blue pill, the story ends. You wake up in your bed and believe whatever you want to believe. You take the red pill, you stay in Wonderland and I show you how deep the rabbit hole goes. Morpheus (Laurence Fishburne), The Matrix (Andy Wachowski und Lana Wachowski, Autoren).*

Goffman bemängelte zeitlebens, dass nur wenige Wissenschaftlerinnen face-to-face Interaktionen ernst nähmen, noch weniger sich mit ihnen beschäftigten. Nun, da Goffman seit dreißig Jahren nicht mehr bemängeln kann, hat sich die Situation kurios verschoben: Goffman ist aus der Soziologie nicht mehr wegzudenken. Seine Arbeiten gehören zu den Klassikern der Disziplin, Einführungsveranstaltungen widmen ihm ausgiebig Zeit, und Arbeiten über Goffman füllen eine kleine Bibliothek. Er ist einer der meistzitierten Soziologen überhaupt, in einer Studie des Times Higher Education Supplement zu den meistzitierten Autoren der Humanities steht er auf Platz 6.[1] Die Studie zählt alle Buchzitationen in Journalartikeln, rankt diese dann nach den Buchautoren und ihren summierten Zitierungen. Auf Platz 1 steht Michel Foucault mit knapp über 2500 Zitationen, Goffman kommt auf knapp über tausend. Damit liegt er vor Weber (Platz 8) und Durkheim (Platz 22), und weit vor Karl Marx (Platz 36).

Seine Arbeiten haben somit eine breite Rezeption erfahren. Goffman ist Lieferant eines Füllhorns von Konzepten. Einige der prominenteren Konzepte, denen weite Rezeption widerfährt, sind „totale Institutionen", „Eindrucksmanagement", „Vorder- und Hinterbühnen" und „Stigma". Diese Begriffe stammen nicht alle von Goffman in dem Sinne, dass er sie erfunden hätte. Goffman hörte den Begriff „totale Institutionen" in seinen Soziologieveranstaltungen in Chicago von Everett

---

[1] http://www.timeshighereducation.co.uk/story.asp?storyCode=405956&sectioncode=26. Abgerufen im September 2012.

Hughes, und „Stigma" ist bekanntermaßen ein altes griechisches Konzept. Dennoch sind das Begriffe, bei denen Goffmans Verwendung heute die ist, an die man zunächst denkt, wenn man sie in der Soziologie vorfindet, und in diesem Maße – und nur in diesem – handelt es sich um „Goffmans Begriffe". Diese werden weiträumig im Rahmen soziologischer Studien verwendet; aber goffmaneske Soziologie, mit der in Kap. 2 beschriebenen Arbeitsweise und den kleinteiligen Studien des Spiels mit Alltagsdefinitionen sozialer Realität, mit denen sich Kap. 4 bis 6 beschäftigen, bleiben dagegen trotz seiner Adelung zum Klassiker ein weitgehend unentdecktes Land. Der vorliegende Band ist ein Aufruf dazu, die Entdeckung dieses Landes weiter zu treiben, als wir das bisher getan haben.

Wenn die Rezeption Goffmans besprochen wird, können drei Felder unterschieden werden: Eine Form, die ich eine „theoretische Globalrezeption" nennen möchte, gegenüber einer, die an anderer Stelle ungnädig als „Steinbruchrezeption" bezeichnet wurde. Daneben und dazwischen stehen Arbeiten, die eine goffmaneske Herangehensweise auf breiterer Basis aufgreifen. Die Form der „theoretischen Globalrezeption" hat ihn in einem Maße irritiert, dass er sich explizit gegen sie aufgelehnt hat. Die Steinbruchrezeption ist gerade den theoretischen Globalrezeptoren ein Dorn im Auge. Die goffmaneske Herangehensweise ist dagegen das, was ich als unentdecktes Land bezeichnen möchte.

8.1 Theoretische Globalrezeption

Wer in den Rang eines Klassikers erhoben wird, wird dadurch der Praxis der „theoretischen Globalrezeption" ausgesetzt (man könnte sogar sagen, dass eine theoretische Globalrezeption eine Arbeit handlungspraktisch zum Klassiker macht). Sie hat zwei große Modi: Die Systematisierung von soziologischen Begriffen über Autorinnen hinweg, und die Einordnung von Autoren in soziologische Schulen.

Die Praxis, Konzepte, die in der Disziplin breit auftauchen, über Autorinnengrenzen hinweg zu untersuchen, untersucht deren Verwendung bei einem Klassiker, um Arbeiten über diese Begriffe schreiben zu können. Goffman wird beständig in Betrachtungen der „Begriffe" des „Selbst" und der „Interaktion" hineingezogen: er gilt abstrakten Theoretikern als einer der wesentlichen Teilnehmer der soziologischen Diskussion über beide, obwohl er an keinen tatsächlichen Diskussionen teilgenommen hat. Dazu kommen Begriffe wie Regeln, Normen und soziale Kontrolle, mit denen Systematisierer arbeiten, um „Goffmans Begriff von –" in eine Taxonomie der Verwendungen dieses Begriffes durch andere Soziologinnen einzufügen.

Auf ebenso globaler Ebene spielen die Disziplinsystematisierer, Mitglieder der Disziplin, die es sich zur Aufgabe gemacht habe, die innere Systematik und

8.1 Theoretische Globalrezeption

Ordnung dieser Disziplin „aufzuzeigen". Sie nehmen das Werk und ordnen es in Schulen ein, kontrastieren und vergleichen es mit dem Werk anderer Klassiker und fragen nach den Genealogien dieser klassischen Autorinnen. Sie debattieren, ob Goffman nun Interaktionist oder Phänomenologe, doch versteckter Strukturalist (Manning 1992, Denzin/Keller 1981) oder gar frühreifer Postmoderner (Battershill 1990, Dows 1991, Gergen 1991) war, in welchem Verhältnis sein Werk zu dem von Hughes (Jaworski 2000), Habermas (Chriss 1995), Cooley (Scheff 2006), Durkheim (Collins 1988: 43, Manning 1992), Mead (Smith 2008: 99) etc. steht. Verwoben mit der letzteren Anstrengung sind genealogische Fragen, wenn Goffman die Arbeiten derer, mit denen er verglichen wird, gekannt hat und damit die Frage aufkommt, wie seine Konzeptionalisierung von jenen dieser „Einflüsse" abhängen (im Fall von Hughes, Cooley, Durkheim und Mead).

Man muss eine besondere Form von Preuße sein, um so etwas zu tun. Goffman war keiner; er hat sich mit diesen Formen der Globalsoziologie selbst nicht beschäftigt. Wenn Smith feststellt, Goffman sei „not theoretically ambitious" (2006: 1), bedeutet das in erster Linie, dass er diese Theoriespiele nicht gespielt hat. Er ist auch in seiner Anschlussfindung Regelbrecher und meidet die meisten Formen der wissenschaftlichen Pietäten, die die Textorganisation ansonsten beeinflussen: Zwar enthält seine Arbeit viele Referenzen zu anderen Werken, jedoch „not the kind of footnotes we use in our papers that show deference to this theorist or that article – you know what academic footnotes are like" (Shalin/Cavan 2009, vgl. Drew/Wooton 1988: 1, Atkinson 1989: 59, Fine/Manning 2003: 457). Was Goffmans Werk auszeichnet, ist ein Vermeiden solcher Formalien, wie er auch Methode gemieden hatte, „a specious evasion of the serious theoretical, technical and moral issues that have animated sociology since its inception" (Smith 2006: 2).

Nicht nur beantwortet Goffman keine Fragen nach „seiner Beziehung zu [...]"; er lehnt sie dezidiert ab. Jaworski (2000: 299) sieht das als eine Orientierung hin zu einer Seite in einer Grundteilung der Disziplin: Auf der einen Seite stehen jene, die sich mit der sozialen Welt beschäftigen, auf der anderen Seite jene, die sich mit der Soziologie selbst beschäftigen. Goffman setzt sich gegen letztere zur Wehr. Versuche, ihn in eine Schule einzuordnen, haben seine Wut auf sich gezogen: Für ihn handelte es sich um „tests of doctrinal purity", eine Form der Scholastik (Lofland 1984: 11), eine niedere Form der Heldenverehrung (Smith 2008: 4). Goffman stellt sich explizit gegen „the preoccupation that some scholars have with charting memberships, influences and lineages within the academic community [...] the tendency to pigeonhole a writer's work ,as if [it] [...] is a unitary thing'" (RDK: 61). Lofland bittet Soziologinnen daher darum, nicht zu fragen, „,what Goffman really meant' or ,was Goffman really a _____?' filling in the blank with the latest trend in creedal stereotypes. Goffman especially ought to be spared it" (1984: 12-3). Ich möchte Loflands Bitte wiederholen, sie auch ernstnehmen und stattdessen kurz explizieren, warum Goffman diese Ablehnung an den Tag legte.

Goffmans Problem bestand nicht daraus, dass ihm Genealogien zugeschrieben werden. Er hat selbst seine soziologische Schuld gegenüber Everett Hughes (in einem dankbaren Brief, s. Jaworski 2000), gegenüber Kenneth Burke (Grimshaw 1983: 147) und gegenüber Georg Simmel eingestanden (Levine 2009 bemerkt, Goffman habe gesagt, die gesehene Verbindung sei „exactly right"); es geht nicht darum, dass Goffman seine Lorbeeren für sich selbst will. Es geht auch nicht darum, dass er seinen Lesern vorgeben will, seine Bücher nicht genau zu studieren; in Kap. 2 wurde er gerade mit dem umgekehrten Aufruf zitiert, nämlich dass Leserinnen sich eingängig mit seinen Büchern befassen sollten, nicht mit dem Menschen. Das sieht nur wie ein Widerspruch aus, wenn solche unterschiedlichen Aussagen „Widersprüche" wären und so etwas „aufgelöst" werden müsste. Das ist jedoch ein philosophischer Punkt, der in der Auseinandersetzung mit Goffman fehl am Platze ist.

Der Schlüssel zu Goffmans „great disdain for theory-talk" (Lofland 1984: 12) findet sich in seiner Reaktion gegen Denzin und Keller: *as if it were a unitary thing*. Was seinen Hass auf sich gezogen hat, war „their tendency to treat his work as a substantive whole, a collection of studies structured so as to constitute a unity of effort, able to be characterised by some algorithm, reference to which would permit an understanding of work accomplished and prediction of work yet to come" (Smith 2008: 120). Goffmans Werke beschäftigen sich damit, wie aufeinander bezogene Menschen in konkreten Situationen Bedeutungen aushandeln, die nicht in Relation zu irgendeiner „Wahrheit" aufkommen, sondern in Relation zu gegenseitigen Unterstellungen im Rahmen einer Situation, in der „etwas vor sich geht", wovon sie Teil sind. Die Bedeutungen sind Resolutionen von Spielen. Das gilt nicht nur für Menschen außerhalb der Soziologie; auch Soziologinnen spielen dieses Spiel, Goffman spielt es, und all die Offenheit der Welt löst sich nicht auf einmal magisch auf, nur weil nun Wissenschaft betrieben wird und die Fragilität und Pluralität der Welt damit wundersam verschwindet, weil man jetzt „eine Theorie" hat, die den Alltagsmenschen ja fehle. Soziologie ist auch nur eine Form von Alltag, und alles, was Soziologen tun, unterliegt denselben Dynamiken und denselben Unwägbarkeiten, demselben Tanz mit rituellen Idiomen, die in anderen Umfeldern ebenso zu finden sind. Die Philosophie hat das in die andere Richtung aufgelöst, indem sie beständig „Prinzipien", „Moralen" und „Grundlagen" sucht, nach denen Menschen handeln. Damit steht sie gegen den alltagssoziologischen Versuch, die Unordnung-als-lokale Ordnung der Welt in die Wissenschaft zu tragen und sucht stattdessen eine elaborierte Wissenschaftsordnung in der Welt. Viel philosophisch beeinflusste Soziologie ist ihr dabei gefolgt. Gerade solche Soziologie versucht, Goffmans Werk

8.1 Theoretische Globalrezeption

eine konkrete, *situationslose*, abstrakte, wahre Bedeutung zuzuschreiben, um diese dann in eine *abstrakte* Ordnung wissenschaftlicher Bedeutungen einzubauen. Diese Disziplincodierer behandeln Autoren als „abstrakte" Mitglieder einer „abstrakten" Schule, die einen „abstrakten" Begriff z. B. des Selbst vertreten, der „abstrakt" in Beziehung zu anderen Begriffen des Selbst gesetzt werden kann. Sie ziehen sich aus dem Wust der Welt in eine Sicherheit und Sterilität des Denkens zurück: Das ist die klassisch philosophische Fehleinschätzung menschlicher Interaktion, und wenn diese für den Alltag in Frage gestellt werden kann, dann kann sie auch für die Wissenschaft nicht stimmen.

Und natürlich tut sie das nicht. Die Zuschreibungen der Preußen kommen selbstverständlich in Situationen auf, in denen etwas *geschieht*, etwas „vor sich geht". Die Soziologie der Gelegenheiten betrifft Momente und ihre Menschen, und auch Wissenschaftlerinnen sind Menschen mit Momenten und Gelegenheiten, gegen die starre Prinzipien wenig ausrichten können. Was in theoretischer Globalrezeption vor sich geht, ist das besondere Wissenschaftsspiel der „Dramaturgie des Anschlusses", eine Verortungsshow. Indem Autoren gesammelt werden, die unter einen Schulennamen subsumiert werden können, werden imaginäre Teams geschaffen, denen nun die Autorinnen, die ebenso Mitglied dieser Schulen sind, als „Vorläufer" folgen können. Mit der Konsolidierung der Autoren unter Teamnamen wird erreicht, dass das eigene Team wächst und damit an Bedeutung gewinnt. Wenn festgestellt werden kann, dass einer der Klassiker wie Goffman doch „in Wahrheit" Interaktionist war, kann sich das interaktionistische Camp nun damit rühmen, einen prominenten Vorgänger und Vertreter sein eigen nennen zu können. Dagegen kann, wenn Autoren „nicht Interaktionist" genannt werden, die Grenze der eigenen Disziplin patrouilliert werden. Arbeiten, die der so ausgeschlossenen Autorin folgen, können dann als „nicht wirklich Teil der Perspektive" dargestellt werden, wenn man diese „richtig" betreibt. Das ist, was Lofland bemängelt, wenn er diese Spiele als Auseinandersetzungen um „Glaubensloyalitäten" bezeichnet (s. o.). Sie sind eine Form der Grenzerhaltung, mit der in konkreten Kontexten Arbeiten gelobt oder angegriffen werden können. Solange das konkret geschieht, ist das auch ein Nutzen dieses Spiels (wenn auch einer, der schnell verpufft, weil das Gegenargument und die Gegeneinordnung schnell eingeworfen werden kann). Wenn es abstrakt geschieht, in Form des Traktats der soziologischen Theoretikerin, die einen „Theorievergleich" schreibt, ist das ebenso innerdisziplinär nützlich: Es erlaubt den so agierenden, ihre Fähigkeiten des Spiels mit theoretischem Vokabular unter Beweis zu stellen.

Aber diese Versuche geben keine „Ordnung der Disziplin" wieder, wie sie abstrakt besteht; es sind Züge in einem Spiel, an dem am Ende Resolutionen stehen, die dann als Ressource verwendet werden können. Das Spiel, das damit gespielt wird, ist jedoch intramural: Ein Spiel innerhalb der Mauern der Universität, ohne Konsequenzen für die Welt außerhalb von ihr. Daher ist es ein Spiel, an dem Goffman kein Interesse hatte und von dem er hoffte, dass Soziologen ihr Interesse daran verlieren würden. Es ist ein Spiel, dass die Soziologie letztlich von einer Wissenschaft des Sozialen zu einer Nabelschau macht, in der die eigenen Werke analysiert (Smith 2008: 4) werden und ein „colourless pedagogical interest in the discipline" eingängige und lebendige soziologische Arbeit ersetzt (121). Daher erschien es Goffman als Zeitverschwendung, und „he rarely wasted his creative energies on debating and defending his work vis-à-vis other scholars and critics" (Atkinson 1989: 59). Wenn goffmaneske Arbeit das Ziel ist, ist jede solche Form der Systematisierung unangebracht. Eine Arbeit über Goffman, die Belege sucht, in welche Schule er einzuordnen sei, ist keine Beschäftigung mit Goffman, die Goffmans Soziologie weitertreibt. Um die Aktualität von Erving Goffman zu pflegen und eine goffmaneske Soziologie zu unterstützen, lautet damit der erste Ratschlag: Lassen wir solche Spiele und wenden uns stattdessen goffmanesken Analysen zu.

8.2 „Steinbruchrezeption"

Jenseits dieser Universalprosa spielen Soziologinnen, die im Laufe ihrer Beschäftigung mit konkreten Umfeldern Goffmans Konzepte verwenden oder Goffmanschen Konzepten auf ihrem Feld wiederbegegnen. Lenz bemängelt, dass ein Großteil der Goffman-Rezeption in Nordamerika und Europa eine „Steinbruchrezeption" (1991: 68) gewesen sei, in der einzelne Konzepte und Diskussionen Goffmans aufgenommen worden seien, ohne die große Systematik des Werkes zu rezipieren, was Goffmans breit verästeltem Ansatz Unrecht tue. Die Suche nach einer Werksystematik hat Goffman, wie gerade ausgeführt, jedoch abgelehnt; die Steinbruchrezipienten hätten ihm wesentlich besser gefallen. Auch wenn es sich hier um Forschungen handelt, die Goffmans Stil, seine Forschungspraxis und die Formen seiner Konzeptgewinnung nicht reproduzieren, sind es doch Arbeiten, die sich mit konkreten Praktiken konkreter Menschen in der Welt beschäftigen. Das hätte seine Unterstützung gefunden.

Die Felder, die Goffmans Arbeiten für sich fruchtbar gemacht haben, sind so vielfältig wie die der Soziologie selbst. Als Wissenschaft des Sozialen ist die Disziplin für alle Phänomene zuständig, in die Menschen involviert sind, und das führt zu einem ausufernd breiten Feld der forscherischen Möglichkeiten. Da Goffman sich zentral damit beschäftigt, wie diese Menschen sich als Teilnehmer konkreter Situationen, Vertreter konkreter Gruppen darstellen, sind sie auch auf alle Parzellen dieses breiten Feldes anwendbar. Als weit rezipierter soziologischer Klassiker sind seine Konzepte auch auf fast allen zu finden. Dennoch gibt es einige beachtenswerte Gewichtungen, Felder, die ich kurz gesondert betrachten möchte.

8.2.1 Marketing

Eines der Felder, das sich im Grunde von selbst anbietet, ist das Feld des Marketing und der Public Relations. Goffman geht es darum, wie Bedeutungen ins Spiel gebracht und verschoben werden können, welche Praktiken Menschen an den Tag legen, um sie zu sichern oder zu zerstören: Das ist de facto das Feld des Marketing, dessen Aufgabe es ist, den eigenen Produkten positive Bedeutungen zuzuschreiben, den Produkten der Konkurrenz negative Bedeutungen. Eindrucksmanagement ist in diesem Sinne als Form der „PR" eines Menschen verständlich. Diese Parallele ist früh in den Blick der Goffman-Rezeption gekommen (Fink/Grove 1996, Johannson 2007): Nicht nur in Serviceberufen ist das Eindrucksmanagement der Mitarbeiter das der Firma (z. B. Grove/Fisk 1990, Grove/Fisk 1996, Grayson/Shulman 2000), Serviceumfelder schulen ihre Mitarbeiterinnen in Formen der Präsentation, um die Kontrolle über diese Darstellungen zu behalten (Nelson 2009), was zudem eine Vereinheitlichung des Serviceerlebnisses beinhaltet (McCarthy et al. 2011). Darüber hinaus sind alle wirtschaftlichen Felder davon abhängig, nach außen verkaufsfördernde Vorderbühnen zu generieren; das hat Goffman selbst in *Presentation of Self* mehrfach angesprochen, und auch seine Studie zu Tankstellenwarten geht bereits in diese Richtung.

8.2.2 Politik

Eng mit dem PR-Feld verbunden ist die Politik. Gerade in den USA, aber zunehmend auch in Europa sind politische Kampagnen Werbekampagnen, die ein öffentliches Image der zu wählenden Person aufbauen müssen, und die Kandidatinnen und Amtsinhaberinnen sind in der Politik häufig vielleicht sogar stärker mit Eindrucksmanagement beschäftigt als mit dem Hinterbühnengeschäft des Regierens. Die „Dramaturgie der Politik" (Merelman 1969, Welsh 2005) in „Medienevents" (Manning 1996) und Wahlkampfveranstaltungen (Mayo 1978) bietet daher ein weites Feld der Anwendung Goffmanscher Konzepte.

Besonders das Eindrucksmanagement des amerikanischen Präsidenten und der Kandidatinnen für dieses Amt wird häufig dramaturgisch untersucht (Hall 2005): Wie George W. Bush und John Kerry im Wahlkampf zur Präsidentschaftswahl 2004 „präsidentielle" Eindrücke managten (Brown 2005) oder John F. Kennedy und Richard Nixon in ihren Debatten eindrucksmanagend auftraten (Sigelman 2001), oder welche Rolle die „öffentliche Ehefrau" in diesen Spielen spielt (Gillespie 1980). Auch der Skandal um Dominique Strauss-Kahn hat in der kurzen Zeit seit seinem Geschehen eine goffmaneske Analyse erfahren, nämlich in Form einer Untersuchung der „Reparaturstrategien", die in Folge des Vorfalls geleistet wurden (Xifra 2012).

Das ist nicht nur auf US-Präsidentschaftswahlkämpfe limitiert; es hat seine Anwendung auch in einer Untersuchung chinesischer Dramatisierung von Politik gefunden (Zu 1989), in der Dramaturgie sozialer Bewegungen (Benford/Hunt 1992) und radikaler Gruppen (Baxandall 1969) oder innerhalb der Sitzungen von *city commissions* (Futrell 1999). Die Eindrücke, die Politikerinnen managen, sind schnell als öffentliche Eindrücke markiert; aber auch auf der Hinterbühne werden weiter Eindrücke gemanagt, zum Beispiel in den Verhandlungen zwischen Arbeitgebern und Gewerkschaften (Nuttall 1999). Eindrucksmanagement geschieht auf allen Ebenen der sozialen Welt, von öffentlichen Pressekonferenzen bis hin zur privaten Stunde mit der Partnerin.

8.2.3 Internet

Eines der Felder, das in den letzten Jahren mit goffmanesken Untersuchungen praktisch überlaufen wurde, ist das der Selbstdarstellung im Internet, vor allem im Rahmen der sozialen Netzwerke und das vor allem in Bezug auf sich wandelnde Normalitäten der öffentlichen Darstellung des Selbst, zur „Präsentation des Selbst im Zeitalter sozialer Medien" (Hogan 2010, Tu/Corry 2001, Robinson 2007) und der abnehmenden Möglichkeit, sein Online-„Gesicht" auf der „Bühne" des World Wide Web (Pearson 2009) zu kontrollieren (Lin et al. 2011).

Eine hervorgehobene Rolle spielt hier selbstverständlich *facebook* (Birnbaum 2008), wo Eindrucksmanagement nicht nur über „status updates" und ihr (Miss-) Management erfolgt (Barash et al. 2010), sondern auch durch Bildertags, das *Liken* der *postings* anderer, und dadurch, Nachrichten überhaupt anzusehen. Bis vor einigen Jahren war es auf *facebook* noch nicht möglich, Freunde so zu ordnen, dass nicht alle dasselbe sehen; es galt: was gepostet wurde, wurde für jeden gepostet. Auf dieses Problem angesprochen, entgegnete Mark Zuckerberg, der Gründer des Unternehmens, damals, dass es ein Zeichen mangelnder Integrität sei, nicht für alle dasselbe zu sein, was natürlich ein Zeichen mangelnder soziologischer Bildung Mark Zuckerbergs war. Das wurde jedoch geändert (nachdem ein ähnliches System zuvor beim weit weniger erfolgreichen Social Network *Google+* implementiert worden war), und die Publikumskontrolle, die wir im Alltag selbstverständlich betreiben, ist nun auch auf *facebook* möglich. Ein neues Feature besteht darin, dass den Absendern von Nachrichten mitgeteilt wird, wenn sie gelesen werden: Einerseits ist das als Eingrenzung fassbar, aber andererseits ist auch das wieder eine Ressource, mit der Nutzer im Rahmen ihres Eindrucksmanagements spielen können, z. B. Nachrichten nicht zu lesen, sie zu lesen, aber nicht (gleich oder bald) zu antworten.

Aber neben *facebook* interessieren sich die Rezipienten der Goffmanschen Begriffe für viele andere Ecken des Internets: Für die Dramaturgie von Online-Beziehungen (Sannicolas 1997) oder Eindrucksmanagement in Chaträumen (Becker/Stamp 2005), der „Identitätsmaskierung" in *second life* (Bullingham 2010) oder des dramaturgischen Management des Avatar-Körpers in *World of Warcraft* (Tietz 2012, 2013). Rodriguez untersucht die Dramaturgie von Computerspielen (2010), Sudnow untersuchte bereits in den achtziger Jahren Programmierer (1983). Außerdem interessiert Autoren, wie Personen, die an „diskreditierten", also stigmatisierten Identitäten leiden, online Gleichgesinnte finden können, was eine lokal reparierte Identität in einem neuen Team erlaubt, womit Betroffene aus Ausschlüssen ausbrechen können, denen sie an den physischen Orten, an denen sich befinden, ausgesetzt sind (Mukerji/Simon 2007).

8.2.4 Film, Fernsehen, Medien

Mit der Online-Thematik ist bereits die der Medien verwoben; beide sollten vielleicht nicht so strikt getrennt werden, wie ich das hier ausschließlich aus Gründen der ordentlicheren Präsentation tue. Goffman hat das Internet nicht mehr miterlebt. Robert Erwin (1992) schreibt ihm zwar zu, Fernsehen für „künstlich" gehalten zu haben, und das trifft wohl auf die Art und Weise zu, wie Formate der sechziger und siebziger soziale Interaktion darstellten. Goffman war jedoch ein großer Fan von Film, Fernsehen und Radio; seine Masterarbeit war eine Arbeit, die sich mit einem Entertainmentprodukt auseinandergesetzt hatte, nämlich Radioseifenopern (s. Kap. 2), und seine Werke zitieren immer wieder Film und Fernsehen (s. Kap. 3). Dieses Feld der Auseinandersetzung haben Autorinnen, die sich auf Goffman berufen, weitergetragen. Hughes untersucht, wie in der Countrymusik öffentliche Fassaden für ein vorwiegend älteres und konservatives Publikum aufrecht erhalten werden, was sich nicht nur in Songtexten, sondern in einem Gesamtpaket der öffentlichen Präsentation dieser Stars niederschlägt (2000).[2] Zur Organisation der öffentlichen Darstellung der Künstlerin gehört außerdem z. B. im Jazz die Dramatisierung der Improvisation (Sudnow 1993, 2001, vgl., vor Goffman, Becker 1951).

---

[2] Ein Fernsehformat, das sich genau mit diesem Phänomen beschäftigt, ist die Serie *Nashville*.

Paul Paolucci und Margaret Richardson (2010) beschäftigen sich mit *Seinfeld*, die nicht nur eine der Serien ist, in der Goffmans Schwester Frances Bay eine Gastrolle hatte, sondern als „show about nothing" ein Format, das sich mit den Kleinigkeiten des Alltags auf eine Art und Weise beschäftigt, die sie selbst goffmanesk werden lässt. Einzelne Episoden beschäftigen sich nur mit dem Warten im Restaurant, dem Suchen des Autos in der Tiefgarage oder wie man es rituell managt, eine Beziehung zu verlassen, in der der Partner wenige Tage nach dem Kennenlernen ins Koma fällt und zuhause versorgt werden muss.

Fernsehen ist ein kurioses Format. Es ist ein öffentliches Produkt, bei dem keine Publikumskontrolle möglich ist: Damit ist es ein Vorderbühnenprodukt. Aber es ist als Medium gerade dann mitreißend, wenn es Hinterbühnen darstellt, zu denen sonst kein Zugang besteht. Einige Formate bilden diese Hinterbühnen so überzeugend ab, dass sie selbst Formen ethnografischer Arbeit genannt wurden; *The Wire* ist hier ein zentrales Beispiel. Andere Hinterbühnen sind derweil versteckt, nämlich natürlich gerade die, in denen Fernsehen gemacht wird. Dazwischen gibt es Mischwesen wie die Reality-Shows über die Polizei wie *Cops*, in denen Kamerateams mit Polizisten auf Streife gehen (Hallett/Powell 1995), was eine besondere Form der veröffentlichten (daher aber auch dramaturgisch manipulierten) Hinterbühne offenbart, die ihren Reiz gerade aus dem „verbotenen", damit voyeuristischen Blick auf den Einsatz der Polizei unter Privatleuten gewinnt. Ein ähnliches, wenn nicht dasselbe Mischformat bieten Entertainment-Klatschnachrichten; sie zeichnen sich als Format gerade dadurch aus, dass sie die putativen Hinterbühnen der Stars ins Licht zerren (Bresses 2010) – was dann umgekehrt wieder eine Ressource wird, so dass Stars solche Enthüllungen inszenieren können. Hugh Grants Oralsex mit einer Prostituierten in Kalifornien und Britney Spears' Foto mit Rock ohne Unterhose gehören zu den Hinterbühnengeschichten, von denen mittlerweile bekannt ist, dass sie als „falsche Hinterbühne" inszeniert worden sind, um Dinge, die nicht legitim auf der Vorderbühne präsentiert werden können, durch den Filter des „Ertapptwerdens" doch in diesen Raum zu bringen, denn – und das ist wieder PR – mit diesem „Ertappen" die öffentlichen Gesichter dieser Personen verändert werden konnten. Hugh Grant verlor so sein Schwiegersohnimage, Britney Spears ihres als braver Kinderstar, was ihnen neue Karriereoptionen eröffnete. Das ist selbstverständlich auf den Alltag von uns allen anwendbar: Bei Dingen, die ein Publikum nicht glauben würde, würde man es sagen, lässt man sich erwischen und dramatisiert Scham und Schock, und viele Beziehungen, in denen die gelangweilte Seite nicht Schluss machen will, können enden, wenn eben jene gelangweilte Seite beim Seitensprung „ertappt" wird: „Ich wusste nicht, dass Du so früh nach Hause kommen würdest. Ups!"

8.2.5 Medizin

Ein weiteres Feld, das in Goffmans Arbeiten immer wieder angesprochen wird – und in der Regel nicht mit Wohlwollen – ist das der Medizin, die legitimste aller sozialer Institutionen. Gerade, wo eine Institution für ihre Erklärungen starke soziale Anerkennung findet, ist es für dramaturgische Analysten interessant, zu untersuchen, in welchen Praktiken diese Erklärungen dargestellt und verbreitet werden. Goffman selbst hat sich bereits mit diesen „Medizindramen" auseinandergesetzt, vor allem mit der Seite des Patienten: Goffmans Patient in der eisernen Lunge, der trotz weitgehender physischer Unfähigkeit, zu den Handlungen an ihm beizutragen, kleine Zeichen des Entgegenkommens zeigt, die sowohl sein Wohlwollen gegenüber jenen, die ihn nun umsorgen müssen, kommunizieren, vor allem aber seine Unabhängigkeit wahren und dramaturgisch feststellen, dass er alles tut, was er kann und sich nicht in die Krankenrolle „fallen" lässt, sich nicht in ihr ausruht. Das ist in Rezipientenarbeiten z. B. die Krankheit als „kulturelle Performanz" (Frankenberg 1986).

Auf der anderen Seite, der Dramaturgie der Institution, hat sich eine breite Medizinsoziologie entwickelt, die goffmaneske Begriffe verwendet. *Boys in White*, die berühmte Studie von Howard Becker et al. (1961) und die medizinsoziologischen Schriften von Eliot Freidson (1988, 1989, 2006) sowie Anselm Strauss' *Social Organization of Medical Work* (1997) gehören im weiteren Sinne in diese Familie, auch wenn sie Goffman nicht zentral rezipieren. Ebenso auf diesem Feld stehen die Studien zum Management chronischer Schmerzen und chronischer Krankheit von Kathy Charmaz (1991) und zum „Management des beschädigten Selbst" von Joe Kotarba (1980, 1983), die an Goffmans Stigma-Arbeiten anschließen. In neueren Arbeiten untersuchen die Fortführer seines Werkes die Inszenierung von medizinischen Bildern in der Radiologie (Murphy 2009), die Dramatik der Einbeziehung der Patienten in die Interaktion in der Klinik, die „Konstruktion der Involvierung der Patienten" (Bradley 2009) oder die Dramatisierung eines Altersheims (Ulsperger/Paul 2002).

Auf dem Feld der „psychischen Störung" ist Goffmans Arbeit bisher sträflich unterrezipiert. Viele Arbeiten nehmen *Stigma* auf und untersuchen die Stigmatisierung psychisch Kranker (z. B. Hayward et al. 1997, Dinos et al. 2004). Das ist ein wertvolles Forschungsfeld, das aber sehr tief im Alltagsduktus über dieses Feld verbleibt und dadurch die eigentliche Sprengkraft der Goffmanschen Studien nicht aufgreifen kann: Nur wenige Arbeiten setzen sich damit auseinander, welche Unterbrechungen und Sackgassen der Harmonie sozialer Interaktionen durch Krankheitszuschreibungen gelöst werden. Ich selbst habe untersucht, wie jene, die eine solche Zuschreibung erhalten, als alleinstehende Verlierer in einem Definitionsspiel gesehen werden können (Dellwing 2008b) und wie Zuschreibungen der „Internetsucht" als Praktiken zur Kontrolle legitimer Involvierung verwendet werden (2013).

Gerade die Frage nach den gegenseitigen Rollenzuschreibungen zwischen jenen, die die Krankheitsrolle erhalten und jenen, die sie managen, ist klassisch goffmanesk. Hier wurde untersucht, wie das Pflegepersonal ihre Stationen und ihre Patienten managen, indem sie ihnen dramaturgisch Kinderrollen zuschreiben und damit eine „wohlwollende Herrschaft" inszenieren (Schad 2012), und wie das Pflegepersonal auf der Hinterbühne die Präsentation gütiger Fürsorge fallenlässt (Wittenberg-Lyles/Cie'Gee 2009). Goffmans Schülerin Jacqueline Wiseman beschäftigt sich in *Stations of the Lost* mit der sozialen Arbeit, insbesondere deren Bestrebungen zur therapeutischen Arbeit mit Alkoholikern mit Blick auf die unterschiedlichen Realitätsdramatisierungen auf beiden Seiten, den Strategien der Kontrolle gegen Strategien des Überlebens (Wiseman 1979) – ein Überleben oft nicht mit Hilfe, sondern gegen die gutmeinenden „Helfer". Herbert Blumer, der die Einleitung schreibt, kommt zum Ergebnis, „no one can read Professor Wiseman's account and fail to see […] the essentially fruitless character of the official and semiofficial apparatus" (Blumer 1979: xi). Das Buch gewinnt den prestigereichen C. Wright Mills-Preis der ASA. Die Hilfseinrichtungen haben, wie alle Organisationen, (mindestens) zwei Gesichter: ein öffentliches, mit dem der Erfolg der wissenschaftlichen und altruistischen Arbeit präsentiert wird, und die der Öffentlichkeit verschlossenen Darstellungen, in denen die nach außen dargestellten Organisationsziele nicht nur nicht erreicht werden, sondern nicht gelten. Das ist überhaupt ein wesentliches und schier unerschöpfliches Feld für Forschung im Lichte Goffmans: Die Vorderbühnenpräsentationen, der wir im Alltag Glauben schenken müssen, damit die offizielle Interaktion funktioniert, ist niemals die Präsentation, die auf der Hinterbühne stattfindet. Ein wesentliches Ziel ethnografischer Forschung besteht darin, diese Hinterbühnen zu eröffnen und somit aufzuzeigen, wie die öffentlichen Präsentationen hinter der Bühne nicht nur vorbereitet, sondern konterkariert werden; das ist für die Ethnografie aber kein Anlass zur Skandalisierung. Mit Goffmans Ausführungen geht einher, dass diese versteckten Realitäten hinter der Bühne, die nicht von außen gesehen werden dürfen, ohne dass die Institution ihre Legitimität damit beschädigt, aber gerade notwendig sind, damit die Institution funktioniert. Kurz gesagt: Transparenz zerstört die Leistungen, die diese Institutionen erbringen sollen. Eine Untersuchung der Diskrepanz dieser Darstellungen zielt also nicht auf die Entlarvung von Heuchelei und Scheinheiligkeit (wie die kritischen Thematisierungen sie immer wieder gerne zeichnen), sondern auf den zentralen Mechanismus, mit dem die Interaktionsordnung überhaupt aufrechterhalten wird.

Verwandt mit dem Feld der Medizin ist das Feld der Bestattung; auch hier finden sich einige Forschungen, die an Goffmans Begriffe anschließen, um die Präsentation des Todes und die „öffentliche Organisation des Sterbens" (Sudnow 1967) zu untersuchen. Turner und Edgley haben hier vielleicht den klassischsten Text zum „Theater des Todes" produziert (1990), in dem die Leiter der Bestattungsheime „Komfort orchestrieren" müssen (Hyland/Morse 1995). Begleitend dazu kann die Präsentation des Toten in der Todesanzeige untersucht werden (Bonsu 2007). Ein beständiger Favorit ist auch hier wieder die Erforschung der Hinterbühne: Wie im Krankenhaus untersuchen Ethnografen auch, wie unter Ausschluss der Öffentlichkeit auf der Bestatter-Hinterbühne agiert wird (Abermet 2013).

8.2.6 Wissenschaft

Die Medizin ist Teil des breiteren Wissenschaftsbetriebs, in dem sozial hochlegitime Darstellungen produziert werden. Die Medizin hat eine Sonderstellung durch ihre öffentliche Sichtbarkeit und ihren unbestreitbaren Erfolg. Auch hier ist eine goffmaneske Untersuchung bemüht, die Vorderbühnenfassaden dieser Legitimität zu durchbrechen. Auch Wissenschaft ist eine Präsentation, deren Eindruck gemanagt werden muss: Die Wissenschaftssoziologie hat das in den letzten Jahrzehnten breit und prominent untersucht. Jede Wissenschaft hat eine formale Vorderbühnenpräsentation, dahinter eine gar nicht so formale Funktionsweise der Hinterbühne; das sind selbstverständlich auch die Ergebnisse von Latours Laborstudien (Latour/Woolgar 1979) und Knorr-Cetinas Wissenschaftssoziologie (1981, 1984). Nicht nur Sozialwissenschaften gehen mit der Diskrepanz um, eine informale Hinterbühne nach außen formal präsentieren zu müssen, auch die so genannten „hard sciences" sind auf der Hinterbühne dann doch wesentlich weniger hart als ihre Präsentation das vermuten lässt (siehe z. B. Hersh 1991, der Goffman auf die Mathematik anwendet).

Die Legitimität der Wissenschaft als Lieferant von Darstellungen zur Ordnung der Vorderbühne funktioniert unter anderem durch die öffentliche Präsentation des wissenschaftlichen Selbst (Eriksson 2004). Vor der Öffentlichkeit ist das der berühmte Laborkittel, der auch in Kontexten verwendet wird, in denen er keinen funktionalen Sinn macht außer, dass er die Identität „Wissenschaftler" dramatisiert (als Verbindung zwischen der Bedeutung, die dem weißen Kittel zugeschrieben wird, und der Person, die diesen Kittel trägt), was Goffman mit beißendem Sarkasmus karikiert, wenn er in *Relations in Public* davon spricht, dass „lab coats and government money" (RIP: 2) die Wissenschaftlichkeit von Ergebnissen untermauern. In Fernsehauftritten, in denen eine solche „Uniform" eine Überdramatisierung wäre (z. B. im TV-Interview eines Psychologen), ist es die Einblendung des „Dr." oder „Prof. Dr." unter dem Bild der Person und die Adressierung der Person als „Herr Prof. Dr.", die diese Leistung erbringt.

Aber das sind vergleichsweise banale Beispiele. Die öffentliche Dramatisierung der Wissenschaft, die Goffman zeit seiner Karriere unterläuft, funktioniert über eine Mischung aus wissenschaftlichem Formalismus und Obskurantismus. Die Präsentation der Wissenschaftlichkeit vor anderen Wissenschaftlern und einem gebildeten Teil der Öffentlichkeit funktioniert über dramatisiertes Expertentum, indem die Aussagen durch methodische Prozeduren untermauert werden – je komplexer und undurchsichtiger, desto wissenschaftlicher. In einem Gespräch mit Jacqueline Wiseman über eine kluge Zusammensetzung ihres Dissertationskomitees warnt Goffman seine Studentin vor jungen Wissenschaftlern, deren frische Karriere sie dazu bringt, zu unterstellen, sie müssten ihre Wissenschaftlichkeit besonders deutlich unter Beweis stellen: „If you get a young assistant professor, he will be so busy impressing other members on the committee with his sociological sophistication that he will kill you in the process" (Shalin/Wiseman 2009).

Genau das ist das Spiel, das Goffman mit seiner Flaneurethnografie durchbrochen hat: Die Praxis, weder ausladend zu formulieren, noch ausgeweitete Methodenkataloge zu verwenden, fährt dieser Präsentation an den Karren, stört die rituelle Präsentation der Wissenschaft als strikte, strenge Formalangelegenheit. Er sprengt diese Präsentationen nicht nur dadurch, dass er sie nicht nachmacht, sondern auch dadurch, dass er sie mehrfach offen angreift: Oben (Kap. 3) habe ich bereits mehrere dieser bissigen Angriffe zitiert. In seiner Rede vor der ASA verbalisiert er die rituellen Präsentationen, die von Präsidialreden erwartet werden: „Taking office, they find a podium attached, along with encouragement to demonstrate that they are indeed obsessed by what their election proved they were already known to be obsessed by" (TIO: 2). Auf der anderen Seite ist die Präsentation der Texte Teil dieser Präsentation von Wissenschaftlichkeit, in denen durch die Wahl mehrsilbiger Fremdwortbegriffe eine Geheimsprache geschaffen wird, in der sich nur jene zurechtfinden, die Jahre damit verbracht haben, sie zu lernen. Howard Becker, einer von Goffmans wissenschaftlichen Weggefährten, hat der Soziologie vorgeworfen, gerade diese Präsentationen an die Stelle der forscherischen Substanz zu stellen:

> They tried to establish the scientific character of their empirical research by emphasizing rigorous and precise measurement. Feeling one down to philosophy and history, they tried to impress other scholars with the profundity of their general theories through the use of Germanic abstractions and complex syntax. In doing that, they too often substituted the outer look for the substance (1988: 14).

Das erinnert an Goffmans Bemerkungen in *Presentation of Self* zu den Strategien, die Disziplinen und Professionen verwenden, um sich nach außen als komplex und anspruchsvoll zu präsentieren. Goffmans Beispiel ist die Pharmazie: Die Professionsvereinigung schrieb ein Vier-Jahres-Ausbildungsprogramm vor, aber da die Armee Pharmazeuten brauchte, bildete sie sie in einigen Monaten selbst aus; das hat ausgereicht, um die notwendige Arbeit zu verrichten (POS: 46), hat jedoch die Professionsassoziation der Pharmazeutiker wie zu erwarten zur Weißglut getrieben, da diese Praxis ihre Vorderbühnenpräsentation in Frage stellte.[3] Goffman hat diese Gefahr selbst gesehen: In seiner nicht gehaltenen Präsidentschaftsrede balanciert er seine Sticheleien gegen die Rituale der Wissenschaft damit, dass man bei solchen Gemeinheiten gegen die disziplinäre Illusion vorsichtig sein muss, vor allem, wenn sie auf der Vorderbühne geschehen, auf der unbekanntes Publikum diese Misstöne gegen die Disziplin verwenden könnte: „I suppose you and I shouldn't knock ritual enterprises too much. Some goy[4] might be listening and leave here to spread irreverence and disenchantment in the land. Too much of that and even such jobs as we sociologists get will become empty of traditional employment" (TIO: 2).

8.2.7 Recht

Neben (aber auch hinter) Medizin und der allgemeineren Wissenschaft steht das Recht als weitere große Institution, die mit (zumindest meistens) fragloser sozialer Legitimität ausgestattet ist. Wie in der Medizin kann hier untersucht werden, wie die Dramaturgie des Rechts ein „öffentliches" Recht darstellt (nicht zu verwechseln mit dem „öffentlichen Recht") und in welchen Spielen auf der Hinterbühnen diese öffentliche Präsentation vorbereitet und, auch hier, konterkariert wird.

Präsentationen des Rechts nach außen können mehrere Formen annehmen. Die paradigmatische Form ist die Inszenierung des Gerichts (Legnaro/Aengenheister 1999); in der Öffentlichkeit begegnet uns das dramatisierte (Straf-)Recht eher in der Person der Polizistin (Reichertz/Schröer 2003, Schröer 2009, 2013), am ehesten im Rahmen der Verkehrskontrolle. Vor Gericht präsentiert aber die Anwältin Recht (Hobbs 2003). Interessant ist hier auch wieder, dass auf der Hinterbühne

---

[3] Herbert Blumer, der ähnlich wie Goffman solche Präsentationen von methodisch stringenter Wissenschaftlichkeit geringschätzte (vgl. Bude/Dellwing 2013), wurde aufgrund seines offenen Widerstandes von Samuel Stouffer, einem Vertreter der methodisch rigorosen Sozialwissenschaft „the gravedigger of American sociology" genannt (Becker 1988: 15).

[4] Goffman meint Uninitiierte, Außenstehende: Jene, vor denen eine Vorderbühnenpräsentation aufrechterhalten werden muss („Goy" ist ein umgangssprachlicher Begriff, mit dem Juden Nichtjuden bezeichnen).

auch das formale Recht nicht so funktioniert, wie es sich nach außen hin gibt. Rüdiger Lautmanns ausgezeichnete Ethnografie (2010) über Richterhandeln zeigt, wie arbiträr, gemauschelt, persönlich und unvorhersehbar Gerichtsentscheidungen hinter der Bühne sein dürfen, bevor sie für die Vorderbühne in die Sprache des formalen Rechts geglättet werden. Gerade dieses Feld, das im Alltag als Hort der Formalität gilt, zeigt dem goffmanesken Beobachter, dass eine Diskrepanz zwischen Vorder- und Hinterbühne regulär eine Diskrepanz zwischen einem Raum formal-öffentlicher Präsentationen und einem Raum ist, in dem diese formale Ordnung fallengelassen werden darf. Auch hinter der Bühne von Polizeihandeln wird das deutlich (Pogrebin et al. 1988, Marx 1990, Hallett/Powell 1995, Cancino 2004, Manning 2008). Peter Manning schreibt eine von Goffman stark beeinflusste Ethnografie über die Polizei, *Police Work* (Manning 1997), Jonathan Rubinstein schreibt *City Police* (1980). Gerade auf dem Feld des Rechts und ganz besonders der Polizei hat Goffmans Arbeit damit einiges an Spuren hinterlassen, auch in meiner eigenen Arbeit: Anstatt die Rechtsentscheidung an „formalen" Ankern zu erklären, habe ich es für sinnvoll gehalten, sie als Kaskade der Bezugnahme erwarteter Unterstellungen anderer Instanzen zu sehen. Auf die Institutionen des Rechts angewandt wird das *looking-glass self* zum Instrument, die Prozesse, in denen Kriminalitätszuschreibungen aufkommen, als „looking-glass crime" (Dellwing 2010b) zu erklären. Menschen entscheiden die Rechtmäßigkeit von Handeln auf der Basis der Erwartung, dass diese Interpretation von anderen geteilt wird (und können von Einschätzungen abgehalten werden, wenn wesentliche Andere das nicht teilen); die Polizei entscheidet in Rekurs auf Erwartungen, was die Staatsanwaltschaft interpretieren wird, und diese antizipiert die Beurteilung des Gerichts. Die Rechtsordnung findet sich nicht im Gesetzestext, sondern im Umgang mit den rituellen Ressourcen, zu denen zentral die aufeinander bezogenen gegenseitigen Interpretationsunterstellungen gehören.

8.2.8 Diversitätsmanagement

Identitäten werden niemals nur alleine gemanagt; man managt die „Bedeutungen" seiner Zeichen, und das heißt automatisch, dass das Management des „Gesichts" einer Person immer bereits das Management der imaginären Gruppen mittransportiert, als deren Vertreter diese Person gesehen wird. Gerade Forscher, die sich mit Ethnizitäts- und Genderthemen auseinandersetzen, haben Goffman daher immer wieder verwendet, um vom „impression management" zu reden, in dem zum einen die Symboliken marginalisierter Gruppen aufgenommen und weitergetragen werden, andererseits diesen Gruppen „Gesichter" zugeschrieben werden, indem ihre

Vertreter öffentlich in Verbindung mit Zeichen auftreten, also z. B. als „Täterinnen" in kriminellen Handlungen markiert werden.

So untersuchen Perrucci und Belshaw die „zwei Gesichter von ethnisch markierten Räumen" an einer Universität (2000), Peterson-Lewis und Bratton, was „schwarz handeln [*acting black*]" unter afroamerikanischen Teenagern dramaturgisch beinhaltet, wie es wahrgenommen wird und welche Eindrucksmanagementkonsequenzen daraus für die Selbstpräsentation entstehen (2004). Quick untersucht in Referenz auf Vorder- und Hinterbühnen, wie sich die „Dramatisierung ethnischer Herkunft", in ihrem Fall der kanadischen Métis, gegenüber verschiedener Referenzgruppen verändert (2012). Auf der anderen Seite ist auch Rassismus eine Dramatisierung, die vor vorsichtig selektiertem Publikum geschieht, um „öffentliche" Gesichter nicht in Gefahr zu bringen (Berbrier 1999, Picka/Feagin 2009), genau wie die sexistischen Äußerungen von Männern vor anderen Männern geschehen, die aufdringlichsten Belästigungen von Frauen durch Männer jedoch häufig nur dann aufkommen, wenn keine anderen Männer zusehen, was dazu führt, dass Frauen eine Wahrnehmung der Frequenz und Schwere dieser Belästigungen aufweisen, die sich von der Wahrnehmung von Männern unterscheidet, die viele dieser Vorfälle nicht sehen.

Auch Eindrucksmanagement von Geschlechtern hat beständige Aufmerksamkeit erfahren. Das ist in Goffmans Arbeiten bereits breit angelegt, einerseits in *The Arrangement Between the Sexes*, andererseits in *Gender Advertisements*. In *The Arrangement Between the Sexes* untersucht Goffman hierzu die kleinen Interaktionen, die das Bedeutungsarrangement zwischen Mann und Frau aufrechterhalten; damit werden zugleich soziale Selbstverständlichkeiten befremdet (die kleinen Interaktionen, die oft für normal gehalten werden) als auch erklärt (die Geschlechterrollenverteilung, die durch diese Interaktionen gestärkt werden). Die Umwelt ist voll von Ressourcen und Requisiten, die zum Display einer Geschlechtsidentität verwendet werden können (ABS: 324), und Goffman bemerkt, dass die Teilnehmer an sozialen Interaktionen die Chancen, die Geschlechterzuschreibung und -verteilung affirmierende Darstellungen zu bieten, nicht erwarten müssen, sondern selbst herbeiführen können: „Individuals can apply a format that automatically transforms an environment into one which induces such a display, guaranteeing that something suitable will be found for ritual management" (ABS: 323): Die Ressourcen bestehen nicht abstrakt, sondern die Handlungen der Teilnehmer stellen diese Ressourcen ebenso her (ABS: 324).

Diese Werke machen Goffman zu einem der Autoren, die die *Doing-Gender*-Perspektive mitbeeinflusst haben (vgl. West/Zimmerman 1987, Smith 1996, Kang 1997). Goffmans Schülerin Carol Brooks Gardner hat in *Passing By* (1989) Gender an öffentlichen Plätzen, unter anderem die Praktiken – Pfeifen, Rufen – der öffentlichen Belästigung von Frauen, untersucht. Eindrucksmanager müssen mit den Unterstellungen umgehen, die ihnen gegenüber gemacht werden, und das bedeutet, dass sie mit ihren Unterstellungen umgehen, was andere wohl unterstellen werden, und dann mit den Reaktionen arbeiten müssen. Aus der Frauenrolle heraus erfordert das Eindrucksmanagement, mit „Weiblichkeitsunterstellungen" umzugehen. Daraus entstanden Studien über die Begegnungen alleinstehender, schwangerer Frauen in der Öffentlichkeit (Hyde 2000), über die soziale Präsentation, „Mutter" zu sein (Collett 2005) und über die Arten, wie mit Gender-Dramatisierungen gespielt werden kann (Huey/Berndt 2008).

Das ist für weiße Männer mittleren Alters, der Gruppe, die gesellschaftlich als Mainstream- „Referenzgruppe" als normal gesetzt wird, keine große Problematik: Wenn ein weißer Mann etwas tut, wird selten von dieser Handlung auf „weiße Männer" im Ganzen geschlossen. Wenn aber markierte Identitäten mit in die Bedeutungszuschreibung involviert sind, sieht das anders aus. Umgekehrt heißt das natürlich, dass „weiße Männer" andere Markierungen erhalten, die dann symbolisch mit dem Eindrucksmanagement in Bezug gesetzt werden können. Wenn weiße männliche junge Männer Amokläufe begehen, dann ist das kein Management der Gruppenidentität „weiße Männer", was bedeutet, dass eine andere, stigmatisierte Identität hinzugefügt wird. In Nachrichtenberichten ist das dann in der Regel „Computerspieler" oder, wo diese Zuschreibung ihre Macht aufgrund des Mainstreaming dieser Identität langsam verliert, ein „psychisch Kranker".

8.2.9 Emotion Work

Das Feld, auf denen die Metapher der „-work" am prominentesten verwendet wurde ist das der *emotion work*, das in erster Linie mit Arlie Hochschilds Studie *The Managed Heart* (2012) verbunden wird, wo sie das in Serviceberufen erforderte Emotionsmanagement untersucht, in ihrem Fall das der Stewardess. *Emotion work* ist die Arbeit an den „impressions given off", den Eindrücken, die Zuschauer als „unabsichtlich" und „natürlich" einordnen, woraus dann ihre Lesart der Situation erwächst: Sagt eine Person, „ich bin glücklich", aber sieht dabei nicht glücklich aus, nehmen wir die nonverbale Kommunikation als die, die wir glauben, während die verbale die offizielle Version ist, die verbal referiert werden muss. Ist die Interaktion eine unter (lediglich) Bekannten oder Fremden, muss häufig mit der offiziellen Version weitergearbeitet werden. Unter Freunden, d. h. auf einer relativen Hinterbühne, kann – solange kein Vorderbühnenpublikum präsent ist – die offizielle Version in Frage gestellt werden. Sowohl diese Infragestellung als auch die Reaktion der Person, deren offizielle Version herausgefordert wird, sind Bin-

8.2 „Steinbruchrezeption"

dungszeichen, an denen die Enge der Beziehung dargestellt (oder ggf. verändert) wird. Sagt eine Person, „ich bin unglücklich", sieht dabei aber glücklich aus, glauben wir in der Regel wieder die nonverbale Darstellung und verstehen sie als Ironie. Hinterbühnenbewohner (oder solche, die sich dadurch auf die Hinterbühne eingeladen verstehen) dürfen dann lachen, und wenn die emotionsdarstellende Person dieses Lachen erwidert, ist damit gemeinsam eine Realität produziert und eine Bindung angezeigt. Erwidert sie das Lachen nicht, besteht sie darauf, dass die offizielle, verbale Version tatsächlich verwendet wird: Das kann eine Aushandlungsstrategie sein, um Distanz anzuzeigen. Innerhalb bestehender Beziehungen kann eine solche Distanzdarstellung „momentär" sein, das heißt: sie definiert nicht die gesamte Beziehung neu, sondern nimmt für den Moment eine distanzierte Position ein, die eine Warnung darstellt, dass es zur anhaltenden Distanz führen kann, wenn der Warnung nicht gefolgt wird.

Das Feld der Emotionssoziologie hat sich in den letzten Jahren beständig ausgedehnt (siehe Flam/Albrecht, in Planung). Eine Betrachtung der Emotion als Präsentation des Selbst, mit der eine Realität im Rahmen einer Begegnung dargestellt und im Rahmen eines Zuges im Interaktionsspiel eingesetzt wird, das zu einer Resolution führt, ist häufig in Umfeldern vertreten, in denen es um „öffentliche" Emotionspräsentation geht, wie in Hochschilds Fall (vgl. u. v. a. aber auch Wouters 1992, Deery/Fisher 2010). Sich hierbei auf die Vorderbühnen öffentlicher Präsentation zu beziehen transportiert jedoch subtil (und manchmal nicht subtil) die Idee, dass öffentlich dargestellte Emotionen „falsch", auf der Hinterbühne dargestellte jedoch „aufrichtig" seien. Eine goffmaneske Betrachtung hat für diese Dichotomie und die Unterstellung von Aufrichtigkeit wenig Verwendung. Eine dramaturgische Analyse bedeutet nicht, Emotionen für „falsch" zu halten – Goffman spricht in *Presentation of Self* ja davon, dass Darsteller von ihren Darstellungen eingenommen sein können, das heißt, dass sie selbst für und vor sich die so dargestellte Realität präsentieren und annehmen. Wahr und falsch ist nicht, was die Goffmansche Analyse liefert, und die dramaturgische Analyse von Emotionen stellt diese nicht in Frage. Vielmehr geht es ihr darum, zu verstehen, was herausgefunden werden kann, wenn die Realitäten auf allen Ebenen als expressive Leistung gefasst wird – und dass „verkörperte" Realitätsdarstellungen nicht weniger an der Konstruktion von Realität mitarbeiten, nur weil sie ungeplant „passieren". Auch auf Hinterbühnen, und auch dann, wenn alle Beteiligten völlig aufrichtig an ihren Darstellungen hängen, können wir von expressiven Präsentationen gemeinsam geleisteter Realität sprechen. Damit sind auch „Hinterbühnenemotionen" ein Feld, das von einer goffmanesk beeinflussten Emotionssoziologie untersucht werden müsste: Auch das, was wir im Alltag als „ehrliche" Emotionen verstehen, wird aus dieser Perspektive als Teil eines rituellen Spiels mit Darstellungsidiom verstanden, und Emotionen sind Teil dieses Darstellungsidioms, eine Körpersprache, mit der soziale Bedeutungen von Personen und Objekten ausgehandelt werden, ohne, dass eine solche Perspektive Emotionen als zynische Lügen ansehen müsste (Dellwing 2014). Felson untersucht Aggressionen als Eindrucksmanagement (1978), Collett nimmt Goffman „mit ins Bett" (2007). Boyle beschäftigt sich mit Emotionsdarstellungen in Beziehungen, wobei sie vor allem die Rolle sozialer Unterstützung betrachtet, nämlich einerseits solcher, die gemeinsam darstellt und damit „on stage" ist als auch – und das ist der interessante Teil – Unterstützung für die Emotionsdarstellung, die nicht physisch präsent ist, sondern auf die sich die präsente Person nur beruft: „Warte, bis wir nach Hause kommen" (2005) oder das berühmte „Warte, bis dein Vater nach Hause kommt".[5]

8.2.10 Sonstiges

Goffmans Ansätze finden auf allen substantiellen Gebieten der Soziologie Anwendung, und die oben dargestellte Liste beansprucht für sich bei weitem keine Vollständigkeit (das wäre eine Aufgabe für eine Dissertation – wenn auch keine, die Goffman gerne gesehen hätte), und ihre Ordnung ist wieder einmal alles andere als zwingend. Auch ihre Auslassungen sind arbiträr: Es hätten problemlos Segmente zur Jugend- und Alterssoziologie und der Dramatisierung von Lebensalterklassen eingefügt werden können, Listen zur Bedeutung der Trennung zwischen Vorder- und Hinterbühnen (Fine 1988 zur Jugend; Junhai 2006 zur Bedeutung von Toiletten). Goffman selbst hat sich ausgiebig mit Trickbetrügereien und Glücksspielen auseinandergesetzt, und diese Studien sind aufgenommen und fortgeführt worden, zu Trickbetrügereien (Prus/Sharper 1979, Boles et al. 1983) und zu legalem und illegalem Glücksspiel (Hayano 1982, Reith 1999, Cosgrave 2008, Schäfer 2011). Auch auf dem Gebiet der *sex work* hat sich einiges getan, was goffmaneske Analysen fortführt, zur Dramaturgie von Peep Shows (McNamara 1995), dem Eindrucksmanagement in Stripclubs (Spivey 2005) und dem von Zuhältern (Staiger

---

[5] Das ist ein Satz, mit dem selbstverständlich nicht nur Emotionsdarstellungen gemacht und unterstellte Koalitionen behauptet werden. Er transportiert Darstellungen von Geschlechtlichkeit und Geschlechterrollen in der Erziehung mit: Der Vater als der strenge Disziplinator, die Mutter als die schwache und hilfsbedürftige Helferin, die die starke Hand des Vaters benötigt, da der Vater die Resolution hat, zu tun, was getan werden muss. Zudem präsentiert das eine Arbeitsteilung außerhalb der Erziehung, die sich auf die Erziehung auswirkt: Die Mutter als jene, die immer mit dem Kind zusammen ist, der Vater dagegen als Person, die nur selten anwesend ist und daher die Distanz hat, aus der heraus besser gestraft werden kann – da keine permanente Erziehungsbeziehung durch diese Strafe gebrochen wird, was die Mutter, die ein besseres, vertrauensvolleres Verhältnis zum Kind benötigt, einfach, weil sie immer da ist, befürchten müsste.

2005). Das sind alles nur Ausschnitte aus weiten Feldern der Soziologie, für die die goffmaneske Arbeit viele, reife Früchte getragen hat.

Diesen Arbeiten vorzuwerfen, sie seien eine „Steinbruchrezeption", ist ungnädig. Es stimmt wohl, dass Goffman einem Eigenleben von Begriffen jenseits seiner Analysen skeptisch gegenüberstand. Wie er nicht gewollt hat, dass Nachfolger exegetisch „Goffmans Grundbegriffe" herausarbeiten und fragen, wie sein „Begriff der Identität" weiterverwendet werden kann, hätte er Studierende und Kolleginnen auch davon abgehalten, diese Begriffe jenseits dieser Studien allzu ordentlich zu reproduzieren und neues Material in Goffmans alte Schläuche zu füllen. Er hätte sie vielmehr angemahnt, ihre eigenen Begriffe zu erfinden, ihre eigenen Kategorien zu schaffen und ihre eigenen Ordnungen zu generieren, ohne in sklavische Abhängigkeit zu seinen Begriffen zu geraten und zu glauben, diese müssten als „Kanon" weiterverwendet und geehrt werden.

Aber das bedeutet nicht, dass eine Studie nicht von etwas inspiriert werden kann, was Goffman angedacht hat. Goffmans eigentliche Schätze sind nicht seine Begriffe; es sind die kleinen Nebensätze, die Andeutungen, die kurzen Ausflüge in eine soziale Situation, ohne dass diese jemals ausführlich und detailliert diskutiert werden. Für jede kleinteilige Darstellung eines Umgangs mit Ritualidiomen finden sich in Goffmans Werken Dutzende solcher Andeutungen: Goffmans Arbeit ist damit schon in diesen Andeutungen eine unerschöpfliche Schatzkiste für Arbeiten in Goffmans Folge. Wer eine Hausarbeit zu Goffman schreiben möchte, ist viel besser beraten, eine dieser Andeutungen aufzugreifen und sie zu einer ausführlicheren, goffmanesken Darstellung auszudehnen, als die zehntausendste Arbeit über „Goffmans Begriff der Person" zu schreiben.

8.3 Goffmaneske Arbeit

Goffman bietet eine beeindruckende Vorlage für eine soziologische Erforschung der Art, auf die Menschen ihre Welt machen. Diese Forschung Soziologie zu nennen (das ist eine Dramaturgie der Klassifikation! s. o.) ist hier durchaus nützlich, auch wenn seine Arbeit weit jenseits der Soziologie Anwendung gefunden hat. Es ist eine hoch einflussreiche Soziologie, die wenige Arbeiten inspiriert hat, die der Linie seiner Praxis und nicht nur seinen Begriffen folgen. Goffmans Arbeit kann dabei helfen, die Soziologie von innen zu erneuern, aber dieser Erneuerung stehen einige Hürden im Weg. Wenn diese aus dem Weg geräumt sind, eröffnet sich ein weites Feld unbeackerten Landes.

8.3.1 Goffmans rote Pille

Studierende vergleichen ihre Auseinandersetzung mit Goffman häufig als „Blick in die Matrix": Im Film hat Neo die Wahl, ob er die blaue Pille nehmen, in der Matrix bleiben und ihre konstruierte Realität einfach glauben möchte, oder die rote Pille, die ihm ermöglicht, herauszufinden, wie diese Realität tatsächlich gemacht wird. Oben habe ich bereits davon gesprochen, dass ich Goffmans Beschäftigung mit den rituellen Spielen mit Darstellungsidiom als Einblick in die „Programmiersprache" der sozialen Realität verstehen möchte; die rote Pille ist die Entscheidung, die Perspektive auf Alltagshandeln zu verschieben, so dass diese Handlungen als Definitionen sozialer Realität im Umgang mit den Definitionen verstanden werden. Die Parallele sollte nicht überspannt werden, da der Film von einer „illusorischen" und einer „echten" Realität ausgeht und das eine Dichotomie ist, die ich hier nicht mittragen möchte und die Goffmans Analysen zu oft fälschlicherweise unterstellt wird. Aber als Metapher für die Interaktionsordnung ist die Matrix ein nützliches Gerüst: Statt die Realitäten des Alltags einfach zu glauben, beobachten goffmaneske Soziologinnen, in welchen expressiven Darstellungen diese Realitäten gemacht werden. Der wesentliche Punkt besteht darin, Bedeutungsfixierungen nicht zu vertrauen, sondern ein ironisches Auge darauf zu werfen, wie Bedeutungen miteinander gemacht werden.

Das begründet einen gewissen Zynismus mit den Bedeutungen, die wir sonst anstandslos glauben, und dieser ist in Goffmans Arbeiten nicht zu leugnen. Bennett Bergers lapidare Einschätzung des Goffmanschen Werkes lautet daher: „one doesn't read Goffman for inspirational purposes or to have one's emotional batteries charged or to get one's humanistic sentiments affirmed" (1974: xvii). Im Gegenteil ist es gerade Goffmans Mission, diese zu zerschlagen und gegen die „touching tendency to keep a part of the world safe from sociology" (IR: 152) zu kämpfen. Das bedeutet in erster Linie, gerade die Dinge, die immer wieder zur Dramatisierung von Festigkeit herangezogen werden, mit dem Auge des Zynikers zu betrachten. Besonders jene Fixierungen, denen wir im Alltag unhinterfragt Realität unterstellen – Absichten und Emotionen, Krankheitszuschreibungen, rechtliche und wissenschaftliche Aussagen – sind besonders fruchtbare Felder, auf denen die kleinen Praktiken der Präsentation untersucht werden können, mit denen diese vermeintlichen Sicherheiten in der Öffentlichkeit festgezurrt werden. Alltagsmenschen, Psychologen, Psychiater, Ökonomen etc. haben „charmant sichere" Narrative, mit denen sie aufdecken, was „wirklich" hinter Handlungen steckt. Eine vollständige Soziologie hat keinen besonderen Respekt für liebgewonnene Legitimationskonzepte, die im Alltag (und in der Psychologie, deren Redeweisen den Alltag durchziehen) so populär und unhinterfragt selbstverständlich sind. Goffman bemerkt,

8.3 Goffmaneske Arbeit

dass Konzepte wie „Selbstvertrauen", „Persönlichkeit", „Integrität" (der Person) nicht einfach angenommen und verwendet werden können, ohne dass Konstrukte eingeführt werden, die in einer soziologischen Perspektive keinen Platz haben (ENC: 120). „Universal human nature is not a very human thing", bemerkt er (IR: 45), nichts, was aus inneren psychischen Neigungen entsteht, sondern vielmehr etwas, was sozial erworben wird, „impressed on him from without" (IR: 45), aber unsere Annahmen über die menschliche Natur können nicht einfach aufgedeckt und hinterfragt werden, da die putativen Aufdecker sie nicht selten selbst teilen (SI: 3).

Vor allem Ideen von Regeln und Moral begegnete Goffman mit einem hämischen Grinsen. Er hatte nichts von der „conservative's piety about rules" (Berger 1974: xvii). Anne Honer hatte festgestellt, „daß man für ethnographisches Arbeiten generell über eine gewisse Amoralität verfügen sollte - oder zumindest fähig sein sollte, eine solche zu entwickeln. Dabei meint ‚Amoralität' hier nichts anderes als die Bereitschaft, seine eigenen Moralen wenigstens zeitweilig auszuklammern" (1989: 92), und im Ausklammern von Moral spielte Goffman in der Meisterklasse. Berger stellt fest, dass Goffman nichts für moralische Empörung übrig hatte (Berger 1974: xvi), und in *Strategic Interaction* bittet er „to be accused of laconicity, not morality" (SI: xv). Nicht nur war Goffman selbst kein Moralist; wie alle Antimoralisten hegte er tiefes Misstrauen gegen Moralisten. Menschen, die sich moralistischer Legitimationen bedienen, bemerkt er, sind in der Regel „not [concerned] with the moral issue of realizing these standards, but with the amoral issue of engineering a convincing impression that these standards are being realized" (POS: 251): Moral und Regeln sind Vorderbühnenpräsentationen, eine Illusion der abstrakten und unpersönlichen Ordnung, wie sie für ein Publikum aus Unvertrauten aufgelegt wird. Wer sie auf der Hinterbühne weiter aufrechterhält, ist meistens in einem *looking glass fail* gefangen, und das gilt nicht lediglich für Politiker. Moralisten im Alltag sind für Goffman daher Renegaten: Menschen, die sich aus dem Teamspiel ausklammern, dafür aber sichere Legitimationen brauchen und sie in ihrem Gewissen finden (POS: 165).

Das ist selbstverständlich keine Leistung, die Goffman alleine erbringt. Goffmans Soziologie ist eine besonders durchdringende Variante der allgemeinsoziologischen Aufgabe der Befremdung des Alltags (Hirschauer/Amann 1997): *Das Normale ist nicht normal*. Im Alltag geglaubte Erklärungen sind selten soziologisch. Das liegt daran, dass Erklärungen im Alltag in der Regel legitimatorisch sind: Es handelt sich um Erklärungen, die sich als „Erkenntnis der Wahrheit" über Objekte und Subjekte kleiden und in diesem Kleid eine Erkenntnis bieten, die das, was wir über die Welt normativ glauben, in als empirisch präsentierten Darstellungen reproduzieren. Mit anderen Worten: Unsere Erklärungen helfen, die Grundfesten unserer Überzeugungen für richtig halten zu dürfen. Die Soziologie allerdings ist die (gerade deshalb so subversive!) Wissenschaft, die für die Zwecke der Erklärung diese normativen Grundfesten ausklammert (und sie selbst zum Objekt ihrer Untersuchung macht), um zu zeigen, wie unser scheinbar objektives Wissen über die Welt mit diesen normativen Überzeugungen verknüpft ist. Im Alltag verwendete Erklärungen sind damit sozial kontrolliert: Es sind solche, die wir an den Tag legen *dürfen*, die andere zu verstehen und zu akzeptieren *bereit sind*, Gründe und Verständnisse, die soziale Legitimität besitzen. Wer sie zum Reden über Handlungen verwendet, kann verständiges Nicken erwarten.

Die offensichtlichen Fragen sind die langweiligen (Dellwing 2011b). Die offensichtlichen Fragen sind jene, die die eigene Normalität als normal voraussetzen und die immer geglaubte Selbstlegitimation für richtig halten. Im Alltag halten wir Irritationen der eigenen Normalität für erklärungsbedürftig und suchen idealerweise Antworten auf diese Irritationen, die in diese Irritationen auflösen, und das auf eine Art und Weise, die sich ebenso im Rahmen der „normalen Normalität" bewegt; sie verteidigt die „gute Ordnung der Gesellschaft" (Stehr 2004), aber sie tut mehr als das. Sie verteidigt gutes, „moralisches" Reden über die Gesellschaft.

8.3.2 Nicht für die Vorderbühne

Die Legitimationsweisen, mit denen Goffmans Akteure beständig spielen, sind Abkürzungen, die der sozialen Welt erst erlauben, reibungslos zu funktionieren und in dieser schnellen Bedeutungszuschreibung zugleich beruhigend auf unsere Sensibilitäten wirken. Wenn eine Seltsamkeit mit der „Persönlichkeit" des (putativen) Urhebers erklärt werden kann, erlaubt das den Beteiligten, zu nicken und im Alltag weiterzumachen; komplexere Erklärungen, umstrittenere „Theorien" und Uneindeutigkeiten verkomplizieren die Situation, verlängern die Unterbrechung des Alltagshandelns und werfen unangenehme Infragestellungen von Legitimationsreden auf. Diese Legitimationsweisen müssen wir nicht nur verwenden, wir müssen in unserem Alltagshandeln sicherstellen, dass die Eindrücke, die wir verströmen, als legitim gelesen werden können; unseren situierten Handlungen müssen wir einen situationalen Anstrich von verständlichen oder generell anerkannten Techniken geben. Andere wollen in unserem Verhalten eine Garantie erkennen, dass unsere Gedanken sich an einem „bekannten und natürlichen Ort" befinden (BPP: 74).

Goffman erlaubt der Soziologie diese Abkürzungen nicht; das bedeutet jedoch nicht, dass er sie für den Alltag angreift. Das wäre töricht. Anders als die Anstrengungen kritischer Sozialwissenschaft, die ihren Leserinnen verdeutlichen will, dass die im Alltag geleisteten Realitäten „falsch" sind, geht es Goffman nur darum, festzustellen, wie sie gemacht werden. Daran, sie „falsch" oder „richtig" zu nennen, hat er kein Interesse. Bershady bemerkt, „the picture which Goffman paints of mankind and society is not a very pretty one, nor is it an issue which seems to concern him" (Shalin/Bershady 2009). Es geht ihm um die Erforschung der Praktiken, in denen die Realitäten gemeinsam gemacht werden, nicht um ihre Veränderung. Jacqueline Wiseman erinnert sich, dass Goffman ihr gegenüber die Teilnahme der Dozentinnen an den Aktivitäten der Studentenaufstände in Berkeley in den sechziger Jahren mit den Worten kommentiert hatte: „Sociologists don't take part in collective movements, they study them" (Shalin/Wiseman 2009).

Sich aufgrund dieser Konstruktion Sorgen zu machen oder sie anzugreifen dafür, Konstruktion zu sein, wäre auch problematisch, wenn man Goffmans Soziologie bis hierher gefolgt ist; denn wären die Realitätskonstruktionen im Alltag als Konstruktionen „entlarvt", müssten neue konstruiert werden, die genauso konstruiert, genauso in gegenseitigen, aufeinander bezogenem expressivem Handeln aufrecht erhalten werden wie die alten (Dellwing 2008a, Dellwing 2011b, Bude/Dellwing 2012). Eine „Wahrheit hinter dem Vorhang" gibt es nicht, und so folgt Goffmans Soziologie zwar nicht der alten Devise von Oz, *pay no attention to the man behind the curtain*, will aber jenseits der Erkenntnis keine Palastrevolte anstacheln: „I can only suggest that he who would combat false consciousness and awaken people to their true interests has much to do, because the sleep is very deep. And I do not intend here to provide a lullaby, but merely to sneak in and watch the people snore" (FA: 14).

8.4 Eine einflussreiche, aber seltene Soziologie?

So häufig Soziologinnen über Goffman reden und so unzählbar die Werke geworden sind, die Goffman im Rahmen von konkreten Forschungsinteressen rezipieren, so selten findet sich eine goffmaneske Soziologie, die nicht nur die Konzepte Goffmans und einige Grundideen, sondern auch seine Arbeitsweise übernimmt. Nur wenige Soziologen packen Goffmans „goldene Schaufel" an, „either to dig in his own patch or on untilled land" (Drew and Wootton 1988: 2). Fine and Manning (2003: 457-8) sekundieren, „there are remarkably few scholars who are continuing his work" (457).

Goffman hat selbst in der Tat wenige Schülerinnen produziert. Zu jenen, die ähnliche Arbeiten in Inhalt und Stil verfasst haben, gehören John und Lyn Lofland, die sich mit Ethnografie im öffentlichem Raum auseinandergesetzt haben (Lofland 1973, 1998), vor allem mit der gemeinsamen, rituellen Produktion von Privatheit (vgl. auch Kim 2012). Ich selbst habe mit Goffmanschen Mitteln untersucht, wie Privatheit und Öffentlichkeit als Anpassungshandeln verwendet werden, wie mit der Definition einer Situation als „privat" ein „Stopschild" gesetzt wird, das ein Element der Aushandlung aus dieser Aushandlung entfernt und anbietet, die Situation zu einer Resolution zu bringen, ohne dass dieses Element mit in diese Resolution eingebracht wird (Dellwing 2012a). Dagegen steht das Bestreben, Dinge zu „veröffentlichen", damit sie in Spiele eingebracht werden können, in denen dann Resolutionen erzwungen werden. Charles Edgley und Dennis Brissett haben das in *A Nation of Meddlers* (1999) untersucht: „Masquerading as social concern or community involvement, the contemporary meddlers intervene in the name of most everything: health, safety, the commonwealth, God, and for the sake of the children" (Klappentext). Carol Brooks Garner oben bereits zitierte Studien der Geschlechtsinteraktionen im Alltag fallen ebenso in diese Kategorie, da es ihr um Situationen geht, in denen ein „weibliches Selbst in der Öffentlichkeit" veröffentlicht, also öffentlichen Anzüglichkeiten ausgesetzt wird.

Zeitgleich mit Goffman haben Marvin Scott und Stanford Lyman alltägliche Rituale untersucht und vor allem die Goffmansche Beschäftigung mit *accounts* (s. o.) fortgeführt (1968, 1989). Die Verbindung zu Goffmans Arbeit ist hier übrigens sehr eng: Marvin Scott hat in Goffmans Haus in Berkeley gewohnt, als Goffman auf Forschungsfreisemester in Harvard war. (Goffman hat sich immer Haussitter ins Haus geholt, wenn er länger weg war, um Diebe abzuschrecken; vorher hat er aber den teuren Wein aus seinem Keller entfernt.) In dieser Zeit schreibt Scott *A Sociology of the Absurd*, und das nicht nur in Goffmans Haus, sondern auch mit seinen Materialien: „Much of the *Sociology of the Absurd* was written in Goffman's study on Goffman's typewriter" (Scott 2010).

Zu diesen Beiträgen tritt in Folge eine ganze Reihe von Arbeiten, in denen die Rituale des Kitts gebrochener Sozialität ausgiebig untersucht wurden (zur Übersicht Stokes/Hewitt 1976, Hunter 1984): Motivreden (mit Rekurs auf Mills 1940, der das vor Goffman aufgegriffen hatte, Blum and McHugh 1971, Albas and Albas 2003), *accounts* des Missverständnisses (Young 1997), *disclaimers* („Haftungsausschlüsse", Hewitt and Stokes 1975), *acclaimers* („Zustimmungen", Schlenker 1980), Quasi-Theorien (Hewitt and Hall 1973), *dismissals* („Abweisung", Wagner 1980), kleine physische „Unruhedramen" (Dellwing 2012b), etc. In all diesen Praktiken geht es darum, eine gemeinsame Definition sozialer Realität herzustellen, die den Riss kittet und die Harmonie wiederherstellt, so dass die Situation mit ihrem ursprünglichen Lauf wieder aufgenommen und zu einer Resolution gebracht werden kann. Gelingen diese Strategien nicht, dann bleibt nicht nur ein offener Riss, sondern auch eine gerissene Situation, die ihre eigene Resolution nicht erreichen kann. Wo es Praktiken der Harmonisierung des Alltags gibt, gibt es auch Praktiken, diese Harmonisierung zu verhindern: Wo es „aligning actions" gibt, gibt es auch „disaligning actions", öffentliches Trennungshandeln; Sanktionen können als solches verstanden werden (Dellwing 2010a). Wo Risse entstehen und Kittpraktiken angewandt werden, gibt es Widerstand gegen Versuche, Risse zu kitten (Dellwing 2013c).

Studien der alltäglichen face-to-face-Interaktion auf den Spuren Goffmans, in denen Interaktionen als dramaturgisch orchestriertes Spiel thematisiert wird, gibt es jedoch durchaus (Lyman and Scott 1975, Combs and Mansfield 1976, Harre 1979, Hare 1985, Hare and Blumberg 1988, Edgley 2003, Brissett/Edgley 2005). Perinbanayagam schreibt auf den Spuren Goffmans *Signifying Acts* (1985), Joe Gusfield *Performing Action* (2000), „which owes a lot to Erving" (Shalin/Gusfield 2009). Aber sie sind in der Tat seltener zu finden als die weiten Anschlüsse, die jenseits dieser Arbeit gemacht werden.

Im Rahmen ethnografischer Arbeit ist Goffman allgegenwärtig, und die lange Liste der Felder, auf denen Goffman Stichwortgeber war, zeigt die Vitalität der Goffmanschen Ideen. Auch zu öffentlicher face-to-face-Interaktion, die dank neuer technologischer Möglichkeiten mittlerweile öffentlich sein kann, ohne dass physische Kopräsenz besteht (vgl. Tietz 2012, 2013), gibt es Arbeiten, die Goffmans Werk aus dem Käfig der Physikalität befreien.

8.5 Die (für viele) unerträgliche Leichtigkeit des Goffman-Seins

Dass Goffmans Arbeit dennoch insgesamt wenige Nachahmer gefunden hat, ist vielleicht nicht so unverständlich, wie Fine und Manning das darstellen (s. o.). Zum einen hat Goffman betont Unklarheit darüber hinterlassen, wie er seine Studien eigentlich organisiert hat; es gibt keine Anleitungen, die potentielle Nachfolger aufnehmen könnten. Zum anderen benötigt es für solche Studien gerade in einer Zeit, in der die Soziologie die öffentliche Darstellung der Wissenschaftlichkeit vermehrt mit rigorosen und ausschweifenden Methodisierungen zu erreichen versucht (und zwar nicht nur in der quantitativen Sozialwissenschaft, vgl. Bude/Dellwing 2013), tolerante Gutachter, um ein goffmaneskes Werk in die Öffentlichkeit zu bringen.

Aus Goffmans Werken ist wenig direkt zu gewinnen, was als Anleitung dienen könnte, wie Goffman seine Forschung praktisch organisiert hat. Seine gesamte Arbeit ist nicht auf eine Art und Weise verfasst, die es neuen Lesern einfach macht, zu seinen Analysen wirklich durchzudringen, ohne schon vorher zu wissen, was diese sind: „If you were not already one of the cognoscenti he was not going to open the door to his inner meanings to you" (Collins 1988: 41). In schöner goffmanesker Metaphorik vergleichen Drew und Wooton die Goffmanschen „Karten" mit „those one buys on holiday [...] suggestive sketches rather than definitive" (1988:

6). Das war kein Zufall; es ist ohnehin schwer, einem Autor, der so systematisch Präsentationen analysiert hat, in seiner eigenen Präsentation Zufall zu unterstellen. Manning folgt dieser Interpretation und hält Goffmans Herangehensweise für eine, die von „his almost systematic elusiveness [and] clever ambiguities in conceptualization" geprägt war (1980: 261). Randall Collins meint ebenso, dass Goffman absichtlich und systematisch versteckte, was er tat (1988: 42).

Zum einen ist Goffmans planvolle Elusivität eine Reaktion auf die erwartete Zuschreibung, dass sein Werk sowieso als eines charakterisiert würde, das nach „rigoros-wissenschaftlichen" Kriterien als nicht wissenschaftlich eingeordnet würde.[6] Es ist eine rebellische Positionierung nicht nur gegen die Vorgaben der die Naturwissenschaft (idealisierend) imitierenden Wissenschaft, sondern gegen den Prozess wissenschaftlicher Dramatisierung als Ganzes (s. o.); damit ist diese Elusivität wieder einmal ein freches, unverschämtes Spiel, wie Goffman sie in seinen Texten beständig spielt. Aber einige Interpreten vermuten mehr dahinter: Angst und Selbstschutz. John Lofland vermutete nach einer Erzählung von Jacqueline Wiseman, dass das ein weiterer Versuch Goffmans war, seine Hinterbühne zu schützen; diesmal die, die ihm seine Eigenständigkeit und Einzigartigkeit verlieh. „Erving fears that if he teaches others just how he does his type of sociological investigation, then they could easily learn his approach and, as a result, he would lose his edge" (Shalin/Wiseman 2009).

Aber dennoch ist nachvollziehbar, wie Goffman gearbeitet hat; das dritte Kapitel hat diese offene, unsystematische Arbeitsweise zusammengefasst. Die Teile, aus denen man eine Herangehensweise entnehmen könnte, führen jedoch zum anderen Problem: Sie legen Praktiken an den Tag, für die vor allem Akolyten, die noch dem Urteil der etablierten Mitglieder der Disziplin nachhaltig ausgesetzt sind, nicht nur, um publiziert zu werden, sondern auch, um eine Stelle im Wissenschaftsbetrieb zu erhalten, befürchten müssen, scharf kritisiert zu werden. Der Flaneurstil Goffmans ist einer, den nur wenige Studierende gegen ihre Betreuerinnen durchsetzen können, und von dem junge Wissenschaftler befürchten, an Gutachterinnen bei Zeitschriften zu scheitern. Fine und Manning stellen fest, als Form der Organisation, die das gesamte rituelle Idiom der Wissenschaft hinter sich lässt, ist „Goffman's stylistic approach [...] not broadly valued in the discipline."[7] Es stellt sich gegen

---

[6] Einschätzungen wie die von Jürgen Raab (2008), Goffmans Werk sei „essayistisch", unterstützen solche kritischen Dramatisierungen übrigens; wer offene soziologische Arbeit macht, sollte die Unterscheidung „wissenschaftlich-essayistisch" oder überhaupt das Urteil „nicht wissenschaftlich" nicht verwenden. Es reproduziert eine Dramatisierung, die offene Forschung nicht mittragen sollte.

[7] Und das ist, ganz nebenbei, ein wesentlicher Hinweis zum Verständnis von Goffmans Arbeit: Rituelle Codes sind kein Schicksal, sie leiten uns nicht, sie geben uns nur einen Werk-

die ordentliche Sammlung (und die enge Definition) von „Daten", gegen die exegetischen Rituale der soziologischen Theorie, gegen die Vorgabe, trockene und moribunde Sprache in der Präsentation der Arbeiten zu verwenden.

Diese Angst ist nicht völlig unbegründet, aber überzogen. Zeitschriften werden Formate annehmen, wenn sie in der Disziplin befriedigend angeschlossen sind; das bedeutet, dass ein Hinweis darauf, einen goffmanesken Stil zu verwenden und diesen an der Literatur zu rechtfertigen, in der Regel ausreicht, um diese Arbeit dann auch machen zu können. Zeitschriften werden in der Regel Arbeit ohnehin an Vertreter der Perspektive und/oder des substantiellen Feldes schicken, das im Beitrag bearbeitet wird, so dass hier mindestens eine wohlwollende Stimme das Manuskript begutachten wird; das muss sie, denn nur jene, die selbst Arbeit dieser Art betreiben, können bewerten, ob sie *gut* gemacht wurde. Wissenschaft funktioniert dramaturgisch nach einer doppelten Vorderbühnenlegitimation der Arbeit, die zwei sie rechtfertigende Anker werfen muss: Einmal in Richtung der Geschichte und vorausgehender Arbeit der Disziplin, mit der die gegenwärtige Herangehensweise als eine in der Disziplin existente und legitime Form der Arbeit präsentiert wird, auf der anderen Seite in Richtung Material, das die Authentizität der Schlussfolgerungen und die Orientierung zum Phänomen gewährleistet. Die Soziologie ist eine pluralistische Wissenschaft, so dass sich nicht nur eine dominante Art findet, diese beiden Anker zu werfen, sondern viele, die parallel und nebeneinander gleichermaßen legitim sind. Goffmaneske Arbeit schafft es nicht, sich gegenüber den rigiden Vorgaben der quantitativen Sozialwissenschaft oder auch nur den festen Analysemechaniken rigoroserer Formen der Grounded Theory zu rechtfertigen (die Kathy Charmaz „objectivist grounded theory" nennt, 2000). Aber das muss sie auch gar nicht. Goffmans eigene Arbeiten und die Arbeiten, die Goffman rezipieren, schaffen eine breite und in der Soziologie hoch respektierte Tradition, an die sich eine Arbeit legitimierend anschließen kann; Betreuerinnen von Abschlussarbeiten mögen solche Arbeiten aus ihrer eigenen wissenschaftlichen Positionierung heraus ablehnen, möglicherweise gar mit einer Rhetorik, dass solche Arbeiten „inakzeptabel" seien. Wenn wir in einem Goffmanschen Rahmen bleiben, ist auch das eine Dramatisierung von Wissenschaftlichkeit und eine Selbstpräsentation, mit der die Person selbst Eindrucksmanagement betreibt, für sich und für die Teile der Disziplin, der sie angehört. Sie definiert ihr Team und sich als Mitglied, und setzt ihr Team mit „Soziologie" oder gar „Wissenschaft" gleich. Es benötigt nur ein wenig Aufmerksamkeit im Wissenschaftsbetrieb, um zu bemerken, dass sol-

---

zeugkoffer an die Hand, mit dem wir spielen – und mit dem wir auch gegen ihn spielen können. Goffman zeigt, dass das durchaus erfolgreich funktionieren kann: Er wurde mit einem Spiel gegen das rituelle Idiom seiner Disziplin der meistzitierte Vertreter derselben.

che großflächigen Identifikationen eines Teams mit der ganzen Disziplin oder gar dem ganzen Feld der Wissenschaft durchsichtige Manöver sind, die am Pluralismus beider schnell scheitern werden, wenn ein Akteur dieses Zerbrechen als Handlung vornimmt (s. o.). Es reicht daher bereits, sich jene Vertreterinnen der Soziologie zu suchen, die diese Art der Arbeit für akzeptabel halten.[8] Der „Regelbruch" der Flaneurethnografie und Flaneurkategorisierung muss daher nicht als Regelbruch, sondern kann vielmehr in Rekurs zu den Werken als eine Form des breiten Spektrums legitimer soziologischer Arbeit inszeniert werden.

Aus Goffman ist weiterhin viel zu machen. Wer Goffmans Schriften liest, wird nicht nur unterhalten, sondern erhält unzählige kleine Inspirationen für Felder, die Goffman andeutet, aber nie untersucht. Zudem liefert er uns einen Forschungsstil, mit dem die angehende Soziologin in der Lage ist, der Welt offen und neugierig entgegenzutreten und tiefgründige Analysen zu liefern, die nicht lediglich die Methodik der Sammlung und Analyse reproduzieren. Goffman zeigt angehenden Soziologen, wie man eine tiefgründige, einsichtsreiche, forscherisch spannende und gewinnbringende Soziologie leisten kann, ohne sich und die Konventionen abstrakter „Wissenschaftlichkeit", wie andere Teile der Disziplin sie zu formulieren suchen, dabei so furchtbar ernst nehmen zu müssen: mehr noch, wie einsichtsreiche und gewinnbringende Soziologie gerade *dadurch* möglich wird, dass Konventionen nicht so unglaublich ernst genommen werden. Dieses Buch hat ein Ziel: Leserinnen dazu zu bewegen, den Notizblock immer ein- und nie wieder wegzupacken.

---

[8] Das ist für jene, die goffmaneske Arbeiten machen möchten, aber keine Betreuer haben, die solche Arbeit unterstützen, ein offener Aufruf zu Revolte und zur Fahnenflucht: Betreuerinnen kann man wechseln. Wer nicht weiß, wo geeignete zu finden sind, soll meine Adresse googlen. Ich helfe bei dieser Suche gerne.

Literatur

Abermet, Viola, 2013: Die Welt der Bestatter, unveröffentlichtes Manuskript.
Albas, Cheryl und Daniel Albas, 2003: Motives. S. 349–366 in: *Larry T. Reynolds und Nancy J. Herman-Kinney* (Hrsg.), Handbook of Symbolic Interactionism. Walnut Creek: AltaMira.
Allday, Erin, 2011: Revision of psychiatric manual under fire. San Francisco Chronicle, 26. November. 2011. http://www.sfgate.com/news/article/Revision-of-psychiatric-manual-under-fire-2295555.php
"'Aging Idiots': Gloomy World Forecast for Grads." Winnipeg Free Press, May 27, 1976. http://cdclv.unlv.edu/ega/news/agingidiots_76.pdf
Atkinson, Paul, 1989: Goffman's poetics. Human Studies 12: 59–76.
Barash, Vladimir, Nicolas Ducheneaut, Ellen Isaacs und Victoria Bellotti, 2010: Faceplant: Impression (mis)management in facebook status updates. Proceedings of 4th International AAAI Conference on Weblogs and Social Media (ICWSM), May 23–26. Washington, DC.
Basaglia, Franco, 1973: Die Institutionen der Gewalt. S. 122–161 in: *Ders.* (Hrsg.), Die negierte Institution oder die Gemeinschaft der Ausgeschlossenen. Ein Experiment der psychiatrischen Klinik von Görz. Frankfurt: Suhrkamp.
Basaglia, Franco, 1974a: Was ist Psychiatrie? S. 7–18 in: Ders. (Hrsg.), Was ist Psychiatrie?. Frankfurt: Suhrkamp.
Basaglia, Franco, 1974b: Die Freiheit in der Gemeinschaft als Alternative zur institutionellen Regression. S. 19–36 in: Ders. (Hrsg.), Was ist Psychiatrie?. Frankfurt: Suhrkamp.
Battershill, Charles, 1990: Erving Goffman as a precursor to post-modern sociology. S. 163–186 in: *Stephen H. Riggins* (Hrsg.), Beyond Goffman: Studies on Communication, Institution, and Social Interaction. Berlin: Mouton de Gruyter.
Baxandall, Lee, 1969: Spectacles and scenarios: a dramaturgy of radical activity. The Drama Review: TDR 13, 4: 52–71.
Becker, Howard S., 1951: The professional dance musician and his audience. American Journal of Sociology 57, 2: 136–144.
Becker, Howard S., 1988: Herbert Blumer's Conceptual Impact. Symbolic Interaction 11, 1: 13–21.
Becker, Howard S., 2008: Outsiders. New York: Simon and Schuster.
Becker, Howard S., Blanche Geer, Everett C. Hughes und Anselm L. Strauss, 1961: Boys in White: Student Culture in Medical School. New Brunswick: Transaction.

Becker, Jennifer A. H. und Glen H. Stamp, 2005: Impression management in chat rooms: A grounded theory model. Communication Studies 56, 3: 243-260.
Benford, Robert D. und Scott A. Hunt, 1992: Dramaturgy and Social Movements: The Social Construction and Communication of Power. Sociological inquiry 62, 1: 36-55.
Berbrier, Mitch, 1999: Impression Management for the Thinking Racist: A Case Study of Intellectualization as Stigma Transformation in Contemporary White Supremacist Discourse. Sociological Quarterly 40, 3: 411-433.
Berger, Bennett M., 1974: Foreword. S. xi-xviii in: *Erving Goffman*, Frame Analysis. Boston: Northeastern University Press.
Berger, Peter L., 2011: Invitation to Sociology: A Humanistic Perspective. Open Road Media.
Birnbaum, Matthew G., 2008: Taking Goffman on a tour of Facebook: College students and the presentation of self in a mediated digital environment. Arizona: ProQuest.
Blum, Alan, und Peter McHugh, 1971: The Social Ascription of Motives. American Sociological Review 36: 98-109.
Blumer, Herbert, 1972: Action vs. Interaction. Review of Relations in Public, by Erving Goffman. Transaction 9, 6: 50-53.
Blumer, Herbert, 1979: Foreword. S. i-ii, in: *Jacqueline P. Wiseman* (Hrsg.), Stations of the lost: The treatment of skid row alcoholics. Chicago: University of Chicago Press.
Boles, Jacqueline, Phillip Davis und Charlotte Tatro, 1983: False pretense and deviant exploitation: Fortunetelling as a con. Deviant Behavior 4:375-394.
Boltanski, Luc und Laurent Thévenot, 2007: Über die Rechtfertigung: Eine Soziologie der kritischen Urteilskraft. Hamburg: Verlag Hamburger Ed.
Bonsu, Samuel K., 2007: The presentation of dead selves in everyday life: Obituaries and impression management. Symbolic Interaction 30: 199-219.
Boyle, Maree Veronica, 2005: „You wait until you get home": Emotional Regions, Emotional Process Work, and the Role of Onstage and Offstage Support. S. 45-65 in: *Charmine E. J. Hartel, Wilfred J. Zerbe und Neal M. Ashkanasy* (Hrsg.), Emotions in organizational behavior. Mahwah, New Jersey: Lawrence Erlbaum.
Breese, Elizabeth B., 2010: Reports from "Backstage" in Entertainment News. Society 47, 5: 396-402.
Brown, Robert E., 2005: Acting Presidential. The Dramaturgy of Bush Versus Kerry. American Behavioral Scientist 49, 1: 78-81.
Bude, Heinz und Michael Dellwing, 2013: Blumers Rebellion 2.0, in Herbert Blumer. Symbolischer Interaktionismus: Texte zu einer Wissenschaft der Interpretation. Berlin: Suhrkamp.
Bude, Heinz, 2008: Das ‚Serendipity-Pattern'. Eine Erläuterung am Beispiel des Exklusionsbegriffs. S. 260-278 in: *Herbert Kalthoff, Stefan Hirschauer und Gesa Lindemann* (Hrsg.), Theoretische Empirie. Die Relevanz qualitativer Forschung. Frankfurt am Main: Suhrkamp.
Bullingham, Liam, 2010: What would Goffman think about furries? Persona adoption and identity masking in blogs and Second Life. http://dagda.shef.ac.uk/dispub/dissertations/2009-10/External/LBullingham_Bullingham_090125096.pdf
Cancino, Jeffrey M. und Roger Enriquez, 2004: A qualitative analysis of officer peer retaliation: Preserving the police culture. Policing: An International Journal of Police Strategies and Management 27, 3: 320-340.
Caplan, Paula, 2012a: Protest Against DSM Diagnoses Increases. Alarms sounded about harm from psychiatric labeling. Published on February 12. http://www.psychologytoday.com/blog/science-isnt-golden/201202/protest-against-dsm-diagnoses-increases

Caplan, Paula, 2012b: Psychiatry's bible, the DSM, is doing more harm than good. The Washington Post. April 27. http://www.washingtonpost.com/opinions/psychiatrys-bible-the-dsm-is-doing-more-harm-than-good/2012/04/27/gIQAqy0WlT_story.html

Cavan, Sherri, 2011: When Erving Goffman was a Boy. In: Bios Sociologicus: The Erving Goffman Archives, ed. by *Dmitri N. Shalin.* UNLV: CDC Publications. http://cdclv.unlv.edu/ega/articles/cavan_eg_boyhood.pdf

Cavender, Gray und Paul Knepper, 1992: Strange interlude: An analysis of juvenile parole revocation decision making. Social Problems 39, 4: 387–399.

Charmaz, Kathy und Richard G. Mitchell, 2001: Grounded Theory in Ethnography. S. 160–174 in: *Paul Atkinson, Amanda Coffey, Sara Delamont, John Lofland und Lyn Lofland* (Hrsg.), Handbook of Ethnography. London: Sage.

Charmaz, Kathy, 1991: Good Days, Bad Days: The Self in Chronic Illness and Time. New Brunswick, N.J.: Rutgers University Press.

Charmaz, Kathy, 2000: constructionist and objectivist grounded theory, S. 509–535, in: *Norman K. Denzin und Yvonna S. Lincoln* (Hrsg.), Handbook of qualitative research. 2nd. Thousand Oaks, California: Sage.

Charmaz, Kathy, 2003: Grounded Theory. S. 81–110 in: *Jonathan A. Smith* (Hrsg.), Qualitative Psychology: A Practical Guide to Research Methods. London: Sage.

Charmaz, Kathy, 2006: Constructing Grounded Theory: A Practical Guide Through Qualitative Analysis. London: Sage.

Chriss, James J., 1995: Habermas, Goffman, and communicative action: Implications for Professional Practice. American Sociological Review 60: 545–565.

Coates, Jennifer, 1999: Women behaving badly: Female speakers backstage. Journal of Sociolinguistics 3, 1: 67–82.

Collett, Jessica L., 2005: What kind of mother am I? Impression management and the social construction of motherhood, Symbolic Interaction 28, 3: 327–347.

Collett, Jessica L., 2007: Goffman in Bed. Social Psychology Quarterly 70: 4.

Collins, Randall, 1980: Erving Goffman and the Development of Modern Social Theory. S. 170–209 in: *Jason Ditton* (Hrsg.), The View from Goffman. London: Macmillan.

Collins, Randall, 1988: Theoretical Continuities in Goffman's work. S. 41– 63 in: *Paul Drew und Anthony Wootton* (Hrsg.), Erving Goffman. Exploring the Interaction Order. New York: Polity.

Combs, James E. und Michael W. Mansfield (Hrsg.), 1976: Drama in Life: the uses of communication in society. New York: Hastings House.

Cooley, Charles Horton, 1922: Human nature and the social order. New York: Charles Scribner's Sons.

Cooper, David, 1978: Die Sprache der Verrücktheit. Erkundungen ins Hinterland der Revolution. Berlin: Rotbuch.

Cooper, David, 1979: Psychiatrische Repression. Überlegungen zur politischen Dissidenz. S. 34 in: *Cooper, David, Michel Foucault, Maquis de Sade, Jean Pierre Faye, Marie-Odile Faye und Marine Zecca* (Hrsg.), Der eingekreiste Wahnsinn. Frankfurt: Suhrkamp.

Cosgrave, James F., 2008: Goffman revisited: Action and character in the era of legalized gambling. International Journal of Criminology and Sociological Theory 1, 1: 80–96.

Crook, Steve und Laurie Taylor, 1980: Goffman's Version of Reality. S. 233–251 in: *Jason Ditton* (Hrsg.), The View from Goffman. London: Macmillan.

Dawe, Alan, 1973: The underwold-view of Erving Goffman, British Journal of Sociology 24, 2: 246–253.

Deery Ruth und Pamela Fisher, 2010: ‚Switching and swapping faces': performativity and emotion in midwifery. International Journal of Work Organisation and Emotion 3, 3: 270-286.

Dellwing, Michael und Robert Prus, 2012: Einführung in die interaktionistische *Ethnografie*: Soziologie im Außendienst. Wiesbaden: Springer VS.

Dellwing, Michael, 2010a: Dramaturgie der Sanktion. Dissertation.

Dellwing, Michael, 2010b: Looking-Glass Crime. Zeitschrift für Rechtssoziologie 31: 209-229.

Dellwing, Michael, 2010c: Rituelle Spiele mit Beziehungen. Berliner Journal für Soziologie 20: 527-544.

Dellwing, Michael, 2011a: Wie wäre es, an psychische Krankheiten zu glauben?: Wege zu einer neuen soziologischen Betrachtung psychischer Störungen. Österreichische Zeitschrift für Soziologie 35, 1: 40-58.

Dellwing, Michael, 2011b: Langeweile mit der Eindeutigkeit. S. 197-211 in: *Helge Peters und Michael Dellwing* (Hrsg.), Langweiliges Verbrechen: warum KriminologInnen den Umgang mit Kriminalität interessanter finden als Kriminalität. Wiesbaden: VS.

Dellwing, Michael, 2008a: Reste: Die Befreiung des Labeling Approach von der Befreiung. Kriminologisches Journal 40: 162-178.

Dellwing, Michael, 2008b: Geisteskrankheit als hartnäckige Aushandlungsniederlage. Soziale Probleme 19, 2: 150-171.

Dellwing, Michael, 2008c: Schwebende Sanktionen als floating signifiers und eine Sanktionssoziologie ohne Normen. Österreichische Zeitschrift für Soziologie 33, 1 : 3-19.

Dellwing, Michael, 2009a: Das Label und die Macht : der Labeling Approach vom Pragmatismus zur Gesellschaftskritik und zurück. Kriminologisches Journal 41, 3: 162-178.

Dellwing, Michael, 2009b: Ein Kreis mit fünf Sanktionen. Österreichische Zeitschrift für Soziologie 34, 3: 43-61.

Dellwing, Michael, 2012a: Moving Armies of Stop Signs. Philosophy of the Social Sciences. May 9, 2012 Online First publication (http://pos.sagepub.com/content/early/2012/05/08/0048393112445209.abstract)

Dellwing, Michael, 2012b: Little Dramas of Discomposure. Symbolic Interaction 35, 2: 146-161.

Dellwing, Michael, 2013a: Einleitung zu Howard Becker, Außenseiter. Springer.

Dellwing, Michael, 2013b: Addiction Diagnoses as Involvement Controls: The Pragmatic Value of Psychiatric Definitions of the Situation. Reset. (im Druck).

Dellwing, Michael, 2013c: Resisting Alignment. [Angenommen, in Revision].

Dellwing, Michael. 2015. The Body Idiom. In: Jochen Kleres und Yvonne Albrecht (Hg.), bisher unbetitelter Band zur Emotionssoziologie. Wiesbaden: Springer.

Denzin, Norman K. und Charles M. Keller, 1981: Frame Analysis Reconsidered. Contemporary Sociology 10, 1: 52-60.

Dewey, John, 1960: The quest for certainty : a study of the relation of knowledge and action. New York: Putnam. (dt. 1998: die Suche nach Gewißheit Frankfurt am Main: Suhrkamp.)

Dinos, Sokratis, Scott Stevens, Marc Serfaty, Scott Weich, und Michael King, 2004: Stigma: the feelings and experiences of 46 people with mental illness. Qualitative study. British Journal of Psychiatry 184, 2: 176-181.

Douglas, Jack D., 1976: Investigative Social Research: Individual and team field research. Beverly Hills: Sage.

Dowd, James J., 1991: Social Psychology in the Postmodern Age. The American Sociologist 22, 3: 188–209.
Edgley, Charles und Dennis Brissett, 1999: A Nation of Meddlers. Boulder, CO: Westview Press.
Edgley, Charles, 2003: The Dramaturgical Genre. S. 141–172 in: *Larry T. Reynolds und Nancy J. Herman-Kinney* (Hrsg.), Handbook of Symbolic Interactionism. Walnut Creek, CA: AltaMira Press.
Ellerby, Mark, 2011: On Anti-Psychiatry. Brentwood, Essex, UK: Chipmunkapublishing Ltd.
Eriksson, Lena, 2004: The presentation of the scientific self. Social Studies of Science 34, 3: 423–426.
Erwin, Robert, 1992: The Nature of Goffman. Centennial Review 36: 327–342.
Felson, Richard B., 1978: Aggression as impression management. Social Psychology Quarterly 41: 205–213.
Fine, Gary Alan und Philip Manning, 2003: Erving Goffman, in: *George Ritzer* (Hrsg.), The Blackwell Companion to Major Contemporary Social Theorists. Malden, MA: Blackwell Publishing Ltd.
Fine, Gary Alan und Daniel D. Martin, 1990: A Partisan View. Sarcasm, Satire and Irony as Voices in Erving Goffman's Asylums. Journal of Contemporary Ethnography 19, 1: 89–115.
Fine, Gary Alan und Kent L. Sandstrom, 1988: Knowing Children: Participant Observation with Minors. Newberry Park, CA: Sage.
Fine, Gary Alan, 1988: Friends, impression management, and preadolescent behavior. S. 209–234 in: *Gerald Handel* (Hrsg.), Childhood socialization. New York: Aldine de Gruyter.
Fine, Gary Alan, 2010: Sociology of the Local: Action and its Publics. Sociological Theory 28: 355–376.
Fisk, Raymond P. und Stephen J. Grove, 1996: Applications of impression management and the drama metaphor in marketing: an introduction. European Journal of Marketing 30, 9: 6–12.
Frankenberg, Ronald, 1986: Sickness as cultural performance: drama, trajectory, and pilgrimage root metaphors and the making social of disease. International Journal of Health Services 16, 4: 603–26.
Freidson, Eliot, 1989: *Medical Work in America: Selected Essays*. New Haven: Yale University Press.
Freidson, Eliot, 1988: Profession of Medicine: A Study of the Sociology of Applied Knowledge. Chicago: University of Chicago Press.
Freidson, Eliot, 2006: Professional Dominance: The Social Structure of Medical Care. New Brunswick, NJ : Aldine Transaction.
Fu, Zhengyuan, 1989: Politics as Dramaturgy Impression Management in the PRC. Revue européenne des sciences sociales 27, 84: 267–291.
Furedi, Frank, 2012: Individual difference suffers in the neverending explosion of mental illness. The Australian, February 18.: http://www.theaustralian.com.au/national-affairs/opinion/individual-difference-suffers-in-the-neverending-explosion-of-mental-illness/story-e6frgd0x-1226274166175
Futrell, Robert, 1999: Performative Governance Impression Management, Teamwork, and Conflict Containment in City Commission Proceedings. Journal of Contemporary Ethnography 27, 4: 494–529.

Gardner, Carol Brooks, 1989: Analyzing gender in public places: Rethinking Goffman's vision of everyday life. The American Sociologist 20, 1: 42–56.
Gardner, Carol Brooks, 1995: Passing by: Gender and public harassment. Berkeley: University of California Press.
Gergen, Kenneth J., 1991: The Saturated Self. New York: Basic Books.
Gillespie, Joanna, 1980: The Phenomenon Of The Public Wife: An Exercise In Goffman's Impression Management. Symbolic Interaction 3, 2: 109–125.
Glover, Donald, 2011: Weirdo. Regie: Michelle Caputo. Entertainment One.
Goffman, Alice, 2009: On the Run: Wanted Men in a Philadelphia Ghetto. Sociological Review 74, 3: 339–357.
Goffman, Erving 1981a: RDK, Contemporary Sociology 10, 1: 60–68.
Goffman, Tom, 2004: Consultation Chaos. International Journal of Radiation Oncology Biology, Physics 62, 4: 954–955.
Gove, Walter R., Michael Hughes, Michael R. Geerken, 1980: Playing dumb: A form of impression management with undesirable side effects. Social Psychology Quarterly 43, 1: 89–102.
Grayson, Kent und David Shulman, 2000: Impression management in services marketing. S. 51–67 in: *Teresa A. Swartz und Dawn Iacobucci* (Hrsg.), Handbook of Services Marketing and Management. Thousand Oaks, CA: Sage.
Grimshaw, Allen D., 1983: Erving Goffman: A Personal Appreciation. *Language and Society* 12, 1: 147–148.
Gronbeck, Bruce, 1980: Dramaturgical Theory and Critcism: The State of the Art (or Science?). Western Journal of Speech Communication 44: 315–330.
Grove, Stephen J. und Raymond P. Fisk, 1990: Impression Management in Services Marketing: A Dramaturgical Perspective. S. 427–438 in: *Robert A. Giacalone und Paul Rosenfeld* (Hrsg.), Impression Management in the Organization. Hillsdale, NJ: Lawrence Erlbaum Associates.
Gusfield, Joseph, 2000: Performing Action: Artistry in Human Behavior and Social Research. New Brunswick, N.J.: Transaction Publishers.
Hall, Peter M., 2005: The Presidency and Impression Management. S. 365–78 in: *Dennis Brissett und Charles Edgley* (Hrsg.), Life as Theater: A Dramaturgical Sourcebook. second edition. New Brunswick, NJ: Transaction.
Hallett, Michael und Dennis Powell, 1995: Backstage with cops: The dramaturgical reification of police subculture in American crime infotainment. American Journal of Police 14, 1: 101–129.
Hare, A. Paul und Herbert H. Blumberg, 1988: Dramaturgical Analysis of Social Interaction. New York: Prager.
Hare, A. Paul, 1985: Social Interaction as Drama: Some Applications for Conflict Resolution. Beverly Hills: Sage.
Harré, Rom, 1979: Social Being: A theory for social psychology. Oxford: Blackwell.
Hayano, David, 1982: *Poker Faces*. Berkeley: University of California Press.
Hayward, Peter und Jennifer A. Bright, 1997: Stigma and mental illness: A review and critique. Journal of Mental Health 6, 4: 345–354.
Hersh, Reuben, 1991: Mathematics has a front and a back. Synthese 88, 2: 127–133.
Hewitt, John P., und Peter M. Hall, 1973: Social Problems, Problematic Situations, and Quasi-Theories. American Sociological Review 38: 367–374.
Hewitt, John P., und Randall Stokes, 1975: Disclaimers. American Sociological Review 40: 1–11.

Hirschauer, Stefan und Klaus Amann, 1997: Die Befremdung der eigenen Kultur. Zur ethnographischen Herausforderung soziologischer Empirie. Frankfurt: Suhrkamp.
Hitchens, Christoper, 2001: Letters to a Young Contrarian. New York: Basic Books.
Hobbs, Pamela, 2003: 'Is That What We're Here about?': A Lawyer's Use of Impression Management in a Closing Argument at Trial. Discourse & Society 14, 3: 273-290.
Hochschild, Arlie, 1990: Gender codes in women's advice books. S. 277-294 in: *Stephen H. Riggins* (Hrsg.), Beyond Goffman: Studies on Communication, Institution, and Social Interaction. Berlin: Mouton de Gruyter.
Hochschild, Arlie, 2012 [1983]: The Managed Heart. Berkeley: University of California Press.
Hogan, Bernie, 2010: The presentation of self in the age of social media: Distinguishing performances and exhibitions online. Bulletin of Science, Technology & Society 30, 6: 377-386.
Honer, Anne, 1989: Einige Probleme lebensweltlicher Ethnographie – Zur Methodologie und Methodik einer interpretativen Sozialforschung. Zeitschrift für Soziologie 18, 4: 297-312.
Huey, Laura und Eric Berndt, 2008: 'You've gotta learn how to play the game': homeless women's use of gender performance as a tool for preventing victimization. The Sociological Review 56, 2: 177-194.
Hughes, Michael, 2000: Country music as impression management: A meditation on fabricating authenticity. Poetics 28: 185-205.
Huizinga, Johan, 1950: Homo Ludens. A Study of The Play Element In Culture. Boston: Beacon Press.
Hunter, Christopher, 1984: Aligning Actions: Types and social distribution. Symbolic Interaction 7: 155-174.
Hyde, Abbey, 2000: Single Pregnant Women's Encounters in Public: Changing Norms or Performing Roles. Irish Journal of Applied Social Studies 2, 2: 84-105.
Hyland, Liam und Janice M. Morse, 1995: Orchestrating comfort: The role of funeral directors. Death Studies 19: 453-474.
Hymes, Dell, 1984: On Erving Goffman. Theory and Society 13, 5: 621-631.
James, William, 1907: Pragmatism: A new name for some old ways of thinking. New York: Longman Green and Co.
Jaworski, Gary D., 2000: Erving Goffman: The Reluctant Apprentice. Symbolic Interaction 23, 3: 299-308.
Johansson, Catrin, 2007: Goffman's sociology: An inspiring resource for developing public relations theory. Public Relations Review, 33: 275-280.
Junhai, Zhao, 2006: The Reasons Why the Toilet Becomes Children's Activity Backstage. Studies in Preschool Education 2006-09.
Kang, Mee-Eun, 1997: The portrayal of women's images in magazine advertisements: Goffman's gender analysis revisited. Sex Roles 37, 11/12: 979-996.
Kendon, Adam, 1988: Goffman's Approach to Face-to-Face Interaction. S. 14-40 in: *Paul Drew und Anthony Wootton* (Hrsg.), Erving Goffman. Exploring the Interaction Order. New York: Polity.
Kim, Esther C., 2012: Nonsocial Transient Behavior: Social Disengagement on the Greyhound Bus. Symbolic Interaction 35, 3: 267-283.
Knoblauch, Hubert, 2009: Vorwort. In: Erving Goffman, Interaktion im öffentlichen Raum. Frankfurt am Main: Campus.

Knorr-Cetina, Karin, 1981: The Manufacture of Knowledge. An Essay on the Constructivist and contextual Nature of Science. Oxford: Pergamon Press. Dt.: 1984: Die Fabrikation von Erkenntnis. Zur Anthropologie der Naturwissenschaft. Frankfurt am Main: Suhrkamp.

Knorr-Cetina, Karin, 1984: The Fabrication of Facts: Toward a Microsociology of Scientific Knowledge. S. 223–244 in: *Nico Stehr und Volker Meja* (Hrsg.), Society and Knowledge. Oxford: Transaction Books.

Kotarba, Joseph, 1980: The Chronic Pain Experience: Management of the Impaired Self. Dissertation. University of California, San Diego.

Kotarba, Joseph, 1983: Chronic pain: its social dimensions. Beverly Hills: Sage.

Kotowicz, Zbigniew, 1997: R.D. Laing and the Paths of Anti-Psychiatry. London: Taylor & Francis.

Kravel-Tovi, Michal, 2012: Rite of passing: Bureaucratic encounters, dramaturgy, and Jewish conversion in Israel. American Ethnologist 39, 2: 371–388.

Krug, Maria Lisa, 2012: Subconscious as Backstage Alignment. Präsentation auf der Konferenz "Conflict, Cooperation and Transformation in Everyday Life" der SSSI in Rotterdam, 6. Juli.

Picca, Leslie H. und Joe R. Feagin. 2007: Two-Faced Racism: Whites in the Backstage and Frontstage. New York: Routledge Press.

Laing, Ronald D., 1969: Phänomenologie der Erfahrung. Frankfurt: Suhrkamp.

Laing, Ronald D., 1972: Das geteilte Selbst. Eine existentielle Studie über geistige Gesundheit und Wahnsinn. Köln: Kiepenheuer & Witsch.

Lane, Christopher, 2007: Shyness. How Normal Behavior Became a Sickness. Binghamton: Vali-Ballou Press.

Latour, Bruno und Steve Woolgar, 1979: Laboratory Life: The Construction of Scientific Facts. Los Angeles: Sage.

Lautmann, Rüdiger, 2011: Justiz - die stille Gewalt. Wiesbaden: VS.

Ledger, Marshall, 1982: The Observer. S. 36–42 in Pennsylvania Gazette. http://cdclv.unlv.edu/ega/articles/ledger_82.pdf

Legnaro, Aldo und Astrid Aengenheister, 1999: Die Aufführung von Strafrecht. Kleine Ethnografie gerichtlichen Verhandelns. Baden-Baden: Nomos.

Lenz, Karl, 1991: Erving Goffman Werk und Rezeption. S. 27–96 in: *Robert Hettlage und Karl Lenz* (Hrsg.), Erving Goffman ein soziologischer Klassiker der zweiten Generation?. Stuttgart/Bern: Haupt.

Levine, Donald, 2009: Statement on the Occasion of Goffman's Honorary Degree at the University of Chicago, 1979. in: Bios Sociologicus: The Erving Goffman Archives, ed. by *Dmitri N. Shalin*. UNLV: CDC Publications.

Lin, Chien-nai, Yu-Tzu Lin und Ching-Cha Hsieh, 2011: Unfolding the Diminishing Image Control in Online Self Presentation: An Investigation of Virtual Community. Journal of Virtual Communities and Social Networking 3, 1: 23–31.

Lofland, John, 1980: Early Goffman: Style Structure, Substance, Soul. S. 24–51 in: *Jason Ditton* (Hrsg.), The View from Goffman. London: Macmillan.

Lofland, Lyn H., 1973: A World of Strangers: Order and Action in Urban Public Space. New York: Basic Books.

Lofland, Lyn H., 1998: The public realm. Exploring the City's Quintessential Social Territory. New York: Aldine de Gruyter.

Lyman, Stanford M. und Marvin B. Scott, 1975: The Drama of Social Reality. New York: Oxford University Press.

MacCannell's, Dean, 1976: The Tourist: A New Theory of the Leisure Class. New York: Schoken Books.
Manning, Peter K., 1973: The decline of civility: a comment on Erving Goffman's sociology. Canadian Review of Sociology and Anthropology 13, 1: 13–25.
Manning, Peter K., 1977: Police Work. Cambridge: MIT Press.
Manning, Peter K., 1980: Goffman's Framing order: Style as Structure. S. 252–284 in: *Jason Ditton* (Hrsg.), The View from Goffman. London: Macmillan.
Manning, Peter K., 1996: Dramaturgy, politics and the axial media event. The Sociological Quarterly 37: 101–118.
Manning, Peter K., 1997: Police work: the social organization of policing. Second Edition. Prospect Heights, IL: Waveland Press.
Manning, Peter K., 2008: Goffman on organizations. Organization Studies 29, 5: 677–699.
Manning, Philip, 1992: Erving Goffman and Modern Sociology. Cambrigdge: Polity Press.
Marx, Gary T. 1990: Undercover: Police Surveillance in America. Berkeley: University of California Press.
Mayo, James M., 1978: Propaganda with design: Environmental Dramaturgy in the political Rally. JAE 32, 2: 24–27, 32.
McCarthy, Ian P., Leyland Pitt und Pierre Berthon, 2011: Service customization through dramaturgy. S. 45–65 in: *ders.,* Mass Customization. London: Springer.
McNamara, Robert P. (Hrsg.), 1995: Dramaturgy and the Social Organization of Peep Shows. Sex, Scams, and Street Life: The Sociology of New York City's Times Square. Westport, CT: Praeger.
Merelman, Richard M., 1969: The Dramaturgy of Politics. The Sociological Quarterly 10: 216–239.
Merton, Robert K. und Elinor G. Barber, 2004: The Travels and Adventures of Serendipity. A Study.
Mills, C. Wright, 1940: Situated Actions and Vocabularies of Motive. American Sociological Review 5, 6: 904–913.
Moncrieff, Joanna, 2009: The Myth of the Chemical Cure: A Critique of Psychiatric Drug Treatment. Revised Edition [2008]. Basingstoke: Palgrave MacMillan.
Monrouxe, Lynn V., Charlotte E. Rees und Paul Bradley, 2009: The Construction of Patients' Involvement in Hospital Bedside Teaching Encounters. Qualitative Health Research 19, 7: 918–930.
„Most cited authors of books in the humanities", 2007: Times Higher Education Supplement: http://www.timeshighereducation.co.uk/story.asp?storyCode=405956.
Mukerji, Chandra und Bart Simon, 2007: Out of the limelight: Discredited communities and informal communication on the Internet. Sociological Inquiry 68: 258–273.
Murphy, Frederick, 2009: Act, scene, agency: The drama of medical imaging. Radiography 15, 1: 34–39.
Nelson, Kathleen B., 2009: Enhancing the Attendee's Experience through Creative Design of the Event Environment: Applying Goffman's Dramaturgical Perspective. Journal of Convention & Event Tourism 10, 2:120–133.
Nuttall, Mark G., 1999: The dramaturgy of labour/management negotiations. University of Manitoba.
O'Brien, Terri, Sheila Payne, Mike Nolan und Christine Ingleton, 2010: Unpacking the politics of evaluation: a dramaturgical analysis. Evaluation 16, 4: 431–444.

Paolucci, Paul und Margaret Richardson, 2006: Dramaturgy, humor, and criticism: How Goffman reveals Seinfeld's critique of American culture. Humor – International Journal of Humor Research 19, 1: 27–52.

Paolucci, Paul und Margaret Richardson, 2006: Sociology of humor and a critical dramaturgy. Symbolic Interaction 29, 3: 331–348.

Pearson, Erika, 2009: All the World Wide Web's a stage: The performance of identity in online social networks. First Monday 14, 3. http://firstmonday.org/article/view/2162/2127

Perinbanayagam, Robert S. 1985: Signifying Acts: Structure and meaning in everyday life. Carbondale: Southern Illinois University Press.

Perrucci, Robert, Robert Belshaw, Aaron DeMeritt, Brandy Frazier, Jennifer Jones, Jessica Kimbrough, Kimberly Loney, James Pappas, Jenny Parker, Benjamin Trottier, und Brian Williams 2000: The Two Faces of Racialized Space at a Predominantly White University. International Journal of Contemporary Sociology 37: 230–244.

Peters, Helge, 2009: Devianz und soziale Kontrolle. Eine Einführung in die Soziologie abweichenden Verhaltens. Weinheim: Juventa.

Peterson-Lewis, Sonja und Lisa M. Bratton, 2004: Perceptions of "acting Black" among African American teens: Implications of racial dramaturgy for academic and social achievement. The Urban Review 36, 2: 81–100.

Pinch, Trevor, 2010: The invisible technologies of Goffman's sociology from the merry-go-round to the internet. Technology and culture 51, 2: 409–424.

Pogrebin, Marc R. und Eric D. Poole, 1988: Humor in the briefing room. A study of the strategic uses of humor among police. Journal of Contemporary Ethnography 17: 183–210.

Popitz, Heinrich, 2004: Über die Präventivwirkung des Nichtwissens. Grin.

Prus, Robert C., 1997 Subcultural Mosaics and Intersubjective Realities: An Ethnographic Research Agenda for Pragmatizing the Social Sciences. Albany: State University of New York Press.

Prus, Robert C., 1999: Beyond the Power Mystique: Power as Intersubjective Accomplishment. Albany: State University of New York Press.

Prus, Robert und C.R.D. Sharper, 1979: Road Hustler: The Career Contingencies of Professional Card and Dice Hustlers. Toronto: Gage Publishing Ltd.

Quick, Sarah, 2012: "Frontstage" and "Backstage" in Heritage Performance: What Ethnography Reveals. Canadian Theatre Review 151.151: 24–29.

Raab, Jürgen, 2008: Erving Goffman. Konstanz: Universitätsverlag Konstanz.

Reichertz, Jo und Norbert Schröer (Hrsg.), 2003: Hermeneutische Polizeiforschung. Opladen: Leske und Budrich.

Reith, Gerda, 1999: The Age of Chance: Gambling in Western Culture. London: Routledge.

Rettie, Ruth. 2009: Mobile Phone Communication: Extending Goffman to Mediated Interaction. Sociology 43: 421–438.

Ritzer, George, 2006: Contemporary Sociological Theory and Its Classical Roots: The Basics. McGraw-Hill.

Robinson, Laura, 2007: The cyberself: the self-ing project goes online, symbolic interaction in the digital age. New media & Society 9, 1: 93–109.

Rodriguez, Sancho, 2010: Exploring Computer Game Dramaturgy. Igitur Archief - Utrecht Publishing and Archiving Service. http://igitur-archive.library.uu.nl/student-theses/2010-0826-200404/MasterThesis_JavierSancho_final.pdf

Rosenhan, David, 1973: On Being Sane in Insane Places. Science, 179: 250–258.

Rubinstein, Jonathan, 1980: City Police. New York: Hill and Wang.

Salerno, Roger A., 2004: Beyond the Enlightenment: Lives and Thoughts of Social Theorists. Westport, CT: Greenwood.

Sannicolas, Nikki, 1997: Erving Goffman, dramaturgy, and on-line relationships. Cybersociology. http://www.cybersociology.com/files/1_2_sannicolas.html

Schad, Nina, 2012: "Das ist aber eine ganz Süße". unveröffentlichtes Manuskript.

Schäfer, Max, 2011: Dramatizing Poker as a Game of Skill. Präsentation auf der Konferenz Every Day Life, Social Control and Ethnography der SSSI, 22. Juli.

Scheff, Thomas, 2006: Goffman Unbound. A New Paradigm for Social Science. Boulder, CO: Paradigm Publishers.

Schlenker, Barry Royce, 1980: Impression management: The self-concept, social identity, and interpersonal relations. Monterey: Brooks-Cole.

Schröer, Norbert, 2009: Interkulturelle Kommunikation. Essen: Oldib.

Schröer, Norbert, 2013: Problematische Bezichtigungen. Fallanalytische Betrachtungen zum Vorwurf der Lüge gegenüber türkischen Migranten in polizeilichen Beschuldigtenvernehmungen. Kriminologisches Journal [im Druck].

Scott, Marvin und Stanford Lyman, 1970: A Sociology of the Absurd. Pacific Palisades: Goodyear Publishing.

Scott, Marvin, 2010: Remembering Erving Goffman, in EGA http://cdclv.unlv.edu/archives/interactionism/goffman/scott_10.html

Shalin, Dmitri, 2009: Interview mit *Renée Fox*, in: Bios Sociologicus: The Erving Goffman Archives, ed. by Dmitri N. Shalin. UNLV: CDC Publications.

Shalin, Dmitri, 2009: Interview mit *Aaron Cicourel*, in: Bios Sociologicus: The Erving Goffman Archives, ed. by *Dmitri N. Shalin*. UNLV: CDC Publications. http://cdclv.unlv.edu/archives/interactionism/goffman/cicourel_09.html

Shalin, Dmitri, 2009: Interview mit *Arlene Daniels*, in: Bios Sociologicus: The Erving Goffman Archives, ed. by *Dmitri N. Shalin*. UNLV: CDC Publications. http://cdclv.unlv.edu/archives/interactionism/goffman/daniels_09.html

Shalin, Dmitri, 2009: Interview mit *Audrey Wipper*, in: Bios Sociologicus: The Erving Goffman Archives, ed. by *Dmitri N. Shalin*. UNLV: CDC Publications. http://cdclv.unlv.edu/archives/interactionism/goffman/wipper_09.html

Shalin, Dmitri, 2009: Interview mit *Charles Glock*, in: Bios Sociologicus: The Erving Goffman Archives, ed. by *Dmitri N. Shalin*. UNLV: CDC Publications. http://cdclv.unlv.edu/archives/interactionism/goffman/glock_08.html

Shalin, Dmitri, 2009: Interview mit *Dennis Wrong*, in: Bios Sociologicus: The Erving Goffman Archives, ed. by *Dmitri N. Shalin*. UNLV: CDC Publications. http://cdclv.unlv.edu/archives/interactionism/goffman/wrong_10.html

Shalin, Dmitri, 2009: Interview mit *Eli Bay*, in: Bios Sociologicus: The Erving Goffman Archives, ed. by *Dmitri N. Shalin*. UNLV: CDC Publications. http://cdclv.unlv.edu/archives/interactionism/goffman/bay_eli_09.html

Shalin, Dmitri, 2009: Interview mit *Elizabeth Bott Spillius*, in: Bios Sociologicus: The Erving Goffman Archives, ed. by *Dmitri N. Shalin*. UNLV: CDC Publications. http://cdclv.unlv.edu/archives/interactionism/goffman/bott-spillius_10.html

Shalin, Dmitri, 2009: Interview mit *Esther Besbris*, in: Bios Sociologicus: The Erving Goffman Archives, ed. by Dmitri N. Shalin. UNLV: CDC Publications. http://cdclv.unlv.edu/archives/interactionism/goffman/besbris_09.html

Shalin, Dmitri, 2009: Interview mit *Frances Goffman* Bay, in: Bios Sociologicus: The Erving Goffman Archives, ed. by *Dmitri N. Shalin*. UNLV: CDC Publications. http://cdclv.unlv.edu/archives/interactionism/goffman/goffman_bay_09.html

Shalin, Dmitri, 2009: Interview mit *Gary Alan Fine*, in: Bios Sociologicus: The Erving Goffman Archives, ed. by *Dmitri N. Shalin*. UNLV: CDC Publications. http://cdclv.unlv.edu/archives/interactionism/goffman/fine_09.html

Shalin, Dmitri, 2009: Interview mit *Gertrude Frankelson*, in: Bios Sociologicus: The Erving Goffman Archives, ed. by *Dmitri N. Shalin*. UNLV: CDC Publications. http://cdclv.unlv.edu/archives/interactionism/goffman/frankelson_09.html

Shalin, Dmitri, 2009: Interview mit *Harold Bershady*, in: Bios Sociologicus: The Erving Goffman Archives, ed. by *Dmitri N. Shalin*. UNLV: CDC Publications. http://cdclv.unlv.edu/archives/interactionism/goffman/bershady_09.html

Shalin, Dmitri, 2009: Interview mit Mark Piliavin, in: Bios Sociologicus: The Erving Goffman Archives, ed. by *Dmitri N. Shalin*. UNLV: CDC Publications. http://cdclv.unlv.edu/archives/interactionism/goffman/piliavin_09.html

Shalin, Dmitri, 2009: Interview mit *Joan Huber*, in: Bios Sociologicus: The Erving Goffman Archives, ed. by *Dmitri N. Shalin*. UNLV: CDC Publications. http://cdclv.unlv.edu/archives/interactionism/goffman/huber_09.html

Shalin, Dmitri, 2009: Interview mit *Joel Best*, in: Bios Sociologicus: The Erving Goffman Archives, ed. by *Dmitri N. Shalin*. UNLV: CDC Publications. http://cdclv.unlv.edu/archives/interactionism/goffman/best_07.html

Shalin, Dmitri, 2009: Interview mit *John Irwin*, in: Bios Sociologicus: The Erving Goffman Archives, ed. by *Dmitri N. Shalin*. UNLV: CDC Publications. http://cdclv.unlv.edu/archives/interactionism/goffman/irwin_08.html

Shalin, Dmitri, 2009: Interview mit *Jordan Scher*, in: Bios Sociologicus: The Erving Goffman Archives, ed. by *Dmitri N. Shalin*. UNLV: CDC Publications. http://cdclv.unlv.edu/archives/interactionism/goffman/scher_09.html

Shalin, Dmitri, 2009: Interview mit *Joseph Gusfield*, in: Bios Sociologicus: The Erving Goffman Archives, ed. by *Dmitri N. Shalin*. UNLV: CDC Publications. http://cdclv.unlv.edu/archives/interactionism/goffman/gusfield_08.html

Shalin, Dmitri, 2009: Interview mit *Avron Katz*, in: Bios Sociologicus: The Erving Goffman Archives, ed. by Dmitri N. Shalin. UNLV: CDC Publications. http://cdclv.unlv.edu/archives/interactionism/goffman/katz_01.html

Shalin, Dmitri, 2009: Interview mit *Kurt und Gladys Lang*, in: Bios Sociologicus: The Erving Goffman Archives, ed. by *Dmitri N. Shalin*. UNLV: CDC Publications. http://cdclv.unlv.edu/archives/interactionism/goffman/langg_09.html

Shalin, Dmitri, 2009: Interview mit *Leonard Syme*, in: Bios Sociologicus: The Erving Goffman Archives, ed. by *Dmitri N. Shalin*. UNLV: CDC Publications. http://cdclv.unlv.edu/archives/interactionism/goffman/syme_11.html

Shalin, Dmitri, 2009: Interview mit *Peter Miller*, in: Bios Sociologicus: The Erving Goffman Archives, ed. by *Dmitri N. Shalin*. UNLV: CDC Publications. http://cdclv.unlv.edu/archives/interactionism/goffman/miller_10.html

Shalin, Dmitri, 2009: Interview mit *Renee Fox*, in: Bios Sociologicus: The Erving Goffman Archives, ed. by *Dmitri N. Shalin*. UNLV: CDC Publications. http://cdclv.unlv.edu/archives/interactionism/goffman/fox_08.html

Shalin, Dmitri, 2009: Interview mit *Richard Daniels*, in: Bios Sociologicus: The Erving Goffman Archives, ed. by *Dmitri N. Shalin*. UNLV: CDC Publications. http://cdclv.unlv.edu/archives/interactionism/goffman/danielsr_09.html

Shalin, Dmitri, 2009: Interview mit *Robert Dingwall*, in: Bios Sociologicus: The Erving Goffman Archives, ed. by *Dmitri N. Shalin*. UNLV: CDC Publications. http://cdclv.unlv.edu/archives/interactionism/goffman/dingwall_08.html

Shalin, Dmitri, 2009: Interview mit *Russell Dynes*, in: Bios Sociologicus: The Erving Goffman Archives, ed. by *Dmitri N. Shalin*. UNLV: CDC Publications. http://cdclv.unlv.edu/archives/interactionism/goffman/dynes_09.html

Shalin, Dmitri, 2009: Interview mit *Samuel Heilman*, in: Bios Sociologicus: The Erving Goffman Archives, ed. by *Dmitri N. Shalin*. UNLV: CDC Publications. http://cdclv.unlv.edu/archives/interactionism/goffman/heilman_08.html

Shalin, Dmitri, 2009: Interview mit *Saul Mendlovitz*, in: Bios Sociologicus: The Erving Goffman Archives, ed. by *Dmitri N. Shalin*. UNLV: CDC Publications. http://cdclv.unlv.edu/archives/interactionism/goffman/mendlovitz_08.html

Shalin, Dmitri, 2009: Interview mit *NeilSmelser*, in: Bios Sociologicus: The Erving Goffman Archives, ed. by *Dmitri N. Shalin*. UNLV: CDC Publications. http://cdclv.unlv.edu/archives/interactionism/goffman/smelser_09.html

Shalin, Dmitri, 2009: Interview mit *Victor Lidz*, in: Bios Sociologicus: The Erving Goffman Archives, ed. by *Dmitri N. Shalin*. UNLV: CDC Publications. http://cdclv.unlv.edu/archives/interactionism/goffman/lidz_08.html

Shalin, Dmitri, 2009: Interview mit *Walter Clark*, in: Bios Sociologicus: The Erving Goffman Archives, ed. by *Dmitri N. Shalin*. UNLV: CDC Publications. http://cdclv.unlv.edu/archives/interactionism/goffman/clarkw_09.html

Shalin, Dmitri, 2009: Interview mit *William Gamson*, in: Bios Sociologicus: The Erving Goffman Archives, ed. by *Dmitri N. Shalin*. UNLV: CDC Publications. http://cdclv.unlv.edu/archives/interactionism/goffman/gamson_09.html

Shalin, Dmitri, 2010: Interview mit *Ann Swidler* in: Bios Sociologicus: The Erving Goffman Archives, ed. by *Dmitri N. Shalin*. UNLV: CDC Publications. http://www.unlv.edu/centers/cdclv/archives/interactionism/goffman/swidler_10.html.

Sigelman, Lee, 2001: The presentation of self in presidential life: Onstage and backstage with Johnson and Nixon. Political Communication 18, 1: 1–22.

Singh, Val und Susan Vinnicombe, 2001: Impression management, commitment and gender: Managing others' good opinions. European Management Journal 19, 2: 183–194.

Smith, Dorothy E. 2008: Categories Are Not Enough. Gender & Society 23:76–80.

Smith, Allen C. III und Sherryl Kleinman 1989: Managing emotions in medical school: Students' contacts with the living and the dead. Social Psychology Quarterly 52, 1: 56–69.

Smith, Gregory, 1996: Gender advertisements revisited: A visual sociology classic. Electronic Journal of Sociology 2, 1.

Smith, Gregory W.H., 2006: Erving Goffman. London/New York: Routledge.

Spivey, Sue E., 2005: Distancing and solidarity as resistance to sexual objectification in a nude dancing bar. Deviant Behavior 26, 4: 417–437.

Staiger, Annegret, 2005: "Hoes can be hoed out, players can be played out, but pimp is for life"—The Pimp Phenomenon as Strategy of Identity Formation. Symbolic Interaction 28, 3: 407–428.

Stehr, Johannes 2004: Kriminalität als moralische Lektion. S. 377–392 in: *Michael Walter, Harald Kania und Hans-Jörg Albrecht* (Hrsg.), Alltagsvorstellungen von Kriminalität. Individuelle und gesellschaftliche Bedeutung von Kriminalitätsbildern für die Lebensgestaltung. Münster: Lit Verlag.

Stokes, Randall, und John P. Hewitt, 1976: Aligning Actions. American Sociological Review 41: 838–849.

Strauss, Anselm, Shizuko Fagerhaugh, Barbara Suczel und Carolyn Wiener, 1997: Social Organization of Medical Work. New Brunswick: Transaction Publishers.

Sudnow, David, 1967: Passing on: The social organization of dying. Englewood Cliffs, New Jersey: Prentice-Hall.

Sudnow, David, 1983: Pilgrim in the Microworld. New York: Warner Books.

Sudnow, David, 2001 [1993]: Ways of the hand: The organization of improvised conduct. Cambridge: The MIT Press.

Tietz, Alessandro, 2012: Efforts of Avatar Care – Embodiment online. Präsentation auf der Konferenz "Conflict, Cooperation and Transformation in Everyday Life" der SSSI in Rotterdam, 4. Juli.

Tom, Synthia, 2002: The two faces of anorexia: front stage and backstage. Concordia University Libraries. http://spectrum.library.concordia.ca/2438/1/MQ68508.pdf

Tu, Chih-Hsiung und Michael Corry, 2001: A paradigm shift for online community research. Distance Education: An International Journal 22, 2: 245-263.

Turner, Ronny E. und Charles Edgley, 1990: Death as theater: A dramaturgical analysis of the American funeral. S. 285–298 in: *Dennis Brissett und Charles Edgley* (Hrsg.), Life as theater: A dramaturgical sourcebook. 2nd edition. New York: Walter de Gruyter.

Ulsperger, Jason S. und John Paul, 2002: The presentation of paradise: Impression management and the contemporary nursing home. The Qualitative Report 7, 4. http://www.nova.edu/ssss/QR/QR7-4/ulsperger.html

Verhoeven, Jef 1993a: An Interview mit Erving Goffman, 1980. Research on Language and Social Interaction 26: 317–348.

Verhoeven, Jef, 1993b: Backstage With Erving Goffman: The Context of the Interview, Research on Language & Social Interaction, 26:3, 307–315.

Wagner, Jon, 1980: Strategies of dismissal: Ways and means of avoiding personal abuse. Human Relations, 33: 603–622.

Welsh, John, 2005: Dramaturgy and political mystification: Political life in the United States. in: Dennis Brissett und Charles Edgley (Hrsg.), Life as Theater: A Dramaturgical Sourcebook. second edition. New Brunswick, NJ: Transaction.

West, Candace und Don H. Zimmerman, 1987: Doing Gender. Gender and Society 1, 2: 125–151.

Whitaker, Robert, 2010a: Anatomy of an Epidemic: Magic Bullets, Psychiatric Drugs, and the Astonishing Rise of Mental Illness in America. New York: Broadway Paperbacks.

Whitaker, Robert, 2010b: Mad in America: Bad Science, Bad Medicine, and the Enduring Mistreatment of the Mentally Ill. Revised Paperback [2002]. New York: Basic Books.

Winkin, Yves, 1984: Entretien avec Erving Goffman. Actes de la Recherche en Sciences Sociale 54: 85–87.

Winkin, Yves, 1999: Erving Goffman: What is a Life? The Uneasy Making of Intellectual Biography. S. 19–41 in: *Greg Smith* (Hrsg.), *Goffman and Social Organization Studies in Sociological Legacy.* London: Routledge.

Wiseman, Jacqueline P., 1979: Close Encounters of the Quasi-Primary Kind Sociability In Urban Second-Hand Clothing Stores. Journal of Contemporary Ethnography 8: 23–51.

Wiseman, Jacqueline P., 1979: Stations of the lost: The treatment of skid row alcoholics. Chicago: University of Chicago Press.

Wiseman, Jacqueline P., 1985: Alcohol, eroticism and sexual performance: A social interactionist perspective. Journal of Drug Issues 15, 2: 291–308.

Wittenberg-Lyles, Elaine M., Ginnifer Cie' Gee, Debra Parker Oliver und George Demiris, 2009: What Patients and Families Don't Hear: Backstage Communication in Hospice Interdisciplinary Team Meetings. Journal of Housing for the Elderly 23, 1: 92–105.

Wouters, Cas, 1992: On status competition and emotion management: The study of emotions as a new field. Theory, Culture & Society 9: 229–252.

Xifra, Jordi, 2012: Sex, lies, and post-trial publicity: The reputation repair strategies of Dominique Strauss-Kahn. Public Relations Review 38, 3: 477–483.

Young, Robert, 1995: Misunderstandings as Accounts. Sociological Inquiry 65: 251–264.

If you have any concerns about our products,
you can contact us on
ProductSafety@springernature.com

In case Publisher is established outside the EU,
the EU authorized representative is:
**Springer Nature Customer Service Center GmbH
Europaplatz 3, 69115 Heidelberg, Germany**

Printed by Libri Plureos GmbH
in Hamburg, Germany